판소리 명창의 삶과 예술세계

판소리 명창의
삶과 예술세계

김석배 저

박문사

머리말

　『판소리 명창의 삶과 예술세계』를 세상에 내보낸다. 여기에 수록
된 글은 한 땀 한 땀 힘들여 기운 것으로, 땀마다 필자가 흘린 땀이 배
어 있다. 서툰 솜씨로 홈질과 박음질, 시침질, 감침질, 공그리기 등을
하다가 수없이 찔린 아린 상처와 혈흔도 곳곳에 남아 있다. 또한 낯
선 길을 찾아 나섰다가 심봉사처럼 개천에 빠져 허우적거린 여정도
없지 않다.

　필자는 일찍이 판소리 명창의 삶과 예술세계에 관심을 가지고 있
었다. 그러던 중 2000년 6월 『구비문학연구』 제10집에 「판소리 명창
박록주의 예술세계」를 발표하면서 판소리 명창에 관해 본격적으로
연구하기 시작하였다. 판소리 명창 연구 초기에는 일제강점기의 신
문 자료 등 필요한 자료의 열람이 쉽지 않아 많은 어려움을 겪었다.
『매일신보』와 『동아일보』 등 영인 자료를 통해 백사장에서 사금을
찾는 심정으로 판소리 명창에 대한 정보를 찾았다. 하지만 영인 상태
가 좋지 않아서 무척 힘들었으며, 이 때문에 놓친 것도 적지 않았다.
늘 아쉬운 마음을 가지고 기회 있을 때마다 조금씩 수정, 보완해 왔
는데, 근래 일제강점기의 신문과 해방 후의 신문 등을 깨끗한 화질로
열람할 수 있게 되어 조금 더 보완할 수 있어 다행이다.

『판소리 명창의 삶과 예술세계』는 오랜 기간 관심을 가지고 살펴왔던 판소리 명창에 관한 글을 한자리에 모은 것으로 총 4부로 구성되어 있다. 깁고 다듬는 과정에서 발표 당시의 모습과 다소 달라진 것도 있고, 상당히 보완하여 크게 달라진 것도 있다.

제1부는 20세기 후반기의 판소리 창단을 대표하는 박동진 명창의 삶과 예술세계에 대해 살펴본 것이다. 1장에서는 박동진 명창의 삶과 현대 판소리사적 위상을 살펴보았으며, 2장에서는 왕성하고 전방위적이었던 박동진 명창의 예술 활동의 면면을 살펴보았다. 3장에서는 중고제 판소리와 박동진 명창의 판소리를 살펴 중고제 심청가와 적벽가의 흔적들이 박동진 명창의 심청가와 적벽가 여기저기에 살아 숨 쉬고 있다는 사실을 확인하였다. 4장에서는 박동진 명창의 판소리와 소리판의 미학을 살펴 진정한 광대의 모습과 살아있는 소리판의 생생한 현장을 확인하였다.

제2부는 판소리 명가문의 어제와 오늘에 대해 두루 살펴본 것이다. 1장에서는 주덕기 명창 가문의 소리꾼인 벌목정정 주덕기 명창과 독보적인 심청가 소리꾼 주상환 명창, 다재다능했던 주광득 명창, 대구광역시 인간문화재 주운숙 명창의 예술 활동과 예술세계를 살펴보았다. 2장에서는 김창환 명창 가문의 소리꾼인 김창환 명창과 김봉이, 김봉학, 김종길, 이날치, 박기홍 명창의 예술 활동과 예술세계를 살펴보았다. 3장에서는 판소리 명가인 장판개 가문의 소리꾼

인 장판개 명창과 배설향, 장도순, 장영찬, 장월중선 명창의 예술 활동과 예술세계를 살펴보았다.

제3부는 개성적인 소리꾼들의 세계에 대해 살펴본 것이다. 1장에서는 대구지역의 판소리를 가꾼 조학진과 박지홍 명창의 예술 활동과 예술세계를 살펴보았다. 2장에서는 현대 창극의 초석을 다진 동초 김연수 명창의 예술 활동과 예술세계를 살펴보았다.

제4부는 판소리 명창의 생몰 연도를 검토한 것이다. 그동안에 판소리 명창의 생몰 연도에 대해서는 오류가 적지 않았다. 『조선창극사』와 『판소리소사』는 말할 것도 없고, 『국악대사전』과 『한국음악사전』, 『한국민족문화대백과사전』, 『한겨레국악대사전』에도 적지 않은 오류가 있어 수정과 보완이 불가피하다. 이에 호적과 옛 문헌, 당대의 신문과 잡지 등을 면밀히 조사하여 오류를 수정하고 미흡한 부분을 보완하였다. 1장에서는 박기홍 명창을 비롯하여 김창환과 유공렬, 이동백, 김창룡, 김정문, 박지홍 명창의 생몰 연도를 고증하였다. 2장에서는 강소춘 명창을 비롯하여 김해 김록주와 김추월, 이화중선, 이중선, 김초향, 김소향, 박록주, 신금홍 등 여성 판소리 명창의 생몰 연도를 고증하였다.

판소리 예술과 판소리사를 제대로 이해하기 위해서는 판소리 명창에 대한 연구가 긴요하다. 현재 송흥록 가문처럼 그 명맥이 끊어진 소리가문이나, 점차 그 명맥이 희미해져 가고 있는 명가문에 대한 관

심과 연구가 특히 시급하다. 개인의 힘으로는 쉽지 않은 일이므로 판소리학회를 중심으로 학계가 나서야 할 때이다. 흔적없이 사라진 뒤에 후회하는 일이 더 이상 되풀이되어서는 안 된다. '늦었다고 생각할 때가 가장 빠른 때이다'라는 말을 되새길 필요가 있다.

　힘들고 지칠 때마다 힘을 보태준 젊은 동학들이 있어 버텨낼 수 있었다. 고마운 마음을 이 책에 깊이 새겨 두고 잊지 않을 것이다. 끝으로, 이 책을 출판해 주신 박문사 윤석현 사장님과 편집부 여러분에게 감사드린다.

2023년 1월
김석배

차례

제1부

박동진 명창의 삶과 예술세계

판소리 명창의 삶과 예술세계

제1장

박동진 명창의 삶과 현대 판소리사적 위상

1. 머리말

2003년 7월 8일 인당(忍堂) 박동진(朴東鎭) 명창이 88세를 일기로 우리 곁을 홀연히 떠났다. 대명창을 갑자기 잃은 판소리 창단은 말할 것도 없고, 그를 사랑하던 사람들에게는 이루 말할 수 없는 큰 슬픔이었다. 여러 신문에서는 "타계한 판소리계 거목 박동진 명창"(『한국일보』), "하늘로 간 지상의 명창"(『동아일보』), "'판소리의 역사' 인간문화재 박동진 옹 타계"(『매일경제』)[1]와 같이 그의 타계를 안타까워하고, 그의 예술세계에 대한 찬사도 하였다. 방송에서도 '우리 소리의 마지막 증언, 명창 박동진'(《KBS코리아》)을 내보내는 등 추모 열기를 더했다.[2]

---

1 박동진 명창의 타계를 알리는 2003년 7월 8일 자 신문기사 타이틀이다.
2 〈KBS 1TV〉는 8일 오후 11시 35분부터 25분 동안 '추모 특집 명창 박동진'을 긴

박동진은 1916년 충남 공주에서 태어나 10대 중반에 판소리의 매력에 이끌려 대전중학을 그만두고 파란만장한 소리꾼의 길에 들어섰다. 그는 일제강점기 오명창시대에 판소리를 배운 정통 판소리의 마지막 세대로 정정렬, 송만갑, 이동백, 유성준, 조학진, 김창진, 박지홍 등 당대의 이름 있는 명창들에게 두루 배웠다.[3] 그는 스승의 소리를 바탕으로 백일공부 등 소리를 갈고 닦아 자신의 소리를 만들었다. 1968년에 흥보가를 5시간 20여 분 동안 쉬지 않고 완창함으로써 판소리 완창 시대를 열었고, 또한 변강쇠타령과 배비장전 등 일찍이 소리판에서 사라졌던 판소리를 되살리는 일에 신명을 바쳤으며, 〈충무공 이순신전〉과 〈예수전〉 등 다수의 창작판소리를 통해 판소리의 세계를 확장하는 데도 일조하였다.

박동진은 1973년에 판소리 적벽가의 인간문화재가 됨으로써 나라를 대표하는 명실상부한 명창으로 인정받았다. 그 후에도 끊임없이 소리 공부를 하고, 완창무대를 비롯하여 다양한 무대에서 판소리를 알리기 위해 혼신의 힘을 다했다. 그는 소리판에 모인 사람들ㅡ그 중에는 판소리를 알고 온 사람도 있고, 그렇지 못한 사람도 있지만ㅡ모두를 재치와 익살을 통해 울리고 웃기며, 그들을 판소리의 재미에

급 편성했다. 그리고 〈KBS코리아〉는 8일 자정 'TV명인전' 시간에 '우리소리의 마지막 증언, 명창 박동진'을 통해 70년을 판소리와 함께 살아온 선생의 삶과 작품을 소개했으며, 9일 오후 5시 30분 '대화ㅡ세기를 넘어서'에서 광대로 평생을 살아오면서 체득한 특유의 해학과 풍자로 엮은 박동신 명창의 소리 이야기를 전했다. 한편 9일 낮 12시부터 5시간 30분 동안 생전에 부른 완창 적벽가를 내보내고, 10일 낮 12시부터 7시간 30분 동안 완창 춘향가를 내보냈다. 〈연합통신〉, 2003. 7. 8.

3 정광수(丁珖秀, 1909~2003, 본명 정용훈)는 2003년 11월 2일 작고하고, 한승호(韓承鎬, 1924~2010, 본명 한갑주)는 2010년 1월 28일 작고하였다.

흠뻑 빠져들게 했다. 박동진은 소리판을 자신의 소리를 들려주는 무대가 아니라 청중들과 소통하고 함께 즐기는 놀이판으로 만들었다. 그는 소리판에 모인 사람들이 자연스럽게 판소리를 사랑하도록 만드는 마력을 지니고 있었던 것이다.

그동안 박동진 명창에 대해서는 몇 편의 글을 통해 그 대강이 밝혀진 바 있지만,[4] 미진한 부분이 없지 않으며 미처 관심을 가지지 않은 부분도 있다. 이 글에서는 판소리의 진정한 맛과 멋이 무엇인지를 온몸으로 보여주고 떠난 박동진 명창이 소리꾼으로서 걸어간 소리의 길을 비롯하여 현대 판소리사에서 가지는 그의 위상을 두루 살펴보기로 한다. 이를 통해 박동진 명창에 대한 이해의 폭을 넓히고 깊이를 더하며, 나아가 그를 기억하고 기리는 일에 보탬이 되고자 한다.

2. 박동진 명창의 삶의 길, 소리의 길

박동진 명창이 10대 중반에 판소리에 입문하면서 걸어간 70여 성상의 짧지 않은 소리인생을 정리하는 일은 결코 녹록지 않다. 유독 박동진 명창만 그런 것은 아니다. 박록주와 김연수 등 당대를 울린 명창들의 소리인생을 정리하면서,[5] 그것이 얼마나 힘든 일인가를 절

---

4 최동현, 「귀명창이 사라진 시대의 명창―박동진론」, 『판소리 명창과 고수 연구』, 신아출판사, 1997. 김기형, 「판소리 명창 박동진의 예술세계와 현대 판소리사적 위치」, 『어문논집』 37, 안암어문학회, 1998. 강윤정, 「박동진 판소리 창본 연구」, 충북대학교 박사학위논문, 2004.
5 김석배, 「박록주 명창의 삶과 예술 활동」, 『판소리연구』 11, 판소리학회, 2000. 김석배, 「김연수 명창의 생애와 예술 활동」, 『판소리연구』 40, 판소리학회, 2015.

감한 바 있다. 박동진 명창의 경우도 다르지 않다. 그러나 한 명창의 예술세계를 올바로 이해하기 위해서는 무엇보다도 그의 소리인생에 대한 정리가 긴요하다. 예술가가 살아온 삶의 궤적과 그의 예술세계는 밀접한 함수관계가 있기 때문이다. 그러므로 예술가의 삶에 대한 이해 없이 그의 예술세계를 들여다보고 평가하는 것은 실로 위험천만한 일이요, 도로에 그칠 공산이 다분하다. 그러니 어렵고 힘들다고 포기해서 될 일이 아니다.

박동진 명창은 최근까지 생존했던 대명창이기 때문에 인터뷰 자료 등 그에 대한 정보는 풍부하게 남아 있다. 그의 소리인생을 정리할 때 어려운 점은 주로 해방 이전의 정보가 정확하지 않다는 데 있다. 면담 조사 때마다 다르고, 문헌마다 다르니 그것을 정리해야 하는 이에게는 여간 곤혹스러운 일이 아니다. 특히 해방 이전까지의 정보는 거의 전적으로 박동진 명창의 기억에 의존해야 하므로 부정확할 수밖에 없다. 인간의 기억에는 어쩔 수 없는 물리적 한계가 있으며, 또한 인간은 자신이 기억하고자 하는 것만 기억하고, 자기가 말하고 싶은 것만 말하기 때문이다. 심지어 왜곡하거나 없는 일을 지어내기도 한다. 더구나 자서전류의 글은 직접 쓴 것이 아니라 전문 작가나 기자 등이 인터뷰와 여러 자료를 바탕으로 재구성한 것이어서 신뢰하기 어려운 부분이 적지 않다. 집필 과정에 잘못된 정보를 참고한 것도 있고, 왜곡되거나 윤색된 것도 적지 않게 눈에 띈다.[6] 박동진 명창의 자서전 격인 『중앙일보』에 연재된 「내 인생 소리에 묻고

---

6 이러한 사정은 다음 자료를 살펴보면 쉽게 알 수 있다. 박록주, 「나의 이력서 (1-38)」, 『한국일보』, 1974. 1. 5.~2. 28. 박귀희, 『순풍에 돛 달아라 갈 길 바빠 돌아간다』, 새소리, 1994.

(1-30)」,[7]에도 여러 곳에서 오류가 발견된다. 그나마 1950년대 이후의 소리인생 가운데 중요한 것들은 당시의 신문 등 각종 정보를 통해 비교적 정확하게 확인할 수 있어 다행이다.

여기서는 1991년에 판소리학회에서 인터뷰한 「판소리 명창 박동진」[8]을 비롯하여, 1996년에 필자가 면담 조사한 것,[9] 1999년에 『기독신문』에 연재된 「국악인 박동진 씨 신앙 간증 (1-10)」, 2000년에 『중앙일보』에 연재된 「내 인생 소리에 묻고 (1-30)」, 2003년에 최종민이 정리한 「현대 판소리에 불을 지핀 대중의 벗」,[10] 그리고 당시 신문기사 등 다양한 자료를 참고하여 정리한다.[11]

1) 천부적인 재능과 광대의 길; 숙명적인 입문과 학습기

박동진은 1916년 7월 12일(음력) 충청남도 공주군 장기면 무릉리 (현 공주시 무릉동 352번지)에서 부친 박재천과 모친 경주 최씨 사이

---

7 박동진, 「내 인생 소리에 묻고 (1-30)」, 『중앙일보』, 2000. 6. 22.~8. 4.

8 이보형·전경욱·김기형·백현미가 1991년 5월 3일(금)에 서울시 종로구 낙원동 176번지에 소재한 박동진 명창의 학원에서 인터뷰한 것이다. 김기형·백현미 정리, 「판소리 인간문화재 증언 자료, 판소리 명창 박동진」, 『판소리연구』 2, 판소리학회, 1991, 225~238쪽.

9 1996년 4월 20일 박동진 명창이 대구시 수성구의 동아백화점 내에 있던 동아수성아트홀에서 흥보가를 연창하였다. 당시 필자는 공연 후 박동진 명창에게 몇 가지 궁금했던 점에 대해 문의한 바 있다.

10 최종민, 「현대 판소리에 불을 지핀 대중의 벗」, 『방일영국악상 10년』, 방일영문화재단, 2003.

11 박동진 명창의 삶·소리·사랑을 다루고 있는 송언의 『우리 소리, 소중한 것이여』도 소설이지만 다각도로 취재하고 쓴 것이어서 참고할 만하다. 송언, 『우리 소리, 소중한 것이여』, 사계절, 1995. 참고문헌을 일일이 밝히는 것은 번거로우므로 필요한 경우에만 밝히기로 한다.

의 4남 1녀 중 장남으로 태어났다. 부친은 평범한 농사꾼으로 소리를 하지는 않았으나 소리 속을 꿰뚫고 있는 귀명창이었다. 조부는 줄광대였고, 삼촌은 토막소리는 제법이라는 소리를 들은 또랑광대였다. 그러니 그에게는 소리꾼이 될 예인의 피가 흐르고 있었던 것이다.

박동진은 어릴 때 외가인 충남 대덕군 진잠면(현 대전광역시 대덕구 진잠동)으로 이사 가서 그곳에서 진잠보통학교를 마치고 대전중학교에 진학했다. 중학교를 다니던 16세 때 지금의 대전극장 자리에 들어온 협률사가 그의 인생을 바꾸어 놓았다. 이 협률사는 이동백과 이화중선 일행이었다. 입장료가 없어 온종일 꽹과리와 징을 치고 나팔과 호적을 요란하게 불며 마찌마와리(町廻, 거리를 돌며 홍보하는 것)[12]를 하는 일행의 뒤를 따라 아이들과 함께 명창 이동백의 이름이 적힌 깃대를 들고 이 마을 저 마을을 골목골목 돌아다니며 선전을 해주고서야 겨우 공연을 볼 수 있었다.

박동진은 소리에 이끌려 중학교를 그만두고 소리를 배우기 위해 충남 청양군 정산면 백공리에 사는 손병두를 찾아갔다. 손병두는 고수 지동근의 친척으로 토막소리나 하는 소리꾼이었다. 그곳에서 여러 달 머슴살이를 하다시피 하며 단가 소상팔경과 만고강산, 춘향가

---

12 "우선 노보리(幟)라는 것이 있다. 한자를 보고 알 수 있듯이, 좁은 폭의 긴 기를 장대에 길이로 매달고 극단의 이름과 배우의 이름과 그날의 예제(藝題)를 써서 수십 명이 든다. 이것을 메거나 드는 사람은 대개 아이들이다. 왜 아이들이 이것을 다 좋아 메려 하느냐 하면 그 노보리를 메고 마찌마와리를 따라 돌고 나면 그날 밤의 구경표를 주니까 그 맛에 덤비는 것이다. …중략… 자! 그럼 이 노보리를 앞세우고 마찌마와리를 떠난다. 그 뒤에는 악대가 따른다. 이 악대는 '조라치패'라고 노랑 옷에 띠를 띠고 초립을 썼다. 이 복색은 옛날식 그대로다. …중략… 악대 뒤에는 노보리 수만큼이나 인력거 행렬이 따른다. …중략… 그 인력거에는 남녀 배우가 단장을 하고 탄다. 또 인력거에는 제 이름을 쓴 고노보리(작은 노보리)를 꽂는다.", 박진, 『세세연년』, 세손, 1981, 33~34쪽.

의 쑥대머리와 사랑가 등 몇 대목을 배웠다. 그 후 손병두가 김창진에게 심청가를 배우고 오라고 하여 충남 서천 비인으로 가서 김창진에게 배웠다.[13] 김창진은 김정근의 아들이요 김창룡(1872~1943)의 동생으로, 가문소리를 하지 않고 서편소리를 하였으며, 아편을 하여 김창룡으로부터 배척받았다.

17세 무렵 지동근이 단장으로 있는 규모가 형편없는 졸때기 협률사에 참가하여 떠돌아다녔다. 지동근은 젊어서 소리하다 목이 뒤집히는 바람에 고수로 돌아서 이동백의 북을 많이 친 사람이다. 박동진은 그 후 김천의 요릿집인 진양옥과 명월관에서 기생들에게 소리를 가르치며 지냈으며, 명월관 기생 조계향에게 장단을 배웠다.

22세(1937년) 때 상경하여 조선성악연구회에서 반년 동안 지내며 정정렬(1876~1938)에게 춘향가를 배웠고, 송만갑에게 박타령도 배웠다. 정정렬은 전북 익산 출신의 서편제 명창으로 정창업과 이날치에게 소리를 배워 일가를 이루었다. 타고난 목은 좋지 않았으나 공력이 대단했고, 부침새는 타인이 범접하지 못할 경지에 이르렀으며, 창극 연출에 탁월하였다. 그리고 '정정렬 나고 춘향가 났다'라고 할 정도로 '신식 춘향가'에 뛰어났다.[14] 그 후 대구에서 권번의 선생으로 있던 가야금 명인 박상근을 찾아가 그곳에서 기생들에게 소리를 가르쳤다. 당시 대구에는 10여 곳의 사설권번이 있었다. 이 무렵 스승 정정렬이 작고(1938년 3월 21일)했으며, 박지홍에게 흥보가를 배

---

13 다른 곳에서는 손병두가 시장에서 춘향전을 사와 가르치는 것을 보고, 선생의 밑천이 바닥난 것을 눈치채고 떠났다고 했다. 박동진, 「내 인생 소리에 묻고 (3)」, 『중앙일보』, 2000. 6. 26.

14 김석배, 「20세기 경주지역의 판소리문화 연구」, 『판소리연구』 38, 판소리학회, 2014, 219–220쪽.

웠다. 박지홍(1884~1958)은 전남 나주 출신으로 김창환에게 소리를
배워 원각사에서 활동하였고, 평양, 해주, 개성, 함흥, 경주 등지의 권
번에서 소리선생을 하였다. 1929년부터 달성권번에서 소리선생을
하였으며, 1946년부터 대동권번의 학예부장으로 활동하였다.[15]

　박동진은 조학진에게 학채로 하루에 50전을 주고 한 달 동안 적벽
가를 배웠다. 조학진은 전남 나주(또는 담양) 출신으로 박기홍에게
소리를 배운 동편제 명창이다. 당시 환갑이 넘었는데 흰 고무신에
맥고모자를 쓰고 겨울이 되면 약밥을 팔러 다녀 '약밥쟁이'로 불리
는 괴팍한 노인이었다. 1935년에 발매된 포리돌레코드의 『심청전
전집』과 『화용도 전집』 녹음에 참여했을 정도로 심청가와 적벽가에
뛰어났다.[16]

　24세 무렵에 경주로 가서 한동안 최 부잣집의 최윤(1886~1969)[17]
이 열어놓은 풍류방에서 지내며 요릿집 등에서 소리를 했다. 당시 임
방울이 경주에서 유성준에게 수궁가를 다시 닦고 있었는데, 이때 어
깨너머로 수궁가를 배웠다. 유성준(1873~1949)은 전남 구례 출신으
로 송우룡에게 배웠고, 한때 정춘풍과 김세종에게 지침을 받아 일가
를 이룬 동편제 명창이다. 판소리 이론에 밝았으며 수궁가와 적벽가

15　김석배, 「판소리 명창의 생몰연대 검토」, 『선주논총』 5, 금오공과대학교 선주
　　문화연구소, 2002, 21쪽.
16　김석배, 「대구지역의 판소리문화 연구」, 『판소리연구』 43, 판소리학회, 2017,
　　21쪽.
17　崔潤은 9대 진사 12대 만석꾼 경주 최 부잣집 최현식의 차남으로, 자는 乃鴻이
　　고 호는 桂坡이다. 국안인들은 "거문고는 神技요, 춤은 仙鶴이며, 바둑은 최고
　　수이며, 글씨는 당대의 명필이라고 볼 수 있다."라고 칭송했으며, 蔡淑子와 박
　　동진이 그에게 거문고를 배웠다. 경주시사편찬위원회, 『경주시사』 II, 경주
　　시, 2006, 896쪽.

에 뛰어났다.

2) 여성국극 시대와 좌절; 간난신고의 시련기

박동진은 해방 후에도 소리선생으로 여러 권번을 떠돌며 무절제
한 생활을 하다가 소리목이 주저앉아 버렸다. 이렇게 살다가는 아무
것도 이룰 수 없다는 것을 깨닫고, 잃어버린 소리목을 찾기 위해 고
향으로 돌아왔다. 마을 뒷산에 움막을 짓고 '소리를 얻기 전에는 내
려가지 않으리라'고 굳게 결심하고 백일독공에 들어갔다. 혼자 북을
치고 장단을 맞춰가며 자고 먹는 때 외에는 종일 소리에만 몰두했다.
워낙 고되게 소리 연습을 하다 보니 얼굴은 송장처럼 시커멓게 되었
고, 온몸이 퉁퉁 부어올라 눈도 떠지지 않았고, 북을 치는 팔이 올라
가지 않을 정도였다. 거기다가 목은 완전히 쉬어서 소리는커녕 말도
할 수 없을 지경이 되었다. 부친이 받아다 준 똥물을 수십 일 동안 마
시고 회복하여[18] 백일 동안의 힘든 독공을 마쳤다.

백일공부를 마치고 대구로 가서 대동권번에서 소리선생을 하였
다. 그때는 31세이던 1946년이었다. 대동권번은 1946년 1월 15일 대

---

18 홍정택, 최승희, 김동준 명창 등도 똥물을 마셨고, 이성근은 개똥물을 마셨다
고 한다. 최동현,『판소리 이야기』, 인동, 1999, 124~129쪽. 그리고 대구광역시
무형문화재 제9호 살풀이춤 보유자인 권명화(1934년생)도 20대 초반에 스승
박지홍의 말을 듣고 소리 목이 쉬지 않게 할 욕심으로 똥물을 먹고 죽을 뻔했
다고 한다. 채명·박정희,『춤신을 만나다, 대구 무형문화재 살풀이춤 권명화』,
대구광역시 동구 팔공문화원, 2010, 36~37쪽. 최종민,「현대 판소리에 불을 지
핀 대중의 벗」,『방일영국악상 10년』, 방일영문화재단, 2003, 93쪽. 필자가 어
릴 때인 1960년대까지도 허리를 다친 사람이 민간 처방으로 똥물을 먹는 경우
가 있었다. 재래식 변소에 대나무를 두어 마디 길이 정도 잘라서 넣어두거나
소주 됫병의 주둥이를 헝겊으로 막고 넣어두면, 그 속에 맑은 똥물이 고인다.

구 동본정 67번지에 양성소를 창립하고, 26~28일 대구극장에서 창립연주회를 열었다. 당시 대동권번에서 교습한 종목은 창극조, 춤, 시조, 풍류, 가야금병창 등이었다.[19] 1947년에 조향창극단을 조직하여 만담가 김모, 박지홍, 방호준 등과 활동하였다.[20]

박동진이 경주에서 소리선생을 하고 있을 때 6·25전쟁이 일어났다. 안강으로 피난 갔다가 인민군이 그곳까지 내려와서 다시 대구로 왔다. 9·28수복 후 상경하여 36세 때인 1951년 가을에 14살 아래인 22세의 변기[21]와 결혼했다. 그 후 아내의 주선으로 햇님국극단에 고수로 들어가서 무대감독도 하고 작곡도 했다. 햇님국극단은 원래 1948년 박록주, 김소희 등 여성들로만 구성된 여성국악동호회 소속 창극단체였다. 그 후 1950년에 김주전이 햇님국극단을 다시 조직하여 활동하였는데, 그가 사망하자 김경애가 대표로 활동했다.[22] 한편 박동진은 1956년에 김경애가 새로 조직한 새한국극단[23]에도 참여하고, 김연수가 1952년에 창립한 우리국악단에도 참여한 바 있다.

여성국극이 주름잡던 1950년대는 남자 소리꾼들은 무대에 설 기

---

19 대동권번은 1946년 1월 25일에 역원을 선정하였다. 회장은 金愛山, 부회장은 鄭南汀, 평의원은 李春汀, 간사는 金明得, 학예부장은 林枝洪, 사범은 方浩俊과 朴東鎭, 총무는 趙炳奎였다. 『영남일보』, 1946. 1. 24. 1. 28. 2. 4.
20 방호준은 최난익의 제자로 젓대 시나위를 잘했고, 박팔괘에게 가야금산조를 배워 가야금산조를 잘했다. 최난익은 전북 금산군 진산 사람이라고 한다. 문화재연구소, 「판소리 유파」, 문화재관리국, 1992, 48쪽.
21 邊基는 예명은 邊綠水이고, 1999년 12월 24일 작고하였다. 『동아일보』, 1999. 12. 24. 변록수는 햇님국극단에서 〈구슬공주〉, 〈쌍동이 왕자〉, 〈진실로〉, 〈황성의 달〉, 〈노방초〉, 〈금수레〉, 〈선화공주전〉, 〈바보온달〉, 〈재봉춘〉, 〈정〉 등에 출연하였고, 우리국악단에서 〈삼국지〉 등에 출연하였다. 김기형, 『여성국극 60년사』, 문화체육관광부, 2009.
22 김기형, 『여성국극 60년사』, 문화체육관광부, 2009, 92쪽, 96쪽.
23 김기형, 『여성국극 60년사』, 문화체육관광부, 2009, 105쪽.

회가 거의 없었다. 박동진 역시 무대에서 소리할 수 없었으며, 이 시기에 다음과 같은 작품을 작곡하였다.[24] 햇님국극단에서 작·편곡한 작품으로는 1952년 12월의 〈바보온달〉(4막 5장), 1953년에 3월의 〈진실로〉(4막), 4월의 〈황성의 달〉(4막 5장), 10월의 〈노방초〉(4막 6장) 등이 있다. 그리고 1954년 1월의 〈금수레〉(4막 9장), 1955년에 3월의 〈마의태자〉(4막)와 7월의 〈이차돈(애정편)〉(4막 7장)과 10월의 〈왕자 미륵이〉(5막 7장), 1956년에 3월의 〈쌍쌍곡〉(4막 6장)과 4월의 〈바리공주〉(4막 7장)와 10월의 〈님은 하나이기에〉(4막 5장)가 있으며, 1957년에 4월의〈옥루〉(4막 6장), 7월의 〈이차돈(후편)〉(3막 7장), 12월의 〈석동백〉(4막 6장) 등도 있다. 그리고 새한국극단에서 작곡한 작품으로는 1957년에 3월의 〈그리운 사람〉(4막 7장)과 11월의 〈애련송〉(4막 9장)이 있고, 1958년 6월의 〈마음의 꽃〉(5막) 등이 있다. 우리국악단에서 작곡한 작품으로는 1959년 2월의 창무극 〈정과정〉, 1960년 5월의 창무극 〈삼국지〉(4막 8장)와 창극 〈나비와 월화〉(2부 7장)가 있으며, 1961년 2월의 〈시집 안 가요〉(3막 6장), 1963년 11월의 〈광해군〉도 있다.

3) 국립국악원 시절과 완창 판소리; 절차탁마의 수련기

1961년은 박동진의 소리인생에서 큰 전환점이 된 해이다. 1월 24일 국립국악원(원장 이주환)에 국악사보로 발령 받음으로써 여성국극단 생활을 그만두고 소리 공부에 전념할 수 있게 된 것이다. 그 후

---

24 김기형, 『여성국극 60년사』(문화체육관광부, 2009)와 당시의 신문기사를 참조하여 정리하였다.

14년 동안 국립국악원에 봉직하면서 국악사, 국악강사, 국악사양성소 교사, 연구원(장악과) 등을 지냈다.[25]

박동진은 국악원에 매일 새벽 5시에 출근해서 밤늦게까지 종일 소리 공부에 매달렸다. 새벽부터 극장 계단에서 소리하다가 수시로 동네 사람들로부터 시끄럽다는 항의를 받았으며, 밥 먹으러 갈 시간이 아까워 주야로 자장면만 먹고 소리 공부에 매진하였다. 원로 전통음악인들은 국립국악원 시절의 박동진 명창을 '하루종일 연습실에 박혀 연습을 하였다는 것과 연습소리가 나지 않아 방문을 살짝 들여다보면 지쳐 잠들었다가 일어나서 다시 연습하는 연습 귀신으로 인식'하고 있다.[26] 7, 8년 동안 쉬지 않고 피나는 수련을 하다 보니 어느덧 오랜 시간 동안 소리할 수 있는 힘과 어떤 가사든 마음대로 부를 수 있는 작창 능력도 생기게 되었다.

박동진은 소리에 자신이 생기자 판소리 완창과 창작판소리, 실창판소리 복원 등에 관심을 가지기 시작했다. 힘들 뿐만 아니라 당시 모두 무모하다고 여기던 판소리 완창과 창작판소리에 나섰던 까닭은 무엇이었을까?

그렇게 소리 공부에 전념하던 중 문득 떠오른 생각이 있었다. 첼로·피아노·플루트 같은 양악은 모두 발표회를 하는데 왜 우리는 그것을 못 하는가. 나도 한번 개인발표회를 해야겠다. 그것도 기왕에 소리 발

25 1963년 5월 31일부터 국악사, 1971년 7월 13일부터 국악강사, 1972년 1월 1일부터 국악사양성소 교사, 1972년 9월 1일부터 연구원(장악과) 등을 하였다. 국립국악원, 『건원 1400년 개원 50년 국립국악원사』, 국립국악원, 2001, 116쪽.
26 주재근, 「박동진 명창의 국립국악원 활동 업적 연구」, 『국악교육』 49, 한국국악교육학회, 2020, 101쪽.

표회를 할 바엔 제대로 된 완창 판소리 무대를 선보여야겠다는 생각이 들었다. 그때까지 그 누구도 생각지 못한 일이었다.[27]

내가 판소리 완창 무대에 도전한 것이나 창작판소리에 관심을 가지게 된 것은 소리꾼들이 손가락으로 꼽는 레파토리에다 그것도 눈대목 (하이라이트)만 불러 젖히면서 이곳저곳 불려 다니는 세태에 경종을 울리기 위해서다. 내가 만든 창작판소리가 전래의 다섯 마당만큼 생명력 있는 작품으로 남게 될지는 의문이지만 판소리를 하는 사람이라면 한 번쯤 창작에 도전해 볼 만하다고 생각한다.[28]

"아, 아니, 내가 어떻게 인류 성인 중의 한 분인 예수님을 창으로 한답니까? 결코 안 될 일이구만요. 벼락 맞을 짓이지유." 처음엔 극구 사양했다. 그러나 머리를 굴리며 생각을 해보니까 이보다 더 좋은 기회는 없을 것 같았다. 뭣이든 방송을 타면 인기가 높을 것이란 생각을 하고 무조건 대본을 받았다. 당시 TV는 널리 보급이 안 돼 시청자들로부터 영향력은 그리 크지 않았다. 이와 반대로 라디오 방송의 일일극이나 드라마는 물 만난 고기처럼 전성기를 구가하며 폭발적인 인기를 누리고 있었다. 그때 동아방송에서는 극작가 주태익 씨가 〈이춘풍전〉을 판소리 가사로 쓰고 김소희 여사가 창으로 불러 청취자들로부터 대단한 인기를 끌고 있었다.[29]

---

27 박동진, 「내 인생 소리에 묻고 (14)」, 『중앙일보』, 2000. 7. 12.
28 박동진, 「내 인생 소리에 묻고 (20)」, 『중앙일보』, 2000. 7. 21.
29 1969년 성탄절을 몇 달 앞두고 기독교 시청각교육국 국장이던 조향록 초동교회 목사와 동아방송의 주태익 극작가가 찾아와서 예수의 일생을 다룬 대본을 건네며 판소리로 만들어 방송을 하자고 한 것이다. 「무형문화재 박동진 장로

박동진이 판소리 완창에 도전하게 된 이유는 여러 가지가 있을 것이다. 위의 인용문에서는 대략 세 가지 정도의 이유를 알 수 있다. 첫째는 서양음악을 하는 사람들이 발표회를 가지는 것이 부러웠고, 게다가 우리 음악을 하는 사람이 발표회를 못 할 것이 없다는 약간의 오기도 생긴 것이다. 둘째는 소리꾼들이 이곳저곳 불려 다니며 일부 눈 대목으로 소리를 팔고 있는 현실이 못마땅했고, 그러한 세태에 경종을 울리고자 했다. '오동나무는 천 년을 늙어도 항상 음률을 간직하고, 매화는 평생을 추위에 떨어도 향을 팔지 않는다.(桐千年老 恒藏曲 梅一生寒不賣香)'는 말이 있듯이 박동진은 예술가로서의 자존심을 지키고, 긍지를 가지고자 했던 것이다. 셋째는 새로운 판소리를 창작할 수 있다는 자신감과 도전정신이었다. 그러나 이보다 더 중요한 것은 밑줄 친 "그러나 머리를 굴리며 생각을 해보니까 이보다 더 좋은 기회는 없을 것 같았다. 뭣이든 방송을 타면 인기가 높을 것이란 생각을 하고 무조건 대본을 받았다."에서 알 수 있듯이 박동진은 이름을 알리는 데 목말라 있었다. 당시 박동진보다 나이가 적은 김소희와 박초월이 일찌감치 1964년 12월 28일 중요무형문화재 예능보유자로 인정되어 있었으니, 그는 소리꾼으로서 절박한 심정을 가질 수밖에 없었다. 그만큼 무명 소리꾼인 박동진으로서는 입신할 수 있는 획기적인 전기 마련이 절실했던 것이다. 그래서 대중들에게 강렬한 인상을 주어 일약 유명세를 탈 수 있는 방법을 궁리했다. 그 방법으로 다섯 시간이라는 초유의 장시간 공연을 택했고, 결과적으로 그 의도가 적중했다.[30]

의 신앙 간증 (8)」, 『기독신문』, 1999. 3. 17.

30 최동현, 「판소리 완창의 탄생과 변화」, 『판소리연구』 38, 판소리학회, 2014,

박동진의 꿈은 1968년 9월 30일 국립국악원 강당에서 가진 흥보가 완창무대(고수 한일섭)에서 이루어지기 시작했다. 당시만 해도 '계창(繼唱)'이라고 하여 '완창(完唱)'이라는 개념조차도 없었던 때였다. 무명 소리꾼에 불과한 박동진이 다섯 시간 동안 쉬지 않고 흥보가를 완창한다고 하자, 국악인들의 시선이 곱지 않았다.[31] 휴식 시간 없이 장장 5시간 20분 동안 화장실도 가지 않은 채 물 몇 모금만 마시고 열창했다. 기립박수를 받은 성공적인 공연이었으며, 당시로서는 경이적이고 역사적인 사건이었다. 무명 소리꾼에 불과했던 박동진이 세간의 주목을 한 몸에 받으며 일약 명창으로 우화등선하는 순간이었다. 그야말로 건곤일척이다. 이 공연은 유엔군총사령부 방송국(VUNC)에서 녹음하여 10월 2일 제5회 방송의 날 특집 방송으로 내보냈다.

그 후 박동진은 정진에 정진을 거듭하면서 끊임없이 완창무대에 도전하며 이른바 완창 판소리 시대를 활짝 열었다. 그의 완창 발표에 자극을 받은 소리꾼들은 너도나도 완창무대에 나서기 시작했다. 고사 직전에 있던 판소리에 단비를 내려 회생시키는 계기를 마련한 것이다. 박동진은 4년 만에 당시로서는 누구도 상상할 수 없었던 전승 오가를 모두 완창하는 기염을 토해냈다.

350쪽.

31 "내가 처음 완창 판소리 공연을 하겠다고 하자 그동안 나를 못마땅하게 생각했던 국악인들은 '옳다구나' 하고 헐뜯기 시작했다. '다섯 시간이 넘게 한 자리에서 소리를 한다고? 지가 뭔데.' '다른 사람도 아닌 박동진이가 어떻게 소리를 그렇게 오래 해?' 남들은 다 나를 따돌렸지만 내 뜻을 이해하고 격려해 준 이들이 바로 고수 한일섭 씨와 당시 국립국악원장인 성경린 씨였다. 한일섭 씨는 함께 공연 준비를 하며 '힘들다' 소리 한마디 없이 묵묵히 나를 도와주었다.", 박동진, 「내 인생 소리에 묻고 (15)」, 『중앙일보』, 2000. 7. 13.

1968년 9월 30일, 흥보가 완창(5시간 20분, 고수 한일섭), 국립국악원

1969년 5월 20일, 춘향가 완창(8시간, 고수 이정업 · 김명환 · 김득수 · 한일섭), 국립극장

1970년 4월 21일, 심청가 완창(6시간 30분, 고수 이정업 · 김득수 · 한일섭), 국립극장

1971년 4월 6일, 적벽가 완창(6시간, 고수 김득수 · 이정업), 국립극장

1971년 11월 3일, 수궁가 완창(4시간, 고수 이정업 · 김득수), 국립극장

　박동진 명창은 이 시기에 전승이 끊긴 지 오래된 판소리를 되살리는 데도 힘을 쏟았다. 1970년 8월 22일에 〈변강쇠타령〉(3시간 30분, 국립극장, 고수 김득수 한일섭)을 발표하고, 1972년 5월 7일에 〈배비장타령〉(6시간, 국립극장, 고수 김득수 한일섭)을 발표하였다.

　한편 여러 편의 창작판소리도 발표하였다. 1969년에 예수의 탄생을 다룬 창작판소리 〈구주성탄〉을 작창하였다. 이 성서판소리는 주태익 작을 작창한 것으로 그해 크리스마스 전후에 기독교방송(HLKY)에서 8회에 걸쳐 방송하였으며,[32] 이 일이 계기가 되어 박동진은 기독교 신자가 되었다고 한다.[33] 그 후 1970년 3월에 예수의 수난과 부활을 다룬 2부가 부활절에 맞추어 23~29일까지 KBS방송을 통해 전국에 방송되어 크게 주목받았다.[34] 이 밖에도 〈탕자전〉(주태익 작),

---

32　1969년 12월 20~23일, 25~28일에 저녁 9시 40분부터 방송되었다. 〈예수전〉은 예수의 탄생을 다룬 1부, 예수의 수난과 부활을 다룬 2부로 이루어져 있는데, 이때 방송한 것은 1부에 해당하는 것이고, 1970년 3월 26~29일 KBS에서 예수의 수난과 부활을 방송하여 널리 알려지게 되었다고 한다.
33　1972년부터 서울의 초동교회에 다녔으며, 나중에 그 교회의 장로가 되었다.
34　『경향신문』, 1970. 3. 26.

〈갈릴리의 봄〉, 〈팔려간 요셉〉(?), 〈부활가〉(이보라 작), 〈모세가〉(박이엽 작) 등 성서판소리를 여러 편 발표하였다.[35] 한편 1973년 4월 28일에 성웅 이순신의 일대기를 다룬 〈충무공 이순신〉을 무려 9시간 40분 동안 국립극장에서 발표했다. 한일섭·이정업·김동준·김명환·김득수 등 다섯 명의 고수가 번갈아 장단을 맡았다.[36]

4) 인간문화재와 판소리 대중화; 대기만성의 황금기

박동진 명창은 1973년 11월 11일 중요무형문화재 제5호 판소리 적벽가 예능보유자로 인정되었다. 58세에 명실상부한 국창으로서 우리나라를 대표하는 인간문화재의 반열에 들어선 것이다.[37] 그는 인간문화재가 된 후에도 끊임없이 소리 공부를 하고 완창무대를 비롯하여 다양한 무대에 올라 판소리의 대중화에 앞장섰다. 1974년에 제1회 뿌리깊은나무판소리감상회에서 적벽가(1월 18일, 고수 김득수)를 연창하고, 이어서 적벽가(11월 22일, 고수 김명환)를 연창하였으며, 1976년에 심청가(11월 12일·19일·26일, 12월 3일·10일, 고

---

35 이유진, 「창작판소리 〈예수전〉 연구」, 『판소리연구』 27, 판소리학회, 2009.

36 이날은 충무공 이순신 장군 탄신 428주년으로 당시 박정희 대통령이 아산 현충사에서 열린 茶禮에 헌화와 분향을 하고 돌아오는 길에 공연장을 찾았다고 한다. 박동진 명창은 사실에 충실한 대본을 만들기 위해 통영·한산도 등 이순신 장군과 관련된 곳들을 답사하는 한편 『난중일기』, 이광수의 〈이순신〉 등의 자료를 참고하였다. 〈충무공 이순신〉을 완성하는 데 무려 3년이 걸렸다. 완창공연에 앞서 동양라디오의 「여명의 가락」에서 매일 아침 15분씩 미리 소개했다.

37 당시 판소리 인간문화재로는 1964년 12월 28일 인정된 박록주, 김여란, 김연수, 정광수, 박초월, 김소희와 1970년 7월 22일에 인정된 정권진이 있었다. 이때 박봉술도 박동진과 함께 적벽가 보유자로 인정되었다.

수 김득수)를, 1978년에 수궁가(3월 10일 · 17일 · 24일, 고수 김명환)
를 연창하였다.

　박동진 명창은 1975년 1월 1일부터 1979년 12월 31일까지 5년 동안
제2대 국립창극단 단장을 지냈다. 당시 지명도에 따라 무조건 주역을
배정하던 창극단의 관행을 고치기 위해 발 벗고 나섰다. 상당한 갈등
과 압력에도 불구하고 창극단의 오래된 고질적인 병폐를 고쳐 배역
에 맞게 주역을 배정함으로써 창극 발전의 기틀을 마련하였다.[38]

　박동진 명창이 국립창극단 단장 시절 국립극장 무대에 올린 작품
은 다음과 같다.[39] 1975년 〈배비장전〉(3월 19~23일)[40]과 〈대업〉(9월
19~23일, 도창),[41] 1976년 〈춘향전〉(4월 15~17일, 도창)[42]과 〈수궁
가〉(10월 29일~11월 1일, 용왕),[43] 1977년 〈심청전〉(3월 24~27일, 도
창)[44]과 〈흥보전〉(9월 16~19일, 도창)[45]이 있다. 그리고 1978년 〈강릉

38　박동진, 「내 인생 소리에 묻고 (20)」, 『중앙일보』, 2000. 7. 21.

39　주요 배역은 다음을 참고하여 정리하였다. 국립극장, 『국립극장 30년』, 국립
　　극장, 1980, 667-669쪽. 국립중앙극장 엮음, 『세계화 시대의 창극』, 국립극장,
　　2002, 254-264쪽.

40　주요 배역은 도창 박초월 · 김소희, 배비장 조상현, 애랑 김동애, 방자 박후성,
　　정비장 강종철, 군노 허희 등이다. 국립중앙극장 엮음, 『세계화 시대의 창극』,
　　국립극장, 2002, 261쪽.

41　주요 배역은 도창 박동진, 안중근 조상현, 어머니 박초월 등이다. 국립중앙극
　　장 엮음, 『세계화 시대의 창극』, 국립극장, 2002, 264쪽.

42　주요 배역은 도창 박동진 · 김소희, 춘향 김영자, 이몽룡 은희진, 월매 박초월 ·
　　남해성, 향단 강정숙, 방자 허희, 변학도 박후성, 운봉 조상현, 곡성장 이정일,
　　행수기생 김동애, 과부 박귀희 · 한농선, 농부 강종철 등이다. 국립중앙극장
　　엮음, 『세계화 시대의 창극』, 국립극장, 2002, 254쪽.

43　주요 배역은 도창 김소희 · 박초월, 별주부 조상현, 토끼 남해성, 용왕 박동진,
　　별주부모 한농선, 별주부처 조남희, 궐어 강종철, 봉황새 박귀희, 도사 허희,
　　까마귀 신영희, 노루 은희진 등이다. 국립중앙극장 엮음, 『세계화 시대의
　　창극』, 국립극장, 2002, 260쪽.

44　주요 배역은 도창 박동진, 심청 김영자 · 강정숙, 심 봉사 박후성 · 강종철, 어

매화전)(5월 12~16일, 도창)⁴⁶과 3대창극연창공연(10월 18~22일, 도창・춘향가 창),⁴⁷ 1979년 〈광대가〉(3월 22~26일, 대원군)⁴⁸와 〈가로지기〉(10월 7~11일)⁴⁹ 등도 있다. 박동진 명창은 〈수궁가〉에서 용왕 역을 맡고, 〈광대가〉에서는 대원군 역을 맡아 열연하였다. 창극단 단장이라는 행정가가 아니라 소리꾼으로서 가져야 할 본연의 모습을 보여주었던 것이다. 그것이 소리꾼 박동진이 걸어가고자 했던 길이었고, 평생을 그렇게 걸어갔다.

　박동진 명창은 1980~90년대에도 완창무대에 꾸준히 올라 노익장

린 심청 오명선, 곽씨부인 김동애, 뺑덕이네 남해성, 도사공 강종철, 화주승 허희, 황제 김창섭, 용왕 송운길, 이비 신영희・조남희, 오자서 최영길, 어전사령 강만희 등이다. 국립중앙극장 엮음, 『세계화 시대의 창극』, 국립극장, 2002, 256쪽.

45　주요 배역은 도창 김소희・박초월・박동진, 흥보 조통달, 흥보처 한농선・남해성, 놀보 조상현, 놀보처 오정숙, 마당쇠 박후성, 도승 박동진, 제비왕 박귀희, 노인 김종엽, 장군 강종철, 흥보 아들 윤성배 외, 현조 남해성・한농선, 꼽추 이정일 등이다. 국립중앙극장 엮음, 『세계화 시대의 창극』, 국립극장, 2002, 258쪽.

46　주요 배역은 도창 박동진・박초월・김소희・박귀희, 매화 김동애, 이생 조상현, 김생 김종엽 등이다. 국립중앙극장 엮음, 『세계화 시대의 창극』, 국립극장, 2002, 262쪽.

47　제1부는 심청가, 제2부는 흥보가, 제3부는 춘향가였는데, 각각 판소리를 먼저 부르고 이어서 창극을 하였다. 창극으로 한 부분은 심청가는 심 봉사가 개천에 빠지는 대목부터 심청이 인당수에 빠지는 대목, 흥보가는 흥보가 매 맞은 후부터 놀보가 화초장 가지고 가는 대목, 춘향가는 이 도령이 춘향 집을 찾아오는 대목부터 끝까지였다. 국립극장, 『국립극장 30년』, 국립극장, 1980, 669쪽.

48　주요 배역은 도창 박초월・김소희, 신재효 조상현, 진채선 김동애・김성녀, 대원군 박동진, 김세종 강종철 등이다. 국립중앙극장 엮음, 『세계화 시대의 창극』, 국립극장, 2002, 263쪽.

49　주요 배역은 변강쇠 조상현, 옹녀 남해성・오정숙, 나무꾼 강정자・전정민 등이다. 국립중앙극장 엮음, 『세계화 시대의 창극』, 국립극장, 2002, 261쪽.

을 과시했다. 1980년대에는 1984년 〈변강쇠타령〉(12월 18일, 국립극장), 1985년 〈흥보가〉(5월 25일, 국립극장), 1986년 〈적벽가〉(3월 29일, 국립극장), 1987년 〈배비장전〉(3월 28일, 고수 김득수·김동준·김청만, 국립극장), 1988년 〈적벽가〉(3월 26일, 국립극장), 1989년 〈춘향가〉(3월 25일, 국립극장) 등을 완창하였다.[50] 1990년대에는 1990년 〈변강쇠타령〉(7월 28일, 국립극장)과 〈변강쇠타령〉(12월 15일, 국립극장),[51] 1991년 〈수궁가〉(3월 30일, 국립극장)와 〈춘향가〉(10월 6일, KBS홀), 1992년 〈배비장전〉(10월 31일, 국립극장), 1993년 〈심청가〉(6월 26일, 국립극장), 1994년 〈심청가〉(10월 29일, 국립극장), 1997년 〈변강쇠타령〉(5월 31일, 국립중앙극장), 1998년 〈수궁가〉(3월 28일, 국립중앙극장), 1999년 〈적벽가〉(3월 27일, 국립중앙극장) 등을 완창하여 건재함을 과시했다. 그리고 이 시기에도 박동진 명창은 실창판소리 복원 작업으로 1974년 9월 28일에 〈숙영낭자전〉(3시간, 국립극장)과 1977년에 〈옹고집〉을 발표했다.

한편 박동진 명창은 판소리 대중화를 위해 판소리 무대뿐 아니라 방송 출연 등 자신을 필요로 하는 곳이라면 때와 장소를 가리지 않고 찾아가 판소리를 알렸다.

CF에 출연한 후 방송 출연 섭외가 쇄도해 나는 각종 시사·오락프로그램에 단골손님이 되었다. 방송 출연에서 주로 내가 맡았던 역할은

---

50 심청가(12월 30일, 국립극장)는 오정숙, 성창순, 박동진이 나누어 부른 것으로 보인다.
51 『국립극장 60년사』에 1990년 5월 26일의 흥보가가 '박동진, 최난수'로 되어 있는 것은 오류이고, 최난수의 완창으로 보인다. 『동아일보』, 1990. 4. 27. 『매일경제』, 1990. 5. 25.

잘못된 사회 현실을 비판·풍자하는 일종의 '시사 판소리'를 코믹하게 선보이는 것이었다. … 다큐멘터리에서 코미디까지 다양한 방송 프로그램에 출연했지만 방송 출연 목적은 오직 하나, 우리 소리를 대중들에게 널리 알리기 위한 것이었고 이제 와서 생각할 때 판소리의 대중화는 어느 정도 성과를 거둔 것 같다.[52]

박동진 명창은 판소리를 널리 알리기 위해 학교나 사회단체, 직장이나 연수원 등에서 판소리 연창을 부탁하면 일정이 겹치지 않는 한 들어주었으며, 개런티나 무대 등에 대해 까다로운 조건을 내거는 일도 없었다. 그리고 항상 청중들에게 즐거운 마음으로 판소리의 멋과 재미를 느끼게 해주기 위해 신명을 바쳤다.[53]

5) 박동진판소리전수관 개관과 전수 교육; 금의환향의 은퇴기

박동진판소리전수관이 1998년 11월 28일 충남 공주시 장기면 무릉동 370번지 박동진 명창의 생가터에 개관되었다. 박동진 명창은 이곳에서 자신의 소리를 제자들에게 체계적이고 집중적으로 전수하였다. 박동진제 소리의 미래를 차근차근 준비한 것이다. 그리고 소리를 잊어버리지 않기 위해서 늘 새벽에 일어나 두 시간 동안 온몸에 땀이 흥건히 젖을 정도로 소리 공부를 하였다. 박동진 명창은 2003년 7월 8일 향년 88세로 천수를 누리고 영면하였다. '소리하다

---

52 박동진, 「내 인생 소리에 묻고 (29)」, 『중앙일보』, 2000. 8. 3.
53 최종민, 「현대 판소리에 불을 지핀 대중의 벗」, 『방일영국악상 10년』, 방일영 문화재단, 2003, 108쪽.

죽는 것이 소원'이라던 염원대로 타계하던 날 새벽에도 소리 공부를 했다고 한다. 그의 육신은 떠났지만, 그의 예술과 예술혼은 그의 소리로, 그의 제자들을 통해 여전히 우리 곁에 살아있다.

　박동진 명창은 판소리와 창극 발전에 끼친 공로를 인정받아 여러 차례 굵직한 상을 받았다. 주요한 수상 경력으로는 1980년 은관문화훈장(2등급)을 비롯하여 1983년 서울시문화상, 1994년 제4회 동리국악대상, 1996년 제3회 방일영국악대상, 2003년 제30회 한국방송대상 국악인상 등이다. 그리고 2003년 7월 9일 금관문화훈장(1등급)을 추서하였다. 문화훈장은 문화·예술 발전에 공을 세워 국민의 문화 향상과 국가 발전에 기여한 공적이 뚜렷한 자에게 수여하는 훈장이다. 박동진 명창은 생전에 은관문화훈장을 받았고, 사후에 금관문화훈장을 받았으니, 그 공적이 얼마나 컸던가를 짐작하고도 남는다.

3. 박동진 명창의 현대 판소리사적 위상

　박동진 명창은 진정한 광대이자 판소리 창단의 교육자요 지도자로서 여러 가지 중요한 역할을 하였다. 여기서는 그가 현대 판소리사에서 가지는 위상에 대해 살펴보기로 한다.

　첫째, 박동진 명창은 우리 시대에 활동했던 소리꾼 중에서 마지막을 장식한 진정한 광대였다. 그는 '명창'이라는 말보다는 '광대'라는 말을 더 좋아했던 소리꾼으로 판소리를 널리 알리고, 공연장을 관객에게 돌려주었다. 박동진 명창은 다양한 판소리 무대에서 수많은 공연을 하였다. 1968년의 흥보가 완창을 시작으로 1969년 춘향가,

1970년 심청가, 1971년 적벽가와 수궁가를 완창하여 판소리 완창시대를 열었으며, 그 후에도 끊임없이 완창무대에 서서 자신의 예술세계를 펼쳤다. 이 밖에도 국립창극단의 '판소리감상회', 판소리보존연구회의 '판소리 유파발표회', 판소리학회·뿌리깊은나무의 '뿌리깊은나무판소리감상회', 동아일보사의 '명창명인대회', 조선일보사의 '국악대공연', 전주 우진문화공간의 '판소리 다섯 바탕의 멋' 등 주요 무대에 출연하여 판소리를 알렸다.

둘째, 박동진 명창은 전승 판소리 다섯 바탕을 보유하고 있을 뿐만 아니라 여러 유파의 소리를 지니고 있다. 춘향가는 정정렬에게 배운 서편제이고, 흥보가는 박지홍에게 배운 서편제이며, 적벽가는 조학진에게 배운 중고제이다. 그리고 수궁가는 유성준에게 배운 동편제이며, 심청가는 김창진에게 배운 중고제적 성격이 강한 것이다. 박동진 명창이 아니었다면 이 중에서 중고제 심청가와 적벽가는 역사의 뒤안길로 영원히 사라졌을 것이다.[54]

셋째, 박동진 명창은 판소리 완창시대를 열어 정통 판소리를 되살리는 데 결정적인 역할을 하였다. 판소리는 1934년 조선성악연구회에서 창극을 무대에 상연하면서 크게 변화하기 시작하였고, 특히 1950년대에 여성국극이 크게 성행함으로써 고사 위기에 처했다. 박동진 명창도 여러 해 동안 햇님국극단과 새한국극단 등 여러 여성국극단에 참여하여 작창을 하였지만 1960년 국립국악원에 들어가면서부터 정통 판소리를 되살리는 데 전력했다.

박동진 명창은 1968년 9월 30일 흥보가를 완창하였다. 국립국악

---

54 김석배, 「중고제 판소리와 박동진 명창의 판소리」, 『판소리연구』 49, 판소리학회, 2020.

원 강당에서 5시간 20분 동안 벌어진 흥보가 완창은 토막소리 위주로 공연되던 당시로서는 매우 경이적인 '사건'으로 세간의 주목을 받기에 충분했다. 그 후 4년 만에 박동진 명창이 전승오가를 모두 완창하자 소리꾼들이 경쟁적으로 완창에 나서게 되어 고사 직전의 정통 판소리가 조금씩 살아나기 시작했다.

넷째, 박동진 명창은 판소리 창단의 교육자요 지도자로서 판소리와 창극의 발전에 크게 공헌하였다. 20대부터 6·25전쟁 무렵까지 달성권번과 경주권번, 대동권번 등 여러 권번에서 소리를 가르쳤으며, 1961년 1월 국립국악원에 들어가서 정년 때까지 14년 동안 국악사, 국악강사, 국악사양성소 교사, 연구원(장악과)을 지내며 판소리 발전을 위해 신명을 다했다. 그리고 1975년 1월 1일부터 1979년 12월 31일까지 5년 동안 제2대 국립창극단 단장을 지냈는데, 단장에 부임하면서 창극단의 풍토를 쇄신하였다. 그동안 지명도에 따라 주역을 배정하던 창극단의 그릇된 관행을 바로잡고, 배역에 맞게 주역을 배정한 것이다.

부임하던 첫날부터 '나는 소리꾼이지 연극하는 사람이 아니다.'고 선언했다. 창극은 판소리와 엄연히 달랐기 때문이다. 여러 명이 역할을 분담하는 창극은 보는 사람들은 즐겁겠지만 소리의 참맛을 아는 사람들에겐 깊이 없는 무대가 되기 십상이다. 나는 지명도에 따라 무조건 주역을 배정하는 창극단의 풍도에 일침을 가했다. 주역 급 소리꾼이라도 배역에 맞지 않으면 다음 작품을 기다려야 하는 법이다. 다 지나간 일이니 여기서 이름을 밝힐 필요는 없지만, 제법 체격이 좋은 후배 명창에게 이 도령 대신 변 사또 역을 맡겼더니 주역 아닌 조역을 준다고 불만이 터져 나왔다. 판소리계에도 계파가 생성되어 있어 자기 쪽 사람에게 주역을 주지 않으면 연합전선으로 대항해 와 금방 멱살이라도 잡을 기세였다. 작품을 위해서라면 개인적인 욕심쯤은 헌신짝처럼 버려야 한다고 생각한다. 캐스팅은 엄연히 창극단 단장(음악감독)의 몫이었기 때문에 나는 책임과 의무를 수행할 따름이었다. 지금도 그 일에 대해서 조금도 후회하지 않는다.[55]

창극단 단장으로 재임하는 동안 1975년 3월 〈배비장전〉(제주목사 역)을 시작으로 1975년 9월 〈대업〉(창 지도), 1976년 10월 〈수궁가〉 (용왕 역), 1979년 3월 〈광대가〉(대원군 역) 등 10편의 창극을 무대에 올리고 제주목사 등의 배역을 맡기도 하여 창극 발전에 이바지하였다. 은퇴 후에는 고향 공주로 돌아와 박동진판소리전수관에서 제자들을 가르치는 데 힘썼다.

다섯째, 박동진 명창은 창작판소리 발표와 실창판소리 복원을 통해 판소리 창단에 새로운 바람을 불러일으켰다. 1969년 〈구주 성탄〉, 1970년 〈부활가〉, 1973년 〈갈릴리의 봄〉 등 성서판소리를 여러 편 발표하고, 1972년 〈치악산〉과 〈충무공 이순신〉 등을 발표하여 창작판소리의 기반을 다졌다. 또한 1970년부터 소리판에서 사라진 지 오랜 세월이 지난 변강쇠전, 배비장타령, 숙영낭자전 등의 실창판소리를 복원하여 다시 소리판에 불러냄으로써 판소리의 세계를 넓혔다.

여섯째, 박동진 명창은 판소리의 대중화에 앞장섰다. 그는 1973년에 중고제 적벽가 예능보유자로 인정된 후에도 자신을 필요로 하는

---

55 박동진, 「내 인생 소리에 묻고 (20)」, 『중앙일보』, 2000. 7. 21.

무대에서 판소리를 알리는 데 최선을 다했다. 심지어 84세인 1999년에도 적벽가 완창무대에 서서 자신의 예술세계를 펼쳐 보이며 대중들과 호흡하였다. 그리고 대구, 부산, 전주 등 지방 공연을 통해 지방의 판소리문화 발전에도 일조하였다.

그리고 박동진 명창은 판소리 홍보대사라고 해도 과언이 아닐 정도로 전방위로 활동하였다. 1976~77년 동아방송에 판소리드라마 〈배비장전〉과 〈옹고집전〉 등에 출연한 것을 비롯하여 「사설 한마당」(MBC 라디오, 1988~89년), 「코미디전망대」(SBS TV, 1992년) 등 다양한 프로그램에 출연하여 풍자를 통해 잘못된 세태에 대해 일침을 가하여 대중들에게 판소리의 재미를 알게 했다. 또한 모 제약회사의 광고에 출연하여 '우리 것은 좋은 것이여'라는 멘트로 판소리에 대한 대중들의 관심을 크게 불러일으키기도 했다.[56]

한편 박동진 명창은 생전에는 말할 것도 없고 사후에도 그에 관한 여러 가지 책이 출판되어 영유아에서부터 성년에 이르기까지 판소리를 알리는 데 크게 이바지하고 있다. 다음은 박동진 명창이 주인공인 소설과 아동용 도서들인데, 판소리 명창 가운데 그만큼 책의 주인공으로 자주 등장하는 예는 찾기 어렵다.[57]

---

56 판소리 명창이 광고에 등장하는 경우는 드문데, 일제강점기 때 이동백 명창이 폐결핵 등에 특효가 있는 相和民(サソワミソ) 광고에 출연한 바 있다. 『문장』의 제3권 제1호(1941년 1월호) 뒤표지 등과 『半島の光』 43호(1941년 5월호)에 그의 사진을 실은 광고가 실려 있다.

57 다만 판소리 관련 인물 중에서 신재효는 큰 관심의 대상이었는데, 그에 관한 저서와 동화책으로는 다음과 같은 것이 있다. 김완기·그림 임경하, 『주시경, 신재효』, 삼익출판사, 1999. 윤중강·그림 손창복, 『신재효』, 교원, 2002. 공선옥·그림 이지은, 『판소리 지킴이 신재효』, 한솔교육, 2004. 전다연, 『한국의 예술가 신재효』, 대교, 2005. 김평·그림 송향란, 『신재효: 조상의 얼을 담은 판소리 예술가』, 한국퍼킨스, 2006. 양혜정·그림 원혜진, 『신재효: 판소리를

저자	그림	서 명	출판사	연도
송 언		우리 소리, 소중한 것이여	사계절	1995
송 언	김세현	큰 소리꾼 박동진 이야기	우리교육	1999
송 언	진성옥	큰 소리꾼 박동진 이야기 : 김창진	한솔교육	2001
송혜진	김병하	박동진	교원	2002
송 언	문종성	소리판의 큰 별 박동진	한국차일드아카데미	2004
송 언	김세현	우리 소리는 좋은 것이여	우리교육	2007
권경미	정선경	박동진 : 소리로 민족혼을 노래하다	기탄교육	2007
김장성	김은영	제비 몰러 나간다	한국차일드아카데미	2012
허난희	지 아	우리 소리는 내가 지킨다	한국슈타이너	2016
허난희	지 아	우리 것은 소중한 것이여	㈜한국글렌도만	2017

송언(그림 김세현), 『우리 소리는 좋은 것이여』(우리교육, 2007)는 송언(그림 김세현), 『큰 소리꾼 박동진 이야기』(우리교육, 1999)를 다듬은 것인데, 이 중에는 이와 같은 것이 더 있을 것으로 짐작된다.

참고로 그동안 판소리 명창의 삶을 다룬 책으로는 다음과 같은 것이 있는 정도이다.

- 김하명, 『명창의 길, 박록주』, 명서원, 1978.[58]

사랑한 예술가』, 기탄동화, 2006. 정철문·그림 황요섭, 『신재효 : 판소리 교육의 아버지』, 한국몬테소리, 2007. 윤중강·그림 김대남, 『신재효』, 교원, 2007. 성나미, 『신재효』, 파랑새, 2007. 송혜진, 『신재효 : 조선의 한과 조선의 삶을 노래하다』, 웅진씽크빅, 2007. 푸른물고기주니어동화책연구회·그림 수디 자인, 『신재효 : 판소리 여섯 마당을 정리하다』, 푸른물고기주니어, 2011. 한경영·그림 이희은, 『귀명창과 사라진 소리꾼 : 신재효와 진채선의 판소리 이야기』, 토토북, 2015.
58 이 책은 『박록주 편 : 장군과 가야금』(명서원, 1983)과 『장군의 가야금 박록주』(성도문화사, 1992) 등 몇 차례 재판되었다.

- 천이두, 『판소리 명창 임방울』, 현대문학, 1986.[59]

- 윤형, 『휘모리』, 삶과함께, 1994.[60]

- 박귀희, 『순풍에 돛 달아라 갈 길 바빠 돌아간다』, 새소리사, 1994.

- 배연형, 『박녹주-판소리 외길을 간 소리꾼』, 웅진씽크빅, 2005.

- 전지영, 『임방울, 우리 시대 최고의 소리 광대』, 을유문화사, 2010.

- 김동성, 『국악계에 흐르는 長江, 청강 정철호 평전, 명고 명창의 행로』, 판소리고법보존회, 2010.

  일곱째, 박동진 명창은 판소리 공연의 전통 양식을 지키려고 노력하였다. 먼저 무대에서 자기가 부르고 싶은 대목을 하는 것이 아니라 전통시대와 같이 객석에서 요구하는 대목을 하였다.[61] 그리고 전통시대에 명창들이 수행고수를 대동하고 다닌 것[62]과 같이 박동진 명창도 주로 명고수 주봉신(1934~2016)과 호흡을 맞추었다. 주봉신은 원래 소리꾼인데 박동진 명창을 만나면서 고수로 전업하여 43세부터 15년 이상 그의 수행고수로 활동했다.[63]

---

59 이 책은 천이두, 『명창 임방울』(한길사, 1998)로 재판되었다.
60 이 소설은 이일목 감독의 영화 〈휘모리〉를 소설화한 것이다. 영화 〈휘모리〉는 '94 국악의 해'를 기념하기 위해 제작한 것으로 1993년 전주대사습놀이 판소리 부문 대통령상 수상자인 이임례 명창의 파란만장한 소리 인생을 그리고 있다. 김정민, 이태백, 강상규, 남영진, 김인문 등이 출연하였고, 1994년 6월 25일 대한극장에서 개봉하였으며 상영시간은 122분이다.
61 "그러면은, 뭐를 해라, 말하자면 객석에서 지정해주는 거요. 요새는, 제 맘대로 하지만 옛날에는 객석에서 '우리가 듣고 싶은 것이 무엇이다' 이래 지정해주는 겁니다.", 이보형 외, 「판소리 명창 박동진」, 『판소리연구』 2, 판소리학회, 1991, 228쪽.
62 정노식, 『조선창극사』, 조선일보사출판부, 1940, 35쪽, 37쪽. 그리고 장판개도 송만갑의 수행고수로 활동한 적이 있으며, 박지홍도 박기홍의 수행고수를 한 때가 있다.

평안감사 환영연도   박동진 명창

한편 박동진 명창은 판소리 광대의 전통 복색을 지키고자 했다.[64] 그는 소리할 때 갓을 쓰고, 한복을 입고, 행전을 치고, 가죽신을 신고, 그림을 그리지 않은 합죽선인 백선(白扇)을 들었다.[65] 그중에서 한복 차림새는 창옷을 입고 다리에 행전을 쳐 독특하다. 창옷은 중치막 밑에 입던 웃옷으로 두루마기와 같은데 양옆을 트고 소매가 좁으며 무가 없는 것이다. 행전은 바지나 고의를 입을 때 정강이에 감아 무릎 아래 매는 것인데, 반듯한 헝겊으로 소맷부리처럼 만들고 위쪽에 끈을 두 개 달아서 한 바퀴 돌려서 두 끝을 마주 맨다. 판소리 광대의 이러한 복색은 서울대학교박물관이 소장하고 있는 '평안감사 환영연도'(10폭) 병풍 가운데 모흥갑이 능라도에서 소리하는 장면을 비

---

63 전경욱,『한국전통연희사전』, 민속원, 2014, 938쪽.
64 송혜진(그림 김병하),『박동진』, 교원, 2002, 73쪽.
65 김양숙 박동진판소리전수관 관장은 고창 동리국악당에 있는「동리 신재효 선생 초상」의 복색은 박동진 명창의 복색을 모델로 한 것으로 알려져 있다고 했다. 2019년 9월 22일 오후 4시 30분 전화인터뷰.

롯하여 여러 그림에서 확인된다.[66]

4. 맺음말

인당 박동진 명창은 오랜 세월 동안 대중적인 사랑을 받으며 자신의 예술세계를 마음껏 펼치고 떠난, 우리 시대를 대표하는 판소리꾼이다. 그러나 그가 현대 판소리사에서 가지는 위상에 비해 그에 대한 연구는 미진한 편이다.

이 글에서는 박동진 명창의 예술세계를 이해하는 데 기여하기 위해 그가 소리꾼으로서 살아온 소리의 길과, 그가 현대 판소리사에서 가지는 위상을 살펴보았다. 앞에서 살핀 바를 요약, 정리하면 다음과 같다.

박동진 명창은 미수를 사는 동안 평생을 판소리와 함께 살았는데, 그의 소리인생은 크게 다섯 시기로 나눌 수 있다. 첫 번째 시기는 소리꾼의 길에 들어서게 된 숙명적인 입문과 학습기이다. 박동진은 1916년 7월 12일 충남 공주의 전통예인 집안에서 소리꾼의 재능을 타고났으며, 16세 무렵 소리에 끌려 숙명적으로 소리의 길에 입문한 후 1945년 무렵까지 김창진, 정정렬, 이동백, 박지홍, 조학진, 유성준 등 당대의 이름난 명창들에게 두루 소리를 익혔다. 이 시기에 그의

---

66 전통시대의 판소리 광대의 복색은 1857년 여흥민씨 집안에서 부모의 결혼 60
    주년(회혼)을 맞아 잔치를 벌인 장면을 그린 병풍에 있는 판소리 하는 모습과
    19세기 말에 箕山 金俊根이 그린 풍속도 가운데 「솔이흥는 모양」, 「가긱 솔이
    흥고」, 「歌客唱場」 그리고 연대 미상의 판소리 하는 장면을 그린 풍속화의 밑
    그림인 「歌客才談」 등에서도 확인할 수 있다.

소리 세계의 기틀이 마련된 것이다. 두 번째 시기는 간난신고의 시련기로 1946년 무렵부터 1960년 여성국극단을 그만둔 때까지이다. 박동진은 해방 후 잃어버린 소리목을 되찾기 위해 고향에서 백일공부를 마치고 소리목을 다시 얻어 대구, 경주 등지에서 소리선생을 하였다. 1950년대에는 햇님국극단, 새한국극단, 우리국극단 등 국극단에 참여하여 주로 작창과 무대감독을 하며 10여 년을 소리꾼으로서는 좌절의 시간을 보냈다. 세 번째 시기는 절차탁마의 수련기로 1961년 국립국악원에 국악사보로 발령받으면서부터 약 14년 동안 지낸 국립국악원 시절이다. 이 시기에 1968년 9월 30일 5시간 20분 동안 쉬지 않고 홍보가를 완창하고 이어 1969년 춘향가(5월 20일), 1970년 심청가(4월 21일), 1971년 적벽가(11월 3일)와 수궁가(11월 3일) 등 전승오가를 완창함으로써 판소리 완창시대를 열었다. 이 밖에 〈변강쇠타령〉(1970)과 〈배비장타령〉(1972) 등 일찍이 소리판에서 사라진 소위 실창판소리를 복원하고, 〈구주 성탄〉(1969)과 〈충무공 이순신〉(1973) 등의 성서판소리와 창작판소리를 발표하여 판소리의 세계를 넓혔다. 네 번째 시기는 대기만성의 황금기로 1973년 11월 적벽가 인간문화재가 된 후부터 1998년 11월 공주에 박동진판소리전수관이 개관되어 거처를 이곳으로 옮기기 전까지이다. 이 시기에 박동진 명창은 완창무대뿐만 아니라 '뿌리깊은나무 판소리 감상회'를 비롯하여 다양한 무대에 올라 판소리 대중화에 앞장섰다. 또한 제2대 국립창극단 단장(1975~1979)으로 활동하면서 창극단의 풍토를 쇄신하였으며, 5년간의 재임기간 동안 〈대업〉(1975), 〈광대가〉(1979) 등 10편의 창극을 무대에 올려 좋은 평가를 받았다. 또한 다양한 매체에 등장하여 대중들에게 판소리를 알리는 데 일조하였다. 마지막 다섯 번째 시기는 금의환향의 은퇴기로 1998년 11월 28일 고향 공주에 박동진판소리전수관이 개관된 때부터 2003년 7월 8일 영면할 때까지이다. 이 시기에 그는 자신의 소리제의 미래를 준비하기 위해 제자 교육에 전념하였다.

둘째, 박동진 명창은 현대 판소리사에서 차지하는 위상은 상당히 높다. 그는 우리 시대에 활동했던 소리꾼 중에서 '명창'이란 말보다 '광대'란 말을 더 좋아했던 진정한 광대로 대중들에게 판소리의 맛과 멋을 알렸다. 그리고 판소리 다섯 바탕을 보유하고 있었을 뿐만 아니라 여러 유파의 소리를 섭렵하고 있었으며, 특히 그가 아니었다면 중고제 심청가와 적벽가는 잊혔을 것이다. 또한 판소리의 완창시대를 열어 고사 직전의 정통 판소리를 되살리는 데 결정적으로 이바지하였고, 판소리 창단의 교육자요 지도자로서 판소리 및 창극 발전에 이바지한 바가 크다. 창작판소리 발표와 실창판소리 복원을 통해 판소리 창단에 새로운 바람을 불러일으켰으며, 수많은 공연무대와 다양한 매체에 적극적으로 출연하여 판소리의 대중화에 크게 일조하였고, 판소리 공연의 전통 양식을 지키려고 노력하였다.

제2장

박동진 명창의
예술 활동

1. 머리말

박동진은 우리 시대를 대표하는 판소리 명창 가운데 한 사람이다. 그는 근대오명창시대에 판소리를 배운, 전통 판소리의 마지막 세대로[1] 20세기 후반의 판소리 발전에 크게 공헌하였다. 특히 1968년에 5시간 20분 동안 쉬지 않고 흥보가를 완창함으로써 판소리 완창시대를 열어 꺼져가던 전통 판소리를 되살린 공은 높이 평가받아야 한다. 또한 변강쇠가와 배비장타령 등 일찍이 소리판에서 사라진 이른바 실창판소리를 복원하고, 〈충무공 이순신〉과 〈예수전〉 등 창작판소리를

---

[1] 박동진 명창에 이어 정광수 명창(1909~2003)과 한승호 명창(1924~2010)이 타계함으로써 1930~40년대 조선성악연구회에서 소리를 익힌 명창들이 모두 세상을 떠났으니, 전통시대의 판소리 모습은 이들과 함께 역사의 뒤안길로 사라졌다고 해도 과언이 아니다.

선보이며 판소리의 세계를 확장하는 데도 일조하였다. 박동진은 각고의 노력으로 일가를 이루어 마침내 1973년에 판소리 적벽가 예능 보유자로 인정됨으로써 우리나라를 대표하는 명실상부한 명창으로 우뚝 서게 되었으며, 완창무대를 비롯하여 다양한 무대에서 청중들에게 판소리의 맛과 멋을 알리는 데 평생을 바쳤다.

근래에 박동진 명창에 대한 연구가 이루어지기 시작하면서 주목할 만한 성과들이 축적되고 있다.[2] 그러나 박동진 명창의 예술 활동에 대한 본격적인 논의는 이루어지지 않았다. 다만 강윤정의 「박동진 판소리 창본 연구」[3]의 부록에 제시된 목록을 통해 대강을 짐작할수 있다. 박동진 명창의 예술세계를 제대로 이해하기 위해서는 그의 예술 활동 전반을 자세하고 체계적으로 정리할 필요가 있다. 대부분의 명창의 경우 정보가 부족하여 그가 평생 벌인 예술 활동을 정리하는 것은 쉽지 않다. 박동진 명창은 10대 중반에 판소리에 입문하여 70여 성상의 짧지 않은 세월을 소리꾼으로 활동하였기 때문에 그의 예술 활동 전모를 파악하는 것 역시 쉽지 않다. 특히 1950년 이전의 활동은 자료의 부족으로 정리하기가 여간 어렵지 않다. 다행히 1950년 대부터는 예술 활동과 관련된 신문기사 등 다양한 자료가 상당히 많

---

2 최동현, 「귀명창이 사라진 시대의 명창-박동진론」, 『판소리 명창과 고수 연구』, 신아출판사, 1997. 김기형, 「판소리 명창 박동진의 예술세계와 현대 판소리사적 위치」, 『어문논집』 37, 안암어문학회, 1998. 강윤정, 「박동진 판소리 창본 연구」, 충북대학교 박사학위논문, 2004. 김석배, 「박동진 명창의 삶과 예술세계」, 〈인당 박동진 명창 기념학술대회 자료집〉(2018. 7. 12. 공주 문예회관 소공연장) 등이 있다. 이 외에도 최근에 활발하게 이루어지고 있는, 〈변강쇠전〉과 〈예수전〉 등 박동진 명창이 창작하거나 복원한 개별 작품에 대한 논의도 그의 예술세계를 이해하는 데 기여하고 있다.
3 강윤정, 「박동진 판소리 창본 연구」, 충북대학교 박사학위논문, 2004, 145-182쪽.

이 남아 있어 비교적 자세하게 정리할 수 있다.

이 글에서는 『동아일보』를 비롯한 당시의 신문기사 등을 바탕으로[4] 박동진 명창의 예술 활동 전반을 살펴본다. 논의의 편의를 위해서 단체 활동과 공연 활동, 창작판소리 발표와 실창판소리 복원, 방송 출연과 음반으로 나누어 살펴본다. 이를 통해 박동진 명창의 예술세계에 대한 이해의 폭을 넓히고 깊이를 더하는 데 다소나마 이바지할 수 있기를 기대한다.

2. 박동진 명창의 단체 활동과 공연 활동

박동진 명창은 미수를 사는 동안 판소리를 위해, 그리고 판소리와 함께 살았다. 좀 더 적극적으로 말하면 박동진 명창은 판소리가 되고

---

4 다음 자료도 참고하였다. 박황, 『창극사연구』, 백록출판사, 1976. 박황, 『판소리이백년사』, 사사연, 1987. 신창섭, 「국창 박동진 옹」, 『통일한국』1987년 4월호, 평화문제연구소. 김명곤, 『광대열전』, 예문, 1988. 이성희, 『이 사람 이후』, 월드북, 1991. 박경수, 『소리꾼들, 그 삶을 찾아서』, 일월서각, 1993. 오중석, 『동편제에서 서편제까지』, 삼진기획, 1994. 이규섭, 『판소리 답사기행』, 민예원, 1994. 최종민, 「현대 판소리에 불을 지핀 대중의 벗」, 『방일영국악상 10년』, 방일영문화재단, 2003. 이진호, 「우리 소리 지키기 외길 인생」, 『새가정』1995년 11월호, 새가정사. 「명창 박동진 선생」, 『경향신문』, 1984. 2. 16. 「판소리 중요무형문화재 박동진 씨」, 『매일경제신문』, 1987. 2. 25. 「판소리 제1의 명창 박동진 옹」, 『경향신문』, 1990. 2. 7. 「판소리 명창 박동진 옹」, 『매일경제신문』, 1990. 10. 23. 「판소리 명창 박동진 씨」, 『중앙일보』, 1991. 8. 31. 「명인명장전, 박동진」, 『국민일보』, 1994. 2. 19. 그리고 송언, 『우리 소리, 소중한 것이여』(사계절, 1995)도 비록 소설이지만 작가가 10여 차례 취재하고 쓴 것이어서 참고할 만하다. 2018년 7월 27일 오전 10시경에 작가에게 전화로 몇 가지 사실을 확인하였다. 번거로움을 피하기 위해 필요한 경우만 참고한 곳을 밝힌다.

자 했고, 판소리로 살았으며, 판소리였던 사람이다. 박동진 명창의
단체 활동과 공연 활동을 정리하면 다음과 같다.

1) 단체 활동

박동진 명창이 권번에서 한 활동부터 살펴보기로 한다. 박동진은
일찍부터 소리선생을 하였는데, 18세(1933) 무렵에 김천의 요릿집인
진양옥과 명월관에서 기생들에게 소리를 가르쳤고, 21세(1936) 무렵
에는 대구에서 가야금 명인 박상근의 사설권번에서 기생들에게 소리를
가르쳤다. 그러나 본격적으로 소리선생을 한 것은, 22세(1937년) 때에
조선성악연구회에서 정정렬, 이동백, 송만갑, 김창룡에게 소리를 배
운 후 대구의 달성권번에서 기생들에게 소리를 가르치면서부터였
다. 달성권번은 행수기생 출신인 염농산(1859~1947, 본명 염경은, 호
앵무)[5]이 상서정 20번지에 설립한 대구기생조합의 후신으로 1927년

---

5 염농산은 1907년 국채보상운동에 거금 일백 원을 의연금으로 쾌척하였고, 경
   상북도 성주군 용암면 용정리에 있는 두리방천 복구에 크게 도움을 주었으며,
   78세(1937년) 때 교남학교를 위하여 상당한 재산을 기부한 義妓이다. 대구기
   생조합은 염농산 등이 1926년 10월에 대구경찰서에 합자회사 설립 신청서를
   제출하여 1927년 1월에 달성권번으로 바뀌었다. 염농산은 廉天弘과 柳星香
   의 장녀로 본명은 廉敬恩인데 1913년 염농산으로 정식으로 개명하였으며, 남
   편은 鄭濟斌이다. 동생은 廉上恩으로 기명은 翡翠이다. 경상북도 고령군 용
   암면 면사무소 부근에 1919년 5월 5일에 세운 앵무의 제언공덕비가 있으며,
   고령군 운수면 화암1리 야산에 염농산이 부친 묘가 있다. 필자는 서너 차례 현
   지답사를 하였는데, 특히 2018년 4월 24일에는 소설가 엄창석·권이향과 함
   께 염농산의 부친 묘가 있는 곳을 답사하였다. 최근 염농산에 대해서는 정일
   선, 「기생 앵무에서 사회의 스승으로, 염농산」(『대구여성 독립운동 인물사』,
   대구여성가족재단, 2019)과 이문기, 「대구 의기(義妓) 염농산‘기생 앵무’]의
   생애와 성주군 용암면 두리방천 축조의 의미」(『역사교육논집』 75, 역사교육

1월 합자회사 달성권번으로 바뀌었다. 김해 김록주, 신금홍, 박지홍 등이 선생으로 있었다.[6] 그리고 24세(1939) 때 경주권번에서 소리선 생을 하였다. 경주권번은 노서리 113번지에 있었는데, 1910년대 초에 설립된 경주예기조합이 1930년에 계림권번으로 바뀌었다가 1940년 에 다시 경주권번으로 바뀌었다. 한때 송만갑, 유성준, 정정렬, 강태 홍, 김득수가 선생으로 있었다.[7]

해방 후인 31세 때 대구의 대동권번에서 소리선생을 하였다. 대동 권번은 1946년 1월 15일 대구 동본정 67번지에 양성소를 창립하고, 26~28일 대구극장에서 창립연주회를 열었다. 당시의 역원은 회장 김애산, 부회장 정남정, 평의원 이춘정, 간사 전명득, 학예부장 박지 홍, 사범 방호준·박동진, 총무 조병규였고, 교습 종목은 '창극조, 춤, 시조, 풍류, 가야금병창, 기타' 등이었다.[8]

다음으로 박동진 명창이 창극 및 국극 단체에서 활동한 것을 간략 하게 정리한다. 박동진은 1947년에 대구에서 조직된 조향창극단에 서 만담가 김모, 박지홍, 방호준 등과 함께 거창, 합천 등지로 경찰 위 문공연을 다녔다. 방호준은 최난익의 제자로 젓대 시나위를 잘했고, 박팔괘에게 가야금산조를 배워 가야금산조를 잘했다. 최난익은 전 북 금산군 진산 사람이라고 한다.[9]

학회, 2020)에서 자세하게 다루었다.

6 김석배, 「대구지역의 판소리문화 연구」, 『판소리연구』43, 판소리학회, 2017, 12-13쪽.
7 김석배, 「20세기 경주지역의 판소리문화 연구」, 『판소리연구』38, 판소리학 회, 2014, 209-213쪽.
8 대동권번에서 역원을 선정한 것은 1946년 1월 25일이었다. 『영남일보』, 1946. 1. 24. 1. 28. 2. 4.
9 문화재연구소, 「판소리 유파」, 문화재관리국, 1992, 48쪽.

박동진이 경주에서 소리선생을 하고 있을 때 6·25전쟁이 일어났
는데, 이때 국민방위군 산하 정훈공작대에 들어가 국군장병 위문공
연을 다녔다.[10] 국민방위군은 1950년 12월 21일에 설치되었으며, 정
훈공작대의 연예 단장은 김대운(金大運)이고, 박록주·오태석·신
숙·이용배·조농옥·김세준·박동진 등이 단원이었다. 피난지인
부산의 군부대에서 '소심이라는 마음씨 고운 아내가 장군인 남편을
위해 헌신한다'는 내용의 역사극 〈열녀화〉를 공연하여 갈채를 받았
다. 이어서 대구에서 오랫동안 공연하였고, 대전을 거쳐 전방에서도
공연하여 인기를 누렸다.[11] 그러나 국민방위군은 소위 '국민방위군
사건'이라는 부정부패 사건으로 1951년 5월 12일 해체되었고,[12] 정
훈공작대의 위문 활동도 부산에서 막을 내렸다.

박동진은 1952년 봄에 박록주가 대구에서 국극사를 재건했을 때[13]

---

10 오효진, 「한국의 소리꾼 박동진」, 『월간조선』, 1988년 4월호, 조선일보사. 356쪽.
11 박록주가 도창을 하였고, 소심 역은 신숙, 장군 역은 이용배가 하였다. 박록주,
   「나의 이력서 (28)」, 『한국일보』, 1974. 2. 14.
12 남정옥, 「국민방위군」, 『한국전쟁사의 새로운 연구 (1)』, 국방부군사편찬연
   구소, 2001, 238쪽. 사령관 준장 김윤근, 부사령관 준장 윤익헌, 보급과장 중령
   박기환, 재무실장 중령 강석한·박기현 등 5명은 1951년 6월 고등군법회의
   에 기소되어 사형을 선고 받았고, 1951년 8월 13일 오후 2시에 경북 달성군 월
   배면 송현동 벌리산 골짜기에서 공개 총살형에 처해졌다. 『동아일보』, 1951. 5.
   14.
13 박황, 『창극사연구』(백록출판사, 1976, 214쪽)에는 국극사가 1953년 봄에 재건
   된 것으로 되어 있지만, 『동아일보』와 『경향신문』에 국극단 단원의 살인사건에
   대한 기사가 있으니 1952년에 재건된 것이 분명하다. "휴지통 … ▲지방순회공
   연 중 배우들이 연극 아닌 살인극을 실연하고 유치장행 ▲극단은 대구에 있는 창
   극단 '국극사'로서 배우는 '박용덕'과 '정영만'인데 ▲대본에 없는 진짜 죽음을
   한 분은 '정'씨라고"(『동아일보』, 1952. 11. 20.). 1952년 11월 15일 토계면 새동부
   락 가설극장에서 국극사 단원인 박용덕이 개인감정으로 단원 정영만을 살해한
   사건이다.(『경향신문』, 1952. 11. 21.) '토계면'은 합천군 '초계면'의 誤植이다.

잠깐 참여하였다. 원래 국극사는 해방 직후에 조상선과 정남희 등이 중심이 되어 대한국악원 산하 단체로 창설되었는데 6·25전쟁으로 해체되었다. 박록주가 재건할 당시의 단원은 강태홍, 박춘홍, 박영자, 박병두, 한영순, 나경애 등 40여 명이었다.[14]

국극사에서 활동하던 박동진은 아내의 주선으로 햇님국극단에 들어가서 악사와 무대감독을 하는 한편 국극을 작곡하고 편곡하기도 하였다. 햇님국극단은 원래 여성국악동호회 산하 단체였는데, 1950년에 김주전이 햇님국극단을 다시 조직하여 활동하였으며, 그가 사망하자 김경애가 대표로 활동하였다. 박동진이 햇님국극단에서 작·편곡한 작품은 〈바보 온달〉(1952), 〈진실로(眞實路)〉(1953), 〈마의태자〉(1955), 〈옥루(玉淚)〉(1957) 등이다.[15] 또한 1956년에 김경애가 새로 조직한 새한국극단[16]에서 〈그리운 사람〉(1957)과 〈마음의 꽃〉(1958) 등을 작곡하였으며, 김연수가 1951년에 창립한 우리국악단에도 참여하여 〈정과정〉(1959)과 〈나비와 월화(月花)〉(1960) 등을 작곡하였다.[17]

다음으로 박동진 명창이 국가기관인 국립국악원과 국립창극단에

14 박록주, 「나의 이력서 (29)」, 『한국일보』, 1974. 2. 15. 박황은 재건 당시의 국극사 단원을 박동진, 박병두, 이용배, 박정환, 이재돌, 허빈, 이돈, 백완, 이일파, 한농선, 박춘홍, 변록수, 조봉란, 장소란, 박영자, 황정순 등이라고 하였다. 박황, 『창극사연구』, 백록출판사, 1976, 214쪽.
15 박동진이 햇님국극단에서 처음으로 악사 노릇을 한 것은 부산 동아극장에서 대대적으로 공연을 할 때라고 한다. 김기형, 『여성국극 60년사』, 문화체육관광부, 2009, 92쪽.
16 『동아일보』, 1956. 5. 16. 『경향신문』,(1956. 6. 25.)에 창립 공연으로 박노홍 작, 이해랑 연출의 〈무지개〉를 1956년 6월 27일부터 부산극장에서 상연하고, 7월 18일부터는 서울 시립극장에서 상연한다는 광고가 있다.
17 김기형, 『여성국극 60년사』, 문화체육관광부, 2009.

서 한 중요한 활동은 다음과 같다. 박동진은 1961년 1월 24일 국립국
악원에 국악사보로 발령받은 후 정년 때까지 14년 동안 국립국악원
에 봉직하며, 1963년 5월 31일부터 국악사, 1971년 7월 13일부터 국악
강사, 1972년 1월 1일부터 국악사양성소 교사, 1972년 9월 1일부터 연
구원(장악과)을 지냈다.[18] 박동진 명창이 국립국악원 시절에 한 활동
중에서 가장 큰 업적은 전승오가를 완창하여 소위 판소리 완창시대
를 열어 고사 직전의 정통 판소리를 기사회생시켰다는 점이다. 그리
고 1985년부터 국립국악원 민속악단의 판소리 원로사범이 되어 1990년
대 후반 후진 양성에 전념하기 위해 고향 공주로 낙향하기 전까지 활
동하면서 민속악단의 위상 정립에 큰 역할을 하였다.[19]

박동진 명창은 1975년 1월 1일부터 1979년 12월 31일까지 5년 동
안 제2대 국립창극단 단장을 지냈다. 창극의 발전을 위해서 창극단
의 잘못된 관행을 고치는 일에 나서는 등 단장으로서 책임과 의무를
성실하게 수행하였고, 1975년 3월에 〈배비장전〉을 시작으로 5년 동
안 〈대업〉, 〈춘향전〉, 〈수궁가〉 등 10편을 창극무대에 올려 창극 발전
에 기여하였다. 또한 창극단 단장으로 재직하면서도 정기적으로 '판
소리감상회'를 열고, 그 무대에서 판소리를 연창하는 등 정통 판소
리의 발전을 위해서도 노력을 아끼지 않았다.

---

18 국립국악원, 『건원 1400년 개원 50년 국립국악원사』, 국립국악원, 2001, 116쪽.
19 주재근, 「박동진 명창의 국립국악원 활동 업적 연구」, 『국악교육』 49, 한국국
악교육학회, 2020, 101쪽.

2) 공연 활동

① 판소리 공연

박동진 명창이 남긴 가장 큰 업적은 판소리 완창을 통해 빈사지경에 있던 판소리를 다시 살려내는 데 이바지한 것이다. 판소리 완창시대는 1968년 9월 30일에 흥보가를 완창하면서 열리게 되는데, 이어서 춘향가와 심청가, 적벽가, 수궁가를 차례로 완창하였다.[20]

박동진 명창은 1980~90년대에도 완창무대에서 기량이 녹슬지 않았음을 보여주었다.[21] 1985년 흥보가(5월 25일), 1986년 적벽가(3월 29일), 1988년 적벽가(3월 26일), 1989년 춘향가(3월 25일)와 심청가(12월 30일)[22]를 완창하였다. 그리고 1991년 수궁가(3월 30일)와 춘향가(10월 6일, KBS홀), 1993년 심청가(6월 26일), 1994년 심청가(10월 29일), 1998년 수궁가(3월 28일), 1999년 적벽가(3월 27일)를 완창하여 노익장을 과시했다. 1991년의 춘향가 외에는 모두 국립극장/국

---

20 1968년 9월 30일, 〈흥보가〉 완창(5시간 20분, 고수 한일섭), 국립국악원. 1969년 5월 20일, 〈춘향가〉 완창(8시간, 고수 이정업・김명환・김득수・한일섭), 국립극장. 1970년 4월 21일, 〈심청가〉 완창(6시간 30분, 고수 이정업・김득수・한일섭), 국립극장. 1971년 4월 6일, 〈적벽가〉 완창(6시간, 고수 김득수・이정업), 국립극장. 1971년 11월 3일, 〈수궁가〉 완창(4시간, 고수 이정업・김득수), 국립극장.

21 공연 정보는 당시의 신문기사와 다음 자료를 참고하여 정리한 것으로 필요한 경우에 참고한 곳을 밝힌다. 국립국악원, 『국악연감』(1990~2000), 국립국악원, 1991~2001. 국립극장, 『국립극장 30년』, 중앙국립극장, 1980. 국립극장 엮음, 『국립극장 50년사』, 태학사, 2000. 국립국악원, 『건원 1400년 개원 50년 국립국악원사』, 국립국악원, 2001. 국립중앙극장 엮음, 『세계화 시대의 창극』, 연극과인간, 2002. 국립중앙극장, 『국립극장 60년사-자료편』, 국립중앙극장, 2010.

22 창자가 '오정숙 성창순 박동진'으로 되어 있는 것으로 보아 분창한 것으로 짐작된다. 국립중앙극장 엮음, 『세계화 시대의 창극』, 연극과인간, 2002, 274쪽.

립중앙극장 무대에서 하였다.

이 외에도 수많은 무대에서 판소리 공연을 하였는데, 먼저 국립국극단/국립창극단[23]의 판소리 공연을 들 수 있다. 박동진 명창은 1969년 5월 20일 춘향가 완창 공연 후 김연수 명창과 극적인 화해가 이루어짐으로써[24] 국립국극단과 인연이 맺어졌고, 1970년 5월 2~3일 국립극장에서 열린 '국립국극단 특별공연'에 흥보가의 박 타는 대목을 연창하였다.[25] 그 후 국립극장에서 열린 '판소리감상회'에 수차례 출연하였다.[26] 1974년에 '판소리 흥보가 연창'(7월 5~6일)[27]과 숙영낭자전(9월 28일)을 연창했으며, 1975년에 〈충무공 이순신〉의 한산대첩(4월 12일)과 흥보가의 박 타는 데(6월 21일)를 연창하였다. 1977년

---

23 국립국극단은 1962년 2월 창설되었으며, 1970년에 국립창극단으로 명칭이 바뀌었다. 『경향신문』, 1970. 9. 9.

24 오효진, 「한국의 소리꾼 박동진」, 『월간조선』, 1988년 4월호, 조선일보사, 359-361쪽. 당시 박동진은 판소리꾼으로서는 유일하게 국립국악원 소속이었고, 대부분은 김연수가 이끌고 있던 한국국악협회에 참여하였다. 김연수가 박동진에게 국립국악원을 그만두고 국악협회에 들어오라고 강요했는데, 박동진은 소리 공부에 전념하겠다며 거절하게 되어 두 사람 사이에 갈등이 생겼다고 한다.

25 국립국극단의 제14회 정기공연으로 창 지도 및 연출은 김연수, 고수는 한일섭으로 공연 대목은 곽씨부인 죽는 대목(강종철, 김경희), 심청이 인당수 가는 데서 물에 빠지는 데(김소희, 장영찬), 박 타는 데(박초월, 박동진, 한농선), 용왕이 병중에 탄식하는 데(김소희), 심 봉사 눈 뜨는 데(김연수, 김진진, 오정숙)였다.

26 이 공연은 1974년에 9월부터 '국립창극단 명창 판소리'라는 이름으로 부정기적으로 열리다가, 1977년 1월부터 1981년 11월까지는 대체로 혹서기와 혹한기를 제외하고는 매월 마지막 토요일에 '판소리감상회'라는 이름으로 열렸다. 1983년 3월 13일 재개되어 같은 해 6월 19일까지 9회 더 열렸다. 국립중앙극장 엮음, 『세계화 시대의 창극』, 연극과인간, 2002, 267쪽.

27 국립창극단의 제20회 정기공연으로 박동진은 제1부에서 서창을 하고, 제2부에서 흥보 셋째 박 타는 대목을 조상현 · 박동진이 불렀다.

에 수궁가의 자라 세상에 나오는 데(1월 29일)와 춘향가의 어사출
두~끝(7월 30일)과 초경 소리~어사출두(12월 24일), 1978년에 수궁
가의 자라 세상에 나오는 데(3월 25일)와 흥보가의 박 타는 데(7월 29일)
를 연창하였다. 그리고 1979년에 춘향가의 어사출두~끝(2월 24일)
과 흥보가의 박 타는 데~부자 되는 데(5월 26일), 수궁가의 산짐승 상
좌 다툼~토끼 배 가르는 데(7월 28일)를 연창하였다.[28] 1980년에 춘향
가의 어사출두~끝(11월 29일), 1983년에 흥보가의 흥보 부자 되는
데(3월 27일)를 연창하였다.

다음으로 판소리보존회의 판소리 유파발표회에서 자신의 장기를
부른 것을 들 수 있다. 판소리보존회는 1970년 1월 31일 박록주의 자
택(원서동 221-1)에서 '판소리의 원형을 찾아 그것을 정립하고 보존
·계승할 목적'으로 설립되었다. 당시 임원으로는 이사장 유기룡, 부
이사장 강한영, 상임이사 이보형, 이사 김연수(金演洙)·박록주·김
여란·박초월·김소희·박귀희·정광수, 감사 박동진·장영찬, 고
문 김연수(金蓮洙)·이혜구·박헌봉·성경린·한갑수였으며, 1971년
7월 3일 제1회 판소리 유파발표회를 개최하였다.[29] 박동진 명창은

---

28 1977년부터 1979년까지의 공연에는 박후성과 강종철이 고수를 하였는데, 자
    세한 것은 국립극장, 『국립극장 30년』(중앙국립극장, 1980)에 기록되어 있다.
29 1972년 1월 31일 정기총회에서 회장 유기룡, 부회장 강한영, 연구이사 이보형,
    이사 박록주 외 연기자 10여 명이 선임되었다. 『동아일보』, 1972. 2. 7. 박록주
    는 1972년 8월에 판소리보존연구회 회장으로 선출되었으며, 판소리보존연
    구회가 1973년 8월 24일 사단법인 판소리보존연구회[현 (사)한국판소리보존
    회]로 개편(8. 27. 등기)되면서 초대 이사장으로 취임하여 1974년 제4회 판소
    리고조연구발표회(10. 29. 예술극장)를 개최한 후 11월 19일 사임하였다. 그
    후 박초월이 1974년 11월 23일 사단법인 판소리보존회 제2대 이사장으로 선
    임되었다. 역대 이사장은 초대 박록주(1973~1974), 2대 박초월(1974~1977),
    3대 김소희(1977~1981), 4대 정광수(1981~1982), 5-12대 조상현(1983~2008),

다음과 같이 제1회 판소리 유파발표회에 적벽가를 연창한 이래 제23회 유파발표회까지 총 16회 출연하였다.[30]

> 제1회 1971. 7. 3. 적벽가의 적벽화전(조학진 더늠), 이놈 저놈 말 들어
> (권삼득), 국립극장
>
> 제2회 1972. 4. 15. 적벽가의 군사점고, 국립극장
>
> 제3회 1973. 5. 23. 적벽가의 적벽화전, 국립극장
>
> 제4회 1974. 10. 29. 적벽가의 적벽화전, 예술극장
>
> 제5회 1975. 5. 14. 적벽가 중에서, 예술극장
>
> 제6회 1976. 11. 29. 곡목 미상, 한국일보사 강당[31]
>
> 제7회 1977. 11. 29. 춘향가의 과거 대목, 한국문화예술진흥원 강당
>
> 제8회 1979. 5. 14. 흥보가의 제비 후리러 나가는 데서 놀보 박 타는 데,
> 한국일보사 강당
>
> 제11회 1982. 5. 14. 적벽가 중에서, 문예회관 대극장(구 서울문리대)
>
> 제12회 1982. 9. 23. 적벽가 중에서, YMCA강당
>
> 제13회 1983. 10. 1. 적벽가 중에서, 무형문화재전수회관
>
> 제14회 1984. 11. 20. 적벽가 중에서, 세종문화회관 별관
>
> 제15회 1985. 11. 4. 적벽가 중에서, 세종문화회관 대극장
>
> 제19회 1989. 12. 15. 적벽가 중에서, 세종문화회관 별관[32]

13대 성우향(2009~2013), 14-15대 송순섭(2013~2019)이다.

30 당시 『동아일보』의 공연 관련 기사와 (사)한국판소리보존회 홈페이지 (http://www.koreapansori.com/)를 참고하여 정리하였다. 제4회와 제5회는 '판소리고조연구발표회'라고 하였다.

31 팸플릿에 곡목이 소개되어 있지 않아 자세한 것을 알 수 없다.

32 『동아일보』, 1989. 12. 13.

　　제20회 1990. 11. 25. 적벽가 중에서, 문예회관 대극장

　　제23회 1993. 12. 5. 적벽가(중고제)의 군사점고, 국립극장 대극장

　박동진 명창은 대부분 자신의 특장인 적벽가를 연창했으며, 그중에서도 장기인 적벽화전과 군사점고를 자주 연창했을 것으로 짐작된다.

　다음으로 '브리태니커 판소리감상회'에서 연창한 것이다. 이 감상회는 사승 관계가 분명한, 올바른 판소리를 아끼고 살리기 위하여 판소리학회와 브리태니커사가 공동 주최하였다. 제1회는 1974년 1월 18일에 브리태니커사 벤튼홀에서 열렸으며 박동진 명창이 적벽가를 연창하였다. 1975년 6월 5일 제13회가 열린 후 중단되었다가 1976년 4월 16일 '뿌리깊은나무판소리감상회'란 명칭으로 다시 열렸다. 1978년 9월 29일 국립중앙박물관 중앙홀에서 가진 100회 기념공연을 마지막으로 5년여에 걸친 대장정 동안 박봉술, 정권진, 강도근 같은 숨어 있던 명창을 발굴하는 등 판소리 발전에 크게 공헌하였다.[33] 박동진 명창은 1974년에 2회 출연하여 적벽가(제1회 1월 18일, 고수 김득수 / 제9회 11월 22일, 고수 김명환)를 연창하였고, 1976년에는 제43회부터 제47회까지 5회 출연하여 심청가(11월 12일·19일·26일, 12월 3일·10일, 고수 김득수)를 완창하였다. 그리고 뿌리깊은나무판소리감상회 백회 기념공연에도 박록주, 정광수, 정권진 등과

33　김석배, 「뿌리깊은나무 판소리 음반 전집의 현황과 가치」, 『열상고전연구』 41, 열상고전연구회, 2014, 19-23쪽. 이태화, 「'뿌리깊은나무 판소리 감상회' 개최의 의미와 판소리 부흥에 끼친 영향」, 『한국언어문학』 95, 한국언어문학회, 2015. 최지연, 「뿌리깊은나무 판소리 감상회의 음악사적 의의」, 『한국음악사학보』 58, 한국음악사학회, 2017, 부록 322-324쪽.

함께 출연하였다.[34]

다음으로 동아일보사에서 주최한 '명창명인대회'에 출연한 것을 들 수 있다. 이 대회는 "오랜 세월을 두고 전해 내려온 우리 조상들의 얼을 이어받고 물밀듯 밀려온 서구 문명으로 점차 소멸되어 가는 민족예술의 참뜻을 계승하고 발전시키는" 것을 목적으로 개최되었다.[35] 제1회는 1962년 4월 11일 시민회관 별관에서 열렸으며,[36] 1967년에 제6회(6월 5일, 시민회관)가 열린 후 한참 동안 중지되었다가 1976년에 제7회(6월 5일, 시민회관 별관)가 다시 열렸다. 박동진 명창은 제7회 대회 때 처음 출연하여 적벽가의 적벽대전을 부른 이래 여러 차례 출연했다.[37]

    제7회 1976. 6. 5. 적벽대전, 시민회관 별관

    제12회 1985. 10. 10. 적벽대전, 세종문화회관 대강당[38]

    제13회 1986. 10. 10. 1부 판소리, 박동진 출연, 세종문화회관[39]

---

34 100회에 출연한 창자는 박록주, 정광수, 박동진, 성우향, 정권진, 조상현, 박초선, 박초월, 김소희, 오정숙, 남해성, 한승호, 한농선, 박송희, 박봉술, 성창순, 안향연, 김영자였고, 고수는 김명환, 김득수, 김동준이다.

35 「제8회 명인명창대회 社告」, 『동아일보』, 1977. 5. 13. 1982년 제10회(10. 19. 세종문화회관 대강당)부터 명칭이 '명창명인대공연'으로 바뀌었다.

36 명창부에 김연수·박록주·김여란·박초월·김소희, 명인부에 심상건·신쾌동·김천흥·성금연·한영숙·장학선·이진홍·홍원기, 악사로 김재선·이충선·이정업·지영희·김광식 등이 출연하여 당시 국악계의 중진이 망라되었다. 『동아일보』, 1962. 4. 9.

37 제19회에 해당하는 1992년에는 개최하지 않은 것으로 보이며, 1993년에 개최한 대회를 제20회라고 했다.

38 이 대회는 부산(19일, 시민회관), 광주(21일, 남도예술회관), 대전(23일, 시민회관)에서도 열렸는데, 박동진의 출연 여부에 대해서는 확인이 필요하다.

39 2부의 창극 〈윤봉길〉에는 출연하지 않은 것으로 보인다.

제14회 1987. 10. 12. 창극 〈임꺽정〉, 도창 박동진, 세종문화회관

제18회 1991. 11. 12. 판소리 춘향가(분창), 도창 박동진, 세종문화회관

제20회 1993. 11. 9. 판소리 심청가(분창), 박동진 출연, 세종문화회관

다음으로 조선일보사에서 주최한 '국악대공연'에 출연한 것을 들 수 있다. 이 공연은 "면면히 이어져 오는 한민족 고유의 전통문화를 잇고 원형을 보존, 이를 후대에 전하기"[40] 위한 것으로, 1982년부터 어버이날 무렵에 세종문화회관에서 열려 다양한 국악 장르를 선보였다. 박동진 명창은 제1회부터 제13회까지, 제2회를 제외하고, 총 12회 출연하였다.[41]

제1회 1982. 4. 29. 판소리 박동진[42]

제3회 1984. 5. 7. 판소리 박동진

제4회 1985. 5. 8. 1부 판소리 박동진, 2부 창극 〈흥보가〉(놀보 박 타는 데), 도창 박동진[43]

---

40 제2회 국악대공연 社告. 『조선일보』, 1983. 5. 1.
41 당시 『조선일보』의 공연 관련 기사와 조선일보90년사편찬실, 『조선일보90년사, 화보·인물·자료』(조선일보사, 2010)를 바탕으로 정리하였다.
42 출연진은 판소리 박동진·김소희·조상현, 탈춤 김천홍·유금순·이순자, 승무 이매방, 서도창 김정연·오복녀·김광숙·한명숙, 가야금산조 김죽파, 경기민요 안비취·이은주·묵계월, 가야금병창 박귀희·오갑순·안숙선·김성녀·강정숙, 시조 김월하, 대금산조 이생강, 남도민요 오정숙·성창순·신영희·강정자·김동애·안숙선·김영자·윤소인·김경숙·전정민 등이었다. 『조선일보』, 1982. 4. 23.
43 ▲1부 판소리, 박동진·정권진. ▲2부 창극, 흥보가 놀보 박 타는 대목-도창 박동진, 놀보 조상현, 흥보 김일구, 놀보처 남해성, 흥보처 신영희, 마당쇠 천대용, 장군 최영길, 초란이패 박양덕·김충자·한농선·강정숙 등, 고수 김명환·김득수.

제5회 1986. 5. 9. 1부 판소리 박동진[44]

제6회 1987. 5. 8.~9. 2부 창극 〈춘향전〉(어사출두), 도창 박동진[45]

제7회 1988. 5. 7. 2부 창극 〈수궁가〉, 도창 박동진

제8회 1989. 5. 8. 1부 춘향가(어사출두), 창 박동진, 고수 김동준

제9회 1990. 5. 8. 2부 흥보가(흥보 박 타는 데), 창 박동진, 고수 주봉신[46]

제10회 1991. 5. 8. 판소리 박동진

제11회 1992. 5. 8. 판소리 박동진

제12회 1993. 5. 8. 2부 판소리 적벽가(적벽화전), 박동진

제13회 1994. 5. 8. 판소리 박동진

　박동진 명창은 이 외에도 다양한 무대에서 판소리 공연을 하였다. 1980년의 살롱떼아트르 秋에서 연 전국명창판소리대제전(적벽가, 8월 18~23일),[47] 1981년의 대한민국 국악제(적벽화전, 8월 24일, 문예회관 대극장), 1993년 북촌창우극장 개관 축제(흥보가, 2월 27일, 북촌창우극장)와 1998년 국립국악원에서 연 판소리한마당의 흥보가 완창(9월 19일, 우면당) 등이 있다.

　한편 지방 공연에도 자주 출연하였는데, 전주 우진문화공간에서

44　2부 〈뺑덕에미굿판〉에는 출연하지 않았다.

45　2부 창극 〈춘향전〉 어사출두 대목 – 도창 박동진, 어사 조상현, 춘향 강정숙ㆍ김영자, 월매 남해성, 변학도 문오장 등.

46　이 공연은 광주 남도예술회관(6월 11일)과 순천 시민회관(6월 12일)에서도 열렸는데, 박동진의 출연 여부에 대해서는 확인이 필요하다.

47　1980년 8월 11일부터 9월 13일까지 열렸는데, 조상현의 수궁가(8월 11~16일), 박동진의 적벽가(8월 18~23일), 은희진의 심청가(8월 25~30일), 김영자의 춘향가(9월 1~5일), 성우향의 춘향가(9월 6일), 한농선의 흥보가(9월 8~13일) 등이 공연되었다. 『동아일보』, 1980. 8. 12.

열린 '판소리 다섯 바탕의 멋'에 출연한 것이 대표적인 것이다. 이 공연은 1991년에 제1회(10월 7~11일)가 열렸으며 현재도 열리고 있는데,[48] 박동진 명창은 1994년에 적벽가(4월 8일), 1995년에 춘향가(3월 24일), 1996년에 수궁가(4월 9일), 1997년에 흥보가(1월 27일), 1998년에 심청가(2월 23일), 1999년에 적벽가(3월 24일)를 연창하였다. 고수는 1995년 춘향가 연창 때만 김청만이고, 나머지는 모두 주봉신이었다. 이 외에 1993년의 박동진 판소리 초청공연(4월 4일, 부산 시민회관 소극장)과 1994년 신춘국악 한마당(3월 25일, 대구문화예술회관), 박동진 흥보가 공연(4월 20일, 대구 동아수성아트홀) 등 여러 차례 다양한 지방 공연에도 출연한 바 있다.

② 창극 공연

박동진 명창은 1947년에 조직된 조향창극단과 1951년 국민방위군 정훈공작대, 1952년 봄에 박록주가 재건한 국극사에서 창극 공연을 했다. 그리고 김연수의 우리국악단에서 간혹 창극 무대에 올랐는데, 1957년에 김연수 작곡, 이유진 연출의 〈심청전(효행편)〉(10월 22~27일, 시공관)에서 선인과 맹인 역을 하였고,[49] 1958년에 김연수 작곡·연출의 〈수양과 육신〉(10월 19~24일, 시공관)에도 출연한 바 있다.[50]

---

48 제1회부터 제4회까지는 '판소리 다섯 마당의 멋'이라고 했고, 제5회부터 '판소리 다섯 바탕의 멋'으로 명칭이 바뀌었다. 국립국악원, 『국악연감』, 국립국악원, 1990~2000. 우진문화공간 홈페이지(http://www.woojin.or.kr).

49 배역－도창 임방울, 승상부인 박초월, 몽은사 주지 성순종, 심 봉사 김연수·박후성, 심청 조애랑, 선인 박동진 등, 용왕 김갑수, 뺑파 왕라, 맹인 박동진 등, 효과창 강장원·김소희 등. 『동아일보』, 1957. 10. 22.

50 남자부는 김연수, 박후성, 박동진, 김득수, 장영찬, 김갑수, 허희, 김동준, 강종

  국립국악원에서 정통 판소리 공부에 전념하던 박동진 명창이 창극 무대에 다시 선 것은 1969년에 국립극장에서 연 국립국극단의 제13회 정기공연인 〈심청가〉(9월 26~29일, 도창)였다. 그 후 국립창극단이 국립극장에서 연 창극 무대인 1970년의 〈춘향전〉(9월 29~10월 4일, 이 도령),[51] 1972년의 〈흥보가〉(9월 22~25일, 도창·상제), 1973년의 〈배비장전〉(2월 15~19일, 제주목사), 1974년의 〈수궁가〉(3월 22~25일, 용왕)와 〈수궁가〉(10월 8~12일, 용왕)에 출연하였다.

  한편 박동진 명창은 1975년 제2대 국립창극단 단장에 취임하여 재임기간 5년 동안 제22회 〈배비장전〉을 시작으로 제31회 〈가로지기〉까지 해마다 2편씩 총 10편의 창극을 국립극장 무대에 올렸다. 창지도를 하는 한편 도창, 제주목사, 용왕, 대원군 역을 맡아 열연하기도 했다.

  박동진 명창이 국립국극단/국립창극단의 창극무대에 출연한 작품을 도표로 정리하면 다음과 같다.[52] 1969년 제13회 〈심청가〉를 비롯하여 1979년 제31회 〈가로지기〉까지 총 16회에 출연하여 다양한 역할을 하였다.

철, 홍갑수 등이고, 여자부는 신유경, 박봉선, 이덕순, 박송자, 왕라 등이며, 효과는 김연수, 박초월이었다. 『동아일보』, 1958. 10. 18. 『경향신문』, 1958. 10. 21.
51 『경향신문』, 1971. 9. 25.
52 당시 신문기사와 다음 자료를 바탕으로 정리하였다. 국립극장, 『국립극장 30년』, 중앙국립극장, 1980. 국립극장 엮음, 『국립극장 50년사』, 태학사, 2000. 국립중앙극장, 『국립극장 60년사-자료편』, 국립중앙극장, 2010. 국립중앙극장 엮음, 『세계화 시대의 창극』, 연극과인간, 2002.

구분	작품	일시	역할	편극, 연출, 주요 배역 등
제13회	심청가	1969년 9월 26~29일	창 지도 도창	구성 국극정립위원회, 연출 이진순, 창 지도 박동진, 도창 박초월·박동진, 곽씨부인 김경희, 선녀(심청) 김진진, 심 봉사 김연수·박후성, 장정승 부인 김소희, 승 성순종, 용왕 강종철·박후성·정권진, 황제 장영찬 등
제15회	춘향전	1970년 9월 29일 ~10월 4일	이 도령	편극 창극정립위원회, 연출 이진순, 춘향 박정선, 이 도령 박후성·박동진, 방자 장영찬, 향단 안옥선 등. 전편(9.29.~10.1.)과 후편(10.2.~4.)
제17회	흥보가	1972년 9월 22~25일	도창	연출 이진순, 창 지도 김연수, 도창 박초월·박동진, 놀보 박후성, 놀보처 성창순, 흥보 조상현, 흥보처 한농선, 마당쇠 성순종, 제비왕 김연수, 도승 강종철 등
제18회	배비장전	1973년 2월 15~19일	제주목사	연출 이진순, 도창 김소희·김연수·박초월, 배비장 박후성, 애랑 남해성, 월선 성창순, 방자 장영찬, 정비장 강종철, 제주목사 박동진, 도사공 조상현, 선인 김득수 등
제19회	수궁가	1974년 3월 22~25일	용왕	편극 김연수, 연출 이진순, 도창 박초월·김소희, 별주부 조상현, 토끼 남해성, 용왕 박동진, 별주부모 한농선, 별주부처 박동순, 도사 허희 등
제21회	수궁가	1974년 10월 8~12일	용왕	제19회 정기공연과 동일
제22회	배비장전	1975년 3월 19~23일	제주목사	편극 이상운, 연출 이진순, 도창 박초월·김소희, 배비장 조상현, 애랑 김동애, 방자 박후성, 김경(제주목사) 박동진, 월선 남해성, 정비장 강종철, 이방 김종엽, 도사공 허희 등
제23회	대업	1975년 9월 19~23일	창 지도	극본 박만규, 연출 이진순, 창 지도·도창 박동진, 안중근 조상현, 어머니 박초월, 정근 김종엽 등
제24회	춘향전	1976년 4월 15~17일	창·편곡 도창	각색·연출 이원경, 창·편곡 박동진, 도창 박동진·김소희, 이 도령 은희진, 춘향 김영자, 향단 강정숙, 방자 허희, 변학도 박후성, 월매 박초월·남해성, 호장 강종철, 운봉장 조상현, 행수기생 김동애 등
제25회	수궁가	1976년 10월 29일 ~11월 1일	용왕	편극 김연수, 연출 이진순, 도창 박초월·김소희, 별주부 조상현, 토끼 남해성, 용왕 박동진, 별주부모 한농선, 별주부처 조남희, 도사 허희 등

제26회	심청전	1977년 3월 24~27일	도창	연출 허규, 창 지도 김소희, 도창 박동진·박귀희 김소희, 심청 김영자·강정숙, 심 봉사 박후성·조상현, 어린심청 오명선, 곽씨부인 김동애, 장정승 부인 박초월 한농선, 뺑덕이네 남해성, 도사공 강종철, 화주승 허희, 황제 김창섭, 용왕 송운길 등
제27회	흥보전	1977년 9월 16~19일	창 지도 도창	연출 이진순, 창 지도 박초월, 도창 김소희·박초월·박동진, 놀보 조상현, 놀보처 오정숙, 흥보 조통달, 흥보처 한농선·남해성, 마당쇠 박후성, 제비왕 박귀희, 도승 박동진, 장군 강종철, 현조 남해성·한농선 등
제28회	강릉매화전	1978년 5월 12~16일	도창	극본 이재현, 연출 허규, 창 지도 김소희, 도창 박동진·박초월·김소희·박귀희, 매화 김동애, 이생 조상현, 김생 김종엽, 방자 윤충일, 이방 박후성 등
제29회	3대창극 연창공연	1978년 10월 18~22일	춘향가 창	구성·연출 허규, 창 지도 박동진·박초월·김소희·박귀희. 제1부 〈심청가〉; 판소리-서두부터 정승댁 다녀오는 대목까지(김소희), 창극; 심 봉사가 개천에 빠지는 대목부터 심청이 인당수에 빠지는 대목, 제2부 〈흥보가〉; 판소리-서두부터 놀보 집에서 매 맞고 돌아오는 대목까지(박초월), 창극-흥보가 매 맞은 후부터 놀보가 화초장 가지고 가는 대목까지, 제3부 〈춘향가〉; 판소리-옥중가 대목부터 이 도령이 남원 내려오는 대목까지(박동진), 창극-이 도령이 춘향 집을 찾아오는 대목부터 끝까지
제30회	광대가	1979년 3월 22~26일	대원군	작·연출 허규, 작창 김소희, 도창 박초월·김소희, 신재효 조상현, 진채선 김동애 김성녀, 신재효 부인 한농선, 김세종 강종철, 대원군 박동진 등
제31회	가로지기	1979년 10월 7~11일	·	극본·연출 허규, 작창 박귀희, 해설 박후성, 변강쇠 조상현, 옹녀 남해성·오정숙, 새우젓장수 은희진, 봉사 강종철, 초란이 왕기창, 나무꾼 강정자·전정민 등

이 외에 1982년에 제2회 대한민국국악제 프로그램의 하나인 이진순 편극·연출의 창극 〈춘향전〉(6월 12~14일, 문예진흥원 문예회관

대극장)에서 도창을 맡았다. 이때 주요 배역은 춘향 강정숙, 이 도령 은희진, 월매 남해성, 방자 신영희, 향단 김수연, 변 사또 최영길 등이었다.[53]

③ 창극과 여성국극의 작 · 편곡

여성국극이 맹위를 떨치던 1950년대는 남자 소리꾼들이 무대에 설 기회가 거의 없었다. 박동진 역시 이 시기에 무대에서 소리할 수 없었으며, 국극사와 햇님국극단, 새한국극단, 우리국악단에서 다수의 작품을 작곡하거나 편곡하는 데 만족할 수밖에 없었다.[54]

박동진이 창극을 작곡하기 시작한 것은 1952년 봄에 박록주가 대구에서 재건한 국극사에 참여할 때부터였다. 국극사에서 1952년 6월에 전국국악대제전을 대구의 문화극장에서 개최했는데, 당시 공연된 허빈 작의 〈월화궁의 비화〉(3막 4장)와 〈비용도(飛勇刀)〉(4막)를 작곡한 것이다.[55]

박동진은 1952년 후반부터 햇님국극단(햇님창극단)에서 활동하며 다음과 같이 여러 작품을 작 · 편곡하면서 뛰어난 작곡과 편곡 능력을 보였다.

---

53 제2회 대한민국국악제는 6월 9일부터 15일까지 문예진흥원 문예회관에서 열렸다. 〈아악과 창작곡의 밤〉을 시작으로 창극 〈춘향전〉, 수궁가 완창(오정숙), 삼도설장고가락, 가야금병창(박귀희 등), 시나위 합주 등 다양한 종목을 공연하였다. 『동아일보』, 1982. 6. 8.

54 김기형, 『여성국극 60년사』(문화체육관광부, 2009)와 당시의 신문기사를 참조하여 정리하였다.

55 기획 박만호, 안무 박록주, 작곡 박동진, 연출 이부풍이었다. 1952년 6월 14~16일은 〈전국향토민요〉(전 10경; 관등노리, 단오노리, 추석노리, 정읍농악대회)를 하였고, 17일부터 〈월화궁의 비화〉와 〈비용도〉를 상연하였다. 『영남일보』, 1952. 6. 14.

〈1952년〉

• 〈바보 온달〉(4막 5장), 조건 작, 김향 연출, 박동진 작곡, 12월 27일부
  터, 부산극장

〈1953년〉

• 〈진실로〉(4막), 조건 작, 이유진 연출, 박동진 편곡, 3월 31일부터, 부
  산극장

• 〈황성의 달〉(4막 5장), 조건 작, 이진순 연출, 박동진 · 정철호 편곡, 6월
  4일부터, 부산극장[56]

• 〈노방초〉(4막 6장), 조건 작, 이진순 연출, 박동진 작곡, 10월 10일부
  터, 시공관

〈1954년〉

• 〈금수레〉(4막 9장), 강영숙 작, 이진순 연출, 박동진 작곡, 1월 22일부
  터, 시공관[57]

〈1955년〉

• 〈마의태자〉(4막), 박노홍 작, 이진순 연출, 박동진 작곡, 3월 2일부터,
  시공관[58]

• 〈이차돈(애정편)〉(4막 7장), 이광수 작, 조건 편극, 이원경 연출, 박동
  진 작곡, 7월 29일부터, 시공관

---

56 이보다 앞서 대구의 국립극장에서 1953년 5월 22일부터 상연되었다.『영남일
  보』, 1953. 5. 21.
57 박동진,「내 인생 소리에 묻고 (13)」,『중앙일보』, 2000. 7. 11.
58 마의태자 김경애, 경순왕 이소자.『동아일보』, 1955. 3. 4.

- 〈왕자 미륵이〉(5막 7장), 조건 작, 이원경 연출, 박동진 작곡, 10월 22
  일부터, 시공관

〈1956년〉
- 〈쌍쌍곡〉(4막 6장), 조건 작, 백운선 연출, 박동진 작곡, 3월 22일부
  터, 시공관
- 〈바리공주〉(4막 7장), 서림 작, 조건 각색, 백운선 연출, 박동진 작곡,
  4월 28일부터, 시립극장
- 〈님은 하나이기에〉(4막 5장), 조건 작, 이진순 연출, 박동진 작곡, 10월
  26일부터, 시립극장
- 〈달님〉(4막 7장), 조건 작, 이진순 연출, 박동진 작곡, 7월 5일부터, 시
  립극장

〈1957년〉
- 〈옥루〉(4막 6장), 조건 작, 이진순 연출, 박동진 작곡, 4월 10일부터,
  시립극장
- 〈이차돈(후편)〉(3막 7장), 이광수 작, 조건 각색, 이진순 연출, 박동진
  작곡, 7월 27일부터, 시공관
- 〈석동백〉(4막 6장), 고려성 작, 이유진 연출, 박동진 작곡, 12월 18일
  부터, 시공관

　박동진이 새한국극단에서 작곡한 작품으로는 1957년에 윤미선
작, 서림 연출의 〈그리운 사람〉(4막 7장, 3월 1일부터, 시립극장)과 윤
미선 작·연출의 〈애련송〉(4막 9장, 11월 18일부터, 동양극장)이 있고,

1958년에 고미봉 작, 윤미선 연출의 〈마음의 꽃〉(5막, 6월 11일부터, 동양극장)이 있다. 그리고 우리국악단에서 작곡한 작품으로는 1959년에 이유진 작·연출의 창무극 〈정과정〉(2월 13일부터, 동보극장), 1960년에 남혜성 작, 이유진 연출의 창무극 〈삼국지〉(4막 8장, 5월 13일부터, 시공관)와 강영숙 작, 이사라 연출의 창극 〈나비와 월화〉 (2부 7장, 7월 15일부터, 서울키네마)[59]가 있다. 또 1961년에 이고석 작, 이유진 연출의 〈시집 안 가요〉(3막 6장, 3월 15일부터, 시공관)와 1963년에 남혜성 작·연출의 〈광해군〉(11월 19일부터, 동대문극장)도 작곡하였다.

이상에서 알 수 있는 바와 같이 박동진 명창은 1950년대에 다수의 여성국극을 작곡하거나 편곡하였다. 이때의 경험은 후일 〈예수전〉과 〈충무공 이순신〉과 같은 창작판소리를 발표하고 실창판소리인 〈배비장전〉, 〈변강쇠전〉, 〈숙영낭자전〉, 〈장끼전〉, 〈옹고집전〉을 복원하는 데 결정적인 도움이 되었다.

3. 박동진 명창의 창작판소리 발표와 실창판소리 복원

1) 창작판소리 발표

박동진 명창은 창작판소리에도 관심을 가져 여러 작품을 발표하였다. 먼저 기독교와 관련된 성서판소리부터 살펴보기로 한다.[60]

---

59 1960년 7월 16일 라디오로 전국에 중계방송 되었다. 김기형, 『여성국극 60년사』, 문화체육관광부, 2009, 155쪽.

1969년 당시 한국기독교 시청각교육국 국장인 조향록 목사와 동아
방송의 주태익 극작가가 찾아와 성경판소리(주태익 작)를 만들어 방
송해 보자고 제안했다.[61] 박동진 명창이 작창하여 그해 크리스마스
를 전후하여 기독교방송(HLKY)에서 예수의 탄생을 다룬 연속창극
〈구주 성탄〉(1-8회)이 방송되었다.[62] 그리고 1970년 3월 23~29일 예
수의 수난과 부활 이야기가 부활절(3월 29일)에 맞추어 KBS방송망
을 통해 전국에 방송되었다.[63] 1973년 12월 28일에는 기독교방송국
에서 〈갈릴리의 봄〉이 방송되었다. 이 작품은 〈예수전〉의 1부와 2부
사이를 메우기 위해 만들어졌는데, 예수의 공생애 기간의 내용을 박
동진이 작사·작곡하였다.[64] 〈구주 성탄〉과 〈부활가〉를 합친 것이
〈예수전〉이다. 이 외에도 요셉이 형들에게 미움을 받아서 이집트로

---

60 이에 대해서는 이유진, 「창작판소리 〈예수전〉 연구」(『판소리연구』 27, 판소리
학회, 2009)와 양재훈, 『판소리의 신학적 풍경』(대한기독교서회, 2013)에서
살폈다.

61 조향록, 「교우 반세기, 암산 회고」, 조향록 외, 『내가 만난 주태익』, 도서출판
바위, 1995, 59-62쪽.

62 〈구주 성탄〉은 1969년 12월 20~23일과 25~28일 저녁 9시 40분부터 방송되었
다. 이유진, 「창작판소리 〈예수전〉 연구」, 『판소리연구』 27, 판소리학회, 2009,
323쪽.

63 "기독교 시청각교육국은 부활절을 앞두고 성서의 예수 그리스도의 수난과
부활 이야기를 판소리로 엮어 박동진 씨(54)의 창으로 23일부터 29일까지
KBS방송망을 통하여 전국에 방송하고 있다. 지난 연말에 성서이야기를 판소
리로 KY를 통하여 18일 동안 방송, 격찬을 받아 다시 예수의 수난과 부활 이야
기를 판소리화 하여 이번에 방송하게 된 것이다. … 매일 밤 10시 30분부터 15
분간 방송되고 있는 예수의 수난과 부활 이야기는 앞으로 디스크로 출반되어
시판될 계획으로 있는데 …", 『경향신문』, 1970. 3. 26.

64 1973년 12월 24일과 28일에 기독교방송국에서 〈갈릴리의 예수〉라는 프로그
램을 방송했는데, 24일에 방송된 것은 〈구주 탄생〉이고 28일에 방송된 것이
〈갈릴리의 봄〉이다. 양재훈, 『판소리의 신학적 풍경』, 대한기독교서회, 2013,
122-123쪽.

팔려간 이야기인 〈팔려간 요셉〉(1970년대 중반)[65]과 〈모세전〉(박이엽 작, 1980)[66] 등 기독교 관련 성서판소리도 발표하였다.

한편 1973년 4월 28일 국립극장에서 〈충무공 이순신〉(고수 한일섭, 이정업, 김동준, 김명환, 김득수)을 무려 9시간 40분 동안 연창했다.[67] 완성하는 데 3년이 걸린 이 작품은 완창 공연에 앞서 1972년 12월 18일부터 약 1개월 동안 동양(TBC)라디오의 '여명의 가락'이란 프로그램에서 〈이순신 장군〉으로 매일 새벽 5시 5분부터 35분까지 30분간 방송되었다.[68] 사실에 충실한 대본을 만들기 위해 통영, 한산도 등 이순신 장군과 관련된 곳을 답사하는 한편 이순신의 『난중일기』, 이광수의 소설 〈이순신〉, 『조선일보』에 연재되던 이은상의 〈충무공 발자국 따라 태양이 비치는 길로〉[69] 등을 참고하였다고 한다. 그리고

---

65 기독교방송국에 녹음 자료(총 79분 12초 분량, 원본 번호 2070200008-2070200010)가 보존되어 있다. 양재훈, 『판소리의 신학적 풍경』, 대한기독교서회, 2013, 161쪽.

66 기독교방송국에 1980년 11월 21일에 방송된 〈모세전〉의 녹음 자료(총 1시간 54분 10초 분량, 원본 번호 20702000012-20702000015)가 보존되어 있다. 양재훈, 『판소리의 신학적 풍경』, 대한기독교서회, 2013, 161쪽, 한채호, 「박동진 성서판소리 〈모세전〉의 음악적 연구」, 한국예술종합학교 예술전문사학위논문, 2017, 3쪽.

67 『중앙일보』, 1973. 4. 27. 낮 12시부터 밤 9시 40분까지 쉬지 않고 계속했다. 이날은 충무공 이순신 장군 탄신 428주년으로 당시 박정희 대통령이 아산 현충사에서 열린 茶禮에 헌화와 분향을 하고 돌아오는 길에 공연장을 찾았다고 한다. 그런데 〈판소리 충무공 이순신〉(5LP, 창 박동진, 고 박후성, 감수 노산 이은상, 1973년경 녹음, 홍인서원 발행, 지구레코드공사 제작)을 복각한 〈판소리 박동진 충무공 이순신〉(3CD, JCDS-0788, 지구레코드, 2006년 발매)은 약 3시간(182분) 분량이다.

68 『중앙일보』, 1972. 12. 14. 12. 18. 『조선일보』, 1973. 1. 18.

69 『조선일보』에 1972년 4월 28일부터 12월 16일까지 158회 연재되었다. 연재가 끝난 후 삼중당에서 이은상, 『충무공 발자국 따라 태양이 비치는 길로(상·하)』를 1973년 3월 10일 간행하였다.

1972년 무렵에 방송된 것으로 짐작되는 이인직 원작, 주태익 극본의
〈치악산〉도 작창하였으며, 1964년에 방송된 동아방송(DBS)의 '연속
창극' 〈문경새재〉(총 53회)[70] 작창에 관여했을 것으로 짐작된다. 또
한 1991년 서라벌레코오드사에서 제작한 〈신작판소리 열사가〉(2LP)
에 수록된 박동진 창의 〈녹두장군 전봉준〉, 〈국내외 독립투사들〉, 〈광
복〉도 박동진이 작창한 것이다. 이 외에 〈논개전〉(3시간 40분)과 〈권
율장군전〉을 준비하고 있었으나 발표하지 못한 채 타계하였다.[71]

2) 실창판소리 복원

박동진 명창은 오래 전에 소리판에서 모습이 사라져버린 판소리
를 복원하는 데도 힘을 쏟았다. 전승오가 이 외의 판소리는 일제강점
기에 정정렬이 숙영낭자전[72]을 불렀고, 유공렬이 변강쇠타령을 불렀
으며, 김연수는 1942년 음반에 〈쟁끼전〉을 취입[73]하기도 했다. 그러
나 변강쇠타령 등 소위 실창판소리는 19세기 후반부터 청중들의 관
심에서 멀어지면서 소리판에서 점차 사라지기 시작했으며, 숙영낭
자전만 겨우 명맥이 이어지고 있었다.

박동진 명창은 1970년부터 〈변강쇠타령〉을 시작으로 실창판소리
를 복원하여 발표하기 시작했다. 〈변강쇠타령〉은 신재효의 〈변강쇠

---

70 1950~60년대 '라디오 창극'에 대해서는 송소라, 「20세기 창극의 음반·방송
화 양상과 창극사적 의미」(고려대학교 박사학위논문, 2017)에서 살폈다.
71 『중앙일보』, 1991. 8. 31. 『동아일보』, 2003. 7. 9.
72 정정렬이 부른 〈숙영낭자전〉은 박록주를 거쳐 박송희에게 전승되었다.
73 "Okeh 20126-20129, 창극조 쟁끼전(1-8), 김연수, 장고 정원섭", 한국음반아
카이브연구단 엮음, 『한국유성기음반』 3권, 한걸음·더, 2011, 1096-1100쪽.

가)〈성두본〉를 바탕으로 작창한 것이고, 〈배비장타령〉과 〈옹고집전〉
은 김삼불이 교주한 『배비장전·옹고집전』(국제문화관, 1950)을 바
탕으로 작창한 것이다. 그리고 〈숙영낭자전〉은 경판 28장본 〈숙영낭
자전〉을 바탕으로 작창한 것으로 박록주의 〈숙영낭자전〉과 상당히
다르며, 〈장끼전〉은 1915년 덕흥서림에서 간행한 〈장끼전〉을 바탕으
로 작창한 것으로 김연수의 〈쟁끼전〉과 다르다.[74]

　박동진 명창이 실창판소리를 복원, 발표한 것을 정리하면 다음과
같다. 1970년에 〈변강쇠타령〉(8월 22일, 한국일보 소극장, 고수 김득
수·한일섭, 3시간 30분),[75] 1972년에 〈배비장타령〉(5월 7일, 국립극
장, 고수 김득수·한일섭, 6시간), 1974년에 〈숙영낭자전〉(9월 28일, 국
립극장, 3시간)을 발표하였다. 그리고 동아방송(DBS) 판소리드라마
를 통해 1976년 8월 16일부터 1977년 3월 1일(월~토, 오후 9:15~30)
사이에 〈숙영낭자전〉을 시작으로 〈배비장전〉, 〈옹고집전〉, 〈장끼전〉,
〈변강쇠전〉이 방송되었다. 1980년대에는 1984년 〈변강쇠타령〉(12월
18일, 국립극장)과 1987년 〈배비장전〉(3월 28일, 고수 김득수·김동
준·김청만, 국립극장)을 발표하였다. 그리고 1990년대에는 1990년

74　이국자, 『판소리 연구-80년대 명창의 판소리를 중심으로-』, 정음사, 1987.
　　강윤정, 「박동진 창본 〈숙영낭자전〉 연구」, 『구비문학연구』 20, 한국구비문학
　　회, 2005. 강윤정, 「박동진 창본 〈변강쇠가〉 연구」, 『판소리연구』 25, 판소리학
　　회, 2008. 최혜진, 「〈장끼전〉 작품군의 존재 양상과 전승과정 연구」, 『판소리연
　　구』 30, 판소리학회, 2010. 강윤정, 「박동진 창본 〈옹고집타령〉 연구」, 『공연문
　　화연구』 30, 한국공연문화학회, 2015. 이문성, 「박동진 창본 〈배비장타령〉의
　　변모와 지향」, 『한국학연구』 56, 고려대학교 한국학연구소, 2016. 정병헌 외,
　　『판소리사의 재인식』, 인문과교양, 2016. 이문성, 「박동진 창본 〈장끼타령〉의
　　복원과 판소리 콘텐츠의 확대」, 『한성어문학』 37, 한성대학교 한성어문학회,
　　2017.
75　『동아일보』, 1970. 8. 22.

〈변강쇠타령〉(7월 28일, 국립극장)과 〈변강쇠타령〉(12월 15일, 국립극장), 1992년 〈배비장전〉(10월 31일, 국립극장), 1997년 〈변강쇠타령〉(5월 31일, 국립중앙극장)을 발표하였다.[76]

　이상과 같이 박동진 명창은 14차례 실창판소리를 복원하여 발표했는데, 그중에서 〈변강쇠타령〉을 6회로 가장 많이 발표하였고, 그다음으로 〈배비장전〉을 4회 발표하였다. 해학성이 뛰어난 변강쇠타령과 배비장전을 많이 부른 것은 박동진 명창의 판소리관, 즉 재미를 중시하는 점과 깊이 연관된 것이다. 특히 실제 공연현장에서는 변강쇠타령을 자주 불렀는데, 그것은 대중들이 변강쇠타령을 원했기 때문이었다.[77]

4. 박동진 명창의 방송 출연과 음반

1) 방송 출연

박동진 명창은 방송에 출연하여 소리를 하거나, 소리꾼으로서의

---

[76] 『국립극장 60년사』에 1990년 5월 26일의 〈흥보가〉가 '박동진, 최난수'로 되어 있으나 실제로는 최난수의 완창이다. 『동아일보』, 1990. 4. 27. 『매일경제』, 1990. 5. 25.

[77] "판소리 무대에 서면 우선 관객을 웃기고 볼 일이다. 파안대소하면서 웃음보를 터뜨려야 비로소 마음을 열고 소리에 서서히 빠져들기 때문이다.", "각종 기업연수나 특강에 초청을 받아 가서 신청곡을 받으면 주로 '변강쇠타령'을 불러 달란다. 두 눈이 번쩍 뜨이고 졸음이 달아날 만한 화끈한 내용이라 그랬나 보다. 다른 이들이 그저 덤덤하게 부르는 대목에도 반드시 해학을 곁들여 소리의 진진한 맛을 전달해 주려고 노력하는 편이다.", 박동진, 「내 인생 소리에 묻고 (21)」, 『중앙일보』, 2000. 7. 24.

삶과 예술 등에 대해 여러 차례 이야기한 바 있다. 라디오 방송에 처음 출연한 것은 동아방송(DBS)의 '연속창극' 〈문경새재〉로 보이는데, 1964년 7월 1일부터 9월 11일까지 총 53회 방송(오후 9시 20~40분)되었다.[78] 이 작품은 화류계에서 늙은 노부부와 여대를 중퇴한 아프레 딸을 중심으로 벌어지는 갖가지 이야기로 성우는 천선녀·류기현·고은정이고, 창은 김소희와 박동진이 하였다.[79]

1970년대에는 1970년 5월 「가락 찾아 3천리」(TBC TV, 밤 11시 10분)에서 흥부가와 춘향전에 출연하였으며,[80] 1971년 2월 「TBC향연」(TBC TV, 밤 8시 35분)에서 적벽가를 연창하였다.[81] 그리고 1972년 무렵에 방송된 것으로 짐작되는 이인직 원작, 주태익 극본의 〈치악산〉에도 출연하였고,[82] 1976년 「TBC향연」에 〈숙영낭자전〉(1부–6월 1일, 2부–6월 8일)이 방영되었다.[83]

---

78 송소라, 「20세기 창극의 음반·방송화 양상과 창극사적 의미」, 고려대학교 박사학위논문, 2017.

79 『동아일보』, 1964. 6. 30.

80 5월 14일이 〈흥부가〉 최종회였는데, 도창에 박초월, 놀부에 김연수, 흥부에 장영찬, 그리고 박봉이, 조순애, 박동진 등이 출연하고 반주는 김광식 외 7명이 하였다. 『경향신문』, 1970. 5. 14. 한편 5월 28일에는 〈춘향전〉 제1편으로 도창에 박동진, 이 도령에 장영찬, 성춘향에 김아, 향단에 박희재 등이었다. 『경향신문』, 1970. 5. 28.

81 『경향신문』, 1971. 2. 8. "한국 가면극의 대표적인 작품인 봉산탈춤을 비롯하여 판소리계의 거장 박동진 씨의 적벽가, 한국민요회원의 경서창들의 국악으로 구성한다."에서 박동진의 달라진 위상을 알 수 있다.

82 『동아일보』, 1972. 5. 6. 동아일보 안산서고에 '표제 〈치악산〉, 스튜디오 녹음 릴 테이프 1200ft. 1-14, 연속판소리 〈치악산〉 총 34회 방송 내용 전체'가 남아 있다. 그런데 박동진 명창이 직접 정리한 〈치악산〉 사설의 13회분에 "1970. 6. 21. 동아방송 매주 일 5. 10."이라고 기록되어 있어 1970년 3월 하순 무렵부터 동아방송에서 방송되었을 가능성도 있다. 김기형, 「박동진 명창 창작판소리 〈치악산〉 사설의 특징」, 「판소리학회 제83차 정기학술대회 자료집」, 판소리학회, 5월 27일, 경인교육대학교 경기캠퍼스 음악관, 2017, 6-7쪽.

　다음으로 1976년 동아방송에서 방송한 '판소리드라마'에 출연한
것을 들 수 있다. 동아방송에서는 1976년 1월 1일부터 8월 14일까지
김연수의 창을 바탕으로 드라마화한 전승오가를 연속으로 방송하였
으며, 그 인기에 힘입어 박동진이 복원한 실창판소리를 바탕으로 한
판소리드라마를 방송하였다. 1976년 8월 16일부터 10월 2일까지 〈숙
영낭자전〉, 10월 4일부터 11월 8일까지 〈배비장전〉,[84] 11월 11일부터
12월 25일까지 〈옹고집전〉이 방송되었으며, 12월 26일부터 이듬해 1
월 19일까지 〈장끼전〉, 1월 20일부터 3월 1일까지 〈변강쇠전〉이 방송
되었다.[85] 박동진이 미리 스튜디오에서 녹음해 둔 소리 중에서 필요
한 부분을 가져와 드라마에 사용한 것이다.[86] 〈숙영낭자전〉은 극본

---

83 『경향신문』, 1976. 6. 1. 6. 8.
84 11월 9일과 10일에는 스포츠 중계방송 관계로 방송하지 않았다. 이유진, 「동
　아방송(DBS) 판소리드라마 연구」, 『구비문학연구』 46, 한국구비문학회, 2017,
　269쪽.
85 이유진, 「동아방송(DBS) 판소리드라마 연구」, 『구비문학연구』 46, 한국구비
　문학회, 2017, 269-270쪽. 『동아일보』(1976. 8. 16.) 기사에 판소리드라마를 방
　송하기 위해 박동진 명창이 스튜디오에서 〈숙영낭자전〉(고수 김득수)을 녹음
　하는 사진이 실려 있는데, 이 무렵에 〈옹고집전〉과 〈장끼전〉도 녹음하였을 것
　으로 짐작된다. 그리고 박동진 명창이 〈옹고집전〉과 〈장끼전〉은 무대에서 발
　표한 사실이 확인되지 않는 것으로 미루어 보아 이 작품들은 무대에서 공연되
　지 않았을 가능성이 크다.
86 "고 김연수 씨가 생전에 특별 녹음해 두었던 판소리 다섯 마당(흥보가 수궁가
　춘향가 심청가 적벽가)을 극화, 동아방송이 지난 연초부터 방송해 온 판소리
　연속극은 14일로 다섯 마당을 끝내고 청취자들의 좋은 반응에 힘입어 16일부
　터 다시 판소리 열두 바탕 중 나머지 일곱 마당을 국창 박동진 씨의 창을 바탕
　으로 드라마화해서 전파에 실어 보낸다. 일곱 마당이란 숙영낭자전 배비장전
　옹고집전 변강쇠타령 장끼타령 무숙이타령 및 강릉매화전을 일컫는데 60여
　년 전까지만 해도 이들 모두가 완창되었지만 그동안 유실되어 다소 남아 있는
　것도 부분적이거나 극으로만 전해오고 있을 뿐이다. 유실된 일곱 마당의 원형
　을 찾아 15년 전부터 도서관을 뒤지는 등 복원 작업에 몰두해 온 박동진 씨는
　이제 무숙이타령과 강릉매화전을 제외한 다섯 마당은 채보 및 편곡을 끝내고

주태익, 연출 김정일, 출연 김영식·손정아·김규식·이동주였고,[87] 〈배비장전〉은 창 박동진, 출연 김영식(해설), 박상규(배비장 역), 김인자(애랑 역), 유민석(방자 역)이었다.[88]

한편 박동진 명창은 1988년 4월 1일부터 1989년 10월 15일까지 MBC 라디오의 「사설 한마당」(매일 아침 7시 40분)에 출연하기도 했다. 이 프로는 '잘못된 세태를 판소리 형식으로 꼬집는 시사만평'인 시사판소리로 당시 상당한 인기를 누렸다.[89] 그리고 1992년에는 SBS TV의 「코미디 전망대」의 '박동진의 판소리칼럼'에 고정 출연하여 세태를 날카롭게 풍자, 비판하기도 했다.[90]

2) 음반

박동진 명창의 소리는 LP음반, CD음반, 릴테이프, 카세트테이프 등에 다양하게 남아 있다. 음반 중에는 발매를 목적으로 제작한 것도 있고, 공연 실황을 나중에 음반으로 제작한 것도 있는데 중요한 것을 정리하기로 한다.[91]

다음은 장시간음반(LP)으로 출시된 것을 초판 제작의 연대순으로

판소리화에 성공, 원형대로 복원시켜 놓은 것이다.", 「동아일보」, 1976. 8. 16.

87 「동아일보」, 1976. 8. 16.

88 「동아일보」, 1976. 10. 22.

89 「매일경제신문」, 1988. 3. 24. 「동아일보」, 1988. 3. 23. 「경향신문」, 1988. 3. 23. 「경향신문」, 1989. 10. 11.

90 「중앙일보」, 1992. 3. 11.

91 박동진의 음반은 노재명 편저, 「판소리 음반 사전」(이즈뮤직, 2000)과 「정창관의 국악 음반 세계」(http://www.gugakcd.kr/index.htm)를 바탕으로 정리하였다. 재판, CD복각 등 자세한 것은 그곳으로 미룬다.

정리한 것이다.

- 〈한국국악정선〉 제5집(1LP); 박동진 창-심청가 중 심청 용궁에 가다, 적벽가 중 고당상, 춘향가 중 이별가, 박동진 · 한농선, 반주 김병호, 유니버살레코드사, 제작 1967년 12월 1일

- 〈국악대전집, 제20집 판소리 적벽가〉(1LP); 박동진 창-삼고초려, 임방울 · 박동진, 녹음 · 제작 1968년, 신세기레코드주식회사 민1240-20

- 〈국악대전집, 제21집 단가〉(1LP); 박동진 창-호남가 · 광대가, 김소희 · 박동진, 신세기레코드주식회사 민1240-1~30, 제작 1968년, 민1240-21

- 〈단가집 제1집〉(1LP); 박동진 창-호남가 · 몽유가, 김소희 · 박동진, 녹음 1968년, 제작 1968년 5월 6일, 신세기축음기주식회사 민1242[92]

- 〈춘향〉(5LP): 박동진 · 박초월 · 한농선, 고수 김득수, 아세아레코드 ALF-101~105, 녹음 · 제작 1960년대 후반

- 〈박동진 애창곡집 판소리 다섯마당〉(5LP); 창 박동진, 북 한일섭, 지구레코-드공사, 녹음 1971년 3월 12일, 제작 1971년 3월 28일
  〈其一, 춘향가(이 도령과 성춘향)〉(1LP); 이별가~춘향이 눈물로 세월을 보냄, JLS-120461-1
  〈其二, 흥부전(흥부와 놀부)〉(1LP); 가난타령~제비노정기, JLS-120461-2

---

92 박동진의 단가 호남가와 몽유가가 SIDE 2에 수록되어 있다.

〈其三, 심청가(심청이와 심 봉사)〉(1LP); 심청이 인당수로 가기 전날 밤~장승상 부인에게 하직, JLS-120461-3

〈其四, 수궁가(토끼와 자라)〉(1LP); 토끼화상~호랑이 출현, JLS-120461-4

〈其五, 적벽가(현덕과 조조)〉(1LP); 공명 배군~자룡의 출현과 조조의 도망, JLS-120461-5[93]

- 〈박동진 애창곡집, 단가편〉(1LP); 창 박동진, 북 한일섭, 적벽부 · 진국명산 · 홍문연 · 운담풍경 · 공도난이 · 초한가, 지구레코-드공사, 녹음 1971년, 제작 1971년 3월 12일

- 〈판소리 충무공 이순신〉(5LP); 창 박동진, 고 박후성, 감수 노산 이은상, 녹음 1973년경, 홍인서원 발행, 지구레코드공사, 제작 1973년[94]

- 〈판소리 적벽가 6집〉(6LP); 창 박동진, 고 김동준, 유니버어살레코드 80720-80725, 녹음 1974년, 제작 1974년[95]

---

93 이 음반들은 다음과 같이 1991년 지구레코드에서 CD음반으로 복각하였다. 〈박동진 판소리 다섯마당 1, 춘향가〉(1CD), JCDS-0126. 〈박동진 판소리 다섯마당 2, 홍보가〉(1CD), JCDS-0127. 〈박동진 판소리 다섯마당 3, 심청가〉(1CD), JCDS-0128. 〈박동진 판소리 다섯마당 4, 수궁가〉(1CD), JCDS-0129. 〈박동진 판소리 다섯마당 5, 적벽가〉(1CD), JCDS-0483.

94 CD복각; 〈판소리 박동진 충무공 이순신〉(3CD), JCDS-0788, 지구레코드, 2006년 발매.

95 CD복각; 〈적벽가 1-2집〉(4CD), SMCD-058, 스타맥스미디어 제작 · 기획사, 사운드스페이스, 2002년 발매.

- 〈오아시스 민요시리즈, 인간문화재 제5호 박동진 적벽가〉(1LP); 창 박동진, 오아시스레코오드 OL-1775 · OL-8071, 녹음 1976년, 제작 1976년 2월 27일[96]

- 〈지정중요무형문화재 한국의 음악, 36–40집 적벽가〉; 박봉술 · 박동 진 · 한승호, 무형문화재보호협회, 지구레코드공사, 녹음 · 제작 1976년

- 〈KOREA FOLK SONGS〉; 창 박동진 · 김소희 · 박후성 · 오정숙 · 성 창순 · 김수연, 힛트레코드사 7704–B4277, 녹음 1979년, 제작 1979 년 9월 15일
  〈창극 춘향전〉(4LP), 〈창극 흥보전〉(2LP), 〈창극 심청전〉(3LP)

- 〈신작판소리 열사가〉(2LP); 작사 심우성, 작곡 정철호, 창 박동진 · 정권진 · 조상현 · 성창순 · 안향련 · 정철호, 반주 서공철 · 김득수 · 서용석 · 정철호 · 임동식, 서라벌레코오드사 SR-0166-1~2, 녹음 1979년, 제작 1979년 8월 1일[97]

- 〈한국전통음악, 제12집 적벽가(TRADITIONAL MUSIC OF KOREA, RECORD 12)〉(1LP); 창 박동진, 고수 김동준, 미국 뉴욕 한국문화원, 제작 1980년

---

96 적벽화전부터 군사점고 대목까지 수록되어 있다.
97 박동진의 소리는 〈LP 1〉(SIDE-B)에 '녹두장군 전봉준', 〈LP 2〉(SIDE-B)에 '국 내외 독립투사들'과 '광복'이 수록되어 있다.

- 〈변강쇠가(가루지기전)〉(3LP); 창 박동진, 고 주봉신, 녹음(성음스튜디오) 1990년 8월, 신나라레코드 기획 · 편집 · 제작 1991년, 신나라레코드 927-0050[98]

다음은 CD음반으로 출시된 것을 정리한 것으로 LP음반을 복각한 것은 제외하였다.

- 〈인간문화재 박동진 판소리 대전집〉(18CD); 창 박동진, 북 주봉신, SKC 제작 1988~89년

  〈적벽가〉(2CD); 조조 진영 잔치~조조 복병 만나는 데, 녹음 1988년 6월 7일, SKCD-K-0249

  〈춘향가〉(2CD); 어사또 방자 만나는 데~수도안 상고, 녹음 1988년 6월 7일, SKCD-K-0250

  〈심청가〉(2CD); 심 봉사 물에 빠지는 데~심청이 세상에 다시 나오는 데, 녹음 1988년 6월 10일, SKCD-K-0251

  〈흥보가〉(5CD); 완창, 녹음 1988년 6월 14일, SKCD-K-0252

  〈수궁가〉(3CD); 완창, 녹음 1988년 7월 5일, SKCD-K-0253

  〈예수전〉(2CD); 완창, 녹음 1988. 7. 12, 제작 1988년, SKCD-K-0254[99]

  〈배비장타령〉(2CD); 완창, 녹음 1988년 7월 16일, SKCD-K-0256

---

98 CD복각; 〈변강쇠가(가루지기전)〉(3CD); 1993년 제작, SYN CD-005. 복각하면서 〈광대가〉를 함께 수록하였다.
99 재판 음반; 〈서초국악포럼시리즈 1, 박동진 판소리 예수전〉(2CD), 소리 박동진, 북 주봉신, 녹음 1988. 7. 12. 서초국악포럼 기획 · 제작, 제작 2006. 7. 8. 예술기획탑 판매. 김수미 사설 교정, 〈박동진 판소리 예수전〉(2CD), TOPCD-162/3, 제작 · 기획사 예술기획탑, 2015년 발매.

- 〈단가〉(1CD); 창 박동진, 북 장덕화, 진국명산 · 광대가, 창 박초월 · 조상현 · 안숙선 · 박동진 · 오정숙 · 성창순 · 신영희, 고수 이정업 · 김득수 · 박춘맹 · 장덕화, 오아시스레코드 ORC-1444, 제작 1994년 12월

- 〈박동진 성경판소리, 예수의 탄생, 고난과 부활〉(2CD); 작사 주태익, 작창 박동진, 창 박동진, 북 김득수, 녹음 1990년대 초, Z-YSAD-2167, 한국국악선교회 기획 · 제작, 발매 2004년[100]

- 〈가루지기타령〉(3CD); 완창, 창 박동진, 북 주봉신, 녹음 1993~1994년 초반, 오아시스레코드 ORC-1423-25, 제작 1994년 6월

- 〈박동진 명창의 바탕소리로 듣는 판소리 길잡이〉(1CD); 소리 박동진, 고수 주봉신, 제작 · 기획사 SKC, 1995년 발매[101]

    SKC에서 출반한 〈인간문화재 박동진 판소리 대전집〉은 한국음반사에서 기억될 만한 기념비적인 음반이다. 1988년 6월 7일부터 7월 16일 사이 6회에 걸쳐 녹음하였는데 고수는 모두 주봉신이다. 〈흥보가〉, 〈수궁가〉, 〈예수전〉, 〈배비장타령〉은 완창이고, 〈적벽가〉, 〈춘향가〉, 〈심청가〉는 일부 대목이다. 〈흥보가〉만 1989년에 제작되었고, 나머지는 모두 1988년에 제작되었다.

---

100 재판 음반; 〈주태익-박동진의 성서판소리 예수전〉(2CD), 기획 · 디자인 · 제작 **BAWEE**, 2008년 발매.
101 〈인간문화재 박동진 판소리 대전집〉(18CD)의 〈춘향가〉, 〈심청가〉, 〈흥보가〉, 〈수궁가〉, 〈적벽가〉 중에서 장단별로 눈대목을 발췌하여 수록한 것이다.

이 외에 다음과 같이 공연 실황이 음반으로 제작된 것도 있다.

- 〈'93일요명인명창전 10, 인간문화재 박동진 판소리 수궁가〉(1CD); 초앞~호랑이 별주부에 혼나고 도망간 대목, 창 박동진, 북 김청만, 공연실황(1993. 9. 19. 국악당 소극장), SRCD–1194, 서울음반 기획, 1994년 발매

- 문화체육관광부·충청남도 공주시, 2007년 국악춘추사 제작
  〈박동진 명창의 수궁가〉(4CD); 완창, 창 박동진, 북 이정업·김득수, 공연실황(1971. 11. 3. 국립극장), SLT–0001
  〈박동진 명창의 흥보가〉(4CD); 초앞–흥보 첫째 박 타는 대목, 창 박동진, 북 한일섭, 공연실황(1968. 9. 30. 국립국악원 강당), SLT–0002
  〈박동진 명창의 적벽가〉(5CD); 완창, 창 박동진, 북 김득수·이정업, 공연실황(1971. 4. 6. 국립극장), SLT–0003

이상에서 알 수 있듯이 박동진 명창의 음반이 다수 출반되었다. 비슷한 연배의 인간문화재였던 김소희(1917~1995), 박초월(1917~1983), 강도근(1918~1996), 박봉술(1922~1989), 한승호(1924~2010), 정권진(1927~1986) 명창에 비해 훨씬 많이 출시되었는데, 그것은 박동진 명창이 대중들에게 인기가 높아 시장성이 컸기 때문이다. 이 밖에도 박동진 명창의 소리는 릴테이프, 카세트테이프 등 다양한 형태로 남아 있다.[102]

---

102 이에 대해서는 노재명 편저, 『판소리 음반 사전』(이즈뮤직, 2000)과 강윤정, 「박동진 판소리 창본 연구」(충북대학교 박사학위논문, 2004)의 부록에 정리되어 있어 그곳으로 미룬다.

5. 맺음말

박동진은 다양한 무대에 출연하여 자신의 예술세계와 예술정신을 유감없이 발휘하였다. 이 글에서는 박동진 명창이 2003년에 타계할 때까지 그가 이룬 다양한 예술 활동을 살펴보았다. 앞에서 살핀 바를 간략하게 정리하면 다음과 같다.

박동진은 20대부터 6·25전쟁 무렵까지 달성권번과 경주권번 등 여러 권번에서 소리선생을 하였다. 1947년에 대구에서 조직된 조향창극단 단원으로 거창, 합천 등지에서 경찰을 위문하였고, 1950년 12월 전쟁 중에 창설된 국민방위군 산하 정훈공작대에 소속되어 국군장병을 위문하는 공연을 다녔다. 1952년 봄에는 박록주가 대구에서 재건한 국극사에서 잠깐 활동하였으며, 그 후 김주전의 햇님국극단과 김경애의 새한국극단, 김연수의 우리국악단 등에서 여성국극과 창극을 작곡하거나 편곡하였다. 그리고 1961년 1월에 국립국악원에 들어가 정년 때까지 14년 동안 판소리 발전을 위해 노력하였으며, 1975년 1월 1일부터 1979년 12월 31일까지 5년 동안 제2대 국립창극단 단장으로 재임하며 창극 발전에도 기여하였다.

박동진은 다양한 판소리 무대에서 수많은 공연을 하였다. 1968년의 흥보가 완창을 시작으로 춘향가(1969), 심청가(1970), 적벽가(1971)와 수궁가(1971)를 완창하여 판소리 완창시대를 열었으며, 그 후에도 끊임없이 완창무대에 서서 자신의 예술세계를 마음껏 펼쳤다. 이밖에도 국립창극단의 '판소리감상회', 판소리보존연구회의 '판소리유파발표회', 뿌리깊은나무의 '판소리감상회', 동아일보사의 '명창명인대회', 조선일보사의 '국악대공연', 전주 우진문화공간의 '판소리 다섯 바탕의 맛' 등 주요 무대에 출연하여 판소리의 맛과 멋을 알렸다. 그리고 국립창극단 단장으로 재임한 5년 동안에 매년 2회씩 국립극장 무대에 〈배비장전〉(1975), 〈춘향전〉(1976), 〈흥보전〉(1977) 등 총 10편의 창극을 무대에 올려 창극 정립에 크게 이바지하였다. 한편 햇님국극단, 새한국극단, 우리국악단 등에서 〈바보 온달〉(1952), 〈마의태자〉(1955), 〈그리운 사람〉(1957), 〈나비와 월화〉(1960) 등 다수의 여성국극과 창극을 작곡하거나 편곡하였다.

박동진은 창작판소리를 다수 발표하여 판소리 세계를 넓혔다. 〈구주 성탄〉(1969), 〈부활가〉(1970), 〈갈릴리의 봄〉(1973), 〈모세전〉(1980) 등 기독교 관련 성서판소리를 여러 편 발표하였고, 〈충무공 이순신〉(1972)과 〈치악산〉(1972년경) 등 창작판소리도 다수 발표하였다.

박동진은 실창판소리를 복원하는 데도 심혈을 기울였다. 1970년에 〈변강쇠타령〉 복원을 시작으로 〈배비장타령〉(1972), 〈숙영낭자전〉(1974), 그리고 〈옹고집타령〉(1976)과 〈장끼타령〉(1976)도 복원 발표하였다.

박동진은 방송에 출연하여 소리를 하거나 자신의 삶과 예술세계를 알렸다. 1964년 동아방송의 〈문경새재〉에 출연하고, 1976~77년에 동아방송의 판소리드라마로 〈숙영낭자전〉, 〈배비장전〉, 〈옹고집전〉, 〈장끼전〉, 〈변강쇠타령〉을 방송하였다. 그리고 1988~89년에 MBC라디오의 「사설 한마당」과 1992년에 SBS TV의 「코미디 전망대」에 출연하여 잘못된 세태를 날카롭게 풍자, 비판하기도 했다.

박동진은 다수의 음반에 취입하였는데, 그중에서 SKC에서 1988~89년에 제작 발매한 〈인간문화재 박동진 판소리 대전집〉(18CD; 〈적벽가〉, 〈춘향가〉, 〈심청가〉, 〈흥보가〉, 〈수궁가〉, 〈예수전〉, 〈배비장타령〉)은 한국음반사에서 기억될 만한 기념비적인 음반이다.

제3장

중고제 판소리와
박동진 명창의 판소리

1. 머리말

    오랫동안 판소리는 호남에서 발생하여 성장한 것으로 이해해 왔다. 그러나 근래에 판소리 연구[1]가 폭넓고 깊이 있게 이루어지면서

---

1 다음은 2010년대에 발표된 중고제 판소리에 관한 대표적인 연구 성과들이다. 박성환, 「중고제 판소리 명창 방만춘, 방진관 연구」, 『한국학연구』 35, 고려대학교 한국학연구소, 2010. 최혜진, 「충청지역 중고제 판소리의 역사성과 지역성」, 『판소리연구』 32, 판소리학회, 2011. 노재명, 『중고제 판소리 흔적을 찾아서』, 채륜, 2012. 성기련, 「홍윤표 소장 154장본 〈춘향가〉와 19세기 중엽 중고제 판소리와의 관련성 연구」, 『판소리연구』 36, 판소리학회, 2013. 신은주, 『중고제 심정순家의 예인들』, 민속원, 2015. 노재명, 『꽃피는 중고제 판소리』, 채륜, 2016. 정병헌, 「중고제 판소리의 대중화 방안」, 『공연문화연구』 36, 한국공연문화학회, 2018. 사재동, 「중고제 판소리의 재조명」, 〈판소리 중고제의 위상과 실상〉, 어문연구회·중고제판소리문화진흥회, 2018. 8. 10. 충남대학교 인문대학 회의실. 최혜진, 「충청지역 판소리 문화 유적 현황 연구」, 『구비문학연

경기·충청지역을 판소리의 발생 지역으로 보는 견해가 설득력을 얻고 있다.

주지하듯이 중고제 판소리는 경기·충청지역을 예술적 기반으로 성장·발달해 왔으며, 판소리사에서 이른 시기에 명성이 있었던 소리꾼들 가운데 상당수가 이 지역 출신이다. 19세기 중반에 판소리 중시조라 일컫던 송흥록 명창이 등장하여 새로운 유파인 동편제 판소리가 정립되면서, 고제 판소리를 계승한 중고제 판소리는 변모를 겪으며 동편제와 경쟁하였다. 그 후 19세기 후반에 박유전 명창을 중심으로 동편제와는 또 다른 스타일의 서편제 판소리가 출현하여, 중고제는 동·서편제와의 경쟁에서 점차 열세에 놓이기 시작하였다. 중고제 판소리는 20세기 중기인 1940년대까지는 심정순, 이동백, 김창룡 명창 등이 활약하여 경기·충청도와 북한지역을 기반으로 어느 정도의 감상층을 확보하고 있었다. 그러나 이들이 세상을 떠난 뒤로는 강장원과 박동진 명창 등이 중고제 판소리의 명맥을 어렵게 이어가다가 지금은 거의 소멸 위기에 직면해 있다.

중고제 판소리가 풍전등화와 같은 운명에 놓이게 되자, 일부 판소리 연구자와 소리꾼들이 중고제 판소리의 가치와 위상을 인식하기 시작하였다. 그리하여 최근에 중고제 판소리를 널리 알리고 되살리기 위한 학술대회가 몇 차례 개최되고,[2] 중고제 판소리를 복원한 연

구』48, 한국구비문학회, 2018. 최혜진, 「판소리 명창의 비조 최선달 연구」, 『판소리연구』45, 판소리학회, 2018. 최혜진, 「이동백 제〈적벽가〉의 전승과 변모」, 『구비문학연구』50, 한국구비문학회, 2018. 공주시, 『중고제 판소리 명창』, 2019.

2 충남문화재단 주최, 〈중고제 맥 잇기〉, 2017년 10월 27일, 충남개발공사 10층 대회의실. 어문연구학회·중고제판소리문화진흥회 주최, 〈판소리 중고제의 위상과 실상〉, 2018년 8월 10일, 충남대학교 인문대학 회의실 444호. 공주시·

주회도 열렸다.[3]

　이 글은 중고제 판소리의 부흥을 위한 방안을 찾아보려는 노력에 동참하려는 지극히 소박한 뜻에서 이루어진 것이다. 여기서는 충청도에 전승되어 온 중고제 판소리의 내력, 그리고 박동진 명창의 심청가와 적벽가가 지닌 중고제 판소리의 면모를 살펴본다. 이를 통해 중고제 판소리에 대한 이해와 박동진 명창의 심청가와 적벽가에 대한 이해에 조금이나마 이바지할 수 있기를 기대한다.

2. 충청도와 중고제 판소리

　판소리는 숙종 말~영조 초인 17세기 말~18세기 초에 경기·충청 지역에 등장하여 성장하였다. 그 후 판소리는 금강을 넘어 호남으로 남진하여 호남지방의 무속집단 음악과 만나면서 비약적으로 성장하게 된다. 19세기 중반에 송흥록 가문을 중심으로 동편제라는 새로운 스타일의 판소리가 정립되고, 송흥록은 가왕 또는 판소리의 중시조로 추앙받게 되었다. 동편제 판소리가 등장하면서 경기·충청지역에서 부르던 판소리는 자연스레 고제 판소리 내지 중고제 판소리로 인식되기 시작하였다. 19세기 후반 판소리가 더욱 남진하면서 박유전이라는 뛰어난 소리꾼을 중심으로 호남 남부 지방 음악의 영향

　중고제판소리문화진흥회 주최, 〈중고제 판소리 학술세미나 - 중고제 판소리와 '공주' 지역의 위상〉, 2019년 5월 16일, 충남 공주시 한옥마을 백제방.

3　박성환은 이동백 바디 적벽가의 뒷부분을 복원하고 다시 짜서 2013년부터 완창 발표회를 하고 있다. 그리고 2017년부터 배연형이 중심이 되어 이동백 바디 춘향가를 복원하여 연주하고 있다.

을 더 강하게 받은 서편제가 등장하게 되었다.

중고제 판소리는 경기·충청지역의 고제 판소리가 동편제의 형성 후에도 고제의 법식을 일정하게 이어간 소리이다.[4] 즉, 송흥록의 등장으로 고제 판소리가 분화되는 과정에서 새로운 모습을 갖춘 동편제와는 달리 옛 소리를 계승한 것이 중고제인 것이다. 물론 당시에는 판소리의 유파를 의미하는 '동편제, 서편제, 중고제'라는 용어가 존재하지 않았다. 이러한 판소리의 유파 구분은 1930년대에 정착된 것으로 보인다.

중고제 판소리가 경기·충청지역을 예술적 기반으로 하고 있다는 것은 잘 알려진 사실이다. 내포 지방과 금강 유역은 내포제 시조, 중고제 판소리 등 지역적 특색을 지닌 음악문화가 발달했던 곳이다. 가야산 아래의 당진·면천·서산·태안·해미·결성·덕산·홍주·신창·예산 등 내포 지방은 토지가 비옥하여 농산물이 풍부하고 서해안을 끼고 있어 해산물이 풍부하며 어염(魚鹽)이 발달하여 일찍부터 음악문화가 발달할 수 있는 여건을 갖추고 있었다. 또한 고을마다 재인청이 있었을 뿐만 아니라, 여러 곳에 있는 향·소·부곡에 천민 재인 등이 많이 있어서 음악을 제공할 수 있는 인적 자원도 풍부하였다.[5]

금강은 전라북도 장수의 신무산(897m)에서 발원하여 충청도 중남부를 지나 군산에서 황해로 흘러드는 강으로 이 지역의 젖줄이다. 금강 유역은 부여의 규암평야, 논산천 유역의 강경·논산평야 등 충적평야가 발달하여, 일찍부터 공주·부여·논산·힌산·강경·서

---

4 배연형, 「판소리 중고제 론」, 『판소리연구』 5, 판소리학회, 1994, 165쪽.
5 노동은, 「한국음악가론 1 - 내포의 음악가들 -」, 『음악학이란? - 音·樂·學 -』 4, 음악학연구회 편, 세종출판사, 1997.

천 등 큰 고을이 형성되었다. 또한 수운(水運)이 크게 발달하여 강경은 하항(河港)으로 크게 번성하였으며, 강경장은 우리나라의 3대 시장 중 하나로 꼽혔다. 강경까지 큰 배가 올라오고 부여까지는 1백 석의 곡식을 실은 배가 다닐 수 있었다.[6] 금강권 역시 내포권과 마찬가지로 인적 · 물적 자원이 풍부하여 판소리문화가 발달할 수 있는 환경이 잘 갖추어져 있었던 것이다.

정노식은 『조선창극사』[7]에서 90여 명의 판소리 명창을 소개하고 있는데, 그 가운데 충청도 출신의 소리꾼도 적지 않게 포함되어 있다. 판소리 광대의 효시로 꼽히는 하한담(목천?)과 최선달(결성)[8]을 비롯하여 황해천(공주, 농부가, 자웅성), 방만춘(해미, 심청가 · 적벽가, 아귀상성 · 살세성), 고수관(해미, 춘향가, 염계달 창법, 추천목, 딴청 일수), 김성옥(강경, 춘향가, 진양조 창시), 김제철(청주, 심청가, 석화제), 최낭청(청안, 임기응변), 송수철(청양, 춘향가, 호걸제), 정춘풍(충청도, 적벽가, 비가비), 김정근(강경, 무숙이타령, 상궁접 창시), 윤영석(면천, 토별가, 세세상성), 정흥순(한산[또는 강경], 흥보가), 최상준(한산, 흥보가), 백점택(연기, 춘향가), 이창운(문의, 적벽가), 황호통(공주, 춘향가 · 심청가), 박상도(공주, 적벽가), 강재만(금산, 춘향가), 김봉학(진천, 흥보가), 김석창(공주, 춘향가, 아니리 · 부침새), 이동백(비인, 심청가 · 적벽가), 김창룡(서천, 적벽가 · 심청가), 김봉문(서산, 흥보가), 유공렬(홍성, 춘향가 · 심청가) 등이 그들이다. 그리고 가야금병창에 출중했던 심정순과 심상건은 서산 출신이고, 고수로 이름난 한성준은 홍성 출신이다.

6 한국학중앙연구원, 『한국민족문화대백과』(http://encykorea.aks.ac.kr).

7 정노식, 『조선창극사』, 조선일보사출판부, 1940.

8 최선달은 해주 최씨 후손인 崔禮雲(1729~1805)이라고 한다. 최혜진, 「판소리 명창의 비조 최선달 연구」, 『판소리연구』 45, 판소리학회, 2018.

충청도의 대표적인 판소리 가문으로는 내포권에 방만춘 가문(방
만춘→(?)→방진관)과 심정순 가문(심팔록→심창래·심정순→
심상건·심재덕·심매향·심화영)이 있고, 금강권에 김성옥 가문
(김성옥→김정근→김창룡·김창진→김세준·김차돈)과 황해천
가문(황해천→(?)→황호통→황봉운), 김석창 가문(김석창→김
덕순→김숙자), 백점택 가문(백점택→백점봉) 등이 있었다. 이들
가문의 소리꾼들은 대를 이어 가문 소리를 전승하며 판소리 발전에
크게 이바지하였다.[9]

그러나 중고제는 독서성처럼 밋밋하고 담백한 소리이기 때문에
동편제의 장중한 맛도 부족하고, 서편제의 아기자기한 맛도 보여줄
수 없어 경쟁에서 밀려나게 되고, 20세기에 들어와 급속도로 쇠잔하
기 시작하였다. 즉 중고제는 청중의 다양한 기호와 새로운 미적 요구
에 적극적으로 대응하지 못했기 때문에 판소리사에 희미한 흔적만
남긴 채 쓸쓸히 퇴장할 수밖에 없었던 것이다.[10]

3. 중고제 심청가와 〈박동진 심청가〉

박동진은 10대 후반에 충남 비인의 김창진을 찾아가 심청가를 배
웠다. 김창진(1875~?)은 중고제 명창 김창룡(1872~1943)의 동생으

9　김석배, 「〈허홍식본〉〈심청가〉의 판소리사적 위상」, 『문학과 언어』 22, 문학과
　　언어학회, 2000. 최혜진, 「충청지역 중고제 판소리의 역사성과 지역성」, 『판
　　소리연구』 32, 판소리학회, 2011.
10　서종문·김석배, 「판소리 중고제의 역사적 이해」, 『국어교육연구』 24, 국어
　　교육학회, 1992, 55-56쪽.

로 어릴 때부터 형을 수행하며 북을 쳤다. 20세 때 고수 생활을 청산하기로 작정하고 형이 보던 심청가 사설 책을 훔쳐 무량사에 들어가 독공하여 10년 만에 형보다 뛰어나다는 말을 들었다. 그러나 아편 중독으로 형보다 먼저 작고하였다.[11] 박황에 의하면 김창진은 부친에게 소리를 배웠고, 판소리의 방향을 알게 되면서부터 가문의 법제를 따르지 않아서 집에서 쫓겨나다시피 하였다. 송만갑처럼 시대의 변화에 부응하는 통속화의 길, 즉 대중들이 선호하는 소리를 지향하다가 집안사람들과 갈등이 생긴 것이다. 그는 심청가에 뛰어났는데, 가풍(歌風)이 김창룡과 사뭇 달랐다고 한다.[12]

〈박동진 심청가〉에 보이는 중고제의 모습을 살펴보면 다음과 같다. 현재 고제 내지 중고제 심청가로 판단되는 것으로는 〈허흥식본 심청가〉와 〈심정순 심청가〉 등 몇몇 이본이 있다. 방진관이 부른 심청 환세 대목은 〈허흥식본 심청가〉와 놀라울 정도로 친연성이 크다.[13] 그리고 〈허흥식본 심청가〉와 〈심정순 심청가〉는 심 봉사가 젖동냥 다니는 대목과 국혼 대목, 심 봉사가 도둑맞은 물건을 찾아내라고 관장에게 억지 부리는 대목에서 친연성이 있고, 이 밖에도 부분적이기는 하나 친연성이 있는 곳이 적지 않다.

1) 〈허흥식본 심청가〉와 〈박동진 심청가〉의 친연성

〈허흥식본 심청가〉는 허흥식 교수의 본가(충남 서산군 음암면 신

---

11 박동진, 「내 인생 소리에 묻고 (28)」, 『중앙일보』, 2000. 8. 2.
12 박황, 『판소리소사』, 신구문화사, 1974, 85~86쪽.
13 김석배, 「〈허흥식본〉(심청가)의 판소리사적 위상」, 『문학과 언어』 22, 문학과 언어학회, 2000.

장리)에 드나들던 소리꾼이 떨어뜨리고 간 것이라고 한다. 〈박동진 심청가〉[14]는 일부이지만 〈허흥식본 심청가〉와 강한 친연성을 지니고 있다.[15] 다음은 심청이 밥 동냥을 다니는 대목으로 어린 심청이 겪는 참혹한 현실이 생동감 있게 그려져 있다.

〈허흥식본 심청가〉	〈박동진 심청가〉
(평중단) 엄동설한 뵈옥썻셰 깃만나문 헌 져구리 다 쩌러진 힝주치마 알발의 집신 신고 박쪽 흐나 녑희 씨고 동지늡평 쇼뒤한의 몹쓸 악풍 들니불고 빅셜니 펄펄 헌날일 졔 양지을 으지흐녀 남북촌 동셔리을 거쥬 읍시 츠쳐갈 졔 마음니 청간되고 녑체가 주심하녀 이 문의 가 졉붓졉붓 져 문의 가 긔웃긔웃 시문의 누은 긔난 컹컹 짓고 늬다르니 심쳥니 어린 마옴 긔식흐녀 벌벌 썰며 안목으로 긔을 쫏고 간신니 드러가셔 아쥬 알쓸 어린 말노 밥 한 슐 죤 닐 흐오 쇼경 부친 혼져 두고 밥을 빌너 왓스오니 각끼 한 슐 덜 즙습고 십시일반 글념흐오면 부친 공경흐겟네다 이럿텃 이걸할 졔 동네 즁의 괴한 계집 독슬시럽고 인정 읍셔 사람을 몰너 보고 함박 쪽짝 드지며 너의 아버지 심 밍인도 사을 걸너 단니면셔 오면 먹고 바더 가더이 너야 몬너니 뒤치 나 무슌 신셰 지녀노라 일싱 밥을 달나너야 구박 출숑 쏘쳐늬니(24–25면)	(중모리) … 아가 네가 나이도 어린 것이 이 추운 날 밥 얻으러 가면은 남의 집의 개가 달려들어 물 것이고 구박인들 오죽하며 근 십년을 밥을 얻어다 먹으니 염치도 없고 그러하니 네가 가서 밥을 주것냐 그러니 너를 못 가게 하느라고 그랬는데 -(중략)- (중모리) 심청이가 그 날부터 밥을 빌어 나가는데 먼 산에 해 비치고 앞 마을에 연기난다 가련하다 심청이가 헌베 중의 옷 단님 메고 깃만 남은 헌 저고리 자락 없는 청목휘양 볼수없이 숙여 쓰고 뒤축 없는 헌 집신이 버선 없이 발을 벗고 헌 바가지 손에 들고 건너 마을 바라보니 청산비조는 끊어지고 만종인적이 전혀 없네 북풍에 모진 바람 살 쏘듯이 불어오고 황혼에 가는 거동 눈 뿌리는 수풀 속에서 달달달 떨면서 손을 불고 옹송거려 건너가서 무정한게 개로구나 개가 느닷없이 골목에서 쑥 나오며 응쾅쾅 심청이 기가 막혀 아이고 이 개야 내가 무슨 죄가 있다고 그러느냐(208–209쪽)

14 김진영 외 편저, 『심청전 전집 [11]』, 박이정, 1997.
15 김석배, 「허흥식 소장본 〈심청가〉의 성격과 가치」, 『구비문학연구』 8, 한국구비문학회, 1999.

심청이 밥 동냥을 나갔다가 개가 짖으며 달려드는 바람에 겁을 먹고 벌벌 떨며, 동네 아낙에게 심한 구박을 당하고 쫓겨나는 대목이다. 이 대목은 초기 심청가인 〈박순호 19장본〉, 〈박순호 28장본〉, 〈박순호 48장본〉, 〈박순호 57장본〉, 〈김광순 31장본〉 등에 보인다.

다음은 장사를 마치고 돌아오던 상고 선인들이 해상에 떠 있는 꽃을 발견하고, 그것에 대해 의견이 분분할 때 청의선관이 나타나 천자에게 진상하라고 일러주는 대목이다.

〈허홍식본 심청가〉	〈박동진 심청가〉
(평즁단) … 공논니 미결할 제 (진냥죠) 표풍세우 되무 즁의 호록한 청의선관 크게 불너 이른 말니 희승의 션년 져 빈 꼿슬 보고 헌아 말나 요지년의 즁싱화니 타인 통셜 부듸 말고 각별 죠심 고니 모셔 쳔즈 압희 진승하라 야츠불연직 쳔도신명 뇌공신의 불벼락을 당흐리라 (안니리) 엄슉키 닐우거날 승고션인 겁을 늬여 져의 셔로 당부흐며 꼿슬 고이 건져 늬여 허리칸의 모신 후의 (엇모리) 청포중을 둘너 치이 늬외 체통 엄슉흐다 닷 들고 돗츨 달아 슌풍의 빈을 노니 창용이 협쥬한 듯 남경이 슌식이라 안관 슌쳔 반갑도다(77-78면)	(중중모리) … 공론이 분부할 제 청의선관이 학을 타고 공중에 높이 떠 행상에 뜬 선인들아 꽃을 보고 헌화 마라 그 꽃은 천상에 월계화니 타인 동셥을 부듸 말고 각별 조심 곱게 모셔 천자 전에 진상하라 천자 전에 진상하라 만일 너의들이 꽃을 보고 희롱하면 천지신명 조신하여 산벼락을 때리리라 역역히 외이거늘 여러 선인 벌벌 떨고 그 꽃을 고이 뫼셔 청포장 둘러치니 내외 체통이 분명쿠나 삼승돛을 추켜 달으니 순풍이 절로 나서 남경을 순식간이라 선두에다 배를 매 안과 산천이 반가워라(234쪽)

장단이 다르고, 표현상 다소 차이가 있지만 둘 사이에 밀접한 관련이 있는 것이 분명하다. 〈심정순 심청가〉도 이와 유사하다.

봉래선관이 천자의 꿈에 나타나 심청을 황후로 맞이하라고 계시하는 대목도 마찬가지다.

〈허흥식본 심청가〉	〈박동진 심청가〉
(진냥죠) … 날니 가고 밤이 되어 정겸소리쑌니로다 취심ᄒ여 빅끼시이 비몽인 덧 ᄉ몽인 덧 승취가 진동ᄒ며 봉늬션관 닉려와셔 거슈숭읍 왈 복원 폐ᄒ넌 이계쳥 입국ᄒ셔 보쳔솔토의 셩교가 구괴ᄒ되 관겨 갈담의 금젼니 공ᄒ시다 승졔 명 왈 션아을 ᄒ강ᄒ셔 황후을 봉ᄒ시니 중싱화을 슬피시면 승셔 될 쥴 아오리다 말니 맛지 못ᄒ여 픠옥 명난 학의 쇼릭 씩 다루이 쑴니로다(79-80면)	(중모리) 날이 가고 밤이 오면 경졈소리뿐이로 다 천자 취침하시는데 봉래선관이 학을 타고 하날에서 나려와셔 재배하고 하는 말이 복원 폐하는 황후 상사 당하심을 상천이 아시옵고 연인을 보내셨사오니 어서 별궁에 뫼신 옥쟁반 꽃송이를 살피소서 홀연히 간 곳 없다 천자께서 깜짝 놀래 잠을 깨니 남가일몽이 되었구나(236쪽)

심청이 황후로 등극하는 대목에서도 상당한 친연성을 보이는데, 〈심정순 심청가〉도 동일하다. 그런데 같은 김성옥 가문의 심청가임에도 불구하고 중고제의 특징이라고 할 수 있는 특정 대목에서 김창룡이 고음반에 남긴 심청가와 〈박동진 심청가〉 사이에는 유사성이 거의 발견되지 않는다. 그것은 앞에서 말한 바와 같이 가문 소리를 하지 않고 대중적인 소리에 영합하는 통속화의 길을 걸었던 김창진에게 박동진이 배웠기 때문일 것이다.

2) 〈심정순 심청가〉와 〈박동진 심청가〉의 친연성

〈심정순 심청가〉[16]와 〈박동진 심청가〉 사이에는 여러 대목에서 강한 친연성이 있다. 다음은 심청이 수정궁에서 옥진부인과 상봉하는 대목이다. 사설의 일부에서 약간의 차이가 있을 뿐 거의 동일하다.

16 김진영 외 편저, 『심청전 전집 [2]』, 박이정, 1997.

중략한 부분도 마찬가지이다. 다만 장단 구성에는 차이가 있다. 〈심정순 심청가〉는 아니리와 장단이 몇 번 교체되는 데 비해 〈박동진 심청가〉는 앞부분은 중모리로 되어 있고, 끝부분만 아니리로 마무리했다.

〈심정순 심청가〉	〈박동진 심청가〉
(안이리) … 하로 하늘에 옥진부인이 오신다 ㅎ니 심소져는 누군 줄 모로고 이러셔 브라보니 (엇모리) 옥식치운이 벽공에 어렷는듸 요량ㅎ 풍악이 궁중에 랑쟈ㅎ며 우편에는 단계화 좌편에는 벽도화 청학 빅학 옹위ㅎ고 공작은 춤을 츄고 안비로 견인ㅎ야 텬샹션녀 압흘 셔고 룡궁 신녀는 뒤를 셔 엄슉ㅎ게 느려오니 보던 비 처음이라 (안이리) 이윽고 느려와 교즈로 좃츠 옥진부인이 드러오며 심청아 너의 모 내가 왓다 심소져 드러보니 모친이 오셧거늘 (즁즁모리) 심청이 반겨라고 펄젹 쮜여 느려가 이고 어머니오 우루루 달녀드러 모친 목을 덜셕 안스고 일희일비 ㅎ는 말이 어머니 나를 낫코 칠 일 만에 상셔 나셔 근근ㅎ 소녀 몸이 부친 덕에 안이 죽고 십오 셰 당ㅎ도록 모녀간 텬디 즁ㅎ 얼골을 모로기로 평싱에 흔이 딋쳐 이즐 날이 업더니 오늘날 뫼시오니 나는 흔이 업스오나 외로오신 아부지는 누를 보고 반기실까 싀로옵고 반가온 졍과 감격ㅎ고 급흔 ᄆᆞ음 엇지 홀 줄 모로다가 뫼시고 루에 올나가 모친 품에 싸여 안겨 얼골도 듸여보고 슈죡도 만지면셔 졋도 인졔 먹어보셰 반갑고도 즐거워라 즐겨ㅎ며 우	(중모리) 하로는 천상에서 옥진부인이 오신다고 하니 심청이는 누군지를 모르고서 일어서 바라보니 오색채운이 벽공에 어렸는데 낭자한 풍악소리 수궁이 진동하고 좌편은 월계화요 우편은 벽도화라 청학 백학은 난무하고 공작이도 춤을 출 제 안비로 전인하고 천상선녀가 앞으로 서고 용궁선녀가 뒤를 따라 엄숙하게 들어오니 보든 바 처음이라 이윽고 부인이 교자에서 내리시여 들어오며 심청아 너의 에미 내가 왔다 심청이는 들어보니 어머니가 오셨구나 반기옵고 좋와라고 우루루루 뛰여 나가 어머니 목을 덜컥 안고 일희일비 우는 말이 어머니 나를 낳고 칠 일 안에 세상을 떠나 근근한 소녀 몸이 아버지 덕에 아니 죽고 십오 세가 다 되도록 어머니에 지중한 얼굴을 모르는 일 한이 되여 철천지원일러니 오늘날 수궁에서 어머니를 대하오니 나는 한이 없지마는 불쌍하신 아버지는 뉘를 보고 반기실까 감격하고 급급한 마음 모친 무릎에 올라앉아 이제 젖도 먹어보자 얼골 대여보고 수족도 만지면서 이렇듯 울음을 우니 …(중략)… 하로는 부인이 일어스며 심청아 청아 모녀간 귀중한 정은 한량이 없다마는 상제

름 우니 …(중략)… 하로는 옥진부인이 심청다려 ᄒᆞ는 말이 모녀간의 리별홀 말 한량이 업것마는 옥황상뎨 쳐분으로 맛흔 직분 허다ᄒᆞ야 오릭 지톄 못 ᄒᆞ겟다 오늘날을 리별ᄒᆞ고 너의 부친 맛날 쥴을 네야 엇지 알냐마는 후일에 셔로 반길 ᄶᆡ가 잇스리라 작별ᄒᆞ고 니러나니 심청이가 긔가 막혀 아이고 어머니 쇼녀는 무음 먹기를 오릭오릭 뫼실 쥴로만 알앗더니 리별 말이 웬 말이오 아모리 익걸흔들 임의로 못 홀지라 옥진부인 니러나셔 손을 잡고 작별터니 공즁으로 향ᄒᆞ야 인홀불견 올나가니 심청이 홀일업시 눈물로 하직ᄒᆞ고 슈졍궁에 머믈을시(47-48쪽)	분부 여차하여 맡은 분부가 허다하다 나는 이제 간다마는 너는 세상을 나가거든 너의 부친 뵈옵는 날 날 본 말을 다 하여라 작별하고 일어나니 심청이 기가 막혀 어머니의 목을 안고 아이고 어머니 허- 소녀는 어머니를 오래오래 뫼실 줄로 알았더니 이별 말이 웬 말이요 아무리 통곡해도 인력으로 어찌하리 한두 마듸 말할 적에 인홀불견 간 곳 없네 (아니리) 할일없이 심청이는 수정궁에 머무르고 눈물로 하즉하고 수정궁에 머무를 제(231-232쪽)

　　다음은 심청이 황후로 등극하는 국혼 대목이다. 대례식의 위용을 매우 사실적으로 묘사하고 있는 부분인데 밑줄 그은 곳을 제외하면 같거나 유사하다. 다만 장단은 〈심정순 심청가〉가 엇중모리와 중중모리인데 〈박동진 심청가〉는 중중모리이다.

〈심정순 심청가〉	〈박동진 심청가〉
(엇즁모리) … 이 뜻으로 긔록ᄒᆞ야 묘당에 ᄂᆞ리시니 숨틱륙경 만죠빅관 문무졔신이 일시에 드러와 복디ᄒᆞ니 텬ᄌᆞᄭᅴ셔 하교ᄒᆞ샤ᄃᆡ 짐이 거야에 득몽ᄒᆞ니 하도 심히 긔이키로 작일 션인 진샹ᄒᆞ던 꼿송이를 술혀보니 그 꼿은 간 곳 업고 한 랑ᄌᆞ가 안셧ᄂᆞᄃᆡ 황후의 기상이라 경등 뜻은 엇더ᄒᆞ고 문무졔신이 일시에 알외오ᄃᆡ 황후 승하ᄒᆞ옵심을 상텬이 아옵시고 인연을 보ᄂᆡ시니 황후를 봉ᄒᆞ소셔 (즁즁모	(중중모리) … 이 뜻으로 글을 써서 뫼당에 내리시니 삼대육경 만조백관 일시에 들어와 복지한다 천자께서 하교하사 짐이 거야 득몽을 하니 하도 기이하여 작일 선인들 진상한 꽃송이를 살펴보니 모든 꽃 어듸 가고 한 랑자 앉었으니 황휘의 기상이라 경들의 뜻은 어떠한가 여러 신하가 여짜오되 황후 승하하시옴을 천상이 아시옵고 인연을 보내셨사오니 국조가 무궁하여 상천이 도우심이라 어서 대례를

리) 텬ᄌ 극히 올케 넉여 일관 식여 틱일ᄒᆞᆯ식 음양부쟝 싱긔복덕 삼합덕일 가려넉여 심 랑ᄌ로 황후를 봉ᄒᆞ시니 요지복식 칠보화관 심쟝싱 슈복 노아 진쥬옥픤 슌금쌍학 봉미션에 월궁항아 하강ᄒᆞᆫ 듯 젼후좌우 샹궁시녀 록의홍샹 빗이 나네 랑ᄌ화관 쪽도리며 봉치쥭졀 밀화불슈 산호가지 명월픤 울금향 당의 원삼 호품으로 단쟝ᄒᆞ고 황후 위의 쟝ᄒᆞ도다 충충히 뫼신 션녀 광한뎐 시위ᄒᆞᆫ 듯 쳥홍빅슈 비단 초일 하날 닷케 놉히 치고 금슈복 룡문셕 공단휘쟝 금평풍에 빅ᄌ쳔손 근감ᄒᆞ다 금초ᄉ틱 홍초 쏫고 류리만호 됴흔 옥병 구븨구븨 진쥬로다 란봉공작 짓는 ᄉ자 쳥학 빅학 쌍쌍이오 잉모 갓흔 궁녀들은 그를 잡고 느러셧고 삼틱륙경 만조빅관 동셔편에 갈나셔셔 음양진퇴ᄒᆞᄂᆞᆫ 거동 리부샹셔 함을 지고 납칙를 드린 후에 텬ᄌ 위의 볼작시면 룡쥰 룡안 미슈염에 미듸강산졍긔ᄒᆞ고 복은 텬디 됴화ᄒᆞ니 황희슈 다시 말거 셩인이 나셧도다 면류관 곤룡포에 량억기 일월붓쳐 웅텬샹지삼월이오 비인간지오복이라 대례를 맛친 후에 랑ᄌ를 금뎡에 고이 모셔 황극뎐에 드옵실 쩌 위의 례졀이 거룩ᄒᆞ고 쟝ᄒᆞ도다 심황후의 어진 셩덕 텬하에 가득ᄒᆞ니 죠졍의 문무빅관 각싱 자ᄉ 렬읍 틱슈 억됴충싱 인민들이 복디ᄒᆞ야 츅원ᄒᆞ되 우리 황후 어진 셩덕 만슈무강ᄒᆞ옵쇼셔(51-52쪽)

하사이다 어서 성례를 하사이다 그 말을 옳다고 그 말이 좋다 하고 요지복색 칠보화란 낭자화관 쪽도리며 봉채죽점 밀화불수 명월팽월로 단장한 황후님은 아름답고 어여쁘네 칭칭이 섰는 것은 광한전에 시위한 듯 쇠금 촛대 홍초 꽂고 유리만호 좋은 옥병 구비구비 진주로다 난봉공작 짓는 사자 청학 백학 쌍학이요 앵무 같은 궁녀들은 갈라서서 읍양진퇴 하는 거동 군신유의가 장할시고 천자 위엄을 볼작시면 용종 용안 기이하고 황하수 다시 맑아 성현이 나셨구나 면류관 곤룡포에 양 어깨 일월붙여 응천상지 삼광이 비인간지오복이라 대례를 마친 후에 대례를 마친 후에 심황후를 고이 모셔 별궁에다 뫼실 적에 억조창생 만민이며 십이제국 사신들과 삼태육경 만조백관이 춤을 추며 노는구나 우리 황후 어진 성덕 만수무강을 하옵소서 대활영으로 설설이 나리소서 에라 만수 에라 대신이야 에라 대신이야 만수무강하사이다(236-237쪽)

〈박동진 심청가〉가 〈심정순 심청가〉에 비해 다소 축약되어 있지만 동일한 뿌리에서 나오지 않았다면 이 정도의 친연성을 가지기는 어려울 것이다. 〈완판 71장본〉에는 다음과 같이 단순 서술로 되어 있다.

천자 닉렴의 싱각ㅎ시되 상계게ㅿ셔 조흔 인연을 보닉시도다 천여 불취ㅎ면 시호시호 여부진닉니라 하시고 빅필을 졍ㅎ리라 ㅎ시사 혼인을 완졍ㅎ시고 틱사관으로 ㅎ여곰 틱일ㅎ니 오월 오일 갑자일이라 소졔로 황후를 봉ㅎ여 승상의 집으로 모신 후 길일리 당ㅎ믹 젼교ㅎ시사 이러흔 일은 젼만고의 업난 일이니 가례범졀을 별반 셜화ㅎ라 ㅎ시니 위의 거동이 쏘흔 금셰에 처음이요 젼고의 더옥 업더라 황졔 연셕의 나와 서시니 쏫봉이 속의셔 양기 시녀 소졔를 부익ㅎ여 모셔 나오니 북두칠셩의 좌우 보필리 갈나 셧난 듯 궁즁이 휘황ㅎ여 바로 보기 어렵더라 국가의 경사라 딕사쳔ㅎ ㅎ고 남경 갓던 도션주을 특별이 졔수ㅎ여 무장틱수를 하이시고 만조졔신은 상호만셰ㅎ고 솔토지인민은 화봉삼축ㅎ더라 심황후의 덕틱이 지즁ㅎ사 년년이 풍연 드러 요순천지를 다시 보니 셩강지치 되야셔라(47장 뒤~48장 앞)

현재 전승되는 심청가는 〈완판 71장본〉보다 더 축약되어 "(아니리) … 황제 고이하사 별궁 시녀로 그 꽃을 운전하야 내궁에 모신 후 으 묘당으 물으시니 문무 제신이 주달하되 황후 승하하심을 상천이 아시옵고 인연을 보냈사오니 황후를 봉하소서 (중중몰이) 일관 시켜 택일하야 꽃봉 속에 심 소저를 황후를 봉하시니 국가의 경사가 되야 만조 제신들은 산호만세 부르고 억조창생으 만민들은 격양가를 일삼으되 심황후 어진 성덕으로 당년부터 풍년이 들어 요순의 천지 다시 되고 선강직제가 되었더라"[17]와 같이 그 흔적만 남아 있는 정도이다.

그리고 〈박동진 심청가〉에는 심 봉사의 눈에 수궁에서 가져온 개

---

17 〈한애순 심청가〉, 김진영 외 편저, 『심청전 전집 [2]』, 박이정, 1997, 216-217쪽.

안초를 발라 눈을 뜨게 하는 것으로 되어 있는데 〈심정순 심청가〉도 이와 유사하다.

> (자진모리) … 그 말 마오 아버지 눈 띄우려 남경장사께 몸이 팔려 임당수에 죽었더니만은 용왕에 덕을 입어 생환 인간하여 황성에서 황후 되여 아버지 보이려고 석 달 열흘 맹인잔치 오늘이 망종이라 어서 눈을 떠서 나를 보옵소서 심 봉사 그 말 듣고 아이고 이게 웬 말이냐 아이고 눈이 있어야 내 딸을 보지 심 황후 그 말 듣고 심 황후 그 말 듣고 수궁에서 가지고 나온 개안초라는 약을 갖다 부친에 눈에다 스르르 발라 놓니 심 봉사 아이고 눈갓이 근질근질 하냐 심 봉사 머리 우에 안개가 자욱하고 청학 백학 난무하여 내 딸이면 어듸 보자 두 눈을 딱 떴지(〈박동진 심청가〉, 256쪽)

> (자진모리) 이고 아부지 눈을 써서 나를 보옵소셔 림당슈 창랑 즁에 삼빅 셕에 몸이 팔녀 슈궁 갓던 아부지 쌀 심청이오 눈을 써셔 나를 보옵소서 이고 이게 웬 말이냐 늬 쌀 심청이가 살단 말이 될 말이냐 늬 쌀 이면 엇의 보자 ᄒ더니 빅운이 자욱ᄒ며 청학 빅학 란봉 공작 운무 즁에 왕리ᄒ며 심봉ᄉ의 머리 우에 안기가 자욱ᄒ더니 심봉ᄉ의 두 눈이 활젹 쓰니 텬디 일월 밝엇고나(〈심정순 심청가〉, 64쪽)

이른 시기의 심청가 중에는 〈정명기 낙장 38장본〉과 〈박순호 낙장 57장본〉처럼 심 봉사가 개안주를 마시고 눈을 뜨는 것으로 되어 있는 이본도 있다. 〈박동진 심청가〉와 〈정광수 심청가〉, 〈김연수 심청가〉에는 개안초를 바르거나 뿌리는 것으로 되어 있는데, 〈심정순 심청가〉나 〈한애순 심청가〉는 개안초를 발랐다는 내용은 보이지 않지만 "빅운이 자욱ᄒ며 청학 빅학 란봉 공작 운무 즁에 왕릭ᄒ며 심봉 ᄉ의 머리 우에 안기가 자욱ᄒ더니"가 있는 것으로 보아 원래는 개안초를 바른다는 내용이 있었을 것으로 짐작된다.

　이 밖에 〈심정순 심청가〉와 〈박동진 심청가〉가 동일하거나 매우 유사한 대목은 다음과 같다. 단 〈박동진 심청가〉와 〈심정순 심청가〉·〈완판 71장본〉이 동일한 대목은 생략한다.

　　　가. 곽씨부인이 죽은 줄 모르고 심 봉사가 약을 지어 오는 대목(아니리)

　　　나. 심청이 밥 동냥을 자청하는 대목(진양조)

　　　다. 심청 환세하는 대목(아니리+중중모리+진양조)

　　　라. 장승상부인이 강가에 심청의 위혼제 지내는 대목(진양조)

　　　마. 마을 사람들이 망사대 옆에 타루비 세우는 대목(아니리)

　　　바. 심황후가 황제에게 자신의 근본을 아뢰는 대목(중모리)

　　　사. 뺑덕어미가 황봉사와 도망가는 대목(아니리)

　　　아. 심황후 탄식하는 대목(진양조)

3) 〈박동진 심청가〉의 독자성

　〈박동진 심청가〉에 보이는 가장 큰 독자적인 특징은 아니리 대목에서 다른 이본과 상이한 부분이 많다는 점이다. 박동진 명창이 아니리를 중시했기 때문이다. 이것은 또한 현장성과 즉흥성을 강조하는 것과도 무관하지 않을 것이다. 이동백 명창도 즉흥성이 뛰어난 것을 보면 중고제 명창들이 아니리를 통해 극적 효과를 구현했던 것으

로 볼 수 있다. 충남 공주 출신으로 춘향가에 뛰어났던 김석창 명창
도 아니리에 능했다.

아니리는 소리판에서 다양한 역할을 한다. 신재효는 일찍이 〈광대
가〉에서 "안일리 쓰는 마리 아릿다온 졔비 말과 공교로운 잉무 쇼릭"
라고 하여 아니리의 구사 능력에 주목하였다. 그런데 세간에서 아니
리를 위주로 하는 소리꾼을 '아니리광대'니 '재담광대'라고 폄하하
다 보니, 아니리 자체의 가치까지 소홀하게 인식하는 감이 없지 않
다. 이것은 바람직한 현상이 아니다. 모름지기 명실상부한 명창이
되려면 창뿐만 아니라 아니리에도 뛰어나야 한다.[18]

박동진 명창은 아니리의 중요성을 누구보다도 잘 이해했으며, 동
시대의 명창 중에서 아니리를 구사하는 능력은 가히 독보적이었다.

> 아니리가 판소리의 반입니다. 좋은 노래도 10분만 들으면 듣기 싫은
> 거예요. 그러니께 아니리가 거기서 나와 가주구서 좌중을 분위기도 전
> 환하고, 또 자기가 쉬어야 돼요. 쉬는 동시에 창으로 못다 한 근경을 그
> 려주는 거예요. 그것이 우리 선생님덜이 말씀허시기를, 판소리는 아니
> 리가 반이니라, 이래거든요.[19]

다른 이들이 그저 덤덤하게 부르는 대목에도 반드시 해학을 곁들여
소리의 진진한 맛을 전달해 주려고 노력하는 편이다. 요즘 소리하는
사람들은 가요마냥 노래만 한다. 판소리에 아니리가 절반을 차지하는

18 정병헌, 「아니리」, 『한국민속문학사전(판소리)』, 국립민속박물관, 2013, 226-
228쪽. 전경욱 편저, 『한국전통연희사전』, 민속원, 2014, 668-669쪽.
19 김기형·백현미 정리, 「판소리 인간문화재 증언 자료, 판소리 명창 박동진」,
『판소리연구』 2, 판소리학회, 1991, 232쪽.

데 노래만 하면 반 바탕만 하고 마는 꼴이나 다름없다. 더구나 아니리
가 없으면 조금만 들어도 지루해서 듣기 싫다.[20]

오늘날의 소리판에는 아니리다운 아니리가 자취를 감추었다고
해도 과언이 아니다. '아니리가 반이다'는 박동진의 주장은 새겨들
을 필요가 있다.

그리고 〈박동진 심청가〉는 다음과 같은 대목에서 독자적인 모습을
보이고 있다.

첫째, 심 봉사 부부를 소개하는 초입 대목이 독특하다.

(아니리) 송태조 입국지초에 오성이 최고하니 충신은 만조정이라
억조창생 만민들과 십이제국 사신들은 춤을 추며 송덕하니 그 아니 태
평인가 황주 도화동에 심준이라는 양반이 사는듸 누대로 벼슬을 냉소
하고 도화동에서 살아 오는듸 만득으로 사십 후의 아들 하나를 두었으
니 그 아들 이름이 학규라

(중중모리) 위인이 조달하고 문장이 속성하니 부모에게 효도하니
사람마다 칭찬이라 사방으로 구혼하여 현풍 곽씨 무남독녀 관재일편
덕이 있어 소문이 낭자하여 중매의 혼을 급히 한 후 현부를 맞아들여
영친하는 조율 있어 고사 당한 연후에 학사지 풍월 높고 열부지정이
깊어 하로는 불폐하고 참선하는 문안이며 봉제사 접빈하기 침새 질쌈
예문 체통 백사가 구비하여 수신하는 덕이 있어 누대 명헌 청송 심씨
현풍 곽씨 인의예지 사덕으로 치가 범절이 극진하니 동리 상하 남녀노
소마다 뉘 아니 칭찬하며 뉘 아니 부러하랴 이렇듯 화목하여 가세가

---

20 박동진, 「내 인생 소리에 묻고 (21)」, 『중앙일보』, 2000. 7. 24.

빈빈터니 가운이 불행하여 부모 양친 구몰하고 초로지여 장례로다 갖추워 지낸 후의 묘 전에 움막 짓고 삼년 시묘 살고 극진 삼 년 수상하니 청백으로 가는 중에 현신 백혈되여 초당에 홀로 앉어 글 읽기를 즐기더니

(아니리) 심학규가 삼십이 딱 되여 우연히 눈이 멀어 버렸것다

(진양조) 혼자 앉어 탄식을 한다 천지 만물 생겨날 제 호생지리 받아 사람마다 살건마는 불효막대 이 놈 팔자는 사서삼경 예기 춘추 보던 글이 밤중이요 효자 충신 여의염체 중한 뜻을 저바리니 이런 서름이 어듸가 있느냐 가득한 서름 중에 가세가 또한 빈한하여 생불호사로 사러 가는데 어찌하면 잘 사느냐 잘 사는 것도 사주가 있으며 못사는 것도 사주가 있느냐 이리 앉어 울음을 운다

(아니리) 이리 한참 울음 우는듸 곽씨부인 착한 마음 품을 팔아 살아갈 제

(중중모리) 삯바느질 관대 도복 학의 창의 징염이며 섭수 쾌자 중추막과 남녀의복 잔뉘비질 외올띄기 서답 빨래 하절의복 한삼 꾸미기 망건 꾸며 배자 토시 두루마기 행전 버선 갓끈 단임 일년 삼백육십 일 잠시라도 놀지 않고 품 팔아 모을 적의 돈 모아 양이 되고 양 모아 관이 되면 인근동 사람 중 착실한데 빚을 놓아 실수 없이 받어 들여 춘추시행 봉제사 앞 못보는 가장 공경 극진 대우하여 동리 사람 남녀노소마다 뉘 아니 칭찬하랴

(아니리) 이렇듯이 살어가는듸 심 봉사는 나이 사십이 다 되였어도 슬하 일점 자식이 없구나

(중모리) 혼자 앉어 탄식할 제 천생만민 하올 적에 호생지리를 받어 사람마다 손을 낳고 비조라도 알을 낳고 길짐승도 새끼를 치고 나무에도 열매 열고 백초에도 움이 나니 천지간 만물지중에 각기 모두 전손

하되 우리 양주 박명 팔자 가난 중에 자식 없어 조상행화를 내게 와 끊게 되니 어찌 아니 서러우랴(195-197쪽)

현재 전하고 있는 심청가 중에서 곽씨부인 품팔이 대목을 제외하면 이와 동일한 사설은 보이지 않는다. 〈박동진 심청가〉의 독자적인 모습을 잘 보여주고 있는 대목이라 하겠다. 대부분의 심청가 창본에는 〈신재효 심청가〉와 같이 '송나라 원풍 말년에 황주 도화동에 한 소경이 있으되 성은 심씨요 이름은 학규라'로 시작한다. 다만 〈한애순 심청가〉에는 〈박동진 심청가〉와 같이 '송태조 입국지초'로 되어 있고, 〈심정순 심청가〉와 〈김소희 심청가〉, 〈성창순 심청가〉에는 시대적 배경이 없이 '황주 도화동에'로 시작한다. 그리고 곽씨부인 품팔이 대목도 아주 간략하게 되어 있다.

둘째, 곽씨부인의 장례를 치르는 장면 중에서 '중모리+중중모리'로 짜인 상여소리 대목이 다른 이본과 사설이 상이하다.

셋째, 자진모리로 부르는 심청이 임당수에 투신하는 대목 중에 "한 선인 하나가 나스며 참말로 우리도 자식을 기르는 자식들이 이런 급살 마질 장사는 못 하겠네 여보게 우리가 그까진 삼백 석 사백 석이 다 무엇인가 사람이 제일 아닌가 출천대효 심낭자로 말을 하면 사람은 아닐세 그러니 우리가 쌀 삼백 석 물세하고 심낭자를 살려 가자 이 말이 지듯 말 듯하여 산 같은 물결이 뱃전을 후닥딱 치니 도사공 나오면서 아이고 이 사람들아 우리가 심낭자를 살렸다가는 이 물에 물화를 당할 것이니 심낭자를 꼭꼭 묶어 물에 풍 넣고 가자 숙덕숙덕 시끌 덤벙 요란할 제"(229쪽)라는 부분이 있어 특이하다.

넷째, 뺑덕어미 행실 대목이 여타 이본과 상당히 다르다.

> (아니리) … 뺑덕이네 생긴 뽄이 천고에 일색인지 만고에 박색인지
> 는 몰라도 꼭 요 뽄으로 생겼던 것이었다 (자진모리) 말총 같은 머리털
> 은 하늘을 가라치고 됫박이마 휙눈썹과 우멍눈 주먹코요 메주볼 송곳
> 턱에 입은 크고 입술 두터 큰 대문을 열어 논 듯 혀는 늘어진 집신짝이
> 요 쓰레이빨 드믄드믄 두 어깨 떡 버려져 키는 꺼꾸로 세워 논 듯 손등
> 생긴 꼴을 보면 솟뚜껑을 덮어논 듯 허리는 집둥 같고 배는 폐문 북통
> 같고 응덩이는 부자집에 떡 치는 안반이요 속옷을 입어 노니 다른 곳
> 은 못 보아도 입을 보면 짐작하고 수둥다리 흑각발톱 발 맵시는 어찌
> 됐던 신발은 첨척으로 자 가웃이 넉넉하여 겨우 신게 되었구나 (아니
> 리) 이 뽄으로 생겼으니 눈 뜨고 다니는 놈은 어떤 시러배 아들놈 하나
> 건드는 놈이 없던 것이었다 서방 못 얻고 골코 있다가 심 봉사가 걸려
> 들었는듸 꼭 봉사만 댓명 판을 냈던 것이었다 … (239쪽)

뺑덕어미의 생김새를 기괴한 모습으로 묘사한 것으로 〈김연수 심
청가〉와 동일하다. 중고제 심청가에 원래부터 있던 것인지는 알 수
없다. 이어지는 자진모리로 부르는 뺑덕어미의 행실도 여타 이본과
상당히 다르게 되어 있다.

다섯째, 심 봉사가 뺑덕어미와 함께 황성 올라가는 대목도 상당히
다른 모습을 보인다.

여섯째, 심 봉사가 목욕하다가 의복을 잃어버린 대목도 특이하다.
아니리로 초군이 심 봉사에게 떠꺼머리총각이 훔쳐갔다고 알려주는
것으로 되어 있다. 한편 〈완판 71장본〉에는 관장에게 옷을 얻어 입고

황성으로 가는 도중에 목동들이 목동가[21]를 부르며 심 봉사를 희롱하는 것으로 되어 있고, 〈정문연 28장본〉과 〈김동욱 29장본〉 등에는 목동이 심 봉사를 황성으로 인도해 주는 것으로 되어 있어 심 봉사가 목욕하다가 의복을 잃고 관장에게 의복을 달라고 억지를 부리는 골계적인 대목이 없다.[22]

일곱째, 심 봉사가 황성으로 가던 도중에 방아를 찧는 방아타령 (중중모리+자진방아타령)이 독특하다.

〈박동진 심청가〉는 이상과 같은 독자성을 보이는데, 그것이 김창진의 심청가를 그대로 계승한 것인지, 아니면 박동진이 새롭게 짠 것인지 확인하기 어렵다. 그리고 그중에는 다른 심청가 예컨대 〈정광수 심청가〉와 〈김연수 심청가〉 등의 영향을 받은 것도 있을 것으로 짐작된다.

4. 중고제 적벽가와 〈박동진 적벽가〉

그동안 박동진의 적벽가는 '정춘풍 → 박기홍 → 조학진 → 박동진'으로 전승된 동편제로 알려져 왔다. 1971년 문화재관리국에서 적벽가를 중요무형문화재로 지정하기 위해 조사하였는데, 당시 문화

---

21 "쑷밧기 목동아히더러 낫자루 손의 쥐고 지게 목발 두달리며셔 목동가로 노릭ᄒ며 심밍인을 보고 희롱ᄒ다 반첩산슘일발총총 놉파 잇고 청산녹수는 일일양양 집퍼 잇다 … 주시절 강틔공은 위수의 고기 낙고 뉴현주 졔갈양은 남양 운중 밧슬 갈고 이승기절 장익덕은 유리촌의 걸식ᄒ고 이 산슘의 드러오신 심밍인도 또ᄒ 씨를 지달이라", 김진영 외 편저, 『심청전 전집 [3]』, 262-263쪽.

22 다만 〈김동욱 44장본〉에는 심 목동이 낮잠을 잘 때 심 봉사가 목욕을 하다가 의복을 잃어버려 관장에게 의복을 얻어 입는 대목이 간략하게 서술되어 있다.

재위원회 전문위원인 유기룡과 강한영은 박봉술을 송만갑의 적벽가 후계자로, 박동진을 조학진의 적벽가 후계자로, 한승호를 김채만의 적벽가 후계자로 각각 지정 신청하였다. 그런데 박동진의 적벽가를 조사한 보고서의 "무형문화재로 지정하는 데 관한 이유"에 중고제에 대한 언급이 전혀 없으며, "판소리 赤壁歌 傳承系譜"에도 '東便系'로 명시되어 있다.[23] 그런데 1973년 5월 18일 문화재위원회에서 박봉술(東便制)과 박동진(中高制)을 중요무형문화재 제5호 판소리 적벽가 보유자로 의결하였고,[24] 1973년 11월 11일 박동진과 박봉술은 적벽가 보유자로 인정되었다. 한승호는 1976년 6월 30일 서편제 적벽가 보유자로 인정되었다.[25]

여기서는 사설 구성을 중심으로 〈박동진 적벽가〉의 중고제로서의 면모에 대해 살펴보기로 한다. 적벽가 조사보고서의 전승계보에 보면 〈박동진 적벽가〉는 정춘풍의 적벽가에 뿌리를 두고 있다. 정춘풍

---

23 「무형문화재조사보고서 제82호, 판소리 赤壁歌」, 조사자 유기룡·강한영, 문화재관리국, 1971, 209-214쪽. 「무형문화재조사보고서 제12집(80호-86호)」, 문화재관리국, 1971~1972.

24 당시 의결사항 중에서 판소리에 관한 것은 지정 명칭을 변경하고 보유자에 대한 보유종별 조정과 보유자를 추가로 인정하는 것이었다. 중요무형문화재 제5호 '판소리 춘향가'와 제36호 '판소리 심청가'를 '판소리'로 지정 명칭을 변경하여 한 명칭 속에 포함토록 하고, 보유자의 보유종별은 춘향가에 김여란(동편제)·김연수(동편제)·김소희(서편제), 심청가에 정권진(강산제), 흥보가에 박록주(동편제), 수궁가에 정광수(동편제), 박초월(동편제)로 조정하였으며, 적벽가에 박봉술(동편제)과 박동진(中高制)을 판소리 보유자로 추가 인정하였다. 위원으로 양재연, 이두현, 임동권, 석주선, 이춘녕, 성경린, 박헌봉, 장사훈, 김천흥, 예용해 그리고 전문위원으로 정화영, 유기룡, 홍윤식, 한만영, 심우성, 지춘상, 김희진, 김광언, 황혜성, 이보형, 김기수, 홍현식, 강한영이 참석하였다. 무형문화재위원회 〈제2분과 제2차 회의 회의록〉, 1973. 5. 18. 문화재관리국 회의실.

25 김혜정·이명진, 『판소리』, 국립문화재연구소·민속원, 2011, 194-199쪽.

은 충청도 양반 출신의 비가비 광대로 헌철고종대에 박만순, 김세종, 이날치 등과 함께 일세를 울렸다.[26] 그는 진사과에 등과할 만큼 한학에 조예가 깊었고, 판소리에 대해 박식하여 '남에 고창 신재효, 북에 정춘풍'이라고 할 정도였다. 신재효는 이론에 능했고, 정춘풍은 실기에 능했다. 정춘풍은 다른 사람에게 소리를 배운 것이 아니라 문일지십하여 자가 독공으로 고금을 종합하여 마침내 일가를 이루었다. 창조는 우조를 주로 하고 제작은 동편제가 분명하지만 어느 유파에 속하는 것을 달갑게 여기지 않았다. 적벽가에 특장하였으며, 단가 소상팔경이 그의 더늠이다. 그의 창법은 수제자 박기홍과 유공렬[27]에

---

26 김창환이 "진주 명창 정춘풍"에게 배웠다고 한 말에서 정춘풍이 한때 진주에서 활동한 것으로 짐작할 수 있다. "나는 본시 전라남도 라주 출생으로 열한 살 째부터 구례 명창 박만순 선생과 진주 명창 정춘풍 선생에게서 소리를 배호기 시작하야 대원군께서 생존해 게실 째에는 비상한 총애를 입사와 마패의 하사까지 바덧섯슴니다", 「寒燈夜話, 노래 뒤에 숨은 설음 (2)」, 國唱歌手의 古今錄」, 「매일신보」, 1930. 11. 24.

27 『조선창극사』에는 '유공렬은 距今 七十七年 전 전북 익산에서 태어났으며, 高純 兩代間에 울린 명창으로 만년에 고향에서 조용히 지내다가 10여 년 전에 병사했다.'고 되어 있다. 정노식, 『조선창극사』, 조선일보사출판부, 1940, 175-176쪽. 그런데 1928년 2월 13일자 『매일신보』에는 '올해 칠순인 명창 유공렬은 30년 전에 서울을 떠나 고향인 충남 홍주군 고도면 가곡리에 은거하고 지내고 있다가, 이번에 한성준의 권유로 조선여자학원을 위한 독창회에 출연한다. 그는 정춘풍의 수제자로 한때 대원군과 고종황제의 총애도 깊었다.'는 기사가 있다. 당시의 일을 보도한 『매일신보』의 내용이 『조선창극사』보다 신빙성이 더 큰 것으로 보인다. 그리고 유공렬은 1931년 11월 무렵에는 생존한 것이 분명하다. 1931년 11월 발행된 듸-제-핸드포-드 편저, 『精選朝鮮歌謠集』(조선가요연구사)에는 당시 작고한 명창의 사진에는 '故 金綠珠'처럼 이름 앞에 '故' 자를 붙였는데, 유공렬의 경우는 '유공렬'로 되어 있다. 또한 박동진 명창이 1983년 〈변강쇠가〉 공연(9월 13일, 예술극장 판)에서 "1930년대 조선성악회 시절에 명창 유공렬이 변강쇠가를 부르는 것을 들었는데, 마침 옆에서 듣고 있던 명창 이동백이 '거 미안해서 못 듣겠구먼' 하더라"고 했다(전경욱, 「탈춤과 판소리의 연행문학적 성격 비교」, 한국정신문화연구원 석사학위논

게 전수되었다. 한때는 대원군의 지우(知遇)를 얻어 그의 사랑을 출입하며 종유하였고, 만년에 전북 여산군에서 살다가 68세를 일기로 세상을 떠났다.[28]

정춘풍이 자가 독공으로 일가를 이루었다면 충청지역의 음악을 기반으로 판소리를 짰을 것이다. 따라서 정춘풍의 소리는 중고제이거나 적어도 중고제적 요소들이 많이 들어 있었을 것이다.

> 충청지역 출신의 명창들은 자신의 지역에서 불리어지는 음악을 기반으로 하여 판소리를 구성하였을 것이다. 자신의 소리를 내버려두고 구태여 다른 지역의 소리로 구성하거나 노력할 필요는 전혀 없는 것이다. 따라서 그들의 판소리는 당연히 충청 지역의 음악을 기반으로 하는 것이고, 그런 점에서 다른 지역 소리와는 구별되었던 것이다.[29]

문, 1983, 63쪽). 이런 것으로 볼 때 유공렬은 1930년대 중반 무렵에도 생존한 것이 아닌가 한다.

28 정노식, 『조선창극사』, 조선일보사출판부, 1940, 74-75쪽. 정춘풍이 대원군의 뜻을 어겨 전라도로 쫓겨 내려가서 어떤 고을 원에게 태형을 맞아 죽었다는 설도 있다. "운현궁에만 하더라도 사랑방 차지를 하고 소리꾼이 진을 치고 잇섯다 한다. 그중에는 조선소리를 중흥하엿다고 할 수 잇는 정춘풍의 슬픈 삽화도 잇다. 글이 문장이요 문벌이 양반인 그는 또한 소리가 당대의 명창이라 대원군이 사랑하나 춘풍은 궁성 안의 물란한 공기와 광대하고 짐승 대우를 하는 천대에 항상 마음으로 괴롭게 생각하며 대원군의 뜻을 밧들지 안흐매 전라도로 쫓겨 나려가 그곳에서 어떤 원님에게 태형을 밧고 마자 죽엇다는 것이다. 그 춘풍의 오묘한 창법을 전하는 사람은 지금은 하나도 업시 칠팔 년 전에 모두 세상을 떠낫다고 한다.", 「民俗藝術의 精華 조선소리, 피로 쓴 中興史」, 『조선일보』, 1939. 5. 27. 심재덕은 정춘풍의 죽음에 대해 "연전에 신문 지상에 발표되엇던 바와 가치 그가 비명횡사하엿다는 것은 무근한 헛소문이다"라고 하였다. 심재덕, 「조선소리 내력기(하), 명인 명창이 간 곳은 어듸」, 『조선일보』, 1939. 7. 7.

29 정병헌, 「중고제 판소리의 대중화 방안」, 『공연문화연구』 36, 한국공연문화학회, 2018, 37쪽.

정춘풍의 적벽가는 충남 해미 출신으로 적벽가에 특출했던 방만 춘 적벽가의 영향을 크게 받았을 것으로 짐작된다. 방만춘은 아귀상 성과 살세성으로 당세 독보였는데, "적벽화전의 장면을 할 때에는 그 광경은 좌석이 온통 바다물과 불빛 천지로 화하였다."[30]고 한다. 방만춘 적벽가의 삼고초려와 군사 서름 대목은 손자인 방진관의 유 성기음반[31]을 통해 그 모습을 짐작할 수 있다.

정춘풍의 적벽가는 박기홍[32]에게 전수되었다. 박기홍은 전남 나주 의 전통예인집안 출신으로 이날치·김창환과 이종사촌이고, 박지홍 의 종형이다. 초년에 박만순에게 지침을 받다가 뒤에 정춘풍 문하에 서 다년간 공부하여 일가를 이루었다. 박만순·정춘풍 이후 동편제 법통을 혼자 두 손바닥 위에 받들어 들고 끝판을 막다시피 한 종장으 로, 소리하기 전에 소리금을 정했을 정도로 자부심이 대단하였다.[33] 적벽강에 불 지르는 대목을 부르면 실제 불이 난 것 같았다고 한다.[34]

---

30 정노식, 『조선창극사』, 조선일보사출판부, 1940, 31쪽.
31 "Victor KJ-1089-A, 적벽가, 삼고초려(상), 방진관", "Victor KJ-1089-B(하), 적벽가, 삼고초려, 방진관", 1936년 3월 4일 녹음. "Victor KJ-1093-B, 적벽가, 군사 서름, 방진관", 1936년 3월 5일 녹음-"(중모리) 나의 설움 들어봐라. 나는 부모 동생 없이 삼십에 와 취청하야, 동방화촉 깊은 밤의 신진이 미흡할 제…"
32 『전주대사습사』에는 박기홍이 1848년에 태어나 1925년 향년 77세를 일기로 대구에서 작고했다고 했다. 사단법인 전주대사습놀이보존회, 『전주대사습사』, 탐진, 1992, 120쪽. 최근에, 박기홍이 1926년 6월 이전에 사망한 사실을 알려주는 자료가 발견되었다. "지금은 고인이 되얏지만 최근에 거의 묘선소리를 깃막다십히 한 중고묘의 대가로 일홈을 일세 떨치든 국창 박긔홍 군도 죽을 째까지", 이덕창, 「명창론(하)」, 『日東타임쓰』, 제1권 제3호, 1926년 6월, 일동타임쓰사. 배연형, 「판소리 중고제 자료 재검토」, 『판소리연구』 49, 판소리학회, 2020, 12쪽.
33 정노식, 『조선창극사』, 조선일보사출판부, 1940, 162-163쪽.
34 "이 화룡도에 불을 질르는 장면은 옛날 오명창 중에 김창룡 씨라고, 그분이 잘 하셨고요. 그분 후에로는 저희 선생 조학진 씨라고, 그분이 잘 했습니다. 그전

조학진은 전남 광주(또는 나주, 담양) 출신으로 박기홍에게 배워 이름을 얻은 명창이다. 1935년에 발매된 포리돌레코드의 『심청전 전집』과 『화용도 전집』 녹음에 참여할 정도로 심청가와 적벽가에 뛰어났다. 『심청가 전집』에는 심청 투신 대목부터 수궁 환대 대목까지 불렀고, 『적벽가 전집』에는 군사 서름[35]과 적벽강에 불 지르는 대목[36]을 불렀다.

박동진은 23세(1938년) 무렵에 대구에서 조학진에게 한 달여 동안 적벽가의 삼고초려에서 천여 척 전선까지 배웠다. 그러니 〈박동진 적벽가〉는 중고제의 모습을 어느 정도 지니고 있을 것이다.

〈박동진 적벽가〉의 특징을 사설 구성을 중심으로 간략하게 정리하면 다음과 같다.[37]

첫째, 서두 부분이 '(아니리) 천하대세가 ~+(중중머리) 동에 손권

에 옛날 박기홍 씨라고, 저희 선생에 선생님입니다. 그 냥반이 눈이 한 짝이 이렇기 궂었는데, 이 냥반이 연흥사에서, 옛날 같으면 지금 같으면 황실극장이죠. 그 극장에서 적벽가 불을 지르는디, 송 감찰, 송만갑 씨가 가죽신을 들고 도망하드랍니다. 그래서 북 잘 치시는 한성준 씨가 보시고, '아, 형님.' '왜.' 이랑께, '아, 이 사람아, 연흥사 불났네.' 그러더랍니다. 그래서 아 참말로 불났는가 싶어 갖고 거기를 갔더랍니다. 가니께 그 박기홍 씨라고 하는 양반이 적벽가로 불을 질러놨는디, 참말로 이 무대가 불난 거 같더랍니다. 그 후에 참, 그래서 객석에 그 점잖은 양반들이 어찌할 줄을 몰랐답니다.", 김기형, 『박동진 명창 판소리 완창 사설집』, 문화관광부·충청남도 공주시, 2007, 177쪽.

35 Polydor 19268-B 조조 군사 설음타령. "(아니리) … 너의 설움두 설거니와 내 설음을 들어보아라. (자진중중머리) 나는 나는 나는 난, 나는 부모님 덕택으로 열일곱의 장개들어 열여덟에 상체됐구나. … (아니리) 한참 이리 할 적에 군사 한 놈이 썩 나서며, (자진모리 설렁제) 이놈 저놈 말 들어라. 너의 울 제 좀놈이라. 위국자불고가 옛글에 하여 있고 …"

36 Polydor 19269-A·B 적벽강 화진.

37 적벽가의 전승 계보에 따른 사설, 장단 구성 양상에 대해서는 김기형, 『적벽가 연구』(민속원, 2000, 112-121쪽)에서 다루었다.

이요 북에 조조로다 ~+(중머리) 양양 땅 이십 리에 만고기재 있사오
니 ~+(아니리) 현덕이 물어 갈오되 전에 사마덕조가 말을 하기를 ~+
(우조 진양) 당당한 유현덕은 신장은 칠 척 오 촌이요 ~'로 짜여 있어
독특하다. 특히 〈한승호 적벽가〉와 〈박봉술 적벽가〉에는 도원결의가
진양조로 구체적으로 서술되어 있는데[38] 〈박동진 적벽가〉에는 "(중
중모리) … 그때에 탁군 땅에 영웅 하나 낳게시니 그 이름이 유현덕
이라 관운장 장비와 더불어 도원에 결의할 제 우리 낳는 날은 다 같
이 못 낳았어도 나라를 바로잡고 백성을 구한 후의 사직을 반석 우에
받들고서 죽는 날은 다 같이 죽으리라 백마 잡아 하늘께 제지내니 그
천하 사람들은 유관장 삼 인이라 부르더라 …"와 같이 단순 서술로
되어 있다. 그리고 공명을 찾아가는 대목을 자세하게 짜고 있다.

이동백이 부른 것은 강장원과 정광수의 적벽가에서 확인할 수 있
다.[39] 강장원은 "(아니리) 그때여 유관장 삼 인이 도원결의하시고 남
양 초당의 공명 선생을 뵈러 가는 길이었다. 삼 인의 위품을 볼작시
면 (진양) 당당한 유현주난 신장은 칠 척 오 촌이요 …"로 부르고, 정

---

38 〈한승호 적벽가〉. "(진양조) 도원이 어데메요 한나라 탁현이라 누상촌에 봄이
드니 붉은 안개 벗어나고 반도화 흐르는 물 아침 노래 물드렀다 제단을 살펴
보니 금줄을 둘러치고 오우 백마로 제 지내며 셋이 함께 손을 잡고 의맹 정하
는데 유현덕으로 장형하고 관운장은 중형이요 장익덕은 아우 되어 몸은 비록
삼 인이나 마음과 정신은 한 몸이라 이렇듯 굳센 결의 천지신명께 맹세한다
황건적 도기중에 만백성을 구출하여 대업을 이룰진데 구사일생 천지만고 어
떠한 난관이 없으리요마는 우리 의형제는 동년월일 살기보다 같은 연월 한날
한시 죽기로 맹세하고 피 끓는 위국정열 도원결의 이루었다", 김진영 외 편저,
『적벽가 전집 [1]』, 박이정, 1998, 247-248쪽.
39 정광수는 31세 때 강장원과 함께 이동백에게 삼고초려 대목 즉 처음부터 장비
가 조자룡이 배반한 것으로 믿고 장판파에서 기다리는 대목까지 배웠다. 문
화재연구소, 「판소리 유파」, 문화재관리국, 1992, 79쪽. 정광수, 『전통문화 오
가사 전집』, 문원사, 1986, 277쪽.

광수는 서두 부분을 〈신재효본 적벽가〉와 〈정권진 적벽가〉를 바탕으로 "(안의리) 천하대세 분구필합이요 … 도원에 결의하셔 상보국가하고 하안 백성 하시기로 (평중머리) 경륜지사 만나렬 제 와룡 선생 높은 이름 서원직의 천거로다. … 서간을 써 두고 도라온 후 세 번 찾어갈 제"로 부른다.[40]

이 대목은 유파가 다른 적벽가는 물론이고 같은 유파인 이동백의 적벽가와도 다른 모습으로 〈조학진 적벽가〉를 계승한 것으로 짐작된다. 다만 처음부터 '당당한 유현주는 …'의 앞부분이 〈정권진 적벽가〉와 사설이 동일해서 박동진이 박유전제 적벽가를 바탕으로 새로 작창했을 개연성도 배제할 수는 없다. 〈정권진 적벽가〉의 이 부분은 모두 아니리로 되어 있다.

둘째, 박망파 전투와 장판교 대전 대목이 있다. 〈박봉술 적벽가〉와 〈한승호 적벽가〉에는 장판교 대전만 있고, 〈정권진 적벽가〉에는 박망파 전투만 있으며, 〈정광수 적벽가〉에는 두 대목 모두 있다.

셋째, 공명이 화살 십만 개를 얻는 대목이 길게 짜여 있다. 『삼국지연의』의 내용을 충실하게 반영한 것인데, 〈정권진 적벽가〉에도 있지만 간략하고 사설도 다르다.

넷째, 제갈공명이 동남풍을 비는 장면에 독축하는 대목이 있다. 박동진은 이 대목을 박기홍 명창이 지어 넣은 것이라고 했다.[41] 일찍이 신재효는 "완보로 단에 올라 방위를 살핀 후에 화로에 향 피우고 바리에 물을 부어 앙천암축 ᄒᆞ시ᄂᆞ듸 가만가만 빈 말슴을 알 슈가 업

40 최혜진, 「이동백 제 〈적벽가〉의 전승과 변모」, 『구비문학연구』 50, 한국구비문학회, 2018, 286쪽, 296-297쪽.
41 김기형, 『박동진 명창, 판소리 완창 사설집, 흥보가·수궁가·적벽가』, 문화관광부·충청남도 공주시, 2007, 171쪽.

건마는 제사를 지닐실 졔 축문이 잇것기예 이 사설 짓는 사름 졔 의사로 지엇시니 공명 선생 알르시면 쑤중이나 안 흐실지”라고 하며 축문 사설을 첨가하였다.[42] 〈박동진 적벽가〉의 이 대목은 〈신재효본 적벽가〉와 다르고, 〈이선유 적벽가〉와 유사하다. 〈김연수 적벽가〉[43]도 다소 출입이 있지만 〈박동진 적벽가〉와 유사하다. 정광수, 정권진, 한승호, 박봉술의 적벽가에는 이 대목이 없다.

다섯째, 자진모리의 주창 호통 대목이 있다. 〈정광수 적벽가〉에도 있지만 아니리로 아주 간략하게 서술되어 있다.

이상에 살펴본 바와 같이 〈박동진 적벽가〉는 여러 곳에서 독특한 면모를 지니고 있다. 이러한 독자적인 모습을 모두 〈조학진 적벽가〉를 계승한 것으로 보기는 어렵고, 일부는 박동진 명창이 고친 것으로 짐작된다.[44] 특히 삼고초려 대목은 조학진의 적벽가를 계승한 것으로 짐작된다. 이런 점에서 앞으로 중고제 적벽가를 복원할 때 박동진의 적벽가도 적극적으로 참고할 필요가 있을 것이다.

---

42 〈신재효본 적벽가〉. 김진영 외 편저, 『적벽가 전집 [1]』, 박이정, 1998, 24-25쪽.
43 〈김연수 적벽가〉에는 “이렇게 속으로 암축을 허였으니 뉘 능히 그 축문을 알 수 있으리오마는 우리 사부 정정렬 선생께서는 어떻게 그 축문을 들어셨든지 내게 일러주셨으니 그 축문의 사실인즉 …”이라고 했다. 김진영 외 편저, 『적벽가 전집 [1]』, 박이정, 1998, 200쪽.
44 박동진은 “죄송스럽지만 나는 신생님널이 가르쳐준 데에서 조금 의심나는 곳을 몇 군데 고쳤어요. 적벽가는 말할 것도 없고 춘향가에서 서너 군데를 고쳤지요”라고 하면서 춘향전에서 춘향이 편지 쓰는 대목을 만들어 넣었고, 적벽가의 군사서름 대목에서 ‘조총 한두를 둘러메고’를 ‘칼과 창을 둘러메고’로 고쳤다고 하였다. 이보형 외, 〈판소리 명창 박동진〉, 「판소리 인간문화재 증언 자료」, 『판소리연구』 2, 판소리학회, 1991, 235쪽.

5. 맺음말

20세기 후기에 들어서면서 중고제 판소리는 거의 소멸되었으며, 박동진 명창에 의해 그 명맥이 겨우 이어졌다. 이 글의 주목적은 박동진의 심청가와 적벽가가 지닌 중고제 판소리의 면모를 살펴보는 것이다. 이를 위해 충청지역의 중고제 판소리에 대해 간략하게 살피고, 〈박동진 심청가〉와 〈박동진 적벽가〉의 중고제적 특징을 살펴보았다.

이상에서 논의한 바를 간략하게 정리하면 다음과 같다.

첫째, 충청도는 중고제 판소리의 중요한 예술적 기반으로 일찍부터 수많은 명창들이 등장하여 판소리의 예원을 수놓았다. 특히 내포지방과 금강 유역에 판소리 문화가 크게 발달하였는데, 내포권의 방만춘 가문과 심정순 가문, 그리고 금강권의 김성옥 가문과 황해천 가문, 김석창 가문, 백점택 가문 등 쟁쟁한 판소리 가문들이 판소리 발전에 크게 이바지하였다.

둘째, 박동진은 10대 후반에 김창진 명창에게 심청가를 배웠으므로 그의 심청가는 중고제 심청가라고 할 수 있다. 〈박동진 심청가〉는 고제 내지 중고제 심청가인 〈허흥식본 심청가〉, 중고제 〈심정순 심청가〉와 친연성이 상당히 크다. 또한 독자적인 면모를 보이는 대목이 적지 않은데, 이러한 대목들은 중고제 심청가의 모습으로 짐작된다.

셋째, 박동진은 23세 무렵에 조학진 명창에게 적벽가를 배웠다. 조학진의 적벽가는 충청도 출신의 정춘풍 명창으로부터 박기홍을 거쳐 조학진에게 전승된 소리이다. 〈박동진 적벽가〉에는 서두 부분을 비롯하여 박망파 전투, 장판교 대전, 제갈공명이 화살 10만 개를 얻는 대목, 주창이 호통하는 대목 등에서 독자적인 면모를 보이고 있는데, 이런 대목들이 중고제 적벽가의 모습이 아닌가 한다.

제4장

박동진의 판소리와 소리판의 미학

1. 머리말

인당 박동진은 20세기 후반을 대표할 만한 판소리 명창이다. 그는 미수(米壽)를 사는 동안 평생을 판소리와 함께, 판소리를 위해 살았다. 좀 더 적극적으로 말하면, 그는 판소리가 되고자 했고, 판소리로 살았으며, 판소리였던 사람이다.[1] 판소리 인간문화재 가운데 박동진만큼 대중들로부터 광범위한 사랑을 받았던 명창을 찾기란 쉽지 않다. 청중들은 왜 박동진이 벌이는 소리판을 가득 채우고, 환호했는가. 그것은 박동진의 판소리와 소리판이 지닌 힘, 즉 매력 때문일 것

---

[1] 김석배, 「박동진 명창의 예술 활동」, 『민속학연구』 43, 국립민속박물관, 2018. 김석배, 「박동진 명창의 삶과 현대 판소리사에서의 위상」, 『무형유산』 7, 국립무형유산원, 2019.

이다.

박동진 명창이 자신의 소리판에 청중들을 끌어들이고 붙잡아 두
는 힘은 어디에서 오는가. 그 힘은 다른 것이 아니다. 그의 판소리는
시골 장터에서 파는 국밥같이 깊은 맛이 있으며, 귀에 따라 소리를
즐겨도 되고 아니리를 즐겨도 되는, 듣는 이 스스로 간을 맞출 수 있
는 편한 소리이기 때문이다. 그는 소리판에서 소리뿐만 아니라 세상
살이의 애환을 특유의 재치와 익살을 섞어 청중들을 울리고 웃기며
'판소리적 재미'에 흠뻑 젖어 들게 했다. 그가 벌이는 소리무대는 박
동진의 '소리판'이 아니라 청중들과 함께 소통하고 즐기는 '놀이판'
으로, 공연장은 단순히 판소리 공연이 이루어지는 물리적, 객관적
공간에서 위로와 치유가 이루어지는 정신적, 주관적 장소로 바뀌게
된다. 공연장을 진정한 주인인 청중들에게 돌려주었으니,[2] 그의 소
리판에 청중들이 모여들고 환호하는 것은 당연한 일이다.

이 글에서는 명창 박동진의 판소리 및 소리판이 청중들을 끌어들
이고 붙잡아 두는 힘에 대해 살펴보고자 한다. 이 점은 일찍부터 관
심의 대상이 되어 왔다.[3] 그러나 그동안의 논의 가운데 일부 미진한
부분이 없지 않고, 미처 관심을 기울이지 않은 부분도 있다. 그리고
박동진 명창은 현대 판소리사에서 차지하는 위상에 비해 제대로 평
가받은 것으로 보기 어렵다. 판소리의 진정한 맛과 멋이 무엇인지를

---

2 김석배, 「박동진 명창의 삶과 현대 판소리사에서의 위상」, 『무형유산』 7, 국립
   무형유산원, 2019, 145-146쪽.
3 최동현, 「귀명창이 사라진 시대의 명창—박동진론」, 『판소리 명창과 고수 연
   구』, 신아출판사, 1997. 김기형, 「판소리 명창 박동진의 예술세계와 현대 판소
   리사적 위치」, 『어문논집』 37, 안암어문학회, 1998. 최동현, 『판소리 이야기』,
   인동, 1999. 강윤정, 「박동진 판소리 창본 연구」, 충북대학교 박사학위논문,
   2004.

보여주고 떠난 '광대 박동진'을 재평가해야 마땅하다. 이 글에서는 이런 점에 주목하며, 박동진 명창이 지향한 예술세계 곧 박동진 판소리가 지닌 미학을 좀 더 구체적이고 체계적으로 살펴보기로 한다. 이를 통해 박동진 명창의 예술세계를 올바르게 이해하고 재평가하는 데 약간이나마 이바지하고자 한다.

２. 박동진 판소리의 판짜기 전략

1) 독공으로 빚어낸 개성적인 소리

박동진 판소리의 특징 중에서 가장 먼저 꼽아야 하는 것은 스승에게 배운 소리를 그대로 하지 않고 자신의 색깔로 다시 짰다는 점이다. 즉 스승의 소리를 바탕으로 자기 스타일의 소리를 만들었다는 것이다. 박동진은 10대 후반에서 20대 초반 4년여의 매우 짧은 기간에 여러 선생에게 소리를 배웠다. 김창진에게 심청가를 배웠고, 정정렬에게 춘향가를, 유성준에게 수궁가를 배웠으며, 조학진에게 적벽가를, 박지홍에게 흥보가를 배웠다. 그리고 조선성악연구회에서 송만갑과 이동백으로부터 토막소리를 배우기도 했다. 그러나 박동진은 선생 앞에 마주 앉아 한 구절씩 체계적으로 배운 적이 별로 없다.

비원 앞 종로구 익선동에 위치해 있던 조선성악연구회를 찾아간 것은 내 나이 스물이 넘어서로 기억한다. 이후 나의 소리는 그곳에서 정정렬 선생께 배운 것과 나머지 명창들의 소리를 귀동냥한 것을 모아 독공으로 성숙한 것이니, 비록 반년이라는 짧은 기간 그곳에 머물렀지만 내 소리 인생에서 그 시절의 중요성은 이루 말할 수 없다.[4]

소리를 얻는 것은 배우는 것만으로 되는 게 아니다. 스승의 가르침보다 더 중요한 것이 있으니 바로 '독공'이다. 독공이라 함은 스승으로부터 받은 소리를 삭여 완전히 자신의 것으로 만드는 과정이니 자고로 이름난 명창 중에 독공의 과정을 거치지 않은 이가 없다. 또한 독공은 대부분 외부와 차단된 깊은 산 속의 절이나 오지로 들어가 오랜 기간을 혼자 머물며 '산공부'를 하는 것이다.[5]

박동진은 가난해서 학채를 낼 돈이 없었기 때문에 다른 사람들이 소리를 배울 때 어깨너머로 배웠다. 그나마 그런대로 배웠다고 할 수 있는 것은 조선성악연구회에서 정정렬에게 여섯 달 남짓 배운 춘향가와 대구에서 조학진에게 한 달여 동안 배운 적벽가 정도라고 할 수 있다.[6] 나머지 소리들은 모두 귀동냥으로 대체적인 윤곽을 익힌 것이다. 소리의 틀만 대강 익힌 박동진은 피나는 독공을 통해 자신의 소리를 만들고 다듬었다. 그러다 보니 자연 개성이 강한 독특한 소리가 된 것이다. 이동백 명창에 대한 이혜구의 증언은 새겨들을 필요가 있다.

---

4 박동진, 「내 인생 소리에 묻고 (5)」, 『중앙일보』, 2000. 6. 28.
5 박동진, 「내 인생 소리에 묻고 (10)」, 『중앙일보』, 2000. 7. 6.
6 "그러나 대구에서는 조 선생을 알아주는 이가 없어 약식을 팔아 생계를 잇고 있었다. 하루에 50전을 드리고 한 달간 배웠는데 다른 사람 같으면 4~5년 걸릴 공부였다.", 박동진, 「내 인생 소리에 묻고 (4)」, 『중앙일보』, 2000. 6. 27.

판소리의 계보를 만들고 싶어서 이동백에게 "이 통정! 누구한테 배
웠소?"라고 물으니 이동백 왈, "김창룡의 아버지 김정근에게 배웠지."
김정근은 누구에게 배웠나 물으니 "김정근 아버지 김성옥에게 배웠
다" 대답하고 김성옥이 누구에게 배웠느냐고 물으니 "왜 자꾸 물어보
느냐. 판소리는 2-3개월 스승에게 배우고 절간에 들어가 자득하는 거
지 그게 뭐 중요하냐며 화를 내요. 그 이후 계보 만드는 것을 단념했죠.
…중략… 그 사람은 소리를 자득하는 것이라 보았고 이는 광대들의 일
반적인 생각이기도 했어요.[7]

박동진의 춘향가, 흥보가, 심청가, 수궁가, 적벽가 등은 하나같이
스승의 소리를 기둥으로 새롭게 짠 것이다.[8] 이러한 점은 그의 흥보
가를 살펴보면 금방 드러난다. 현재 사설이 정리된 박동진의 흥보가
로는 1968년 처음으로 완창했을 때 부른 것[9]과 1971년에 무형문화재
조사 때 부른 것,[10] 그리고 1988년에 녹음한 것[11]이 있다. 이 세 가지

7 국악음반박물관 판소리연구회, 「국악학자 이혜구 대담자료 (1), 명창 이동백
에 대한 회고담」, 『판소리명창』 창간호, 2005, 108쪽.
8 최동현, 「귀명창이 사라진 시대의 명창-박동진론」, 『판소리 명창과 고수 연
구』, 신아출판사, 1997. 김기형, 「판소리 명창 박동진의 예술세계와 현대 판소
리사적 위치」, 『어문논집』 37, 안암어문학회, 1998. 강윤정, 「박동진 판소리 창
본 연구」, 충북대학교 박사학위논문, 2004.
9 김기형, 『박동진 명창, 판소리 완창 사설집-흥보가·수궁가·적벽가』, 문화
관광부·충청남도 공주시, 2007.
10 문화재관리국, 「무형문화재조사보고서 제87호, 판소리 흥보가」(조사자 홍현
식 정화영), 1971년 12월. 이 흥보가는 김기수, 『한국음악(6), 수궁가·흥부가
·심청가』(전통음악연구회, 1981)에 채보되어 있다.
11 〈인간문화재 박동진 판소리 대전집 흥보가(완창)〉, 소리 박동진, 북 주봉신, 녹
음 1988. 6. 14. 1989년 SKC 제작(CD1-67:53, CD2-55:09, CD3-61:29, CD4-63:
21, CD5-63:52).

소리를 비교해 보면 박동진의 판소리가 얼마나 유동적인가를 쉽게
확인할 수 있다. 그리고 박동진의 심청가와 적벽가에서 밝혀졌듯이,
그의 소리에는 중고제의 요소가 산재해 있다. 박동진이 충청도 지역
의 소리꾼인 김창진과 이동백 등으로부터 배운 바 있으니, 그의 소리
에 중고제의 요소 또는 흔적이 많이 남아 있는 것은 당연한 일이다.[12]

　박동진 명창은 제자들도 자신이 했던 방식으로 소리 공부하기를
원했다. 대부분의 소리꾼은 제자들이 자기에게 배운 대로 소리하기
를 바라지만 박동진 명창은 그러지 않았다.

　　예, 현장실습을 함으로써 북 머리에서 못 배우는 것을 배울 수 있다
　는 것이 좋은 것이죠. 그런데 요새 사람덜은 못된 습관이 있어요. 즈 선
　생 소리 이 외에는 소리 엇는 줄 알아요, 제자덜이. 또 가르칠 때에도
　내 소리 이 외에는 소리 웃는 줄 알아라, 이런 걸 강조한다 이거에요. 그
　거 나쁜 짓이거든요. 왜 그러냐 하면, 내가 판소리를 열여덟 번을 발표
　를 했습니다. 했는데요, 자기 선생 소리만 하면 다 데리고 나가요. 다른
　사람 소리를 들어야지, 나는 저렇게 안 하겠다, 나는 저런 디를 저렇게
　안 할 것이다, 내가 했더라면 저렇게 안 할 것이다. 이런 것도 있어야
　되고, 그게 견문인디 견문을 안 뵈일라 그래요. 좋은 목이 있으면 따야
　하는데…. 옛날에는 좋은 것이 있으면 배울라고, 소리 도둑질 할라고
　발악을 했거든요. 그런디 요새 사람덜은 국립극장을 가보지만, 국립극

<hr>

12 김석배, 「허흥식본〈심청가〉의 판소리사적 위상」, 『문학과 언어』 22, 문학과언
　어학회, 2000. 신은주, 『판소리 중고제 심정순家의 소리』, 민속원, 2009. 최혜
　진, 「충청지역 중고제 판소리의 역사성과 지역성」, 『판소리연구』 32, 판소리
　학회, 2011. 김석배, 「중고제 판소리와 박동진 명창의 판소리」, 『판소리연구』
　49, 판소리학회, 2020.

장에서 며 번을 했는데도, 즈 선생딜만 하면 다 데리고 나가버려요. 그
런 풍조가 있기 때문에 소리가 발전이 안 돼요. 그러니께 소리가 참 외
곬소리지. 그래 지금 소리를 가르치는 선생딜은 퇴보 소리를 가르쳐요,
나도 가르치구 있지만.[13]

요새는요, 잘 모르는 학생은 또박또박 가르쳐 주는 게 좋고, 좀 커가
지고 초보를 떼고 응용할 수 있는 정도가 되면 그땐 놓아 주어야 합니
다. 제 것을 만들어야지요. 아 박동진이가 가르쳤다고 박동진이가 소
리하는 게 아니거든요. 그러니께 자기 개성이 있는데, 나 닮아라, 날 닮
아라, 그러면 안 돼요.[14]

소리를 배우는 학생들은 자기 선생의 소리만 할 것이 아니라 다양
한 소리판에 참석하여 여러 소리꾼의 소리를 들으며 좋은 점을 따와
야 한다는 것을 강조하고 있다. 자기 소리를 만들기 위해서는 '소리
도둑질'도 해야 한다는 것이다. 그리고 선생은 제자들에게 자신의
소리를 닮으라고 강요해서는 안 된다는 것이다. 때가 되면 제자들에
게 자신의 개성에 맞는 소리를 만들 수 있도록 해야 하고, 그것이 진
정으로 제자를 아끼고 위하는 길임을 강조하고 있다.

박동진 명창이 소리를 짜는 과정은 김연수 명창과 매우 닮았다. 김
연수 명창도 여러 선생의 소리를 바탕으로 자신의 소리를 새로 짰다.
그러나 그 후 박동진과 김연수는 크게 다른 길을 걸어갔다. 김연수는

---

13 김기형·백현미 정리, 「판소리 인간문화재 증언 자료, 판소리 명창 박동진」,
『판소리연구』 2, 판소리학회, 1991, 229-230쪽.
14 김기형·백현미 정리, 「판소리 인간문화재 증언 자료, 판소리 명창 박동진」,
『판소리연구』 2, 판소리학회, 1991, 238쪽.

완벽한 텍스트 곧 정본(定本) 정립을 지향했지만, 박동진은 언제든지 바꿀 수 있는 열린 텍스트를 지향했다. 김연수의 판소리가 바꾸어서는 안 되는 고정불변의 것이라면, 박동진의 판소리는 필요에 따라 언제든지 바꾸어도 되는 유연한 것이다. 김연수의 판소리가 품이 딱 맞는 옷이라면 박동진의 판소리는 품이 넉넉한 옷이라고 할 수 있다.

> 요즘 사람들은 소리하는 것을 장난처럼 여긴다. 앵무새처럼 스승에게 배운 대로 흉내 내기란 쉽다. 하지만 판소리는 공연할 때마다 다를 수밖에 없고, 또 달라야 한다. 다르면서도 새로워야 한다. 배운 것을 그대로 읽듯이 하면 재미가 없다.[15]

박동진 명창은 판소리가 열린 장르라는 속성을 누구보다도 잘 이해하고 있고, 또한 실제 연행 현장에서 그러한 점을 유감없이 발휘하였다. 그는 결코 '작년 8월에 불던 가락'을 불지 않았던 것이다. 이런 점은 이동백 명창을 닮았고, 임방울 명창과도 닮았다.

김연수와 박동진은 제자 교육에서도 매우 대조적이다. 김연수는 모든 것을 하나하나 철저하게 가르치는 스타일이고, 제자들에게도 배운 그대로 곧 '김연수 소리'를 하도록 했다.[16] 그러나 박동진은 제자들이 초보를 떼고 응용할 수 있을 정도의 실력이 되면, '박동진 소리'를 닮으라고 강요하지 않고 자신들의 빛깔에 맞는 소리를 할 수 있도록 놓아주었다. 제자들이 영혼이 없이 스승에게 배운 대로 앵무

---

15 박동진, 「내 인생 소리에 묻고 (21)」, 『중앙일보』, 2000. 7. 24.
16 김석배, 「김연수제 춘향가 연구」, 『배달말』 53, 배달말학회, 2013. 김석배, 「김연수 명창의 생애와 예술 활동」, 『판소리연구』 40, 판소리학회, 2015.

새처럼 흉내 내는 '사진소리'[17]를 하는 것을 원치 않았던 것이다.

2) 이면을 중시한 소리

박동진 명창은 소리의 틀을 짤 때 이면을 중시했다. 이면이란 신재효의 〈춘향가〉에서 "져 쇼경 흐는 말이 옥즁 고싱흐는 터의 복치를 달는 말니 <u>리면은 틀녀시나</u> 졈이라 흐는 거슨 신으로만 흐는 터니 무물이면 불셩이라 졍셩을 안 드리면 귀신 감동 못 홀 터니 복치를 닉여 놋쇼"[18]와 "츈향 어모 상단 불너 귀흔 숀임 오셔슨이 잡슈실 상 추리 오라 상단이 나가던이 두담갓치 찰인단 말 <u>이면이 당챃컷다</u>"[19]에서 알 수 있듯이 '행위의 상황과 사실에 꼭 들어맞는 표출'을 뜻한다.[20] 넓게 말하면 사실성과 합리성을 갖추어야 한다는 말이다.

주지하듯이 판소리 연행은 문학적인 층위인 사설, 음악적인 층위인 성음과 조와 장단, 그리고 연극적인 층위인 너름새가 총체적으로

---

17 "두 번째로 이동백은 제자를 가르칠 때 처음에는 '백구야'(청을 높여서), 그다음 날은 '백구야'(청을 낮춰서), 그다음 다음 날은 '백구야'(청을 어중간하게) 해서 제자가 도무지 종잡을 수가 없다고 하여 이동백의 제자가 드뭅니다. 그 대신 송만갑은 대마디대장단으로 꼭꼭 가르쳐서 제자가 많고. 기생들이 〈쑥대머리〉를 하면 어제, 오늘 같은 소리인데 이것을 '사진소리'라 해요. 그에 반해 대광은 오늘 소리 다르고 내일 소리가 다릅니다. 이것이 대광이에요. 기생들의 소리를 조학진은 '사진소리'라고 불렀습니다. 이동백이 그렇고 김창룡이 그렇고 자리 마련하면 거기서 나오는 대로 소리를 해요." 국악음반박물관 판소리연구회, 「국악학자 이혜구 대담자료 (1), 명창 이동백에 대한 회고담」, 『판소리명창』 창간호, 2005, 108-109쪽.
18 〈남창 춘향가〉. 강한영 교주, 『신재효판소리사설집(전)』, 민중서관, 1974, 72쪽.
19 〈동창 춘향가〉. 강한영 교주, 『신재효판소리사설집(전)』, 민중서관, 1974, 132쪽.
20 서종문, 「판소리 이면의 역사적 이해」, 『국어교육연구』 19, 경북대 국어교육연구회, 1987. 최동현, 「판소리 이면에 관하여-사설과 장단을 중심으로-」, 『판소리연구』 14, 판소리학회, 2002.

결합하여 근경을 핍진하게 그려낸다. 이 요소들이 사실성과 합리성을 지니면서 잘 조화될 때 청중들은 공감하고 감동한다.[21] 물론 사설의 합리성에는 구성상의 통일성도 포함된다. 드물게는 현실적 사실성이나 합리성에서 벗어나 '예술적 합리성'을 추구하는 경우도 있다.[22] 한때 쌍벽을 이루며 경쟁했던 김연수와 임방울 명창이 이면에 대해 언쟁을 벌인 적이 있다. 김연수는 임방울을 보고 '이면도 모르

---

21 "내가 제일 많이 접해온 명창으로는 전도성인디, 그는 창도 기맥히게 잘 했지만 이면을 그려내는 솜씨가 일품이었어. 칠월 열엿새 날이 우리 할아버지 생신이디, 그날이면 그 양반이 빼놓지 않고 우리 집에 오셔서 날 샐 때까지, 밤새도록 소리를 했어. 한번은 흥보가를 허는디, '쌀과 돈이 많이 나온다' 허는 대목인디, 요새는 그저 잠깐 '돌아섰다 돌아보면 도로 하나 가득허고 돌아섰다 돌아보면 돈과 쌀이 도로 가뜩'하여 몇 번 되아내다 보면, 한 2, 3분 되아내다 보면 돈이 얼마고 쌀이 얼마였더라고 아니리로 말허는디, 그 양반은 달랐어요. 전도성 명창은 한 1미터 80가량의 키였는디, 그 양반 소리를 헐 때면, 한산세모시 두루마기를 입었는디, 이 대목을 헐 때는 팔을 딸 걷어올리고 들어부어 내는디, 영락없이 궤 속에서 돈과 쌀을 되아내는 형용이여. 그런디, 한 20분 되아내. 자식은 많고 형님에게 쫓겨나서 그렇게 굶주렸던 흥부 내외가 돈과 쌀을 만났으니 참, 팔이 부러질 정도로 몸이 움직일 수 있는 한도까지는 되아낸다는 그런 느낌이제. 휘모리로 되아내는디, 갓이 뒤꼭지에 가 늘어붙고 속적삼 밖으로 구루매기까지 땀이 철떡철떡 젖어 있고, 목이 탁 쉬어서 소리가 안 나오고, 기진맥진헐 정도까지 되아내다가 주어앉은 데서 끝이 나는 거여. 또 한번은 심청가를 들었는디, 시골 마당이 상당히 넓어, 7월이라서 농한기도 지나고, 따로 극장도 없어서 전 명창이 오면 인근 마을 사람들까지 우리 마당에 한 4~5백 명이 모여서 소리를 들었어. 범피중류를 그야말로 유장허게 소리를 내더니, 심청이가 인당수에 가서 빠져 죽기 직전, 도사공보고 도화동이라고 가르쳐 주니까 심청이가 거그다 대고 합장배례를 허거든. '아버시 부디 편안하시오'라고 기도하다가 '아이고 아부지' 허면서 그 키 큰 광대가 부채를 딱 떨구면서 앞으로 꺼구러지니까, 물에 가 빠지는 형용을 하니까, 4~5백 명 모였던 관중들이 '우ㅡ' 허고 전부 쓰러지드라고.", 유영대, 『심청전 연구』, 문학아카데미, 1989, 45~46쪽, 주) 29.

22 김석배, 「신재효의 판소리 지원활동과 그 한계ㅡ〈춘향가〉를 중심으로ㅡ」, 『문학과 언어』 9, 문학과언어연구회, 1988.

고 소리한다'라고 비판했다. 그러자 임방울은 김연수를 보고 '이면 찾다가 소리 망친다'라며 맞받았다. 김연수가 현실적 사실성과 합리성을 중시했다면, 임방울은 예술적 합리성을 더 중시했던 것이다. 그런데 예술적 합리성도 관점을 달리해서 보면 예술적 측면에서 이면에 맞는 것이라고 할 수 있다.

박동진 명창도 다음과 같이 이면의 중요성을 강조하고 있다. 먼저 문학적인 측면부터 살펴보기로 한다.

> 심청가에 오죽허면 그런 게 있었겠어요. "심 봉사 답답하여 어린 것을 번쩍 들어 방바닥에 메다치며 죽어라 죽어라" 이러거든. 그래 내가 권진이(정권진)보고 이랬어요. "그 일주일밖에 안 된 것을 방바닥에 메 쌔리면 대번 죽을 거 아니냐. 그러지 말고 '방바닥에 밀어 놓고' 그래라 …."[23]

심 봉사가 일주일밖에 안 된 갓난아기를 방바닥에 메다치며 죽어라 하는 것은 이면에 맞지 않다는 것이다. 실제로 〈정권진 심청가〉에는 이 대목이 "심 봉사가 화가 일어나 안았던 아해를 방바닥에 미다치며 죽어라 썩 죽어라 니 팔자가 얼마나 좋으면 초칠 안에 어미를 잡아먹어야"[24]로 되어 있지만, 〈박동진 심청가〉에는 "안어도 울고 달래여도 우니 심 봉사 답답하여 어린 아기를 번쩍 들어 방바닥에 밀어 놓고 죽어라 죽어라 너 죽으면 나도 죽을란다"[25]로 되어 있다. 박동

23 김기형·백현미 정리, 「판소리 인간문화재 증언 자료, 판소리 명창 박동진」, 『판소리연구』 2, 판소리학회, 1991, 236쪽.
24 김진영 외 편저, 『심청전 전집 [2]』, 박이정, 1997, 238쪽.
25 김진영 외 편저, 『심청전 전집 [1]』, 박이정, 1997, 205쪽. 〈김연수 창본〉은 "(중모리) … 심 봉사가 화가 나서 안었던 아해를 방바닥에 미락치며 죽어라 죽어

진이 현실적 사실성을 추구한 것이라면, 정권진은 심 봉사의 슬픔을 강조하기 위한 극적 상황을 돋보이게 하기 위해 예술적 합리성 곧 예술적 측면의 이면을 찾은 것이다.

　박동진은 적벽가는 물론이고 춘향가도 몇 군데 고쳤다. 적벽가 중에서 조학진이 가르쳐준 '조총 한두를 둘러메고'를 '칼과 창을 둘러메고'로 고친 것은 현실성을 고려한 것이다.[26] 그리고 춘향가 중에 이 도령이 춘향을 그리워하는 대목과 춘향이 편지 써 보내는 대목을 자신이 짠 것이라고 했다. 서울에 간 이 도령이 춘향 생각이 간절하여 슬퍼하는 장면이 있어야 마땅하다는 것이다. 또 이 도령이 암행어사로 내려오다가 방자(볼짝쇠)를 만나 춘향의 편지를 보고 눈물

라 썩 죽어라 이놈의 새끼야"(『심청전 전집 [1]』, 106쪽), 〈정광수 창본〉은 "(중머리) … 안었던 아이를 방바닥에 내려놓고 화가 나서 아나 죽거라 죽거라 썩 죽거라"(『심청전 전집 [2]』, 81쪽)로 되어 있다.

26 "그리고 우리 선생님이 가르쳐 준 게, '고당산 학발양친…' 그게 있습니다. 그걸 가르치는데, 이 어른이 가르칠 적에, '조총 한두를 둘러메고' 하는 대목이 있습니다. 조총이 언제 났느냐, 지금 400년밖에 안 됐는데, 삼국지 난 데는 3000년 가까이 됐어요. 그런데 어떻게 그때 조총이 있었느냐 그 말이여. 그래 우리 선생님 조학진 씨가 거길 가르칠 때 내가 그랬어요. '선생님', '왜 그러느냐', '조총이 이게 일본이 불란서 영국서 수입해서 임진왜란 때 쓴 겁니다.', 그랬는디, 삼국지에 보면 '화포'라는 게 있어요. 그 '화포'는 누가 만들었느냐, 분명히 남만 맹획을 칠 적에 맨들었습니다. 그 후 진나라 때 사마손이 다 웃샜습니다. 웃샜는데, 조총이라는 것은 영국에서 들여온 것입니다, 불란서하고. 그런 것인데, 지금 300년 조금 넘었는데 그때 무슨 조총이 있느냐 말여. '그럼 어찌하면 좋겠느냐', '그냥, 칼과 창을 둘러메고, 이렇게 하는 게 좋겠습니다.' 내가 봉술이(박봉술) 보고도 몇 번 얘기했어요. 못 고쳐요. 버릇이 들어서요. 조학진 선생은 고치라고 그랬어요.", 김기형·백현미 정리, 「판소리 인간문화재 증언 자료, 판소리 명창 박동진」, 『판소리연구』 2, 판소리학회, 1991, 235-236쪽. 실제로 박동진의 적벽가에는 "칼과 창을 들어메고"(359쪽)로 되어 있다. 그리고 정권진의 적벽가의 "방패 창을 들어메고"(298쪽) 외에 대부분은 "조총 환두 둘러메고"로 되어 있다. 김진영 외, 『적벽가 전집 [1]』, 박이정, 1998.

흘리는 장면이 있는데, 그 편지를 왜, 어떻게 쓰게 되었는지에 대한
설명이 없는 것이 이상하여 춘향의 애절한 심정을 생각해서 새로 짜
넣었다는 것이다.[27] 그리고 서사적 합리성을 위해 다음과 같이 새로
운 장면을 만들어 넣었다.

> (아니리) 이렇듯이 옥중에서 슬리 울 제 그때여 도련님은
> (진양) 춘향 생각 간절허여 문을 닫고 홀로 앉어 식음을 전폐허고 밤
> 낮없이 슬리 운다 언제나 내가 춘향을 볼거나 이 몸이 학이 되어 구만
> 창공 높이 떠 날아 남원 부중을 찾아가서 내 사랑 춘향을 만나보고 만
> 단정회를 풀어볼거나 그러지도 못 허는 내 팔자를 이놈의 노릇을 어쩔
> 거나 이리 한참 슬리 울다[28]

---

27 "죄송스럽지만 나는 선생님덜이 가르쳐 준 데에서 조금 의심나는 곳을 몇 군
데 고쳤어요. 적벽가는 말할 것도 없고 춘향가에서 서너 군데를 고쳤지요. 이
렇게 많이 고쳤는데, 이런 대문이 있어요. 춘향이가 편지를 써서 보냈다. 편지
를 쓸 새가 없어요. 동초 선생도 거기를 보면 편지를 쓸 새가 없고, 춘향이가 언
제 편지를 썼느냐 이 얘기라. 언제 편지를 썼느냐고 물어보면 어떻게 대답헐
것이며, 또 어째서 편지를 쓰느냐 누가 말을 해가주고 편지를 썼느냐…. 편지
쓰는 대문 들어보셨어요? 못 들으셨죠. 그건 건방진 얘깁니다만, 내가 만들어
넣었습니다. 왜? 춘향이 편지를 쓸 적에 그 간장이 오죽하겠는가, 이거 생각해
서 넣었구요. 또 한 가지는, 춘향이를 이별하고 도련님이 올라와서 남자라고
자기 사랑하는 여자를 이별하고 올라왔는데 가슴이 좋을 리가 있고, 아무리
양반이래두 오장육부는 똑같은 것인데, 가만히 있을 수가 없어요. 그러니께
고심 안 할 수가 없어요, 양반의 자식이라도. 그러니께 춘향이 생각이 간절해
가주고 누웠어. 누워 가주고 며칠 동안을 고심을 하다가 내가 이래서는 안 되
겠다 자각을 해요. 가가주구 공부를 열심히 한다 그 말이여. 그래 '과거장' 그
게 들어간 거예요. 그 두 군데를 내가 고쳤어요.", 김기형·백현미 정리, 「판소
리 인간문화재 증언 자료, 판소리 명창 박동진」, 『판소리연구』 2, 판소리학회,
1991, 235쪽. 밑줄 친 부분에서 이면에 밝혔던 김연수가 짠 춘향가에도 없다는 점
을 강조한 것은 이면에 맞게 판을 짜는 자신의 능력을 드러내고자 한 것이다.
28 김진영 외 편저, 『춘향전 전집 [2]』, 박이정, 1997, 53쪽.

(아니리) 봉사는 갔것다 춘향이 홀로 앉어 울음을 우는디 감옥 형리 나오면서 여보게 사정이 내일 모레 신관 사또 생일잔치 끝에 춘향을 때려죽인다고 형장 많이 깎어 놓으라 했으니 춘향은 이제 죽네 서울서 알고 보면 그저 있을 리가 있것는가 서울로 편지나 한 장 허라 허소 사정이 나와 춘향이 서울로 편지나 한 장 허소 서울서 알고 보면 그저 있을 리가 있것는가 아이고 그러면 삯군이나 하나 사서 주시오 사정이 나가더니 연때가 맞느라고 전에 도련님을 뫼시던 방자 뽈짝쇠를 불러 왔구나 춘향이 반겨 보고 내가 편지를 써 줄 것이니 돈 서른 냥 갖고 도련님께 다녀오면 동짓달 내가 솜 의복 한 벌 해줌세 아 이 사람아 우리끼리 돈 말이 뭐여 옷 말이 뭔가 어서 편지나 쓰소

(중모리) 춘향이가 편지 쓸 적 두 눈에 눈물이 피가 되어 한 자 쓰고 눈물짓고 두 자 쓰고 한숨 쉬니 눈물이 떨어져서 글자가 수묵 되니 언어가 도착이라 편지 써서 옆에다 놓고서 그중에 무명지 잔가락을 아드드득 깨물어서 혈서를 뚝뚝 찍었구나 봉허고 또 봉허여 천 번이나 부탁허고 만 번이나 당부하며 도련님이 답장 쓰실 적 부디부디 재촉 말고 수이수이 다녀오시오 방자란 놈 거동을 보소 주먹으로 눈물을 씻고 골마리를 까더니만 편지를 집어넣고 쏜살같이 가는구나 춘향이가 편지 보내고 통곡하여 우네 어~어 편지는 간다마는 나는 어찌 못 가는가 임은 어이 못 오시나 한양이 몇 천 리냐 산은 몇 산 넘어가며 물은 몇 물을 건너가며 날개 돋힌 학이 되어 허공중천 높이 떠 삼청동을 찾어가서 도련님을 만나보고 세세원정을 아뢰 볼란다 퍼버리고 울음 운다[29]

---

29 김진영 외 편저,『춘향전 전집 [2]』, 박이정, 1997, 59-60쪽.

박동진 명창은 문학적 측면에서만 이면을 찾은 것이 아니다. 다음
은 음악적인 측면에서도 이면을 고려했음을 알려준다.

> 당시 조선성악연구회에서 소리를 배우는 사람들은 아침 일찍 모여
> 함께 소리를 하며 목을 풀었다. 한번은 '수궁가'의 한 대목을 부르며 목
> 을 풀고 있는데 선생이 저 멀리서 듣고 달려오더니만, "너 이놈들 왜 우
> 냐, 토끼화상을 그리면서 왜 울어. 화아~고용~을 불러라. 화아~고용~
> 을 불~울러 들여~. 이렇게 점잖게 불러야지"라며 꾸짖었다.[30]

박동진이 조선성악연구회에 있을 때 겪은 일화로 이동백 명창이
음악적 측면의 이면을 중시하였다는 사실을 알려주고 있다. 박동진
명창 스스로 이 일화를 이야기함으로써 자신도 음악적 측면의 이면
을 중시하고 있다는 점을 드러내고 있는 것이다.

> 옛날에 김채만 씨라고 있었어요. 그 어른이 소리허는데, 이 양반이
> 심청가를 잘해요, 우리 선생님 박지홍 씨가 듣고 있어요. "인당수에 북
> 을 두리둥둥둥둥둥 두둥둥둥 …" 구성지게 올라갔다 내려갔다 허는데,
> 소리하는 사람 망건 뒤를 그 합죽선으로 후려 쎄린단 말여. 그 좌중에
> 서 깜짝 놀랠 거 아닙니까? 선배 중에 대선밴디, "이놈, 인당수에 북을
> 며 개나 달아났냐, 북이 그렇게 여러 개냐, 북소리가 '둥' 이거 한 개밖
> 에 안 되는데, '북을 두리둥둥둥둥둥 두둥둥둥…' 도대체 북이 며 개
> 냐", 인제 이런 것을 어떻게 다 헤아립니까. 지금 보면 말이죠, 소리허
> 는 것이 이면도 생각 않고 그냥 목구성만 가지고 그냥 하는데요, 참 답

30 박동진, 「내 인생 소리에 묻고 (6)」, 『중앙일보』, 2000. 6. 30.

답할 때가 많죠.³¹

박동진 명창은 심청가의 도사공이 고사를 지낼 때 북을 울리는 장
면을 두고 벌인 김채만과 박지홍의 일화를 들어 이면의 중요성을 강
조하고 있다. 박동진은 박지홍이 옳다고 여겨 그의 심청가에는 "북
을 둥둥둥둥 울리며"로 되어 있다.³² 박지홍처럼 북을 '둥둥둥' 치는
것이 옳다는 주장은 사실적인 측면의 이면을 추구한 것이고, 김채만
처럼 '두리둥둥둥둥둥 두둥둥둥' 치는 것은 극적 상황을 살리기 위
한 예술적 합리성을 추구하고 있는 것이다.

박동진 명창은 연극적 측면인 너름새(또는 발림)에서도 이면을 중
시하였다. 너름새란 신재효가 "양반의 소랑가라 사셜이 유식ᄒ여 우
슘집이 젹다 ᄒ고 짓멋진 도령임이 육담 작난으로 널음실 희 가면서
판소ㅇ을 ᄒᄂᄃ 이런 야단이 업셔"³³에서 알 수 있듯 형용 동작을

---

31 김기형·백현미 정리, 「판소리 인간문화재 증언 자료, 판소리 명창 박동진」,
『판소리연구』 2, 판소리학회, 1991, 231-232쪽.
32 김진영 외 편저, 『심청전 전집 [1]』, 박이정, 1997, 228쪽. 심청가 중에서 북을
간단하게 둥둥 치는 것으로는 〈신재효본〉의 "큰북을 둥둥 치며"(『심청전 전
집 [1]』, 22쪽)와 〈이선유 창본〉의 "(자진모리) 북을 둥둥 울이면서"(『심청전
전집 [1]』, 72쪽) 정도이다. 대부분은 〈김연수 창본〉의 "(자진머리) 북을 둥둥
두리둥 두리둥 둥둥둥 두리둥 두리둥 둥둥둥"(『심청전 전집 [1]』, 137쪽)과 유
사하여, 〈심정순 창본〉은 "(중중모리) 북을 둥둥둥둥 두리둥둥둥둥 울니며"(『심
청전 전집 [2]』, 40쪽), 〈정광수 창본〉은 "(자진모리) 북을 두리둥 두리둥 둥
둥…"(『심청전 전집 [2]』, 103쪽), 〈김소희 창본〉은 "(중중몰이) 북을 두리둥
둥"(『심청전 전집 [2]』, 166쪽), 〈한애순 창본〉은 "(잦은 중중몰이) 북을 두리둥
둥둥둥농둥둥둥둥둥"(『심청전 전집 [2]』, 210쪽), 〈정권진 창본〉은 "(중중머
리) 북을 두리둥 두리둥 두리둥"(『심청전 전집 [2]』, 258쪽), 〈성우향 창본〉은
"(진양조) 북을 두리둥 두리둥"(『심청전 전집 [2]』, 306쪽), 〈성창순 창본〉은
"(느린 잦은머리) 북을 두리둥 두리둥 둥 둥"(『심청전 전집 [2]』, 352쪽)으로
되어 있다.

말한다. 즉 너름새는 소리꾼이 몸짓이나 표정, 소도구인 부채로 극적인 상황을 실감나게 그려내는 것이다. 신재효는 〈광대가〉에서 "너름시라 ᄒᆞᄂᆞ 거시 귀셩씨고 밉시 잇고 경각의 쳔틱만ᄉᆞᆼ 위션위귀 쳔변만화 좌ᄉᆞᆼ의 풍유호걸 귀경ᄒᆞᄂᆞᆫ 노쇼남녀 울게 ᄒᆞ고 웃게 ᄒᆞᄂᆞᆫ 이 귀셩 이 밉시가 엇지 아니 어려우며"[34]라고 하여 그 역할이 중요함을 말하였다. 너름새는 청중들을 울게 하고 웃게 할 수 있을 정도로 구성지고[35] 맵시 있어야 한다는 것이다. 오명창시대의 명창 중에는 김창환이 발림에 특출했으며, 그의 아들 김봉학도 뛰어났다. 정노식은 『조선창극사』에서 김창환의 발림에 대해 "제작도 능하거니와 '제스추워'가 창보다 더욱 능하다. 잘난 풍채로 우왕좌래 일거수일투족이 모다 미묘치 아니한 것이 없다. 미인의 일빈(一嚬) 일소(一笑)가 사람의 정신을 황홀케 함과 흡사하여 창과 극이 마조떠러지는 데에는 감탄을 발(發)치 아니 할 수 없다."[36]라고 했다. 크고 작은 동작 하나하나가 소리하는 내용과 맞아떨어져 감탄을 자아냈다는 것이다. 즉 소리 대목의 극적 전개를 여실하게 표현하여 감동을 주었다는 말이다.

　　요즈음 그런데 요새는요 가령 이런 게 있어요. 심 봉사 노릇을 허는데 심청이 안고 우는 데 말이죠, 눈을 번히 뜨고 울거든요. 이건 옛날로 치

---

33 〈동창 춘향가〉. 강한영 교주, 『신재효판소리사설집(전)』, 민중서관, 1974, 136쪽, 138쪽.
34 강한영 교주, 『신재효판소리사설집(전)』, 민중서관, 1974, 669쪽.
35 '구성지다'는 '천연스럽고 구수하며 멋지다'는 뜻이고, '구성 없다'는 '격에 맞지 않다'는 뜻이다. 소리판에서 흔히 '구성이 없다, 구성없이 소리한다' 등으로 쓰인다.
36 정노식, 『조선창극사』, 조선일보사출판부, 1940, 147-148쪽.

면 당달봉사예요. 그건 발림, 표정이 잘못된 거예요. 이면이 안 되죠. 지금 보세요, 다 그렇게 합니다. 옛날 같으면 선생님들한테 큰일납니다.[37]

심 봉사가 심청을 안고 우는데, 눈을 번히 뜨고 우는 것을 비판하고 있다. 심 봉사는 당달봉사가 아니므로 눈을 감은 채 울어야 이면에 맞다는 것이다. 판소리를 연행할 때 형용 동작이 상황과 맞아떨어져야 한다는 것이다. 박동진 명창은 제자들에게 너름새(연기) 지도를 꼼꼼하게 하였다. 활 쏘는 장면을 지도할 때는 제자를 일으켜 세워서, 몸은 어느 쪽을 바라보고, 목은 어떤 각도에서 어느 방향을 바라보며, 활시위를 당기는 자세를 하도록 했다고 한다.[38]

3) 풍부한 아니리와 이야기판

판소리는 긴 이야기를 아니리와 창으로 짠다. 아니리는 말로 풀어가는 것이고, 창은 진양, 중머리 등 다양한 장단에 얹어 소리로 풀어가는 것이다. 판소리는 아니리로만 할 수도 없고, 창으로만 할 수도 없다. 아니리는 아니리대로, 창은 창대로 맡은 역할이 따로 있다.

아니리는 소리판에서 다양한 역할을 한다. 신재효는 〈광대가〉에서 "안일리 쓰는 마리 아릿다온 졔비 말과 공교로운 잉무 쇼릭"라고 하여, 소리꾼이 소리판에서 보여주어야 할, 아니리의 구사 능력에 주

---

37 김기형·백현미 정리, 「판소리 인간문화재 증언 자료, 판소리 명창 박동진」, 『판소리연구』 2, 판소리학회, 1991, 232쪽.

38 강윤정, 「박동진 판소리 창본 연구」, 충북대학교 박사학위논문, 2004, 22쪽. 이면을 중시했던 김연수 명창도 제자들에게 너름새를 하나하나 꼼꼼하게 지도했다.

목하였다. 소리꾼은 아니리를 통해 청중들에게 사건의 흐름을 알려
주고, 필요한 정보를 제공하여 감상을 도와준다. 그리고 고수나 청
중과 이야기를 주고받음으로써 소리판을 소통의 장으로 만들기도
한다. 그러나 아무래도 아니리의 눈은 재담이나 언어유희 등을 통해
이루어지는 익살과 풍자라고 할 수 있다. 소리꾼은 익살을 통해 청중
들에게 웃음을 선사하고, 못마땅한 인정세태에 대한 풍자를 통해 사
람들과 부대끼면서 받은 이러저러한 마음의 상처를 어루만져 주기
도 한다. 아니리는 이처럼 소리꾼이 지녀야 할 이야기꾼으로서의 능
력으로 소리판의 윤활유라고 할 수 있다. 따라서 아니리에 뛰어난
소리꾼을 '아니리광대'니 '재담광대'니 하며 다소 폄하하는 듯한 세
간의 평가는 옳다고 할 수 없다. 모름지기 명실상부한 명창이 되려
면 창뿐만 아니라 아니리에도 뛰어나야 한다.[39]

박동진 명창은 아니리의 중요성을 누구보다도 잘 알고 있었으
며, 동시대의 명창 중에서 아니리를 구사하는 능력은 가히 독보적
이었다. 박동진 명창은 아니리를 통해 세상살이의 애환을 이야기
할 때가 많았다. 때로는 그의 소리판이 '이야기판'으로 여겨질 정도
였다.

아니리가 판소리의 반입니다. 좋은 노래도 10분만 들으면 듣기 싫은
거예요. 그러니께 아니리가 거기서 나와 가주구서 좌중을 분위기도 전
환하고, 또 자기가 쉬어야 돼요. 쉬는 동시에 창으로 못다 한 근경을 그
려주는 거예요. 그것이 우리 선생님덜이 말씀허시기를, 판소리는 아니

---

39 정병헌, 「아니리」, 『한국민속문학사전(판소리)』, 국립민속박물관, 2013, 226-
   228쪽. 전경욱 편저, 『한국전통연희사전』, 민속원, 2014, 668-669쪽.

리가 반이니라, 이래거든요.[40]

　　다른 이들이 그저 덤덤하게 부르는 대목에도 반드시 해학을 곁들여 소리의 진진한 맛을 전달해 주려고 노력하는 편이다. 요즘 소리하는 사람들은 가요마냥 노래만 한다. 판소리에 아니리가 절반을 차지하는 데 노래만 하면 반 바탕만 하고 마는 꼴이나 다름없다. 더구나 아니리가 없으면 조금만 들어도 지루해서 듣기 싫다.[41]

　박동진 명창은 아니리의 기능을 청중들에게 흥미를 유발하고, 소리꾼에게 숨을 고를 수 있도록 하며, 소리로 제대로 그려내지 못한 것을 보완해 주는 것으로 여기고 있다. 지금의 소리판에는 아니리다운 아니리가 사라졌다고 해도 과언이 아니다. '아니리가 반이다'라는 그의 주장은 파격적이다. 스승에게 배운 그대로 소리하는 것이 옳은 것으로 믿고 있는 현재의 소리판에서 이 주장에 동의할 소리꾼은 별로 없을 것이다. 또한 '원형 보존과 전승'을 중요한 잣대로 삼고 있는 무형문화재 정책도 그렇게 되도록 하는 데 한몫했을 것이다. 이 시점에서 새삼 강도근과 박봉술 명창도 아니리에 뛰어났다는 사실을 상기할 필요가 있다.

　박동진 명창이 아니리를 어떻게 구사하고 있는지를 살펴보기로 하자.

40　김기형·백현미 정리, 「판소리 인간문화재 증언 자료, 판소리 명창 박동진」, 『판소리연구』 2, 판소리학회, 1991, 232쪽.
41　박동진, 「내 인생 소리에 묻고 (21)」, 『중앙일보』, 2000. 7. 24.

(아니리) 흥보가 가만히 들어봉께 약이 좋지만은 박통 속을 딱 들여다 봉께, "마, 박속 쏵 긁어먹고 청소를 딱 해놨네그려. 허허, 아 그 동자들이 남 배고픈디 박속 지져 먹을라고 박 탔더니만 아 야들이 쏵 다 긁어먹었구먼. 하 참 강산지괴변이로구나." 하구서 박 한쪽을 들여다봉께 시퍼런 궤짝하고 또 뻘거넌 궤짝 둘이 있는지라. 흥보가 벌벌 떰서, "아이고, 아 그 동자들이 박속 긁어먹고 여기다 즈그 조상 궤짝 갖다 놨네여. 아, 이거 건드렸다는 우리 집 식구 동퇴나가지고 쏵 다 죽어버린다잉. 그렇께, 갖다 내버려라." 흥보 마누라가 가만히 들여다보더니, "영감, 여기 원 글씨 썼오." "글씨? 뭣이라고?" 흥보가 자세히 보더니만은, "오라 '박흥보 개탁'이라. 날 보고 열어보라 했구마. 그런디 이걸 만일 열었다 말이여, 좋은 것이 나오면 좋겠지만은 그 속에서 귀신이 나오면 우리 식구들 다 죽는다. 그러니께 자네는 어린것들 데리고 저만큼 가 섰다가, 내가 그냥 좋은 거 나오거던 손을 살짝 오그릴 것이고, 만약에 궂은 것 나왔다가는 손만 번쩍 들거들랑은 자네는 삼십육계 줄행랑을 놓소." 흥보 마누라가 생각허니 그럴 리도 없겠지만 영감이 하도 그러니께 겁도 나는지라, 애들 데리고 딱 섰는디 흥보가 벌벌 떨며 들어가서, 궤 한쪽을 딱 열고 가만히 들여다봉게, 하얀 쌀이 그냥 소복하게 들었지. 흥보가 또 한 궤짝을 열고 봉께 상평통보라고 쓴 엽전 구렁이 아래터리 같은 누런 놈이 서리서리 갱겼는지라. 눈을 닦고 또 닦고 봐도 암만해도 돈과 쌀이란 말이여. <u>흥보가 어찌 좋던지 즈그 형 집에서 돈과 쌀을 본 후로는 처음이란 말이여. 너머 좋아라고 그냥 흥보가 대번 중풍증이 일어나는디, 팔다리가 오그라들고 쎄바닥을 와 오그리면서 죽는 놈 시늉을 내는디,</u> "와이아알아", 흥보 마누라 깜짝 놀래 달려들서, "아이고 여보 영감 웬일이요." "아와~아오 돈 보랑께. 돈

봐." 홍보 마누라가 딱 보더니 무릎을 탁 치며, "워메 워메 워메, 요런 홍재가 어디 있는가잉. 대체 이 박통 속에서 돈과 쌀이 나오다니 이게 웬일이여." 박적에다 딱 쏟아놓고, "여보 영감 세상에 이게 꿈이지 설마 생시는 아니지요." 허고서 바라보니께 도로 하나 가뜩 됐단 말이여. 홍보가 좋아라고, "오냐 이제 봉께 네가 바로 도깨비방망이로고나. <u>오냐, 네가 못 이기나 내가 못 이기나 한번 혀보자. 마누라 자네는 말이여 응, 쌀궤를 들고, 나는 돈궤를 들고 한번 쏟아자치는디, 우리가 여러 날 굶어서 기운이 없지마는 신명대로 한번 쏟아 보더라고. 만일에 한 번이라도 덜 쏟았다가는 그냥, 요렇게 주먹을 쥐어 가지고 양쪽 눈 우에 야광주를 비벼자쳐서 두 눈구녁이 툭 뻘거지게 할 것이다."</u> 홍보 마누라도 오기가 있던 것이었다. <u>"흥 당신이 나를 여자라고 깔봐야? 마, 내가 독함을 한번 내고 그냥 송곳이를 한번 뿌드득 갈면 나도 경주최가란 말이여, 어림없다."</u> 두 양주가 서로 내기를 허고 쏟아자치는디 세산조시로 바짝 몰아놓고 쏟던 것이었다.[42]

이 대목은 강도근과 박봉술의 홍보가에도 비슷한 내용이 있어 박동진 홍보가만의 특징이라고 할 수는 없다. 그러나 박동진 명창은 이 대목을 훨씬 길고 더 해학적으로 짰다. 밑줄 친 부분에서 박동진 명창이 아니리를 짜는 재치를 엿볼 수 있다. 홍보가 돈과 쌀을 저의 형 집에서 본 후로 처음 본다며 웃기거나, 특히 홍보가 너무 좋아 대번에 중풍증이 나서 팔다리가 오그라들고 혓바닥을 오그리면서 죽는 놈 시늉을 '와이아알아' 하는 모습을 흉내 내는 너름새는 홍보보

---

42 「인간문화재 박동진 판소리 대전집 홍보가(완창) 사설집」, SKC, 1989.

다 훨씬 더 웃긴다. 또한 '네가 이기나 내가 이기나 한번 해보자'라는 말을 뒤집어 '오냐, 네가 못 이기나 내가 못 이기나 한번 혀보자.'며 말장난으로 웃기기도 한다. 흥보가 아내에게 다짐을 놓는 모습도 우습고, 흥보 아내가 여자라고 깔보느냐며 '내가 독하게 마음먹고 송곳니를 한번 뿌드득 갈면 나도 경주최가처럼 독하다'며 오기를 부리는 것도 웃음을 자아내기에 충분하다. '옥니에 경주최씨면 고집이 세다'는 속설을 슬쩍 바꾸어 웃기고, 더구나 박동진 명창의 어머니가 경주최씨라는 사실에 생각이 미치면 실소를 금치 못하게 된다. 익살을 떠는 재주가 철철 넘쳐흐르고 있다.

3. 박동진 소리판의 연행 문법

1) 현장성과 즉흥성이 넘치는 놀이판

박동진 명창은 판소리가 소리판에 모인 청중과 함께 판을 만들어 가면서 함께 즐기는 연행예술이요 현장예술이라는 사실을 누구보다도 잘 알고 있었다. 그의 소리판은 자신의 소리를 알리는 발표무대가 아니라 청중과 함께 만들어가는 놀이무대였다. 즉 소리꾼과 청중이 함께 어울려 소리판을 만들고 즐기는 놀이판의 성격을 강하게 지니고 있다.

(춘향가를; 필자) 장장 8시간 동안 소리를 하는데 나도 모르게 대본에도 없는 말이 막 나오는 것이었다. 그런데 객석에서는 오히려 좋아

라 했다. 그때부터 나는 관객에 맞춰 내 나름대로의 사설을 많이 늘어
놓게 되었고, 창작판소리와 판소리 열두 마당 복원에도 큰 관심을 기
울이기 시작했다.[43]

지금도 직접 북채를 잡고 소리 연습을 하는데, 내 머릿속에 들어 있
는 수백 시간 분량의 레퍼토리 가운데 하나로는 끄집어내야 할 때도
있지만, 요새는 주로 그때그때 눈에 들어오는 상황 같은 것을 흥이 나
는 대로 소리로 즉석에서 만들어 읊기도 한다.[44]

나는 판소리의 생명은 현장성에 있다고 믿는다. 그래서 기분 내키면
사설도 과감히 고쳐 부른다. 한문투도 요즘 말로 고치고 유행어도 가
끔 집어넣는다. 관객의 숫자나 수준·분위기에 따라 사설이 달라지기
일쑤다.[45]

1996년 4월 20일 대구 동아백화점 수성아트홀에서 박동진 명창의
홍보가 소리판이 열렸다.[46] 그날 박동진 명창은 40분 정도 무대에 있
었는데, 한참 설을 푼 뒤 재담을 섞은 아니리 위주로 박 타는 대목을
하였다.[47] 박동진 명창은 자신과 대구의 인연에 관한 이야기로 소리

43 박동진, 「내 인생 소리에 묻고 (16)」, 『중앙일보』, 2000. 7. 14.
44 박동진, 「내 인생 소리에 묻고 (18)」, 『중앙일보』, 2000. 7. 18.
45 박동진, 「내 인생 소리에 묻고 (21)」, 『중앙일보』, 2000. 7. 24.
46 「박동진 씨 판소리 홍보가 연주회」, 『매일신문』, 1996. 4. 19.
47 박동진 명창의 소리를 듣기 위해 잔뜩 기대하고 갔던 필자로서는 다소 아쉬웠
지만, 팔순이 넘은 노명창이 소리판을 자유자재로 이끌어가는 모습을 볼 수
있었고, 살아 있는 소리판에 동참할 수 있었던 것은 소중한 경험이요 뜻밖의
소득이었다.

판을 시작하였다. 달성권번과 대동권번에서 소리선생을 하던 시절
에는 '대구에 있는 기생 수랑 파리 수랑 견주면 파리가 두 마리 모자
란다.'라며 너스레를 떨더니, 일본인 여학생과 연애하다가 혼났던
일[48]을 이야기하고, 기생들과 있었던 염문도 슬쩍 흘렸다. 관객들의
관심을 끌기에 충분했고, 여기저기서 웃음소리가 터져 나왔다. 그의
말대로 처음에는 장난처럼 슬슬 시작하면서 판소리를 처음 접하는
사람들에게 있을 법한, 판소리에 대한 선입견과 거부감부터 없앴다.
목도 풀 겸 분위기도 잡는 작업을 시작한 것이다. 다른 한편으로는
자신의 소리판을 찾은 청중들을 편안하게 하려는 배려라고 할 수 있
다. 한 제약회사의 광고를 통해 널리 알려져 유명세[49]를 타고 있던,
세칭 인간문화재라는 노명창이 대구와의 인연, 그것도 일본인 여학
생과의 로맨스, 기생들과의 연애담을 욕과 재담을 섞어가며 슬슬 풀
어 놓는데, 호기심을 가지지 않을 사람이 어디 있겠는가. 단숨에 관
객들의 귀와 마음을 무대 위로 끌어올려 수성아트홀이라는 공간 전
체를 박동진이 벌이는 소리판으로 만들어버렸다. 박동진 명창의 현
장성과 즉흥성[50]이 빛을 발한 것이다.

---

48 이 이야기는 박동진, 「내 인생 소리에 묻고 (4)」(『중앙일보』, 2000. 6. 27.)에도
   있다.
49 박동진은 1992년 '솔표 우황청심원' 광고에 출연하여 "제비 몰러 나간다~ 제
   비 후리러 나간다 … 우리 것은 소중한 것이여."라고 해서 크게 유행한 적이 있
   었다.
50 현장성과 즉흥성에 뛰어난 명창으로는 고수관이 유명하다. "성음이 극히 미
   려하여 딴 목청을 자유자재로 발휘함은 타인의 萬萬 不及處이었다 한다. 문
   식이 꽤 있고 첩이한 재조가 있어 소리 좌석의 서화나 기타 광경을 適應하도
   록 의외에 임시로 만들어 불러서 看官을 경탄케 하는 일이 예사였으며 當年에
   大邱監使 到任初 宴席에 불려가서 소리를 하는데 춘향가 중 기생점고하는 대
   목에 이르러서 고전 중에 있는 妓名으로 呼唱하지 않이하고 多數한 時在 妓生

　이런저런 이야기를 재담을 섞어가며 판을 달구더니, '팔공산 어쩌고저쩌고' 하며 대구와 관련된 사설로 단가를 짜서 불렀다. 이어서 오늘은 흥보가 중에서 박타령을 부르겠다고 하더니, 이 대목을 하기 전에 한 말씀을 하지 않을 수 없다며 설명도 곁들였다. 옛날 명창들은 박타령을 하면서 '흥보가 밥을 배지 터지게 처먹고 설사하는 통에 누런 똥 줄기가 앞산 너머까지 뻗쳐 지나가던 행인들이 황룡 올라간다고 절을 꾸벅꾸벅했다'[51]며 너름새를 섞어가며 웃겼다. 박동진의 판소리 무대는 아니리로 엮는 재미나는 이야기판과 창으로 하는

의 이름의 意義를 詩的으로 만들어 불러서 좌석을 경탄케 하여 일시 회자하였다고 한다." 정노식, 『조선창극사』, 조선일보사출판부, 1940, 32쪽. 이동백도 즉흥성에 뛰어난 명창으로 유명하다. "필자가 잘 아는 명창에 공기남이라는 광대가 있었다. 그는 약 7년 동안 이동백을 스승으로 모시고 소리공부를 했다고 한다. 공기남의 말에 의하면, 세상에서 '이 통정, 이 통정!' 하면서 모두들 추앙하는데, 어디가 그렇게 명창인지 잘 모르면서 그저 따라다녔다고 한다. 그러다가 한번은 어느 명문에서 큰 잔치가 있어, 그 당시 관습으로, 명창 이동백을 불러 소리를 시키게 되었다. 며칠 전에 동행해서 내려간 이 명창 일행은 융숭한 대접을 받으면서 소리할 날을 기다렸다고 한다. 그러니까 마음껏 기량을 발휘할 차비가 다 된 셈이었다. 드디어 소리하는 날이 되어, 근읍에서 모여든 청중은 그야말로 백차일 치듯 했다고 한다. 그날 부른 소리는 〈심청가〉였다. 그런데 놀라운 것은, 공기남의 말에 의하면, 자신이 여태껏 한 번도 듣지도 보지도 못한 〈심청가〉였다는 것이다. 이 사실을 아는 사람만이 아는 것, 일반 청중은 그저 소리에 빨려 들어가기만 했다는 것이다. 놀라운 즉흥성이 아닐 수 없다. 〈심청가〉를 처음부터 그렇게 앉은 자리에서 새로 만들어 부르다시피 한다는 것은, 도저히 상상할 수 없는 것이었다고 한다. 그래서 과연 명창이구나 하는 생각이 들었다고, 공기남은 술회했다.", 이기우, 「명창론」, 강한영 외, 『판소리』, 사단법인 전북애향운동본부, 1988, 346쪽.

51 〈이선유 흥보가〉에 "흥보난 밥을 만이 먹고 설사가 나난대 똥군역을 해남 관머리 근방으로 틀고 광주산성 줄불 나가듯 하니 질 가던 행인더리 황룡 올라간다고 절을 쑤벅쑤벅하넌구나", 〈김연수 흥보가〉에 "이럴 지음에 흥보가 설사를 허는듸 궁둥이를 부비적부비적 꽉 틀어 노니 누런 똥줄기가 무지개 살같이 운봉 팔영재 넘에까지 어떻게 뻗쳐났는지 지나가는 행인들이 보고는 황룡 올라간다고 모다 늘어서서 절을 꾸벅꾸벅허든 것이었다"가 있다.

소리판의 조화라고 할 수 있다. 어쨌든 박동진 명창의 소리판에 모인 사람들은 모두 즐거워한다. 소리를 아는 사람들은 그의 소리를 즐기고, 소리를 잘 모르는 사람들도 그의 아니리를 즐길 수 있기 때문이다.

다음은 박동진 명창이 1996년 12월 26일 남원KBS에서 주최한 '효 국악 큰잔치'에 왔을 때 즉석에서 짜 부른 것이다. 그가 소리판에서 현장성과 즉흥성에 얼마나 뛰어났던가를 여실히 보여주고 있다. 당시 고수는 주봉신(1934~2016)이다.

(중모리) 오늘 아침 차를 타구서 서울역을 아홉 시 삼십오 분에 출발허여 새마을인가 흔마을인가 그 잡것을 타고 오는디 특실을 뽑아서 왔더니라. 오니께 차 안에서 꼬마들이 얼마나 떠드는지 잠 한숨 못 자구서 내가 여기까지 오니께, 방송국에서 차를 갖구 나왔는디, 차가 그냥 **차가** 아니구 여덟 명인가 아홉 명인가 타는 그 차더라. 내가 네놈이 왔는가 눈구녁이 빠지도록 기다려도 오지 않고, 겨우 들려 방송국 국장하고 인사하구 여기를 들어오니 배야지가 고파노니, 나만 밥을 쳐먹는디, 꼭 영락없이 돼야지 밥 먹듯이 서서 먹다가, 나를 보고 "선생님 진지 잡수세요." 허는데, 내가 그 밥 먹겠냐 이 쎄려 죽일 놈아. 늙은 놈이 그 밥을 물도 없이 어찌 먹겠느냐만 너는 그마만큼 인정이 없는 놈이고 내가 여기 여럿 중 있는 데서 같이 있어노니, 너가 와서 다만 우유래도 **사**갖구 와 가지구, "선생님 나이 많이 쳐먹었으니 이거나 자시오." 허 **고**주는 것이 아니라, 못 본 척허고 염병을 하고 다니더라 말여. 이 속을 누가 알 것이며 팔십이 넘어서 소리한다고 다니는디, 내가 여기를 와서 보니, 방송국에서 어떤 사람이 "점심 자시러 갑시다" 이런 사람 한

놈 없고, (무대 옆에 있는 피디를 가리키며) 저 씨벌 놈 저놈도 그려. 허허, 욕 잘 허기로 소문난 놈이 내 욕이나 실컷 할라고 왔다 이 녀석아. 그런 줄 알고 북을 쳐라. 그래서 내가 오늘 하소연을 여러분께 하는디, 옛날에 말을 하면 남원에 소리를 가서 와서 보면은 삼 일 간 잘 멕이고 이제 기운이 돌 만하면, "소리를 좀 해보것습니다." 허면, 그때사 대갓 놀음이 시작되어 소리를 하게 되는디, 참으로 아침도 안 먹고 내가 왔더니, 아까 네가 호박죽인가 땅콩죽인가 하는 거 요만치 먹고 나왔다 이놈아, 그런 줄 알고 북을 쳐라. 이렇게 소리하는 사람 늙은 놈의 사정을 모르오니, 언제든지 즈이는 안 늙는가. 다 늙는디, 안 늙을 수가 없어.[52]

사설의 내용으로 보아 박동진 명창이 까닭 없이 몽니를 부렸을 리는 없다. 방송국에서 노명창을 초청해 놓고 소홀히 대접했으니 속이 몹시 상했던 것이다. 그러니 입담이 세기로 유명한 그로서는 그냥 지나칠 수 없었을 것이다. 서운함을 에둘러 표현하는 것이 아니라 욕을 섞어가며 직설적으로 드러내었다. 물론 다소 과장한 것이겠지만 그럴 만한 의도가 따로 있었던 것이 분명하다.

노인들을 위로하기 위해 열린 소리판이므로 그곳에는 노인들로 가득 찼을 것이다. 예나 지금이나 노인들은 젊은이들에게는 말할 것도 없고, 심지어 자식들한테도 홀대받기 십상이다. 모진 것이 목숨이라고 죽지 못해 사는 것이 늙은이다. 그곳에 모인 노인들이라고 해서 다를 리 없다. 이런 그들에게는 적게나마 위로가 필요하다. 그래서 어든이 넘은 늙은이가 먼 길을 힘들게 오느라 욕봤다는 사실부터

---

52 김기형, 「판소리 명창 박동진의 예술세계와 현대 판소리사적 위치」, 『어문논집』 37, 안암어문학회, 1998, 4-5쪽.

내세웠다. 무대에 선 노명창이 자신을 '늙은 놈'이라고 하는 순간부터 객석의 '늙은 청중들'은 그와 한 몸이 되어 공감의 폭이 커지게 된다. 그런 후 자신을 푸대접한 방송국의 젊은이들을 싸잡아 '쎄려 죽일 놈'들이라고 호통치고 있다. 그들만을 향한 질타가 아니라 노인을 업신여기는 '모든 젊은 놈들'을 향한 대갈일성인 것이다.

고수에게도 불똥이 튀었다. "참으로 아침도 안 먹고 내가 왔더니, 아까 네가 호박죽인가 땅콩죽인가 하는 거 요만치 먹고 나왔다 이놈아, 그런 줄 알고 북을 쳐라."며 불편한 심사를 드러냈다. 당시 주봉신은 전주에 살고 있었는데, 서울서 내려오는 노명창을 남원에서 뵈었고, 간식거리로 죽을 싸 왔던 것을 두고 한 말이다. "그런 줄 알고 북을 쳐라."를 두 번이나 한 것은 자신을 소홀하게 대접한 데 대한 서운한 감정을 강조한 것이다.

"이렇게 소리하는 사람 늙은 놈의 사정을 모르오니, 언제든지 즈이는 안 늙는가. 다 늙는디, 안 늙을 수가 없어."에 갖은 만고풍상을 겪으면서 쌓인 온갖 서운함과 서러움이 응축되어 있다. 젊은 날의 그 찬란했던 빛깔과 무늬는 간곳없고, 그 자리에 찌든 얼룩만 남아 있다. 그것이 인생이다. 늙는 것보다 서러운 것이 없다. 노인들이 감당하기 어려운 것은 병들고, 가난하고, 무시당하고, 외로운 것이다. 또한 무슨 말이라도 할 양이면 '또 잔소리한다'며 말문을 막으며, 말조차 빼앗아 버린다. 그 외에도 마음 한구석에 자리 잡고 있는 그늘 속에는 한, 걱정, 괄시, 괘씸, 냉대, 눈물, 단념, 멸시, 못남, 미움, 분함, 불만, 불신, 불안, 설움, 실망, 오기, 우울, 자조, 자탄, 자학, 좌절, 증오, 초조, 푸념, 한탄, 후회, 갑갑함, 그리움, 기다림, 답답함, 두려움, 따돌림, 모멸감, 무기력, 무정함, 박탈감, 배신감, 부러움, 서글픔, 서러움, 서운함, 섭섭함, 쓸쓸함, 씁쓸함, 아쉬움, 자괴감, 착잡함, 처량함, 한심함, 허망함 등이 늘그막에 밀물지듯 밀려들어 범벅이 된다. 그렇지만 노인네들은 어디 내놓고 속 시원히 하소연할 데도 없어, 그저 속만 끓일 도리밖에 없다. 박동진 명창은 한바탕 욕을 통해 자신의 섭섭함을 털고, 노인들의 온갖 서러움을 위로하며 가슴속의 응어리를 풀어주고 있는 것이다. '과부 설움은 과부가 안다'는 말이 있다. 청중들은 같은 처지의 노명창이, 평소 자신들이 하고 싶었지만 그럴 수 없었던 말과 욕을 공개적인 자리에서 대신해주니 통쾌하고 후련했을 것이다. 소리를 통한 위로와 치유인 것이다. 박동진 명창의 순발력이 돋보이는 것이고, 이 또한 연행의 한 문법이라고 할 수 있다.

2) 신명 나는 소리판의 웃는 즐거움

박동진 명창이 벌이는 소리판에는 어김없이 사람들이 모여들어 성황을 이루었다. 그 이유가 무엇일까? 박동진의 소리판이 즐겁기 때문이다. 바꾸어 말하면 박동진 명창은 소리판에 모인 청중들을 신명 나게 하고 즐기게 해주기 때문이다.

청중들은 소리판에서 울기도 하고 웃기도 한다. 판소리에 밝았던 신재효(1812~1884)가 〈광대가〉에서 "좌상의 풍유호걸 귀경ᄒᄂᆞᆫ 노쇼남녀 울게 ᄒᆞ고 웃게 ᄒᄂᆞᆫ 이 귀성 이 밉시가 엇지 아니 어려우며"[53]라고 했듯이, 명창이라면 모름지기 청중들을 울게 하고 웃게 할 수 있어야 한다. 그러나 판소리에서의 울음과 웃음은 대등한 것이 아

---

53 강한영 교주, 『신재효판소리사설집(전)』, 민중서관, 1974, 669쪽.

니다. 소리꾼은 울리다가도 돌아서서 이내 웃겨야 한다. 슬픔을 웃음으로 위로하는 것이다. '웃음으로 눈물 닦기'[54]라고 할 수 있다. 그러니 판소리에서는 울음보다는 웃음에 무게 중심이 놓여있다고 할 수 있다. 웃음 또한 다양한 얼굴을 하고 있다. 그저 웃자고 하는 즐거운 웃음도 있고, 가시가 숨어 있어 씁쓸한 웃음도 있으며, 비수(匕首)와 같이 시퍼런 빛을 띠고 있어 가슴을 서늘케 하는 차가운 웃음도 있다.

박동진 명창은 청중을 웃기는 재주가 탁월하다. 다음은 그가 소리판에서 웃음을 얼마나 중요하게 여기고 있는지 잘 보여준다.

> 나는 명창보다 광대라는 말을 더 좋아한다. 사실 판소리를 집대성한 신재효 선생도 명창의 덕목을 정리한 단가를 〈광대가〉라고 했다. 좌중을 웃기고 울리는 광대야말로 소리꾼이 갖춰야 할 기본자세이다.
>
> 판소리 무대에 서면 우선 관객을 웃기고 볼 일이다. 파안대소하면서 웃음보를 터뜨려야 비로소 마음을 열고 소리에 서서히 빠져들기 때문이다. 내가 '욕쟁이 명창'이라는 별명을 얻을 정도로 육두문자를 섞은 욕바가지를 늘어놓는 것도 그런 깊은 뜻에서 나온 것이다. 소리판에서 재미가 없으면 그걸로 끝장이다.[55]

박동진은 다른 소리꾼들이 듣기 싫어하는 '광대'란 말을 '명창'이란 말보다 더 좋아했다. 박동진 명창은 타고난 광대였고, 또한 평생을 그렇게 살았다. 그는 '광대는 판소리 무대에 서면 우선 관객을 웃

---

54 김대행, 『웃음으로 눈물 닦기』, 서울대학교출판부, 2005.
55 박동진, 「내 인생 소리에 묻고 (21)」, 『중앙일보』, 2000. 7. 24.

기고 볼 일이고, 소리판에서 재미가 없으면 그걸로 끝장'이라고 했다. 이것이 박동진 명창이 판소리를 바라보는 시각, 곧 판소리관이다. 그러니 박동진의 판소리는 재미있기 마련이고, 그것은 박동진 판소리가 가지고 있는 남다른 미덕이다. 또한 그것은 박동진의 소리판을 살아있게 하고, 청중을 내내 붙들고 있는 힘이요, 요체였던 것이다.

박동진 명창이 대구 수성아트홀에서 연행했던 흥보가의 박 타는 대목을 중심으로 그의 웃기기 전략[56]을 살펴보자. 〈인간문화재 박동진 판소리 대전집 흥보가(완창)〉(CD3)에 수록된 것과 유사하므로, 이를 논의의 자료로 삼는다.[57]

---

56 정병헌, 「판소리의 웃음과 웃기기 전략」, 김유정탄생100주년기념사업추진 위원회 편, 『한국의 웃음문화』, 소명출판, 2008.

57 이 대목은 대체로 '(아니리) 흥보가 집이 쓰러질까 염려되어 … 뱃속에서는 미꾸라지 소리가 쪼르록 쪼르르륵 나는디, (중모리) 흥보 울며 허는 말이, "아이고, 여보 마누라. 이 아니 좋은 땐가 … 어느 누구가 우리를 살리리.", (진양) 시르렁 실근 톱질이이로구나. 에이 - 여 - 여류 당기여라 톱질이야. 가난이야 가난이야 웬수놈으 가난이야. … 이 박을 어서 타서 박속일랑 지져 먹고 바가지는 부자집에 가 팔아다가 목숨 도생 살어납시다. 시르렁 시르렁 실근실그-으으으은 실르렁 시르렁 땡기여라 톱질이야. (휘모리) 실근실근 실근실근 쓱삭쓱삭 박이 차차 벌어진다. (아니리) 박을 다 타 놓응께 박이 쩍 벌어짐서, 웬 동자 한 쌍이 툭 뻴어진단 말이여. … "그래 내가 아무 별조 없는 흥본디 머들라고 자네들이 찾는가 잉." (중중모리) 저 동자 거동 봐라, 저 동자 거동 보소. … 가다가 동정용궁 전할 말씀이 있사오니 총총히 떠납니다. 홀연히 간 곳 없다. (아니리) 흥보가 가만히 들어봉께 약이 좋지만은 박통 속을 딱 들여다 봉께. … 두 양주가 서로 내기를 허고 쏟아자치는디 세산조시로 바짝 몰아놓고 쏟던 것이었다. (휘모리) 흥보 양주 좋아라고 돈과 쌀을 쏟아 낸다. … 일 년 삼백육십 일 꾸역꾸역 꾸역꾸역 나오는구나. (아니리) 어떻게 많이 쏟아자쳐 났던지 쌀이 수십만 석이요 돈이 수십만 냥이었다. … 흥보가 밥을 먹을 적 밥을 공기돌같이 뭉쳐 가꼬 홱 집어 던져서 두께비 파리 잡어먹듯 딸꼭딸꼭 잡어먹는디, (휘모리) 흥보가 좋아라고, 흥보가 좋아라고, 밥을 제쳐가꼬 … 아이고 배불러 나 죽겠네. (아니리) 밥을 어떻게 먹어났든지 뱃가죽이 착 늘어져 가지

모든 판소리가 그러하듯이 흥보가에도 눈물과 웃음, 웃음과 눈물
이 범벅되어 있다. 추석을 앞두고 흥보 부부는 원수 같은 가난을 원
망하며 박을 타서 박속은 끓여 먹고 바가지는 팔아다가 목숨 도생 살
아나자고 한다. 그런데 천만뜻밖에 첫째 박에서는 청의동자가 나타
나 온갖 약병을 주고, 둘째 박에서는 쌀과 돈이 한정 없이 쏟아진다.
그야말로 '대박'이 터진 것이다.

(아니리) … 두 양주가 서로 내기를 허고 쏟아자치는디 세산조시로
바짝 몰아놓고 쏟던 것이었다.

(휘모리) 흥보 양주 좋아라고 돈과 쌀을 쏟아낸다. 톡톡 틀고 돌아섰
다 돌아보면 돈도 도로 하나 가뜩 쌀도 하나 도로 가뜩. 먼눈팔고 돌아
섰다 돌아보면 돈도 도로 하나 가뜩 쌀도 도로 하나 가뜩. "아이고, 좋
아 죽겠네." 비어 내고 쏟아내고 비어 내고 쏟아내고 도로 닫고 열고 보
면 돈도 도로 하나 가뜩 쌀도 도로 하나 가뜩. 아이고 이게 웬일이냐. 일
년 삼백육십 일 꾸역꾸역 꾸역꾸역 나오는구나.

(아니리) 어떻게 많이 쏟아자쳐 났던지 쌀이 수십만 석이요 돈이 수
십만 냥이었다. 흥보가 책상다리를 촥 하더니만, "오냐, 인저 나도 밥

고 그냥, 몸둥이 대구빡 쏵 다 싸고, … 흥보 마누라가 가만히 생각하니 과부될
생각이 나는구나. (중중모리) 흥보 마누라가 기가 멕혀, … 어서 나와 곡하고
머리 풀어라. (아니리) 그때 흥보 맏자식이 서른여섯인디, … 흥보는 돈궤를
들고 놀아 자치는디 돈타령을 하던 것이었다. (중모리) 돈 좋다 돈 좋아, 돈 좋
으네 돈 좋아. … 나도 오늘부터 기민을 헐란다. 얼씨구야 절씨구야. 얼씨 헐란
다. 얼씨구야 절씨구야. 얼씨구 절씨구 지화자 좋네, 얼씨구야 절씨구야. 이 음
반은 박동진 명창의 〈흥보가〉 전판(약 312분)을 CD 5장에 담았다. 〈인간문화
재 박동진 판소리 대전집 흥보가(완창)〉, 소리 박동진, 북 주봉신, 녹음 1988.
6. 14. 1989년 SKC 제작(CD1–67:53, CD2–55:09, CD3–61:29, CD4–63:21, CD5–
63:52).

원수 한 번 갚어 볼란다. 우리 집 식구가 몇이냐." 자식놈들이 기집애 한나 없이 꼭 머슴애만 중국놈들 낳득이 퍼 낳아가꼬, 스물여덟 명이나 낳았던 것이었다. "근디, 우리 내외 둘하고 합항께 서른 명 아닌가. 우리가 여러 날 굶었네. 뱃속에 밥 들어간 제가 수십 년이여. 맨 그저 뒹계 겨죽으로만 살었는디 우리 밥 원수 한 번 갚어 보세. 우리가 서른 명잉께 한 앞에 쌀 한 섬씩 못 먹겄는가. 급살 맞을 쌀 서른 섬 밥혀." 흥보 마누라 기가 멕혀, "여보 영감, 쌀 서른 섬을 어따 밥하며, 그 밥을 다 어쩔라고 그러시오." "허허, 남편의 말이라면 암말도 않고 하는 것이여." 흥보 마누라도 어쩔 줄 모르고 이웃 여러 동네로 다니면서 가마솥을 얻어다가, 강변에다가 주욱 걸어 자쳐 놓고 불을 때서 밥을 해 자쳐 놨는디, 큰 집채 덩이만 하단 말이여. 그런디, 야들이 밥을 보더니 그냥 횟간이 뒤집어져서, 요놈들이 먹으란 말도 안 했는디 자식들이 달려들어 밥을 쳐먹는디, 이놈의 밥을 한군데서 파먹어 들어강께 밥이 덜컥 덜컥 무너지는디, 흥보가 가만히 보더니만, "저런 빌어 쳐먹도 못할 놈들. 저 지경으로 밥을 쳐먹응께 즈그들 복이 일어날 수 있겄느냐. 밥 먹는 디도 법이 있고, 장단이 있고, 거기에 멋이 있는 것인디. 응, 내가 밥 먹는 시범을 한번 뵐 텡께 느그들 요렇게 배워서 먹으라." 흥보가 밥을 먹을 적 밥을 공기돌같이 뭉쳐 가꼬 홱 집어 던져서 두께비 파리 잡아 먹듯 딸꼭딸꼭 잡아먹는디,

(휘모리) 흥보가 좋아라고, 흥보가 좋아라고, 밥을 제쳐가꼬 던져놓고 받아먹고, 던져놓고 받아먹고, 던져놓고 받아먹고, 딘저놓고 받아먹고, 차차 배가 부르네. 낭중에는 배가 부르니께 손도 늘어지는디, 던져놓고 받아먹고, 던져놓고 받아먹고, 던져놓고 받아먹고, 던-져-놓-고 받-아-먹-고-. 아이고 배불러 나 죽겄네.

(아니리) 밥을 어떻게 먹어놨든지 뱃가죽이 착 늘어져 가지고 그냥, 몸둥이 대구빡 쏵 다 싸고, 흥보 마누라는 배꼽이 요강 꼭지 나오드기 뾱 뿔개졌고, 아 흥보가 밥을 먹고 숨을 쉬는디, "하이고, 아이고, 하이고, 나 죽겠네. 배가 불른 것이 배가 고픈 것만 못허네. 부자들은 어떻기 사는고, 나는 한 끼를 먹어도 죽겠는디, 하루 세 끼를 먹고 부자들은 어떻게 사냐 말이여." 흥보 마누라가 가만히 보니, 흥보가 밥을 많이 먹고 배가 큰 바우덩이만 해가꼬 마당에 가 있는디, 흥보 마누라가 가만히 생각하니 과부 될 생각이 나는구나.[58]

흥보 부부가 내기하듯이 정신없이 쌀과 돈을 부어내는, 흥보가 중에서 가장 흥을 돋우는 대목이다.[59] 진드기처럼 달라붙어 몸서리치게 했던 흥보네의 지독한 가난은 휘모리장단을 타고 흔적 없이 물러간다. 휘모리는 자진모리와 함께 판소리 장단 중에서 빠른 것으로 생성과 비약을 가져오는 장단이다. 거친 호흡을 내뿜으며 한바탕 회오리바람을 일으키고 나면 어느새 새로운 세계가 창조되어 있다. 밥을 뭉쳐 던져놓고 두꺼비 파리 잡아먹듯 딸꼭딸꼭 잡아먹는 흥보의 밥 먹는 시범이 우습고, 밥 원수를 갚는답시고 뱃가죽이 늘어질 정도로 먹어 숨길조차 가쁜 모습도 웃긴다. 배부른 것이 배고픈 것만 못하고, 한 끼를 먹어도 죽을 판인데 부자들은 하루 세 끼를 먹고 어떻게 사느냐는 엉뚱한 푸념은 더욱 우습다. 그러나 그 웃음의 뒷모습이 여간 씁쓸하지 않으니 마냥 웃을 일도 아니다. 그것은 부정한 방법으로

---

58 「인간문화재 박동진 판소리 대전집 흥보가(완창) 사설집」(SKC, 1989).
59 이 대목은 김연수, 박봉술, 강도근의 흥보가에도 비슷한 것이 있으므로 유독 박동진 흥보가만의 특징이라고 할 수 없다. 그러나 사설의 구체적인 내용이나 소리판에서의 연행 모습은 박동진 판소리의 특징으로 보아도 무방할 것이다.

재물을 모은 자들에 대한 비판이요, 물욕이 넘치는 세상을 풍자하는 쓰디쓴 웃음이다. 다른 한편으로는 민초들이 겪었던, 찢어지게 가난했던 지난날의 아픔을 위로하는 웃음이다. 판소리의 웃음은 이처럼 천의 얼굴을 하고 있다.[60]

그렇다면 박동진 명창은 여러 대목 중에서 왜 박타령을 불렀을까? 판소리에 익숙하지 않은 청중들을 위한 배려였을 터이다. 당시, 지금도 마찬가지지만, 대구에는 판소리의 맛을 알고 즐길 줄 아는 애호가들이 별로 없었다. 그날 소리판에 모인 사람들은 그다지 많지 않았고, 그나마 박동진 명창의 소리를 들으러 온 '청중'보다는 '제비 몰려 나가는 소리꾼'으로 널리 알려진 스타(인간문화재)를 구경하러 온 '관중'이 훨씬 많았다. 이런 판에서 어떤 대목을 선택하는 것이 옳은가는 자명하다. 판소리에 대한 이해가 부족한 사람도 중중머리 이상의 빠른 장단으로 부르는 대목은 장단이 주는 흥겨움만으로도 신명이 날 수 있다. 송만갑이 "극창가는 주단포목상과 같아서 비단을 달라는 이에게는 비단을 주고 무명을 달라는 이에게는 무명을 주어야 한다."[61]고 했듯이, 청중이 원하는 대목을 불러야 소리판에서 살아남을 수 있다.

다음은 영조 시대에 이름을 날린 추월이란 기생이 늘그막에 회상한 것으로, 젊은 시절에 어떤 대감 집에 불려가서 겪었던 일이다.

"너희들, 전에 이 판서 댁 연회에선 노래며 풍악이 시원해서 썩 들을

60 김석배, 「판소리가 빚어내는 아름다움 (둘)」, 『대구문화』, 1997년 11월호, 대구문화예술회관, 19-20쪽.
61 정노식, 『조선창극사』, 조선일보사출판부, 1940, 184쪽.

만하더구나. 한데 오늘은 소리가 낮고 가는 데다 늘어져서 싫어하는 기색이 역력하구나. 흥취라고는 도무지 없다. 내가 음률을 모른다고 해서 이러는 것이냐?"

추월은 영리한 사람이다. 얼른 눈치를 채고서 발명을 했다.

"연회가 이제 시작된 참이라서 소리가 우연히 낮게 나왔사옵니다. 죄송하오이다. 다시 한번 기회를 주옵시면 들보를 뒤흔들고 구름을 뚫는 소리가 울려 나도록 해 보겠습니다."

대감은 특별히 너그럽게 용서를 베풀어 다시 부르도록 했다. 기생과 악사들은 서로 눈짓을 하고 각자 제자리로 돌아가서 대뜸 우조 잡사(雜詞)를 불렀다. 고음으로 크게 소리쳐 어지럽게 불러대고 잡되게 화답하니 도무지 음악이라 할 것이 없었다. 대감은 대단히 흥겨워서 부채로 책상을 두드리며 부르짖는 것이었다.

"좋다, 좋아! 노래란 마땅히 이래야 될 게 아니냐."[62]

추월과 함께 대감 댁에 갔던 이들은 가객 이세춘, 금객 김철석, 기생 계섬·매월 등으로, 이들은 심용(沈鏞)의 후원 아래 활동하는 당대 최고의 예인들이다. 그러나 이들은 가악(歌樂)의 정수를 이해하지 못하는 대감이 원하는 대로 잡사(雜詞)를 높이 불러 그를 기쁘게 할 수밖에 없었던 것이다.

---

62 이우성·임형택 편역, 『이조한문단편집 2』, 창비, 2018, 297쪽. "汝輩向日李宅之筵 絃歌寥亮 可聽 今則低微而緩細 顯有厭色 一無興趣 以吾之不解音律而然歟 秋月慧黠 已曉其矣 謝曰初筵之聲 偶爾低微 知罪知罪 更若試之 戛雲繞樑之聲 頃刻頓生矣 大監特賜寬恕使之更唱之 妓客相與瞬之入座 直發羽調雜詞 大聲唱高 胡叫亂嚷 全無曲調大監大樂之 以扇拍案曰 善哉善哉 歌不當若是耶.", 이우성·임형택 편역, 『이조한문단편집 4(원문)』, 창비, 2018, 302쪽.

155

박동진 명창은 청중들이 원하는 대목이 무엇인지 간파하는 능력
이 뛰어났다.

> 그래서 가끔 옛날식으로 '어느 소리할까요.', '뭐 하면 좋겠소.' 하고
> 물어본다. 요즘에는 소리꾼이 자기 목소리 자랑할 요량으로 프로그램
> 으로 곡목을 미리 알리고 무대에 나오지만 옛날 명창들은 즉석 신청곡
> 을 받았다. 판소리도 듣고 싶어야 들리는 법이다. 각종 기업 연수나 특
> 강에 초청을 받아 가서 신청곡을 받으면 주로 〈변강쇠타령〉을 불러 달
> 란다. 두 눈이 번쩍 뜨이고 졸음이 달아날 만한 화끈한 내용이라 그랬
> 나 보다.[63]

박동진은 판소리 감식안이 뛰어나지 않은 대구의 청중들을 즐겁
게 할 수 있는 대목이 어떤 것이라야 하는지 훤히 꿰고 있었다. 그래
서 박타령을 선택한 것이다. 청중들이 원하고 즐길 수 있는 대목을
즉석에서 택할 수 있는 능력 또한 큰 재주가 아닐 수 없다.

3) 욕과 재담이 주는 묘미

박동진 명창은 욕 잘하고 재담 잘하는 소리꾼으로 소문나 있다.[64]

---

63 박동진, 「내 인생 소리에 묻고 (21)」, 『중앙일보』, 2000. 7. 24.
64 "예나 지금이나 나는 욕을 즐겨 하는 편이다. 가끔 욕을 할 때도 정말 화가 나
　거나 기분이 나빠서 그러는 것이 아니다. 내가 하는 욕이란 그저 말의 일부분
　일 뿐이다. 특히 나는 많고 많은 욕 중에서도 '○○한 놈' 'x 같다' 등의 말을 즐
　겨 쓰는 편이다. 이는 국립창극단 단장 시절에도 마찬가지였다. 내 욕을 처음
　듣는 사람들은 놀라기도 하고 당황하기도 하지만 곧 그 욕에 특별한 악의가
　없다는 걸 알아채고는 긴장을 푸는 듯했다. 그러나 젊은 여자 단원들은 내가

남원의 '효 국악 큰잔치'에서 보았듯이 그는 못마땅한 상대나 세상을 향해 거침없이 욕을 퍼붓는다. 그러나 대부분은 청중들을 웃기기 위해 고수에게 한바탕 욕을 하는 것이다.[65]

나도 선배 명창들이 그랬던 것처럼 무대에서 고수에게 욕을 한다. 그래서 고수들이 나를 보면 '호랑이 만났다'고 한다. 나보다 나이가 많아도 고수는 고수다. "이 쌔려 죽일 놈아, 북 좀 잘 처라." "그렇지!" "눈구녁을 쑥 뺄 놈이 대답은 잘허는 구나." "소리만 잘 혀봐, 북이 저절로 쳐지지." 그러면 객석에서 웃음보가 터진다. 그게 판소리하는 재미가 아니겠는가. 하지만 요즘에는 여성 명창들이 많아져서 무대에서 고수와 욕지거리를 주고받는 일은 좀처럼 볼 수 없다.[66]

"야 이놈 고수야. 나는 팔십 평생 소리를 허느라 목구녕에 피가 넘어오는디, 네놈은 평생 맥없이 북만 두들겨 패니 오뉴월 쇠 불알 늘어지

차마 입에 담기조차 힘든 욕을 아무렇지도 않게 하는 데 몹시 민망해 하고 불만을 토로하기도 했다. … 중략 … 내가 욕을 하는 것은 결코 이들이 미워서가 아니었다. 오히려 친밀감과 애정의 표현이었다. 그래서 나는 이렇게 말했다. '나는 원래 뒤에서 남의 말 하는 것을 싫어한다. 내가 욕을 하는 것도 다 그 때문이다. 세상에 대한 불만과 다른 사람 같으면 뒤에서 수군거릴 말들을 모두 욕에 담아서 내뱉는 것이니라.' 나는 이제까지 단 한 번도 그 사람이 없는 자리에서 남의 소리가 나쁘다느니 하는 흉을 본 적이 없다.", 박동진, 「내 인생 소리에 묻고 (18)」, 『중앙일보』, 2000. 7. 18.

65 "판소리 무대에 서면 우선 관객을 웃기고 볼 일이다. 파안대소하면서 웃음보를 터뜨려야 비로소 마음을 열고 소리에 서서히 빠져들기 때문이다. 내가 '욕쟁이 명창'이라는 별명을 얻을 정도로 육두문자를 섞은 욕바가지를 늘어놓는 것도 그런 깊은 뜻에서 나온 것이다. 소리판에서 재미가 없으면 그걸로 끝장이다.", 박동진, 「내 인생 소리에 묻고 (21)」, 『중앙일보』, 2000. 7. 24.

66 박동진, 「내 인생 소리에 묻고 (24)」, 『중앙일보』, 2000. 7. 27.

듯 팔자 한번 늘어졌구나. 워디 네놈은 북을 패고 나는 춘향가나 한바
탕 불러 볼이거나." 그러면 "아이구, 내가 발뒤꿈치에 감기가 걸려서
북을 칠랑가 모르것네." "오냐, 내 아들놈아." 하고 척척 받아넘겼다.[67]

　　박동진 명창은 여성 소리꾼이 많아져서 소리판에서 고수와 욕을
주고받는 재미가 사라진 것을 몹시 아쉬워하고 있다. 그는 욕을 소리
판에서 재미를 더하는 중요한 요소로 중시했던 것이다. 욕은 악의나
적의를 가지고 상대를 공격하거나 모욕 주는 것으로만 이루어져 있
지 않다. 자기 한탄, 자기 모멸, 자학하는 데도 욕이 흔히 사용된다.[68]
박동진 명창은 자기 자신에게도 스스럼없이 욕을 해댔다.

　　인생칠십고래희라고 나이를 이쯤 먹었으면 알아서 쭉 뻗어버려야
　　허는디, 소리를 헌답시고 껍적거리며 이 자리에 나왔습니다. 소리를
　　잘 헐라며는 요즘 시러베 발기를 헐 놈들의 말투로 우선은 콘디숑인가
　　허는 것이 좋아야 쓰는디, 소리란 것이 콘디숑만 좋아가지고는 안 되
　　고 정작은 입디숑이 좋아야 쓰는디. 처음에는 그냥저냥 해보겠지만 낭
　　중에는 제대로 소리가 나올라는가 모르겠습니다.[69]

67　박동진 명창과 명고수 김득수가 소리판에서 주고받으며 너스레를 떠는 장면
　　이다. 김득수(1917~1990)는 박동진이 김천과 경주의 권번에서 소리선생을
　　할 때 만나 50년 넘게 함께 지내온 단짝 친구이다. 박동진, 「내 인생 소리에 묻
　　고 (25)」, 『중앙일보』, 2000. 7. 28.
68　"욕은 '남을 무시하고 저주하는 모욕적인 저속한 표현뿐만 아니라 증오, 혐오,
　　억울한, 치벌, 자학 등 좋지 않은 감정의 다양한 발산으로 때로는 친근감을 느
　　끼게 하고, 해학과 풍자를 통하여 웃음을 자아내며, 잘못된 것을 꾸짖기도 하
　　는 모든 비규범적 표현'이라고 할 수 있다.", 강기수·이점식, 「욕(辱)의 교육
　　인간학적 기능」, 『석당논총』 50, 동아대학교 석당학술원, 2011, 544-545쪽.
69　박동진, 「내 인생 소리에 묻고 (23)」, 『중앙일보』, 2000. 7. 26.

일흔이 넘은, 죽을 나이에 소리하겠다고 껍적거리고 나온 자신을 상말과 욕으로 자조(自嘲), 자학(自虐)함으로써 청중들을 웃지 않을 수 없게 만든다. 또한 영어를 남발하는 젊은 세대를 '요즘 시러베 발기를 헐 놈'이라며 비판하고, 판소리는 입으로 하는 것이므로 컨디션만 좋아서는 안 되고 정작 입의 상태인 '입디숑'이 좋아야 한다며 말장난으로 익살을 떤다. 고수에게 욕을 하고, 자신에게도 욕하고 조롱하는 것은 모두 계획된 것이다. 무대에 등장한 소위 인간문화재라고 하는 명창이나 고수도 욕을 하고, 욕도 먹는, 더 이상 대단한 예술가도 아니고 '뭣'도 아닌, 청중들과 조금도 다를 바 없는 갑남을녀요 장삼이사가 된다. 소리꾼이 자신과 고수를 의도적으로 깎아내림으로써 청중들로 하여금 친밀감을 가지도록 하여 무대가 객석과 구분되지 않고 하나가 되게 한 것이다. 함께 즐기는 놀이판으로 만들기 위한 '깎아내리기 전략'이다. 청중들은 재미있고 신명이 날 때 추임새를 하고, 그럴 때 소리판은 생동하는 놀이판이 된다. 다음은 한 일간지에 실린 「욕설의 미학」이다.

흔히 말하는 '욕(辱)'은 '욕설(辱說)'의 준말이다. '욕'의 정의 중 '억눌린 자의 악다구니'라는 표현이 와닿는다. 욕의 그 불가피한 충동성이 이해되기 때문이다. 욕은 감정의 발산인 동시에 감정의 달램이고, 감정의 삭임이다. 어떤 학자는 '욕할 대상에 대해 마땅히 욕하지 않으면 세상은 언제나 욕다울 것'이라고 했다. 욕먹어 싼 인간이 있고, 욕먹어 마땅한 세상이 있기에 욕할 경우가 생기는 것이라는 주장이다. …중략… 분노를 욕으로 발산하는 것은 삶의 한 과정으로 필요하다는 게 학자들의 주장이다. 마치 태풍이 바닷물을 맑게 만드는 이치와 같다는

것. 분노가 속기(俗氣)와 잡기(雜氣)를 불태워 정신을 정화한다는 이론이다.[70]

하지만 욕은 자칫 잘못하면 상대를 제대로 공격하지 못한 채 입만 더러워져 누워 침 뱉는 꼴이 되기 쉽다. 그러니 욕에도 나름대로 전술과 전략이 필요하다. 박동진 명창이 하는 욕이 상스럽게 들리지 않고 유머나 위트로 들리는 것은 욕하는 전술과 전략이 그만큼 뛰어났기 때문이다. 욕도 아무나 할 수 있는 것이 아니다. 욕 재주는 다른 소리꾼들이 흉내 내기 어려운 박동진 명창 특유의 능력이 아닐 수 없다. 이것은 한때 '욕쟁이 할매 식당' 신드롬을 연상케 한다. 욕쟁이 할매 식당을 기꺼이 찾는 이유는 그 집의 음식 맛 때문인 것은 두말할 필요 없다. 그런데 때로는 욕먹는 것이 즐거워서 찾아가고, 다른 사람이 욕먹는 것이 재미 있어 찾아가기도 한다. 이처럼 욕은 잘만 하면 웃음을 자아내고 즐거움을 주니 정말 묘한 매력이 있다.[71]

박동진 명창은 때와 장소를 가리지 않고 함부로 욕하는 것이 아니다. 적절하고 효과적으로 필요한 만큼만 한다. 심지어 박동진 명창의 욕을 듣는 재미로 그의 소리판에 오는 청중도 있다[72]고 하니 욕으

---

70 「자유성」, 『영남일보』, 2021. 8. 11.
71 김열규, 『욕, 그 카타르시스의 미학』, 사계절, 1997, 259-260쪽.
72 "한번은 박동진의 제자 김양숙 씨가 공연 직전, 박동진에게 오늘은 제발 욕 좀 하시지 말고, 점잖게 공연하시라고 당부드렸다고 한다. 그래서인지, 박동진이 점잖게 공연을 해나가고 있었다. 그랬더니, 뜻밖에 관중석에서 '어, 노인네. 오늘은 욕 안 해? 욕! 욕 좀 들으러 왔더니.' 하며, 오히려 관중 쪽에서 욕을 듣고 싶다고 하였다고 한다. 이에, 박동진은 그 관객의 그 말을 듣자마자, 곧바로 맞받아 욕설로 대응하였고, 이에 관중들은 모두 포복절도하며, 웃음바다가 되었다고 한다.", 강윤정, 「박동진 판소리 창본 연구」, 충북대학교 박사학위논문, 2004, 123-124쪽.

로도 가히 입신의 경지에 오른 것이다. 박동진 명창이, 전두환 대통령 퇴임(1988년 2월 24일) 무렵에 열린 전경련 만찬에서, 그 자리에 참석한 대통령을 욕한 일화는 단연 압권이다. 백발가를 부르고 나자, 사회자(김동건)가 귓속말로 멍석을 깐 김에 대통령 욕이나 한바탕 해보라고 해서 벌어진 일이라고 한다.

> "아따 니미럴 것. 김동건인가 김동태인가 허는 저 승악헌 놈이 시방 나에게 와서 허는 말이, 지 늙은 못 하문서 늙은 나에게 허는 말이 대통령 욕설이나 한바탕 해보라는 겨. 언감생심 뉘 앞이라고, 게다가 즘잖은 체면에 대놓고 욕설은 못 허것고⋯. <u>에라 지긋지긋하던 칠 년 세월도 어느덧 다 지나가고 무시무시헌 우리 대통령도 물러나 앉게 생겼다니, 고것 참 섭섭하고 시원허구나!</u>"
>
> 좌중에 폭소가 터져 나왔다. 내친김에 즉흥 단가를 지어 불렀다.
>
> "육실허게 말 안 들어 처먹는 백성들을 다스리느라 우리 대통령 그동안 고생 많이 하였소. 우리 대통령 어디 앉아 계시오. <u>저기 앉은 저 대머리 훌렁 벳겨진 놈! 아직도 정신을 못 차리고 수상쩍은 구린내를 솔솔 풍겨대는 저놈이 바로 우리 대통령일세.</u>"
>
> 찬물을 끼얹은 듯 장내가 조용해졌다. 나도 순간 등골이 오싹했다.[73]

먼저 사회자에게 욕을 한 것은 욕하기의 한 전략이다. 욕할 대상이 버거운 상대면, 우선 자기와 가깝거나 만만해서 욕해도 별 탈 없을 대상을 끌어들여 욕하는 척한 뒤 진짜 욕할 대상에게 욕을 한다. 그

---

[73] 박동진, 「내 인생 소리에 묻고 (23)」, 『중앙일보』, 2000. 7. 26.

러면 욕하는 목적은 이루어졌지만, 욕먹는 사람이 느끼는 적의는 다소 약화된다. '물타기 전략'이라고 할 수 있다. 욕의 대상인 대통령을 앞에 두고, "에라 지긋지긋하던 칠 년 세월도 어느덧 다 지나가고 무시무시헌 우리 대통령도 물러나 앉게 생겼다니, 고것 참 섭섭하고 시원허구나!"라고 했으니 보통 배짱이 아니다. 장내에 폭소가 터질 만하다. 거기까지는 좋았는데, "저기 앉은 저 대머리 훌렁 벗겨진 놈! 아직도 정신을 못 차리고 수상쩍은 구린내를 솔솔 풍겨대는 저놈이 바로 우리 대통령일세."라고 했으니 상황이 심각하게 되어버렸다. '저 대머리 훌렁 벗겨진 놈'이라고 신체적 특징을 들어 조롱하고, 일국의 대통령을 '놈'으로 비하했으니 도가 지나쳤다. 신체적 특징이나 결함을 들어 하는 욕설이나 놀림은 치졸하고 저질이지만, 상대방에게는 치명적인 공격이어서 화를 참을 수 없게 한다.[74] 더구나 "아직도 정신을 못 차리고 수상쩍은 구린내를 솔솔 풍겨대는 저놈"이라고 당시의 상황을 비판하고 있으니, 넘어서는 안 되는 선을 넘어버린 것이다. 그러니 장내가 찬물을 끼얹은 듯 조용해질 수밖에 없고, '무시무시헌 대통령'을 노골적으로 욕한 노명창도 순간 등골이 오싹하지 않을 수 없었을 것이다. 소리(단가) 형식을 빌려서 한 비판이라서 그리된 것인지는 모르겠으나, 어쨌든 다행히 한바탕 웃음판으로 끝났다. 이러한 일은 웃음만이 할 수 있는 것이요, 웃음이 가진 독특한

---

74 엠마 번 박사는 "우리는 사회적 합의로 욕설이 무엇인지 정합니다. 이 같은 합의는 특정 문화에서 금기시되는 것과도 관련이 있습니다. 신체 일부, 동물의 이름, 질병의 이름, 특정 신체 기능 등 문화권마다 각기 다른 요소에 불쾌감을 느끼니까요.", "욕을 듣는 상대를 흥분하게 하려면 그 문화권이 금기시하는 걸 욕의 소재로 삼으면 됩니다. 여러분이 특정 상황에서 절대 하지 않을 말들 말이죠. 예를 들어, 면접이나 상견례 때 결코 하지 않을 말들이 있잖아요."라고 했다(https://www.bbc.com/korean/features-57058168).

힘이다.

박동진 명창의 재담은 전방위적이어서 소리판에 관련된 것이라면 무엇이든 그 대상이 될 수 있다. 더러는 다음과 같이 객석에 있는 청중을 재담의 대상에 올리기도 한다.

> 아, 그런디 요새 여자들은 말여, 아, 여기 구경 온 젊은 양반들 말고, 귀경 안 온 사람이 그렇다 그 말여. 아, 쓰까돈가 원갓가튼가 그놈의 서양 치마를 딱 입었거던. 서양 치마를 입고, 그 속치마 어트케 기냥 걸레 같은 거 하나 입고, 요렇게 하고서는, 요기다가 꼭 요맨헌 것, 쬐깐헌 것 딱 둘르고는 앉아서, 처음에는 좋게 요렇게 하고 앉아서, 한 십 분만 앉았으면 요짝 다리가 전린깨, 요놈이 차차 내리와서 요렇게 된다 그 말여. 그라면 저기 앉은 사람이 여기 다 보여. 하하하. 아, 여기 오신 우리 학생 여러분들은 안 그렇고, 안 온 사람이 그렇다 그 말여.[75]

학생들이 많이 참석한 소리판에 미니스커트를 입은 여학생이 있었던 모양이다. 우리 것을 소중하게 여기는 박동진 명창으로서는 눈꼴사나워서 도저히 그냥 지나칠 수 없었을 것이다. 그래서 미니스커트를 입고 다니는 여학생 모습을 익살스럽게 흉내 내고, 스커트를 일부러 '쓰까또'라고 비틀고, '원갓가트'라고 말장난하며 노골적으로 조롱하고, "그라면 저기 앉은 사람이 여기 다 보여. 하하하." 하며 성적 수치심마저 들게 한다. 그러면서 '여기 온 학생들은 그럴 리 없다'고 부정했지만, 욕먹는 당사자는 물론 청중들도 그 의도가 무엇인지

---

75 최동현, 「귀명창이 사라진 시대의 명창—박동진론」, 『판소리 명창과 고수 연구』, 신아출판사, 1997, 204쪽.

즉 우회적인 비판이라는 사실을 쉽게 눈치챈다. 또한 부정의 반복을 통해 비판의 강도를 높이고 있다.[76]

다음은 박동진 명창이 흥보가를 할 때 재담을 하는 장면이다.

(아니리) (중략) 흥보가 박을 따러 올라가는디, 도리가 없지. (고수; 박을 따야제, 인제.) 아하하하. 요것이 지가 들을라고. 허허 나 참. 어, 어쩌꺼, 여? 막 헤뿌리까, 어짜꼬? (박수 소리) 허허 여기 여선생님들은 들으시고 무단히 욕일랑 마시오, 이. 급살맞을 놈 욕한다면서 맨 더런 소리만 한다고. 그 소리가 안 끼면은 재미가 없습니다. 남녀가 없구, 머시매들만 놀으먼 아무 소용 없어. 여자들도 끼어야 거 서로 좋거든요. 헤, 그런디, 아, 흥부가 박을 따러 올라갈라니깨 술을 먹어놔서, 요 다리가 그렇잖애도 굶어갖고 지금 기운 없는디, 이 다리가 떨린단 말여. 아 마누라보고, "내 요 등 디디고, 요렇게 옳게 디디고, 내가 꼿슬 텡깨 자네가 요기 올라서서 박을 다소." "그럽시다." 자식들도 많지만은, 이 자식들은 굶어노니깨, 아무 말을 못 하고, 부모래도 굶겨노니 무슨 할 말이 있어도 못 하고, 자식들 교육을 하나도 못 시키고, 천하 후리 개상 놈으로 모도 생겼것다. 그런디 흥보 마누라가 여그다가 받침대를 놓고 바듯이 올라서서, 발발발발 떨고 박 한 총을 요만헌 때끼칼로 딱 끊어 갖고 애들이 받고 그러는디, 한 통 따고, 두 통채 따고, 세 통채 땄단 말여. 땄넌디, 흥보가 하나도 기운도 없고, 흥보 마누라도 떨리넌디, 여봐라 고수놈아, 내 말 좀 들어라. 여기 아무도 안 계시고, 자네하고 나허고 둘만 안 있는가? (고수; 나허고 둘만 있제.) 깜깜하니까 안 보인단 말여.

―――――――――
76 최동현, 「귀명창이 사라진 시대의 명창―박동진론」, 『판소리 명창과 고수 연구』, 신아출판사, 1997, 205쪽.

164 판소리 명창의 삶과 예술세계

누가 누군지. 근디 흥보가 원체 없이 살아서, 마누라 옷 한 벌 못 해 입혔어. 속것 하나도 안 해 입히고, 꼭 홑치마만 입혀 사는디, 아, 요새 같으면은 그 서양말로 팬틴가 그게 있고, 우리말로는 단고의, 일본말로는 사루마다가 있는디, 그놈만 입어노면 괜찮지만은, 아, 옛날에는 가래바대만 살짝 건드리면 쫙 다 나오게 생겼단 말여. 왔는디, 흥보가 본래에 가난해서 흥보 마누라허고 젊은깨 꼭 홑치마만 입고 사는디, 바쁠 때는 좋았던 모냥이제. (고수; 그렇제.) 하하. (고수; 그 속 아는가 몰르겄어.) 그 속 모르면 사람 아니게 이 자석아. 아, 발발발 떨고 있는디, 흥보가 이 갓을 안 쓰고 상투만 뾰쪽하니 꽂았거든. 아. 그런디 흥보 마누라가 그냥 박통을 따다가, 그냥 세 통 채 따다 쪽 미끄러져가지고 기양 흥보 대그박에 콱 주저앉었단 말여. 하하하. 주저앉어논 것이 아, 상투머리가 그리 쑥 들어가 베렸어. 하하하. 흥보가 가만히 생각에 기가 맥히거던. 그래 흥보가 뺀다고 빼면서 콱 뺀 것이 소주 병마개 빠지는 소리마냥 '펑' 하고 빠진단 말여. 무슨 그럴 리가 있습니까? 다 웃자고 하는 소리지라.[77]

음담의 수위가 보통이 아니다. 그래서인지 일단 "어, 어쩌꺼, 여? 막 헤뿌리까, 어짜꼬?" 하며 청중의 동의를 구하는 척하고, 특히 여선생님들에게 "그 소리가 안 끼면은 재미가 없습니다"라고 양해를 구하는 척한다. 고수에게도 '여기에는 아무도 없고 우리 둘만 있는 것이라고 하며, 또한 깜깜하니까 아무것도 안 보인다'고 한다. 고수도 "나허고 둘만 있제"라며 손발을 맞춘다. 이러한 소리꾼과 고수의

---

77 최동현,『판소리 이야기』, 인동, 1999, 220-221쪽.

너스레는 앞으로 이어질 음담에 대한 호기심을 유발하고 기대를 키우기 위한 일종의 전략이다. 또한 '쫙, 쪽, 콱, 쑥, 펑' 등 의성어를 자유자재로 사용함으로써 장면을 실감 나게 만들고, 재미도 더하고 있다. 69세의 노명창이 음담패설을 아무렇지도 않게, 그리고 과장되게 하니 웃지 않을 수 없다. 박동진 명창의 음담은 어둡고 밀폐된 공간에서 은밀하게 키득거리는 성적 '농담(濃談)'이 아니라, 밝고 열린 장소에서 드러내놓고 함께 웃자고 하는 '농담(弄談)'인 것이다.

4. 맺음말

박동진 명창은 일생을 소리판에서 판소리를 위해 치열한 삶을 살았으며 현대 판소리사에서 가지는 위상이 만만치 않았다. 그러나 그동안 박동진에 대한 평가는 제대로 이루어졌다고 하기 어렵다. 이 글에서는 박동진 명창이 광대로서 그의 소리판에 청중들을 끌어들이고 잡아 두는 힘이 무엇인지에 대해 살펴보았다.

먼저 박동진 명창이 판소리를 짜는 전략을 정리하면 다음과 같다.

박동진은 짧은 기간 동안 여러 선생에게 배운 소리를 바탕으로, 꾸준하고 치열한 독공을 통해 자신의 소리를 만들었다. 그 결과 그의 소리는 개성이 독특한 소리가 되었다. 그리고 제자들에게도 자신의 소리를 강요하지 않고, 그들의 개성에 맞는 소리를 짜서 부르도록 가르쳤다.

박동진은 이면을 중시하였다. 문학적 측면인 사설은 물론이고, 음악적 측면인 성음과 조와 장단, 그리고 연극적 측면인 너름새 등 판소리 연행의 전반에 두루 이면의 중요성을 강조하였다.

박동진 명창은 판소리에서 아니리의 역할을 매우 중요하게 여겼다. 그는 아니리를 통해 익살과 풍자로 못마땅한 인정세태를 비판함으로써 청중들에게 웃음을 선사하고 마음의 상처를 위로하고 보듬었다. 그의 무대는 소리판이자 이야기판이었다.

다음으로 박동진 소리판의 연행 문법을 정리하면 다음과 같다.

박동진 명창의 소리판에는 다른 소리꾼이 흉낼 수 없는 현장성과 즉흥성이 넘친다. 그의 소리판은 자신의 소리를 알리는 무대가 아니라 청중과 함께 만들어가는 놀이판의 성격이 강하다.

박동진 명창이 벌이는 소리판에는 어김없이 사람들이 모여들어 성황을 이루었다. 그것은 소리판에 모인 청중들을 울리고 웃기며, 신명 나게 하고 즐기게 하기 때문이다.

박동진 명창은 욕 잘하고 재담 잘하는 소리꾼으로 널리 알려져 있다. 그의 욕과 재담은 전방위적이어서 자신은 물론이고 소리판에 관련된 것이라면 모두 대상이 된다. 그런데 그의 욕과 재담은 현장성과 즉흥성이 뛰어난 것으로, 여기에는 청중들에게 판소리의 맛을 알려주기 위한 의도가 담겨 있다.

판소리 명창의 삶과 예술세계

제2부

판소리 명가문의
어제와 오늘

판소리 명창의 삶과 예술세계

제1장

주덕기 명창 가문의
소리꾼들

1. 머리말

예전에 판소리 창단에는 '명창 뒷은 없다'는 말이 있었다. 한 집안에서 명창이 나오면 그 명창의 대를 잇지 못한다는 말이다.[1] '한 집안에 3대 정승 나기보다 3대 명창 나기가 더 어렵다'는 말도 같은 뜻이다. 그럼에도 불구하고 판소리사를 살펴보면 대를 이어 명창을 배출한 명가문이 여럿 존재한다. 전북의 운봉 송흥록 가문과 남원 강도근 가문, 전남의 담양 주덕기 가문, 보성 정응민 가문, 나주 김창환 가문, 곡성 장판개 가문 그리고 충남의 강경 김성옥 가문과 서산 심정순 가문 등이 대표적인 판소리 명문이다.

---

1 박황, 『민속예술론』, 한일문화보급회, 1980, 107쪽.

한 시대를 울린 사람들은 모두 타고난 재능을 활짝 꽃피운 사람들이다. 전통예술 분야도 마찬가지이다. 명인·명창은 피땀 어린 노력 끝에 태어나는데, 그 과정은 천부적인 재능을 꽃피워가는 장엄한 도정이다. '구슬이 서 말이라도 꿰어야 보배'라는 속담이 있듯이 아무리 천부적인 재능을 타고났다고 하더라도 그 재능을 꽃피우기 위해서는 각고의 노력을 기울여야 한다. 토머스 에디슨(1847~1931)이 "천재는 1%의 영감과 99%의 노력으로 이루어지는 것"이라고 했지만, 그것은 노력을 강조한 말이지 노력하면 천재가 될 수 있다는 말이 아니다. 타고난 재능과 무관한 분야에서 성공하기란 결코 쉬운 일이 아니다. 특히 예술 분야에서는 타고난 재능이 무엇보다도 중요하다. 그래서 가문 곧 핏줄이 중요한 것이다.

전통예인 집안 출신들은 자기들끼리 '동간(同間)', '개비(갑이, 가비)'라 하고, 출신이 다르면 '비개비(비갑이, 비가비)'라고 한다. 동간이란 말은 전통예인 집안 출신들끼리 끈끈한 유대감과 연대감을 드러내며, 개비란 말은 전통예인 집안의 후예로서의 자긍심과 예술적 자부심을 강하게 드러내고 있다. 반면 비개비란 말의 밑바닥에는 '멋을 모른다', '제대로 할 줄 모른다'는 정도의 얕잡아 보는 뜻이 두껍고 진하게 깔려있다.[2]

---

2 이러한 점은 송순섭 명창의 다음과 같은 말에 잘 드러나 있다. "우리 선생님한테 그래도 다른 사람들은 배와 봤자 거으가〈적벽가〉밖에 못 배웠잖아요. 그런디 나만이〈흥보가〉,〈수궁가〉를 더해 가지고 세 바탕을 배웠어. 나도 인제 오 바탕을 다 배웠으면 좋겠는디 그 세 바탕밖에 못 배운 것이 또 그것도 있지만은 내 자신이 또 많이 배울라고 안 했어요. 왜? 날 보고는 세상 사람들이 다 '소리가 안 된다. 저거 멋이 없어.' 또 비가비라 멋이 없다는 거요. 그런디 많이씩 배워 가지고 더구나 소화 못 시키면 되겠는가.", 노재명, 『동편제 심청가 흔적을 찾아서』, 스코어, 2021, 122쪽.

　20세기에 들어와서 판소리 명가문이 이룩한 예술적 성취가 점차 그 명맥이 끊어지고 있다. 송흥록 가문을 비롯하여 김창환 가문, 김성옥 가문 등은 판소리의 맥이 단절되어 안타깝다. 우리의 중요한 예술적 자산이 가뭇없이 사라져 가고 있으므로 판소리 가문에 대한 연구[3]는 더 잊히기 전에 서둘러야 할 시급한 과제가 아닐 수 없다.

　이러한 점에 주목하며, 이 글에서는 주덕기 명창 가문의 소리꾼들이 성취한 예술세계를 두루 검토하여 그들이 판소리 발전에 이바지한 바를 살펴보고자 한다. 주덕기 명창은 전기팔명창으로 꼽히는 소리꾼으로, 19세기 중반에 적벽가와 심청가, 춘향가로 한 시대를 울렸고, 그의 아들 주상환 명창도 19세기 후반에 독보적인 심청가 소리꾼으로 명성이 자자하였다. 20세기에 들어와서는 주광득 명창과 주운숙 명창이 나와 판소리 발전에 이바지하였다. 주광득은 일찍 세상을 떠나 널리 알려지지 않았지만, 남원을 중심으로 활동한 판소리 명창이다. 그리고 주운숙은 주광득 명창의 막내딸로 현재 대구광역시 무형문화재 제8호 판소리 심청가 예능보유자로서 지역의 판소리 문화 발전에 크게 이바지하고 있다. 주운숙의 언니 주영숙도 한때 김제에서 국악원을 열어 후학을 가르친 명창이다.

3　심정순 가문에 대한 연구는 신은주에 의해 체계적으로 이루어졌다. 신은주, 『판소리 중고제 심정순家의 소리』, 민속원, 2009. 신은주, 『중고제 심정순家의 예인들』, 민속원, 2015.

2. 전기팔명창에 꼽힌 벌목정정 주덕기 명창

옛 명창들에 관한 정보는 매우 드물다. 정노식의 『조선창극사』[4]를 제외하면, 지극히 단편적인 것이 전부라고 해도 과언이 아니다. 주덕기 명창의 경우도 마찬가지이다. 『조선창극사』와 몇몇 단편적인 자료를 바탕으로 주덕기 명창의 예술세계를 살펴보기로 한다.

주덕기(朱德基) 명창은 전라남도 담양군 창평면(또는 전라북도 전주) 출신으로, 순헌철종 연간에 활동한 이른바 전기팔명창시대의 소리꾼이다. 『전주대사습사』에는 순조 2년(1803)에 전라남도 담양군 창평에서 태어났으며, 40세에 근해서야 대성하여 일가를 이루었다[5]고 하였다. 사람에 따라 명창을 꼽는 데는 다소 차이가 있지만, 판소리 및 소리꾼에 대한 안목이 남달랐던 고창의 신재효(1812~1884)는 〈광대가〉에서 송흥록, 모흥갑, 권삼득, 신만엽, 황해청, 고수관, 김제철, 송광록과 함께 주덕기를 대표적인 명창으로 꼽았다.[6]

주덕기는 원래 모흥갑과 송흥록 명창을 오랫동안 수행하던 고수였다. 그러다가 고수에 대한 차별대우에 불만을 품고 소리꾼으로 입신하기 위해 깊은 산속에 들어가 여러 해 동안 불철주야로 절차탁마

---

4 정노식, 『조선창극사』, 조선일보사출판부, 1940.
5 사단법인 전주대사습놀이보존회, 『전주대사습사』, 탐진, 1992, 67-68쪽.
6 강한영, 『신재효판소리사설집(전)』, 민중서관, 1974, 669-670쪽. 박헌봉은 『창악대강』에서 권삼득, 송흥록, 황해천, 염계달, 모흥갑, 고수관, 김제철, 신만엽을 팔명창으로 꼽았고, 김연수는 『창본 춘향가』에서 권삼득, 송흥록, 염계달, 모흥갑, 고수관, 김제철, 신만엽, 주덕기를 팔명창으로 꼽았다. 박헌봉, 『창악대강』, 국악예술학교출판부, 1966, 615-616쪽. 김연수, 『창본 춘향가』, 국악예술학교출판부, 1967, 327쪽.

한 끝에 일가를 이루었다.[7] 소나무 밑둥치를 베어 놓고 대추나무 북
채로 두드리며 수련하였는데, 소나무 수천 그루를 베었다고 해서
'벌목정정(伐木丁丁)'이라는 별호를 얻었다.[8] 일설에는 그의 소리가
장작을 패듯이 힘차고 모질었기 때문에 그런 별호가 붙은 것이라고
한다.[9]

신재효는 〈광대가〉에서 "쥬 낭청 덕기난 둔갑중신 무슈변화 녹낙
ᄒ는 그 슈단니 신츌귀몰 쇼동파"라고 하여, 주덕기의 변화무쌍한
창법을 당송팔대가의 한 사람인 소동파[10]에 비유하였다. 주덕기는
원래 송흥록과 모홍갑의 고수였기 때문에 자연스럽게 그들의 영향
을 많이 받았을 것이다. 송흥록의 '호풍환우 천변만화(呼風喚雨 千
變萬化)'의 가풍과 주덕기의 '둔갑장신 무수변화(遁甲藏身 無數變
化)'의 가풍이 일맥상통하는 것도 그 때문일 것이다. 신재효가 주덕
기를 '주 낭청'이라고 한 것을 보면 주덕기는 어전 광대로서 낭청 직
계를 받았던 것으로 짐작된다.[11]

그리고 〈계우사〉에 "듀덕긔 가진 쇼리"[12]가 있고, 완판 41장본 〈심

---

7 고수에 대한 차별 때문에 소리에 정진하여 대성한 명창으로 송광록(송흥록의
   수행고수)과 이날치(박만순의 수행고수)가 유명하다. 박황,『민속예술론』,
   한일문화보급회, 1980, 101-103쪽.
8 정노식,『조선창극사』, 조선일보사출판부, 1940, 36-37쪽. 사단법인 전주대사
   습놀이보존회,『전주대사습사』, 탐진, 1992, 67-68쪽.
9 강한영,『판소리』, 세종대왕기념사업회, 2000, 188쪽.
10 소동파(1036~1101)는 중국 북송의 문신인 蘇軾으로, 자는 子瞻·和仲이고,
   東坡는 그의 호이다. 철종 때 중용되어 舊法派의 중심인물로 활약하였다. 詩
   文과 書畫에도 뛰어났으며, 아버지 蘇洵, 동생 蘇轍과 함께 三蘇로 불렸다.
11 강한영,『판소리』, 세종대왕기념사업회, 2000, 189쪽.
12 "명챵 광ᄃᆡ 각기 소즁 나는 북 드려노코 일등 고슈 숨ᄉ 인을 팔 가러 쳐 나갈
   졔 우츈ᄃᆡ 화초타령 셔덕염 풍월셩과 최셕황의 니포졔 권오셩의 원담소리 ᄒ
   언담의 옥당소리 손등명니 짓거리며 방덕희 우레목통 김흔득의 너울가지 김

청전)의 태평연을 배설하고 즐기는 장면인 "일등 명기 명창 다 불너 황극전의 견좌ㅎ시고 만조빅관을 모와 질기실시 일등명창 권삼득 송흥녹 모흥갑 쥬덕기 박만슌 이날치 다 각기 장기듸로 흥을 다하여 논일 젹긔"[13]에도 주덕기가 등장한다. 이와 같이 주덕기는 당대를 대표할 만한 명창 가운데 한 사람이었다.

한편 주덕기는 『금옥총부』를 편찬한 안민영(1816~1885 이후)과 가까운 사이였다. 따라서 그의 소리에 가곡의 영향도 어느 정도 있었을 것으로 짐작할 수 있다. 안민영은 헌철고종 때 활동한 가객으로 대원군의 비호를 받으며 승평계의 핵심 인물로 활동하였다.[14] 1876년(고종 13)에 스승 박효관과 함께 『가곡원류』를 편찬하였고, 1880년 무렵에는 자신의 가집인 『금옥총부』를 편찬하였다. 안민영은 27세 때인 임인년(1842) 가을에 주덕기와 함께 운봉의 송흥록을 방문하였는데, 그때 송흥록의 집에 신만엽, 김계철, 송계학 등 일대의 명창들이 있어 수십 일을 질탕하게 놀았다.[15] 안민영은 이천에 머무르고 있

성옥의 진양조며 고수관의 안니리며 됴관국의 흐거성과 됴포옥의 고동셰목 권숨득의 즁모리며 황희청의 주웅성과 임만업니 싀소리며 모흥갑니 아귀성 김계철이 긔화요초 신만엽의 목지조며 듀덕긔 가진 소리 송항녹니 즁항성과 송계학니 옥규성을 ᄎ례로 시염할 졔 송흥녹의 그동 보소 소연 힝낙 몹쓸 고싱 빅슈는 난발ㅎ고 희소은 극셩흔듸 긔질은 참약ㅎ야 긔운은 읍실망졍 노즁 곡귀셩의 단즁셩 노푼 소리 쳥쳔빅일이 진동흔다 명챵 소리 모도 듯고 십여 일 강숭의셔 슬픠즁니 나게 놀고 각기 쳐하올 젹의"(영인, 29-30쪽), 노재명 편저, 『잊혀진 판소리 무숙이타령을 찾아서』, 한국문화재단, 2020. 한국음반박물관 소장 〈계우사〉(戒友詞)는 경인년(1890) 정월 초일일에 필사되었고, 박순호 소장본 〈계우사〉는 경인년 윤이월에 필사되었다.

13 戊戌 仲秋 完西 新刊, 제41장 뒤. 무술년은 1898년이다.
14 본관은 順興이며, 자는 聖武, 호는 周翁 또는 口圃東人이다. 구포동인은 대원군이 내린 호이고, 처음에는 荊甫라는 자를 썼다. 김석배, 「승평계 연구」, 『문학과 언어』 25, 문학과언어학회, 2003. 『逸士遺事』에는 "安玟英은 近世人이니 字荊甫오 籍廣州라"고 하였다. 장지연, 『일사유사』, 회동서관, 1922, 57쪽.

을 때도 주덕기와 함께 있었다.[16]

주덕기 명창은 적벽가에 뛰어났으며, 조자룡 활 쏘는 대목을 더늠으로 남겼다. 그의 적벽가는 제자 박만순에게 전해졌을 것이다. 전라북도 고부 출신인 박만순은 송흥록의 의발을 받은 직계 제자로, 동파의 수령이요 후기팔명창으로 꼽히는 대가이다. 주덕기 문하에서 소리를 배운 후 송흥록의 문하에 들어가서 약 10년 동안 공부한 후 임실의 폭포 아래서 수련하여 성량이 산봉우리와 골짜기 사이를 뚫고 나올 정도가 되었다고 한다.[17] 춘향가의 사랑가와 옥중가, 그리고 적

---

15 "길럭이 펄펄 발셔 나라 가스러니 / 고기난 어이 이적지 아니 오노 / 山 놉고 물 기닷터니 아마 물이 山도곤 더 기러 못 오나 보다 / 至今예 / 魚鴈도 쌔르지 못하니 그를 슬어하노라. 余於壬寅秋 與禹鎭元 下往湖南淳昌 携朱德基 訪雲峯 宋興祿 伊時申萬葉金啓哲宋啓學一隊名唱 適在其家 見我欣迎矣 相與留連 迭宕數十日後 轉向南原", 安玟英, 『金玉叢部』, 141번 시조.

16 "오늘 밤 風雨를 / 그 丁寧 아랏던덜 / 듸 사립짝을 곱거러 단단 믜엿슬 거슬 비바람의 불니여 왜각지걱하난 소리여 항연아 오는 양하야 窓 밀고 나셔 보니 / 月沈沈 / 雨絲絲한데 風習習 人寂寂을 하더라, 余率朱德基 留利川時 與閭家少婦 有桑中之約 而達宵苦待", 안민영, 『금옥총부』, 180번 시조.

17 박만순이 임실의 폭포 아래서 공부했듯이 소리꾼들은 득음하기 위해 흔히 폭포에서 소리 공부를 하였다. 『조선창극사』(21쪽)에는 송흥록 명창이 경상감영에서 소리하다가 맹렬에게 인정받지 못하고 고향으로 돌아와 운봉 비전의 폭포 밑에서 다시 공부하여 득음한 일화가 전한다. "다시 공부를 시작하고 목을 얻으려고 소리를 지르는데 며칠을 지난즉 목이 아주 잠겨서 당초에 터지지 아니한다. 그렇게 석 달을 고생하다가 하루는 목구멍이 섬섬거리며 검붉은 선지피를 토한 것이 거의 서너 동우 폭이나 되었다. 따라 목이 터지기 시작하여 필경 폭포 밖으로 소리가 튀어나게 되었다." 소리꾼들은 왜 시끄럽기 짝이 없는 폭포 아래서 소리 공부를 했을까? 소리꾼의 귀에 폭포 소리는 들리지 않고 자신의 소리만 들리게 되면 득음의 경지에 이른 것이라고 할 수 있다. 즉 자신의 소리가 폭포 소리를 이겨내었을 때 비로소 명창의 반열에 오를 수 있는 것이다. 李玉(1760~1813)의〈歌者 宋蟋蟀傳〉은 가객이 득음의 경지에 이르는 과정을 잘 보여주고 있다. "송실솔은 서울의 가객이다. 노래를 잘하는데, 특히〈실솔곡〉을 잘 부르기 때문에 '실솔'이란 별호가 붙게 되었다. 실솔은 젊어서부터 노래 공부를 해서 이미 득음한 이후 거센 폭포가 사납게 부딪치고 방아

벽가의 화용도 등이 장기였으며, 춘향가의 옥중몽유가가 그의 더늠이다.[18]

주덕기는 심청가에도 뛰어났다. 안성판 20장본 〈춘향전〉의 "당시 명창 누구런고 모홍갑이 적벽가며 송홍녹이 귀곡성과 듀덕긔 심청가를 흔층 이리 논일 져긔"[19]에서 주덕기가 심청가 명창이었음을 알 수 있다. 심재덕도 「조선소리 내력기(하), 명인 명창이 간 곳은 어디」에서 주덕기 명창이 심청가에 뛰어났다고 했다.[20] 그의 심청가는 아들 주상환 명창에게 전해졌다.

한편 주덕기는 모홍갑이 앞니가 빠져 순음(脣音)으로 불렀던 춘향가의 이별가를 후세에 전하였다. 『조선창극사』에는 이와 관련된 유명한 일화가 전한다.

──────────

를 찢는 물가로 가서 매일 노래를 불렀다. 한 해 남짓 계속하자 오직 노랫소리만 들리고 폭포 소리는 없었다. 다시 북악산 꼭대기로 올라가 아득한 공중에 기대어 넋 나간 듯 노래를 불렀다. 처음에는 소리가 흩어져서 모이지 않던 것이 한 해 남짓 지나자 사나운 바람도 그의 소리를 흩어지게 하지 못했다.(宋蟋蟀, 漢城歌者也. 善歌, 尤善歌蟋蟀曲, 以是名蟋蟀. 蟋蟀自少學爲歌, 旣得其聲. 往急瀑洪春砆薄之所, 日唱歌. 歲餘惟有歌聲, 不聞瀑流聲. 又往于北岳顚, 倚縹緲, 懷惚而歌. 始噢析不可壹, 歲餘飄風不能散其聲. 自是, 蟋蟀歌于房, 聲在梁, 歌于軒, 聲在門, 歌于航, 聲在檣, 歌于溪山, 聲在雲間. 桓如鼓鉦, 皦如珠瓔, 嫋如烟輕, 逗如雲横, 璨如時鶯, 振如龍鳴, 宜於琴, 宜於笙, 宜於簫, 宜於箏, 極其妙而盡之. 乃斂衣整冠, 歌于衆人之席, 聽者皆側耳向空, 不知歌者之爲誰也)", 이우성·임형택 편역, 『이조한문단편집 2』, 창비, 2018, 308쪽. 이우성·임형택 편역, 『이조한문단편집 4(원문)』, 창비, 2018, 308쪽.

18 정노식, 『조선창극사』, 조선일보사출판부, 1940, 56~57쪽.

19 신관 사또 생일잔치 장면에 나온다. 김진영 외, 『춘향전 전집 [4]』, 박이정, 1997, 139쪽.

20 "전남 창평 사람으로서 심청가를 잘 불럿스나 성질이 조치 못하여 일반에게 호감을 밧지 못하엿다", 심재덕, 「조선소리 내력기(하), 명인 명창이 간 곳은 어디」, 『조선일보』, 1939. 7. 7.

牟 氏가 만년에 全州郡 貴洞에 살 적에 어던 날 買物의 필요가 있어 全州府 市場에 들어가서 要件을 마치고 돌아가는 길에 多佳亭에 數千의 群衆이 環堵함을 보고 웬일인가 하고 훼치고 들어가 본즉 (當)時 名唱으로 聲名이 錚錚한 朱德基가 소리를 하는데, 聽衆의 지수 "얼시고 절시고 좋다"는 소리 四方에서 이러난다. 牟 氏 메였든 굴억을 깔고 삭갓으로 遮面하고 隱身하고 앉아서 興味 있게 듣는데 歌唱을 마치자 滿座는 "宋興祿, 牟興甲의게 내리지 아니할 名唱이라"고 噴噴稱道하였다. 朱 은근히 快感을 이기지 못하여 "牟興甲은 不足掛論이오 宋興祿도 猶不足仰視라"고 自尊自讚的 言辭를 敢發하였다. 따라서 滿座는 모다 그 當然함을 肯許하였다. 牟 氏 듣기에 甚히 不快하여 그 괘심(함)을 詰責하기 爲하여 드디어 座席에 들어섰다. 舊知들에게 拜禮한즉 滿座는 그 意外임을 놀래 歡迎하였다. 牟 氏 말하기를 "自己는 不足論이로되 宋興祿은 自他가 共認하는 大家이요 歌王의 稱號까지 받은 空前絶後의 名唱이어늘 朱의 所爲 無禮莫甚하다" 하고 前記 離別歌 一曲을 前齒가 沒落한 脣音으로 壯快하게 부른 후에 朱 氏다려 한번 倣唱하여 그 勝點을 表示하라 하매, 朱 元來 宋, 牟 兩人의 鼓手로 多年 隨行하던 사람이라 僕僕謝罪하고 敢히 그 앞에서 開口치 못하였다. 이것이 그 調가 特異하고 아름다운 것이 他人의 밎이 못할 바이라 하여 朱 氏의 倣唱으로 傳播되어 有名하게도 前齒 沒落의 脣音으로 模倣하여 後世까지 부르는 더늠이다.[21]

모홍갑의 이별가는 "여보 도련님 여보 도련님 날 다려가오 날 다

---

21 정노식, 『조선창극사』, 조선일보사출판부, 1940, 29-30쪽.

려가오 나를 어찌고 가랴시오 쌍교도 싫고 독교도 싫네 어리렁충청 거는단 말게 반부담 지여서 날 다려가오 저 건네 느러진 장송 집수건을 골너내여 한 끝은 낭기 끝 끝에 매고 또 한 끝은 내 목 매어 그 아래 뚝 떠러저 대롱대롱 내가 도련님 앞에서 자결을 하여 영이별을 하제 살여 두고는 못 가니"로, 흔히 '강산제 이별가'라고 한다.[22] 이 더늠은 위와 같은 일화와 함께 주덕기 명창의 방창으로 후세에 전해진 것이다. 일제강점기에 취입된 고음반 중에는 'Taihei C8267-A 名唱制(上) 이화중선', 'Okeh 1950-A 八道名唱(上) 이화중선', 'Victor KJ-1001-A 이별가 송만갑', 'Victor 49101-A 이별가 김초향·김소향' 등에 전하며, 근래의 춘향가 중에는 박봉술의 춘향가와 박동진의 춘향가에 있다.[23]

3. 독보적인 심청가 소리꾼 주상환 명창

주상환(朱祥煥) 명창은 주덕기의 아들로 헌철고종 삼대에 활동한 서편제 소리꾼이다. 부친의 법제를 계승하였으며, 특히 심청가에 뛰어났다.[24] 『전주대사습사』에는 순조 24년(1824) 전라남도 창평에서 출생하였다[25]고 하였다. 『조선창극사』에는 주상환의 더늠으로 심청가의 심 봉사가 심청을 기르는 대목을 전도성·송만갑 창으로 소개

---

22 정노식, 『조선창극사』, 조선일보사출판부, 1940, 28-29쪽.
23 이보형, 「고음반에 제시된 판소리 명창제 더늠」, 『한국음반학』 창간호, 한국고음반연구회, 1991, 11-12쪽.
24 정노식, 『조선창극사』, 조선일보사출판부, 1940, 51쪽.
25 사단법인 전주대사습놀이보존회, 『전주대사습사』, 탐진, 1992, 69쪽.

하고 있다.[26] 그런데 이 대목은 1922년 광동서국에서 발행한 구활자본『증상연예 강상련』(제10판)을 그대로 인용한 것으로 주상환의 소리와 다른 것이고, 동편제인 전도성이나 송만갑의 소리와도 다른 것이다.[27]

주상환이 심청가에 뛰어났던 명창이라는 사실은 1937년 1월 3일자『조선일보』의 송만갑, 이동백, 김창룡, 정정렬과 대담한「명창에게 듣는 왕사(往事)」에서도 확인된다.

> 문 : 순조 때 하옥 김 정승이 한참 들날릴 판에 그 사랑에 여러 재상이
>   모여 안저서는 주 씨를 불러 심청전을 듯다가 좀 처량스러우면 다
>   시 송 씨를 불러 춘향전을 들엇다고 하야 춘향전으로 송 씨, 심청
>   전으로 주 씨가 그 당시 독보였다고 하는데 주 씨는 아마 주상원이
>   라는 이겟지만은 송 씨는 어느 분입니까?
> 답 : 춘향전으로 유명한 이는 송흥록 씨입니다.[28]

위 인용문의 '주상완'은 '주상환'으로, 심청가로 당시 독보였다고 하였다. 하옥 김 정승은 김좌근(金左根, 1797~1869)으로, 본관은 안동이며, 자는 경은(景隱), 하옥(荷屋)은 호이다. 순헌철종 연간에 여러 벼슬을 두루 지내고, 1853~1863년 사이에 영의정을 세 번이나 했

26 정노식,『조선창극사』, 조선일보사출판부, 1940, 51쪽.
27 김석배,「『조선창극사』소재 심청가 더늠의 문제점」,『문학과 언어』18, 문학과언어연구회, 1997. 저본은 이해조가 중고제 심정순의 심청가를 다듬고 정리하여『매일신보』에 1912년 3월 17일부터 4월 26일까지 총 33회 연재한〈강상련〉이다.
28 『조선일보』, 1937. 1. 3.

던 안동김씨의 중심인물이다. 그는 송흥록과 주상환 등 당대 최고의
명창들의 소리를 즐긴 판소리 애호가였던 것으로 짐작된다.

4. 다재다능한 예인 주광득 명창

주광득(朱光得) 명창은 주덕기의 후예로,[29] 1915년 전라남도 담양
군 용면 두장리에서 주성길의 둘째 아들로 태어났으며, 1960년 3월
25일 40대 중반에 재능을 마음껏 펼쳐보지 못한 채 세상을 떠났다.[30]
그의 부친은 소리꾼이 아니며, 농사를 지었다고 한다. 주광득은 북,
설장구, 판소리, 창극 등 못하는 것이 없을 정도로 다재다능하였다.
특히 재담과 발림을 기막히게 잘하여 창극에서 방자나 마당쇠 역 등
산마이[조연][31]로 특유의 익살과 넉살로 관객들을 울리고 웃겼다고
한다.
임방울 명창은 주광득의 북 장단에 소리하기를 좋아했다고 한다.

---

29 안숙선, 「만정 김소희 선생과 판소리」, 『동리연구』 3, 동리연구회, 1996, 59쪽.
   필자는 2015년 1월 15일 명고수 주봉신(1934~2016. 12. 30.)과 전화로 확인하
   였는데, '주덕기-(?)-주경래-주광득'이라고 하였다. 여러 문헌에 보이는
   '주광덕', '주강덕', '朱光德'은 잘못이다.
30 부친 朱成吉의 제적등본. 필자는 2015년 3월 20일 전후에 주운숙판소리연구
   소(대구광역시 남구 현충로50)에서 주덕기 가문에 대해 집중적으로 조사하
   였으며, 최근까지 필요할 때마다 수시로 조사하였다.
31 "공연 작품이 정해지면 대본을 인쇄하게 된다. 그때 첫페이지인 '이찌마이(一
   枚)'에는 공연단체를 이끄는 단장 이름과 작품명이 들어간다. 두 번째 페이지
   인 '니마이(二枚)'에는 남녀 주연급의 명단이 들어간다. 그리고 세 번째 페이
   지인 '산마이(三枚)'에는 비중이 있는 남녀 조연급들의 이름이 들어가는 것이
   다. 그래서 '니마이 = 주연', '산마이 = 조연'이라는 의미가 성립된 것이다.", 조
   영숙, 『끄지 않은 불씨』, 수필과비평사, 2013, 143쪽.

임방울(1905~1961)은 20세기 전반기의 판소리계를 종횡무진했던 천상의 소리꾼인데, 이처럼 자유자재한 소리에는 대단한 북 가락의 소유자가 아니면 응고(應鼓)하기 어렵다. 그만큼 주광득의 북 솜씨가 뛰어났던 것이다.

주광득은 송만갑과 박동실 명창에게 소리를 배웠다. 물론 그의 소리의 바탕은 대대로 전해오는 집안소리일 터이다. 주광득은 10대 후반에 송만갑 명창에게 배웠을 것으로 짐작된다. 주광득의 소리에 가장 큰 영향을 끼친 소리꾼은 박동실 명창이다. 박동실(1897~1968)은 전라남도 담양의 전통예인 집안 출신으로, 판소리 명창 박장원과 명무당 배금순의 아들이다. 9세 때부터 외조부 배희근과 아버지 박장원에게 소리를 배워 애기명창으로 이름을 날렸다. 그 뒤 12세부터 김채만(1865~1911)에게 배워 일가를 이루어 소위 '광주소리'의 중심이 되었다.[32] 그의 장기는 서편제 심청가로, '박유전-이날치-김채만'으로 이어지는 바디이다. 특히 38세부터 박석기[33]가 마련한 담양군 남면의 지실초당에서 본격적으로 소리를 가르쳐 김소희, 한애순, 한승호, 박귀희, 김동준, 공대일, 박후성 등을 길러냈다. 해방 후 광주성악연구회(조선고전음악연구회)를 조직하여 활동했으며, 〈열사가〉를 지어 제자들에게 가르쳤다. 6·25전쟁 중 9·28 서울 수복 때 공기남,

---

32 이명진, 「광주지역 판소리 전승과 문화 연구」, 전남대학교 박사학위논문, 2019, 참고.

33 朴錫驥(1899~1952)는 전라남도 담양군 창평면 창평리 출신으로 본관은 함양이며, 호는 曉南이다. 朴錫基 또는 朴錫紀로도 적는다. 동경제국대학 불문과를 졸업한 후 전통예술에 뜻을 두고 거문고산조의 창시자인 백낙준에게 거문고풍류와 거문고산조를 배웠다. 담양 지실에 초당을 짓고 명인 명창들을 초빙하여 교육함으로써 전통음악의 전승과 발전에 크게 이바지하였다. 정옥경, 「담양 지실 박석기의 국악 학당 연구」, 『남도민속연구』 37, 남도민속학회, 2018.

조상선, 임소향 등과 함께 북에서 내려온 안기옥[34]을 따라 월북하여
나중에 인민배우가 되었다.[35] 주광득은 담양 비실태 재각에서 공대
일, 박후성, 김동준, 김채선 등과 함께 소리 공부를 했는데,[36] 이때 박
동실에게 심청가를 배웠을 것이다. 그리고 해방 후 박동실에게 〈열
사가〉를 배워 자신의 딸 주영숙에게 〈유관순 열사가〉를 가르쳤다.

주광득 명창은 박복남에게 흥보가를 가르쳤는데,[37] 그가 강도근,[38]
김영운[39]과 가깝게 지낸 것으로 미루어 볼 때 전라북도 남원 주천면

---

34 安基玉(1894~1974)은 전라남도 나주 출신으로, 가야금산조의 창시자 김창조
의 제자로서 가야금으로 일가를 이루었다. 1946년에 월북하여 평양음악대학
민족음악학부 학부장 등을 지냈으며, 수많은 창작활동과 저술 활동을 하였
다. 1946년 7월 1일 자 『자유신문』과 7월 2일 자 『가정신문』에 의하면 안기옥
은 7월 2~4일 국도극장에서 열린 임경희의 무용발표회에 박현일과 함께 반주
를 하고 있다. 따라서 안기옥이 월북한 것은 7월 5일 이후이다.
35 정병헌, 『판소리와 사람들』, 역락, 2018, 127-139쪽. 이명진, 「광주지역 판소
리 전승과 문화 연구」, 전남대학교 박사학위논문, 2019.
36 문화재연구소, 「판소리 유파」, 문화재관리국, 1992, 42쪽.
37 최동현, 『판소리 이야기』, 인동, 1999, 290쪽.
38 姜道根(1918~1996, 본명 姜孟根)은 전라북도 남원의 전통예인 집안 출신으
로, 줄타기 명인 강원종의 아들이자, 대금산조 명인 강백천의 사촌 동생, 판소
리 명창 안숙선의 외삼촌이다. 16세 때부터 김정문에게 흥보가 전 바탕과 심
청가와 적벽가 일부를 배웠다. 김정문 사후 상경하여 조선성악연구회에서 춘
향가 일부를 익혔으며, 그 후 박만조, 유성준, 이진영, 임방울 등으로부터 수궁
가 등 여러 소리를 배웠다. 그는 오랫동안 고향 남원의 판소리를 지켰으며,
1988년 중요무형문화재 판소리 흥보가 예능보유자가 되었다. 그의 흥보가는
송흥록-송광록-송우룡-송만갑-김정문으로 이어지는 동편제 바디이다.
그는 오랜 독공을 통해 수리성을 얻어 상청을 잘 구사하고, 통성으로 질러내
는 고음의 단단한 철성도 일품이었다. 강도근은 전주의 김동준, 순천의 박봉
술, 군산의 이기권, 광주의 한승호와 더불어 호남의 5명창으로 꼽히기도 하였
다. 문화재연구소, 「판소리 유파」, 문화재관리국, 1992, 132-136쪽. 전경욱 편
저, 『한국전통연희사전』, 민속원, 2014, 57-58쪽.
39 김영운(1917~1972, 본명 김기순)은 전라북도 남원 출신으로 김정문 명창의
조카이다. 김정문에게 소리를 배워 남원과 운봉 일대에서는 제법 알아주던 소
리꾼인데, 장기는 김정문에게 배운 흥보가였다. 그는 강도근과 처남 매부지

상주리에 거주하던 김정문 명창에게 흥보가를 배운 것으로 짐작된다. 김정문(1887~1935)은 전라북도 진안군 백운면의 전통예인 집안 출신의 판소리 명창이다. 유성준 명창의 생질로 그에게 수궁가를 배웠고, 송만갑 명창의 수행고수를 하면서 그에게 소리를 배웠다. 그리고 김채만의 소리에 반하여 그로부터 심청가도 배워 더욱 속화되었다. 그래서 송만갑은 소리청에서 "김정문은 내 제자인데 초 치고 양념 쳐서 소리를 맛있게 나보다 잘한다."라고 하였다.[40] 심청가와 흥보가에 뛰어났으며, 특히 심청가의 심청이 물에 빠져 죽는 데와 심봉사 황성 올라가는 데를 잘했다. 월매 역에 뛰어났으며, 간신 웃음의 조조 역을 신들릴 정도로 잘했다.[41]

한편 판소리 이론가 박황, 명창 박후성, 거문고 명인 원광호, 명고수 김동준 등은 혼맥으로 맺어진 주광득의 인척들로, 이들은 자연스럽게 서로에게 직간접적인 영향을 주고받았을 것이다.[42]

간으로, 김정문 사후에 남원국악원에서 소리를 가르쳤는데, 안숙선도 어릴 때 그에게 배웠다. 김기형, 「판소리 명창 김정문의 생애와 소리의 특징」, 『구비문학연구』 3, 한국구비문학회, 1996.

40 이보형, 「판소리 제(派)에 대한 연구」, 『한국음악학논문집』, 한국정신문화연구원, 1982, 71쪽.

41 박록주, 「나의 이력서 (19), 새 로맨스」, 『한국일보』, 1974. 2. 1. 김기형, 「판소리 명창 김정문의 생애와 소리의 특징」, 『구비문학연구』 3, 한국구비문학회, 1996.

42 주운숙 명창이 서울에 살 때 외삼촌 박황(주광득 부인의 동생)이 집에 종종 다녀갔다고 한다. 朴晃(1919~?)은 전라남도 광주 출신의 판소리 연구가로, 16세(1935년) 때 동양극장에서 〈춘향전〉을 보고 판소리에 빠지기 시작했다고 한다. 일본에서 대학을 졸업하고 1946년부터 7년간 광주사범학교에서 교편을 잡았다. 그 후 동생 박후성이 창극 단체를 운영하자 그를 돕기 위해 학교를 그만두고 창극계에 투신하여, 국극협단 등에 관여하며 판소리와 창극 작품 활동에 전념하였다. 그동안 창작판소리로 〈열사가〉, 〈충무공 이순신 장군〉, 〈안중근 의사〉, 〈유관순 열사〉 등 7편을 창작하였고, 창극 대본으로 〈대춘향전〉,

1) 주광득 명창의 단체 활동

주광득 명창은 화랑창극단과 조선고전음악연구회 등 여러 단체에서 활동하였다. 이를 간략하게 살펴보면 다음과 같다.

① 화랑창극단

주광득 명창은 일제강점기에 화랑창극단에서 활동하였다. 화랑창극단은 1940년 12월 무렵에 창단하여 창립공연으로 12월 김광우 작 〈팔담춘몽〉(3막 6장, 24-27)과 〈봉덕사의 신종〉(5막 7장, 28-31)을 제일극장에서 상연하였다.[43] 그 후 박석기가 인수하여 1941년 11월 5~6일 이서구 작 〈망부석〉(2막)을 동양극장에서 상연하고, 1942년 3월 17~19일 이운방 작 〈항우와 우미인〉(5막)을 부민관에서 상연하였다. 이때 조상선, 김관우, 임소향, 김순희, 조남홍, 김소희, 한애순 등이 참가하였다. 박황은 한주환, 김여란, 박동실, 조몽실, 김막동, 공기남, 주광득, 한갑득, 박후성, 한승호, 한일섭, 임소춘, 박농주, 최명숙 등

〈사도세자〉, 〈대홍보전〉, 〈대심청전〉 등 16편이 있다. 저서로는 『판소리소사』(신구문화사, 1974), 『창극사 연구』(백록출판사, 1976), 『민속예술론』(한일문화보급회, 1980), 『판소리 이백년사』(사사연, 1987) 등이 있다. 『동아일보』, 1987. 4. 24. 『판소리 이백년사』, 사사연, 1987, 244쪽.

43 연출 박생남, 박동실·조상선, 음악 이기권·강성재, 무용 한성준, 남자부에 조상선, 박동실, 이기권, 김막동, 장영찬, 강성재, 김준섭, 최명곤, 임방울, 여자부에 김여란, 조소옥, 김순희, 조원옥, 조연옥, 조남홍, 조금향, 서산월, 박초월, 김일지, 조금옥, 임소향 등이다. 『매일신보』, 1940. 12. 20. 12. 24. 林初月은 朴初月, 金一技는 金一枝의 誤植이므로 바로잡았다. 이 기사에는 이화중선·김록주·김소희가 찬조 출연하며, 화랑창극단 결성시 주요 멤버는 '기획부에 박진, 문예부에 김광우, 무용에 한성준, 연기부 중 남자부에 조상선, 박동실, 이기권 외, 여자부에 김여란, 조소옥, 김순희 외'로 되어 있다. 〈봉덕사의 신종〉은 흔히 〈봉덕사의 종소리〉로 알려져 있다.

도 참가했다고 한다.[44] 화랑창극단은 1942년 8월경 조선연극협회 소속으로 활동하던 조선성악연구회 직영 창극좌와 통합하여 조선창극단을 결성함으로써 해체되었다.

② 조선고전음악연구회(일명 광주성악연구회)

주광득 명창은 해방 후에 결성된 조선고전음악연구회에 참여하였다. 이 단체는 흔히 광주성악연구회 또는 조선음악연구회라고도 하였다. 박황에 의하면, 해방이 되자 광주에서 창악인을 중심으로 광주성악연구회가 발족하고, 직속 창극단을 조직하여 창단공연으로 1945년 10월 15일 광주극장에서 박황 각색의 〈대흥보전〉을 선보여 큰 성황을 이루었다. 단원은 박동실, 오태석, 조몽실, 조상선, 성원목, 조동선, 공대일, 공기남, 주광득, 한영호, 한갑득, 박후성, 한일섭, 한승호, 안채봉, 한애순, 박농주, 김경애, 공옥진 등이었다. 2개월의 순회공연을 마친 후 단원 대부분이 1946년 1월 국악원 창립기념공연으로 국제극장에서 상연하는 〈대춘향전〉에 출연하기 위해 상경하는 바람에 해산하였다.[45] 1945년 12월 2일 자 『동아일보』에 국악원에서 창립기념공연으로 아악·창악·무용·민요·속곡을 종합한 〈대춘향전〉을 상연하기 위해 300여 명이 맹연습 중이라는 기사가 있으며, 1946년 1월 11일부터 18일까지 8일간 국제극장에서 〈대춘향전〉을

---

44 박황, 『판소리 이백년사』, 사사연, 1987, 222쪽. 박황은 화랑창극단이 1939년 가을에 창립한 것이라고 했는데, 1940년 가을의 착오로 보인다. 박황, 『창극사 연구』(백록출판사, 1976, 121쪽)에는 단원에 임소향의 이름이 보인다.
45 박황, 『판소리 이백년사』, 사사연, 1987, 272쪽. 국악원은 1945년 10월 7일 조선악부와 조선창극단, 조선정악전습소, 이왕직아악부의 대표가 모여 국악원을 조직하였으며, 초대원장은 함화진, 부원장은 박헌봉이었다. 박헌봉, 『창악대강』, 국악예술학교출판부, 1966, 84쪽.

상연하였고,[46] 두 번에 걸쳐 라디오 방송으로 중계하였다.[47] 그런데
찬조출연 단체가 1945년 12월 12일 자 『중앙신문』에는 "在光州聲樂
硏究會"[48]로 되어 있고, 1946년 1월 12일 자 『민중일보』에는 "조선고
전음악연구회"[49]로 다르게 되어 있다. '재광주성악연구회'는 '광주

---

46 원안 국악원문화국, 각색 김무하, 연출 안종화·이서향, 고증 국악원연구부,
장치 원우전·김운선, 아악 지도 장인식, 창악 지도 이동백·박(동)실, 무용
지도 이주환·조상선으로 되어 있다. 『동아일보』, 1945. 12. 2. 『서울신문』,
1946. 1. 6. 『동아일보』, 1946. 1. 11. 『서울신문』, 1946. 1. 17. 1946년 1월 11일
자 『동아일보』 광고에 '국악원 창설기념 제1회 발표대회'를 1월 11일부터 국
제극장에서 하는데 민속악, 창극 춘향전, 고전무용을 공연하며, 조선고전음
악연구회에서 찬조 출연한다고 하였다. 성경린은 이 공연은 국악원 산하 국극
단의 창단공연으로 박진이 연출하고 춘향 역-신숙, 이 도령 역-정남희·임
방울, 향단 역-임(주), 방자 역-오태석, 사또 역-조상선, 월매 역-임소향·
임유앵 등이라고 하였다. 성경린, 「현대창극사」, 『국립극장 30년』, 국립극장,
1980, 341쪽. 한편 朴招宣(본명 朴鳳禮)은 이 단체는 광주조선성악연구회로
조상선이 조직하였으며, 박동실 조몽실, 안기옥, 정남희, 한주환, 성원목, 한
승호, 한일섭, 오태석, 공기남, 공대일 등이 참여하였고, 임방울은 참여하지
않았다고 하였다. 그리고 〈대춘향전〉은 박동실이 창 지도를 하고 춘향 역-김
소희, 이몽룡 역-정남희, 방자 역-공기남, 향단 역-박농주·박초선, 통인
역-박초선, 월매 역-임소향, 변학도 및 후배사령 역-조상선, 집장사령 역
-김득수, 군로사령 역-오태석과 성원목이라고 하였다. 문화재연구소, 「판
소리 유파」, 문화재관리국, 1992, 50쪽.

47 〈춘향전〉 前篇은 1월 13일 저녁 8시부터, 後篇은 1월 17일 저녁 8시부터 각각
1시간씩 중계방송되었다. 「라디오 DK」, 『조선일보』, 1946. 1. 13. 1. 17.

48 "綜合한 名人 巨匠의 뒤스답과 八道名唱 숨은 天才의 立體像. 國樂院 創設記
念 第一回 發表會. 原案 國樂院 文化局, 脚色 金無何, 企劃 任曙昉, 演出 安鍾
和·李曙郷, 考證 國樂院 文化局 文藝部, 裝置 元雨田·金雲善, 衣裳 國樂院
文化局 文藝部, 照明 李明國, 雅樂指揮 張寅湜 外 五十名으로 宮中儀禮 그대
로의 大演奏. 唱樂指揮 李東伯·朴東實, 舞踊指揮 李珠煥·趙相鮮, 贊助出演
在光州聲樂硏(究)會 總動員. 登場 勿警 總人員 百六十名으로 配役 延人員 三
百四十名의 歷史的 舞樂의 精華를 來 一月 三日부터 市內 明治座에서 公演하
옴을 期待하시압." 『중앙신문』, 1945. 12. 12. '突'은 오식이므로 바로잡는다.

49 "國唱, 名唱과 名人, 天才의 總人員 百六十名으로 巨匠의 導演으로 延配役 三
百六十名의 大動員. 國樂院 創設記念 第一回 發表大會 贊助出演 前宮中雅樂,

에 있는 성악연구회'란 뜻이며, '광주성악연구회'는 편의상의 명칭이고, 사실은 조선고전음악연구회 광주지부인 것이다.[50] 이러한 사실은『판소리소사』의 "안채봉은 1920년 전남 광산군 평동면 태생으로, 처음 안기선으로부터 소리 공부를 하다가 후에 정응민의 문하에서 지침을 받았다. …중략… 1945년 10월에는 광주에서 조직된 조선고전음악연구회의 직속 단체에 참가하여 오태석, 박종원, 임옥돌, 성원목, 조동선, 한애순 등과 전라지방을 순회하다가 중진들의 상경으로 해산되자 그 후로 창극계를 멀리하고 판소리 예도에 정진하여 오늘에 이르고 있다."[51]에서도 알 수 있다. 그리고 조선음악연구회는『중앙신문』(1945. 12. 8.)과『영남일보』(1945. 12. 16.),『중앙신문』(1946. 1. 21.)에 게재된〈건설하는 사람들〉의 광고를 보면 '조선고전음악연구회'의 약칭임을 알 수 있다.[52] 지방에 조선음악연구회 지부가 있었

朝鮮古典音樂研究會, 民俗樂, 唱劇, 古典舞踊 綜合體像(大春香傳) 一月 十一日 낫부터 國際劇場(舊 明治座)",『민중일보』, 1946. 1. 11.

50 신은주,「20세기 전반 광주의 판소리 전통과 광주성악연구회」(『정신문화연구』 2018년 봄호, 한국학중앙연구원, 246-247쪽)에는 광주성악연구회의 구성원들에 의해 조선고전음악연구회가 태동된 것이라고 하였다. 그리고 김종철,「박동실의 정치적 노선과『열사가』의 거리」(『판소리연구』 49, 판소리학회, 2020, 334-348쪽)에는 조선음악연구회의 후신이 조선고전음악연구회이고, 광주성악연구원과 조선고전음악연구회는 별개의 단체로 보이지만 같은 단체로 볼 여지도 있다고 하였다.

51 박황,『판소리소사』, 신구문화사, 1974, 181-182쪽.

52 ①"戰災同胞救濟 全南支部 活動. 光州府內에 잇는 朝鮮音樂研究會에서는 自發的으로 義捐公演을 하야 其收入 約 十萬圓을 寄附하엿다.",『매일신보』, 1945. 10. 1. 김종철,「박동실의 정치적 노선과『열사가』의 거리」,『판소리연구』 49, 판소리학회, 2020, 336쪽. ②"오랫동안 봉건적 천대를 바더오든 우리 국보적 고전음악도 자유 해방의 새벽을 맛이하야 찬란히 싹트고 잇는 이때 (중략) 금반 조선고전음악연구회를 창립하엿다 그 첫 공연으로는 벌서 창극〈建設하는 사람들〉을 가지고 남부 조선 각 지방을 순회공연하야 총수입 십여 만 원은 전재동포구제사업에 현금하엿다고 하는바",『중앙신문』, 1945. 12. 8. ③"十

다는 사실은 1946년 11월 18일 자 『영남일보』의 「조선음악연구회원의 처녀공연을 보고」 가운데 "大邱 在住 朝鮮音樂研究會員들의 處女公演이 十一日부터 二日間 대구극장에서 공연의 막을 올렸다."에서도 확인할 수 있다.[53]

1945년 12월 8일 자 『중앙신문』에 의하면 조선고전음악연구회는 박동실, 안기옥, 조상선, 한승호, 유창준, 임소향, 공기남 등을 중심으로 고전 옹호의 선구자인 윤병길 씨와 제휴하여 창립하였는데, 벌써 첫 공연으로 창극 〈건설하는 사람들〉을 남부 지방에 순회공연하여 올린 총수입 십여 만 원을 전재동포구제사업에 헌금하였다.[54] 그 진용은 회장 윤병길, 부회장 박동실, 문예부장 고훈, 창극부장 박동실, 현악부장 안기옥, 관악부장 류창준, 종고(鍾鼓)부장 성원목, 무용부장 조상선, 교화부장 윤송파이며, 목하 제2회 공연으로 대작 〈논개〉를 준비하고 있었다.[55] 그 후에도 조선고전음악연구회에서는 〈건

六日부터 五日間 朝鮮唱劇界의 最高峰! 朝鮮音樂研究會 唱劇 建設하는 사람들 二幕 五場 演劇 春香傳 萬鏡舘", 『영남일보』, 1945. 12. 16. 12. 18. ④ "革命者 救援코자 古典樂研究會 地方行. 解放 直後 創立公演의 收益 十餘萬圓을 戰災 同胞救護金으로 내나흔 朝鮮古典音樂研究會에서는 이번엔 革命者 救援會의 基金 만들고저 農民司盟과 勞働組合 後援下에 唱劇 〈建設하는 사람들〉을 갓고 今月 末日부터 三個月間의 長期地方公演의 길을 떠난다고 한다.", 『중앙신문』, 1946. 1. 21.

53 어느 독자가 〈춘향전〉 공연을 보고 기고한 것으로 이 도령 역은 박초향, 방자 역은 박홍도가 하였다. 『영남일보』, 1946. 11. 18.

54 『매일신보』 1945년 10월 1일 자의 「전재동포구제 전남지부 활동」과 『중앙신문』 1946년 1월 21일 자의 「혁명자 구원코저 고전음악연구회 지방행」에도 조선음악연구회에서 약 10만 원을 기부한 사실을 보도하고 있다.

55 〈논개〉 스타프-원작 고훈, 작곡 박동실, 관현악 지휘 안기옥, 무용 지휘 조상선, 연출 안영일, 장치 김일영, 고증 심의실이었다. 『중앙신문』, 1945. 12. 8. 한편 『예술문화』 창간호(1945. 12. 1.) 광고에 "朝鮮音樂研究會-조선고전음악연구-제2회 공연 창극 〈義妓 論介傳〉 3막 6장"이 있다. 안광희, 『한국현대연

六月十八日부터 十日間더

朝鮮古典音樂研究會
納凉唱劇大公演
唱劇界의 最高峰

主催 光州府厚生課防疫團
後援 光　州　府
　　　湖南新聞事業部

金素姬●朴弄仙●金綠珠●孔基南
朴厚成●成元睦●金得洙●朴東實

朝鮮山水歌 李殷相 詩／朴東實 曲
山居記 南宮薰 作／林東實 作曲

春香傳　沈淸傳　興甫傳

趙興銀●朴朴奉朴李成河金尹明外二十餘明
玉春奉東泰光內中畠千炳松月
愛石紅洙奈娿得容南根深甲坡星

場所 湖南新聞社옆 大廣場（遠慮말고）

『광주민보』, 1946. 6. 19.

설하는 사람들)(2막 5장)을 〈춘향전〉과 함께 1945년 12월 16일부터 20일까지 대구 만경관에서도 상연하였다.[56] 그렇다면 조선고전음악연구회는 적어도 1945년 11월 이전, 박황의 말대로 1945년 10월에 결성되었던 것으로 볼 수 있다.

1946년 6월 18일부터 27일까지 광주부 후생과 방역단 주최로 조선고전음악연구회의 납량창극대공연이 호남신문사 옆 대광장(도청 앞)에서 10일 동안 개최되었다. 연제는 〈조선산수가〉(이은상 시, 박동실 곡), 〈산거기(山居記)〉(남궁훈 작, 박동실 작곡), 〈춘향전〉, 〈심청전〉, 〈홍보전〉 등이며, 김소희, 박농선, 김록주, 공기남, 박후성, 성원목, 김득수, 박동실, 조순애, 오옥석, 장춘홍, 김봉수, 박동채, 박봉학, 주광득, 박내용, 이중남, 성부근, 하천수, 김병갑, 윤송파, 명월성 외 20여 명이 출연하였다.[57]

극사자료집 (1)』, 한국문화사, 2006, 156쪽.
56 『영남일보』, 1945. 12. 16.
57 『광주민보』, 1946. 6. 19. 그런데 1946년 6월 16일 자 『광주민보』의 광고에는 출연자가 '김소희, 박농선, 김록주, 공기남, 박후성, 성원목, 김득수, 박동실, 장춘홍, 김봉수, 주광득, 성부근, 박봉학, 이중남, 송(*)한, 주일남, 조순애, 윤

③ 국극협단

주광득 명창은 국극협단에도 참여하였다. 국극협단은 창립대공연으로 김아부 각색·박동실 작곡·원우전 장치의 〈고구려의 혼〉(4막 5장)을 1948년 5월 23~29일 시공관에서 상연하였다.[58] 출연자는 박동실, 박후성, 한갑득, 서정길, 김운칠, 김영동, 천세원, 공기준, 신봉학, 김원석, 김동준, 주광득, 김득수, 공기남, 김소희, 김봉선, 박초향, 박희숙, 김경애, 김국희, 김진숙, 김해선, 박정숙, 박홍도, 박농선, 양옥진 등이고, 이동백이 찬조 출연하였다.[59] 그 후 대구의 대구극장을

송파'로 다소 다르다.

58 〈고구려의 혼〉은 일제강점기 때 동일창극단에서 공연하던 〈一目將軍〉을 제목만 바꾼 것인데, 당시 일목장군은 박귀희가 男役을 하여 화제가 되었으며, 박초월이 아리수 역을 하였다. 만주지역을 공연할 때 극성 팬들이 박귀희를 진짜 남자로 알고 납치하려는 해프닝이 벌어질 정도로 그의 인기는 가히 폭발적이었다. 김아부 작, 김욱 연출, 김정환 장치의 〈일목장군〉은 1940년 7월 26일부터 30일까지 동양극장에서 상연하였는데, 28일 오후 8시 10분부터 전국에 라디오로 중계방송이 예정되어 있었다. 『매일신보』, 1940. 7. 26. 그 후 1940년 10월 12일부터 11월 5일까지 남선순연을 했는데, 그 일정은 '이리(12~13일), 광주(14~16일), 송정리(17일), 전주(18~19일), 논산(20일), 부산(22~23일), 진주(24~25일), 사천(26일), 삼천포(27일), 통영(28~29일), 마산(30일), 부산31일~ 12월 1일), 대구(2~5일)'였다. 『매일신보』, 1944. 10. 12. 박귀희, 『순풍에 돛 달아라 갈 길 바빠 돌아간다』, 새소리, 1994, 81-84쪽. 박황, 『창극사 연구』, 백록출판사, 1976, 167-168쪽.

59 『동아일보』, 1948. 5. 20. 『한성일보』, 1948. 5. 23. 『민중일보』, 1948. 5. 25. 그런데 박황은 이와 조금 다르게 설명하고 있다. 박후성이 국극협회를 재건하기 위해 광주에서 신진을 대거 기용하여 진용을 강화하고 단체명을 '국극협단'으로 바꾸었고, 박후성, 성원목, 조몽실, 조동선, 김채봉, 주광득, 김득수, 양상식, 김막동, 신봉학, 서정길, 한일섭, 정달용, 허희, 박초향, 김덕희, 강산홍, 박홍도, 박채선, 남연화, 박신숙, 오정숙, 성창순, 박봉선 등이 단원이라고 하였다. 그리고 춘향전, 흥보전, 심청전 등 3대 고전으로 근 두 달 동안의 준비 연습을 마치고 같은 해 9월 부산을 기점으로 하여 새 출발 하였는데 가는 장소마다 극장은 문전성시를 이루었다고 하였다. 박황, 『판소리 이백년사』, 사사연, 1987, 280-281쪽.

비롯하여 전국의 여러 곳을 다니며 순회공연을 하였다.[60]

　국극협단에서는 1949년 1월부터 단국창극단과 함께 합동신춘공연을 하였다. 1월 9일부터 15일까지 대구극장에서 〈춘향전〉, 〈심청전〉, 〈흥보전〉 등을 상연하고,[61] 16~18일은 포항극장에서, 2월 1일부터 부산의 국립극장(구 보래관)에서 상연하였다.[62]

　국극협단에서는 송림 작, 박동실 작(곡)·창도의 〈탄야곡(嘆夜曲)〉을 1950년 5월 15~17일 광주극장에서 상연하고,[63] 6월 12일부터 대구 만경관에서 상연하였다.[64] 그 후 1950년 6월 24일부터 동아극장에서 상연하였다. 〈탄야곡〉의 출연자는 박후성, 김준옥, 한일섭, 박봉술, 주광득, 성창렬, 선동월, 성선근, 이춘문, 서정길, 조동선, 공기남, 박초향, 박홍도, 성옥란, 선농월, 박해중월, 조금향, 김소월, 박진숙 등이다.[65] 한편 박황은 국극협단의 〈춘향전〉, 〈흥보전〉, 〈심청전〉이 인기가 대단하여 가는 곳마다 문전성시를 이루었다고 하며, 주광득은

60　현재 확인된 것으로는 1948년 6월 17~23일 대구극장(『영남일보』, 1948. 6. 17.), 1948년 7월 26~29일 군산극장(『군산신문』, 1948. 7. 27.), 1949년 1월 29일부터 부민관(『부산신문』, 1949. 2. 1.), 1949년 3월 7~8일 항구극장(『민주중보』, 1949. 3. 8.) 등이다.

61　1. 창악부─〈춘향전〉·〈심청전〉·〈흥보전〉, 2. 국악부─가야금산조·키타산조, 3. 창극조부 일동, 4. 무용부─화랑무·신라무·민속무, 5. 특별찬조 출연─줄타기 왕 김영철 등 남녀창극계 최고봉 30여 명이 출연하였다. 『대구시보』, 1949. 1. 9.

62　당시 오태석, 박지홍, 박상근, 박후성, 김영철, 김원길, 최병기, 방태진, 임새근, 신영선, 박초향, 박홍도, 하진옥, 음송란, 방숙향 등이 출연하였다. 『부산신문』, 1949. 2. 1. 다만 출연자 명단에 주광득의 이름이 보이지 않아 출연 여부는 알 수 없다.

63　『동광신문』, 1950. 5. 16.

64　이때 박영진 導演의 〈哀怨經〉(5막 6장)과 〈復讐三尺劍〉(4막 6장)도 상연하였다. 『남선경제신문』, 1950. 6. 10.

65　이때 〈장화홍련전〉과 〈원한의 복수〉도 상연하였다. 『자유민보』, 1950. 6. 23.

흥보 큰아들 역을 했다고 하였다.[66]

이 외에도 국극협단에서는 〈추풍감별곡〉, 〈왕자 사유(斯由)〉, 〈예도성의 삼경〉 등을 상연하였다. 〈예도성의 삼경〉(박황 작, 이유진 연출, 한일섭 편곡, 원우전 장치)은 고대 예맥(濊貊)의 전설을 소재로 한 작품으로, 1949년 구정 때 상연하였다. 배역은 맥왕 서정길, 마창왕 자 박후성, 맹장 김득수, 예왕 김원길, 계비 김덕희, 태자 허희, 공주 박홍도, 시녀 남연화, 신지 김재봉, 읍차 주광득이었다.[67] 〈예도성의 삼경〉은 국극사의 〈만리장성〉, 조선창극단의 〈왕자호동〉, 김연수창 극단의 〈단종과 사육신〉과 더불어 사대 걸작이라는 평가를 받은 작 품이다.[68]

④ 순흥창극단

주광득 명창은 한때 순흥창극단에 참여하였다. 순흥창극단은 박 봉술이 중심이 되어 조직한 단체로, 순천을 중심으로 인근의 여수, 광양, 구례, 벌교, 보성, 고흥 등지를 다니면서 순회공연을 하였다. 단원은 주광득, 공기남, 배금찬, 박정례, 선농월, 박향, 성창렬, 성옥 란 등 20여 명이었다.[69]

---

66 〈춘향전〉은 이몽룡 박후성, 방자 한일섭, 후배사령 김득수, 춘향 박홍도, 춘향 모 박초향, 향단 남연화, 사또 양상식, 집장사령 김득수였으며, 〈흥보전〉은 놀 보 양상식, 놀보처 박초향, 마당쇠 김득수, 흥보 박후성, 흥보처 박홍도, 돌남 남연화, 도승 서정길, 흥보 큰아들 주광득이고, 〈심청전〉은 심 봉사 박후성, 심 청 남연화, 뺑덕이네 박초향, 화주승 김득수, 황봉사 양상식, 송천자 서정길, 동장 신봉학이었다. 박황, 『창극사연구』, 백록출판사, 1976, 170-171쪽.
67 〈예도성의 삼경〉의 줄거리는 박황, 『창극사연구』(백록출판사, 1976, 179-182 쪽)에 소개되어 있다.
68 박황, 『창극사연구』, 백록출판사, 1976, 174-175쪽.
69 순천시사편찬위원회, 『순천시사(문화·예술편)』, 순천시, 1997, 758쪽. 정혜

⑤ 국극사

주광득 명창은 1952년에 박록주가 재건한 국극사에 참여하였다.
이 단체는 1945년에 창립한 국극사와는 무관하다.[70] 단원은 박동진,
박병두, 이용배, 박정환, 이재돌, 허빈, 이돈, 백완, 이일파, 한농선,
박춘홍, 변녹수, 조봉란, 장소란, 박영자, 황경순 등의 신진과 신극단
출신으로 이루어졌다.[71] 1950년대 후반까지 〈월야삼경〉, 〈도화선〉,
〈햇님 달님〉 등의 창극을 상연하였다. 그 후 국극사는 〈신판 심청전〉,
〈대춘향전〉, 〈장화홍련전〉, 〈만리장성〉 등을 상연하였다.

국극사에서 상연한 창극 가운데 주광득이 출연한 것으로 확인된
것은 혜안 작, 이재춘 연출, 박만호 기획의 〈도화선〉(4막 5장)이다.
〈도화선〉은 일명 〈만리장성〉으로, "하로밤에 매진 사랑 삼 년 세월을
기다려도 오지 않는 낭군을 찾어 강녀(姜女)는 드디어 만리장성을
찾어간다"는 광고 문구를 볼 때 이전의 국극사에서 상연한 〈만리장
성〉[72]과 동일한 내용의 작품임을 알 수 있다.

정, 「순천지역 판소리 전승 양상 연구」, 전남대학교 박사학위논문, 2019, 72-73쪽.
[70] 원래 국극사는 1945년 10월에 조직한 대한국악원 산하에 직속 단체로 창단되었으며, 1946년 1월 11일부터 〈대춘향전〉을 국제극장에서 상연하였다.
[71] 박황, 『창극사 연구』, 백록출판사, 1976, 214쪽.
[72] 〈만리장성〉은 중국 진시황 시대에 만리장성을 축성할 때의 슬픈 이면사를 창극화한 것으로, 1950년 5월 12일부터 19일까지 국립극장에서 상연한 바 있다. 작 김일민, 연출 박춘명, 음악·안무 조상선, 장치 채남인, 조명 최진, 출연 오태석·정남희·조상선·백점봉·임종성·신숙·임소향·양진옥 외 50명이었다.『동아일보』, 1950. 5. 11.『경향신문』, 1950. 5. 14. 박황에 의하면 〈만리장성〉은 사대 걸작의 하나로 꼽히는 작품으로, 대규모의 무대장치와 종막의 무굿놀이는 화려하면서도 인상적이었다고 한다. 추해상 작, 박춘명 연출, 조상선 편곡·안무, 김정환 미술, 원우전 장치로, 배역은 맹진사 정남희, 부인 성추월, 맹강녀 신숙, 시녀 조순애, 석홍 조상선, 만명 장영찬, 정도령 김준옥, 장백 백점봉, 칠성 홍갑수, 부장 성순종 등이었다. 박황, 『창극사연구』, 백록출판

1953년 2월 2일부터 동아극장에서 〈도화선〉을 상연하였는데, 창악
은 강장안·박록주, 안무는 강태홍, 음악은 박성옥·박지홍·강태
홍·김자(홍)·이덕환·김(*)진, 김정환·박석인이 하고, 출연은 남
자부에 강태홍·강장완·임종성·박봉술·주광득·임준옥·공기
준·이용배·허빈·이돈·박성철·신장옥·(*)복·박정환, 여자부
에 박록주·박초향·박춘홍·박춘자·박옥란·박영자·선농월·
이해선·안(채)선·나경애·노경자·김복례·선화심·김려향·김
순이 등이었다.[73]

⑥ 국악사

주광득 명창은 박후성이 대구에서 조직한 국악사에 참여하였다.
국악사의 전신은 박후성이 1951년 1월에 대구에서 한일섭, 장영찬,
공기준, 박초향, 이귀조, 박홍도, 남해성, 박신숙과 신극 출신의 남민,
허빈, 전해원 등으로 조직한 대동국악사이다. 1951년 말에 경남지구
정훈공작대 대원이던 김원길, 신봉학, 허희와 전 국극사 단원인 오
태석, 성원목, 홍갑수, 박도아, 성순종 등이 대동국악사에 참여함으
로써 창극단의 모습을 갖추게 되어 단체명을 국악사로 바꾸었다.
국악사는 박황 작 〈님은 가시고〉를 대구극장에서 상연하면서 새
출발을 하였으며, 얼마 뒤 순흥창극단이 해산하여 주광득, 배금찬,
김록주, 성옥란, 김준옥 등이 입단함으로써 진용이 더욱 강화되었

사』, 1976, 175-178쪽. 김준옥은 임방울에게 소리를 배우고, 그의 수양아들이
되어 임준옥으로 개명하였다. 정혜정, 「순천지역 판소리 전승 양상 연구」, 전
남대학교 박사학위논문, 2019, 73쪽.
73 『동아일보』, 1953. 1. 31. 〈만리장성〉의 줄거리는 박황, 『창극사 연구』(백록출
판사, 1976, 175-178쪽)에 소개되어 있다.

다.[74] 1953년에 허빈 작 〈백호성〉·〈서라벌의 재성고〉, 박황 작 〈운곡사의 비화〉·〈일편단심〉·〈사도세자〉 등을 상연하였다. 1957년 11월 홍갑수가 조직한 대한국악단에 흡수되었다.[75]

주광득 명창은 제1회 신작 대공연으로 1953년 9월 10일부터 평화극장에서 상연한 고구려 야화 〈백호성〉(전3막, 10~11일)과 12일부터 상연한 〈서라벌의 재성고〉에 출연한 것이 확인된다. 허빈 작, 남민 연출, 정우택 장치, 박적 기획으로, 박후성, 김원길, 장영찬, 남민, 허빈, 안태식, 박병두, 전해원, 한일섭, 이용배, 임준옥, 성부근, 주광득, 신봉학, 이병칠, 이평, 김일구, 남해성, 박홍도, 박진숙, 김금연, 염용순, 최숙, 김영자, 김선자, 최연옥, 김광자, 안채선, 박봉선, 박초향 등이 출연하였다.[76] 대구극장에서도 1953년 11월 24일부터 〈서라벌의 재성고〉(3막 6장)와 〈백호성〉(3막 4장)을 상연하였다.[77]

2) 주광득 명창의 제자들

주광득 명창은 순천, 전주, 남원 등지에서 소리선생을 하였다. 1950년대에 박봉술(1922~1989) 명창이 순천국악원에서 소리선생으로 있을 때 강도근, 김영운과 함께 초청되어 소리를 가르쳤으며,[78] 남원에서는 남원국악원 등에서 김영운과 함께 소리를 가르쳤다.[79]

---

74 박황, 『창극사 연구』, 백록출판사, 1976, 193-197쪽.
75 박황, 『창극사 연구』, 백록출판사, 1976, 236쪽.
76 『경향신문』, 1953. 9. 10.
77 『대구일보』, 1953. 11. 25.
78 정혜정, 「순천지역 판소리 전승 양상 연구」, 전남대학교 박사학위논문, 2019, 69쪽.
79 남원국악원은 1953년 10월 20일 창립하였는데, 원장 이일우, 총무 박춘광, 간

주광득 명창은 일찍 세상을 떠나 자신의 소리 세계를 활짝 피우지 못했지만, 그의 소리 세계는 그가 가르친 제자들의 소리 속에 숨 쉬고 있다.

박복남(1927~2004)은 전라북도 순창군 적성면의 전통예인 집안 출신으로, 박봉술 명창의 사촌 동생이다. 13세 때 유성준 명창의 제자 박삼룡에게 수궁가를 배웠고, 14세 때 자기 집에서 주광득으로부터 심청가와 흥보가를 배웠으며, 15세 때는 당시 전라남도 장흥에 머물고 있던 이동백에게 심청가와 단가 경산 경가, 인생 수기 등을 배웠다. 그 후 20여 년 동안 정읍, 여수, 부안, 순창 등지의 국악원에서 소리를 가르치며 판소리 발전에 이바지하였다. 70세인 1996년 제3회 전국판소리명창대회에서 대통령상을 수상하고, 1997년에 전라북도 무형문화재 판소리 수궁가 예능보유자가 되었다. 그의 수궁가는 송흥록 – 송광록 – 송우룡 – 유성준 – 박삼룡으로 이어지는 바디이다. 박복남은 수리성의 소유자로 성량 또한 우람하고 컸으며, 탄탄한 성음과 공력으로 순창을 중심으로 소리판을 지킨 명창이다.[80]

정춘실(1943~2019)은 전라북도 남원 운봉면 출신의 여성 판소리 명창이다. 13세부터 강도근에게 흥보가와 춘향가를 배웠고, 주광득에게도 배웠으며, 18세부터 정광수 문하에서 수궁가 전 바탕과 흥보가 등을 익혔다. 그 후 오정숙, 정권진, 성우향에게 춘향가와 심청가

사 전앵무 외 1명, 평의원 양영주 외 7명이었다. 창립기념으로 〈대춘향전〉을 비롯한 제전이 10월 23~24일 양일간 남원극장에서 열려 대성황을 이루었다. 『경향신문』, 1953. 11. 1. 정범태는 안숙선이 남원국악원에서 주광득으로부터 단가 죽장망혜와 춘향가의 이별가 대목을 토막소리로 배웠다고 하였다. 정범태, 『명인 명창』, 깊은샘, 2002, 489쪽.

80 최동현, 『판소리 이야기』, 인동, 1999, 289-291쪽. 한국학중앙연구원, 「한국향토문화전자대전」(http://www.grandculture.net).

등을 배웠다. 1991년 춘향제의 제18회 전국판소리명창대회에서 대통령상을 수상하고, 1998년 광주광역시 무형문화재 판소리 춘향가 예능보유자로 인정되었다. 그의 춘향가는 김세종-김찬업-정응민-정권진-성우향으로 이어지는 바디이다.[81]

성준숙(1944년생)은 전라북도 완주군 이서면 출신의 여성 판소리 명창으로, 예명은 민소완이다. 13세 때부터 창극단을 따라다니며, 임방울, 주광득, 김동준, 강도근, 홍정택, 이일주에게 춘향가와 수궁가 등을 배웠다. 그 후 이일주와 오정숙으로부터 동초제 판소리를 배웠으며, 1986년 전주대사습놀이대회에서 대통령상을 받았다. 1996년 전라북도 무형문화재 판소리 적벽가 예능보유자로 인정되었다. 그의 적벽가는 김연수-오정숙으로 이어지는 바디이다.[82]

안숙선(1949년생)은 전라북도 남원군 산동면의 전통예인 집안 출신으로, 명창 강도근과 가야금 명인 강순영의 외종질이다. 9세 때 이모 강순영의 손에 이끌려 주광득 명창에게 1년 정도 칠선옥 등에서 단가 백발가를 비롯하여 심청가의 아이 어르는 대목, 춘향가의 남원골 한량과 이별가, 적벽가의 군사설음타령 등을 배우며 판소리의 기초를 닦았다. 안숙선에게 소리의 싹을 틔워준 첫 스승이 주광득 명창인 것이다.[83] 12세부터 남원국악원에서 강도근에게 흥보가와 적벽가, 춘향가, 심청가, 수궁가 가운데 일부를 배우고, 14~15세에 강순영에게 가야금산조와 가야금병창을 익혔다. 20세 무렵 상경하여 김소희로부터 흥보가와 춘향가를 배웠으며, 이어 박귀희에게 가야금

81 전경욱 편저, 『한국전통연희사전』, 민속원, 2014, 924쪽.
82 문화재연구소, 「판소리 유파」, 문화재관리국, 1992, 121쪽. 최동현, 『판소리 명창 김연수』, 신아출판사, 2014, 171-172쪽.
83 「나의 젊음, 나의 사랑-명창 안숙선 ②」, 『경향신문』, 1996. 3. 11.

병창을 익혔다. 그 후 정광수에게 수궁가, 박봉술에게 적벽가, 성우향에게 심청가를 익혀 판소리 다섯 바탕을 모두 보유하게 되었다. 1986년 남원에서 열린 제56회 춘향제의 제13회 전국판소리명창대회에서 대통령상을 수상했으며, 1997년 중요무형문화재 제23호 가야금산조 및 병창 예능보유자가 되었다.[84]

5. 대구광역시 인간문화재 주운숙 명창

주운숙(朱云淑) 명창은 1953년 전라북도 남원에서 주광득의 막내 딸로 태어났다. 7세 때 아버지가 세상을 떠나 외가 근처인 구례로 이사하여 토지동국민학교(현 토지초등학교 연곡분교)를 다녔는데, 5, 6학년 때는 선생님을 대신하여 운동회 때 또래들의 무용 안무를 하였다. 국민학교를 마친 후 서울로 올라가서 국악 활동을 하는 언니 주영숙과 함께 생활하며, 명고수 김득수[85]가 운영하는 국악학원에 다니며 가야금과 무용을 배웠다. 19세 때 대구로 와서 권명화와 박인희에게 살풀이, 오북, 승무 등을 배웠다.[86]

---

84 문화재연구소, 「판소리 유파」, 문화재관리국, 1992, 65쪽. 「나의 젊음, 나의 사랑 – 명창 안숙선 ②」, 『경향신문』, 1996. 3. 11. 전경욱 편저, 『한국전통연희사전』, 민속원, 2014, 672-673쪽.
85 金得洙(1917~1990, 본명 金永洙)는 전라남도 진도군 진도면에서 태어나 20세기에 활동한 명고수이다. 전통예인 집안 출신으로, 진도 북춤의 중시조로 알려진 김행원(별명은 김오바)의 아들이자, 진도 씻김굿 악사 박진섭의 숙부이다. 金命煥(1913~1989), 金東俊(1928~1990)과 함께 당대 최고의 판소리 고수로 명성이 있었으며, 1985년에 중요무형문화재(현 국가무형문화재) 제5호 판소리 고법 예능보유자로 인정되었다. 전경욱 편저, 『한국전통연희사전』, 민속원, 2014, 200쪽.
86 문화재연구소, 「판소리 유파」, 문화재관리국, 1992, 161쪽.

주운숙은 1985년부터 1990년까지 이명희판소리연구소에서 만정제 흥보가를 전수하고 만정제 춘향가의 일부와 남도민요를 배웠다. 그 뒤 1992년부터 이일주 명창을 스승으로 모시고 동초제를 체계적으로, 그리고 치열하게 학습하였다. 이일주 명창(1935년생, 본명 李玉姬)은 충청남도 부여 출신으로, 서편제 명창 이날치(1820~1892)의 증손녀요, 판소리 명창 이기중의 딸이다. 부친에게 소리를 배운 후 박초월과 김소희에게 소리공부를 하였고, 1973년부터 오정숙의 제자가 되어 동초제 판소리를 이수하였다. 1979년에 전주대사습놀이 대회에서 장원을 하였으며, 1984년 전라북도 무형문화재 판소리 심청가 예능보유자가 되었다.[87]

주운숙은 타고난 재능에다 피나는 수련을 거듭하면서 소리에 살이 오르며 일취월장하였다. 1992년 제16회 모양성제 전국판소리대회 장원을 하고, 1995년 10월 3일 대구의 대백프라자에서 동초제 심청가 완창발표회를 열고 소리판에 이름을 알리기 시작하였다. 그리고 1996년 6월 20일 제22회 전주대사습놀이대회에서 대통령상을 수상함으로써 명창의 반열에 올랐다. 그 후 이일주 명창으로부터 동초제 수궁가와 흥보가를 전수하였다. 한편 주운숙은 예순이 넘은 나이에 신영희 명창으로부터 만정제 춘향가를 전수하고 발표회를 하였다.

주운숙 명창은 2017년 1월 31일 대구광역시 무형문화재 제8호 판소리 심청가 예능보유자가 되었다. 보유자 지정이 다소 늦었지만, 대구를 대표하는 판소리 명창으로서 지역 사회에서 가지는 그의 비

---

87 김석배, 「김연수제 춘향가 연구」, 『배달말』 53, 배달말학회, 2013, 184쪽.

중은 한층 더 커지게 되었다.

주운숙 명창의 성음은 수리성이며,[88] 통성 위주로 소리한다. 그러면서도 애원성이 있어, 청중들에게 구성 있는 소리로써 판소리의 맛과 멋을 느끼게 한다. 또한 일찍이 무용을 배웠기 때문에 그의 발림(너름새)은 우아하고 멋이 있으며, 기품이 있다. 한편 작창 능력도 탁월하여 여러 편의 창극을 무대에 올려 찬사를 받았다.

주운숙 명창은 그동안 완창발표회와 창극 공연 등을 통해 대구·경북지역의 판소리 발전에 크게 이바지하였다. 그 가운데 대표적인 것을 들면 다음과 같다. 대구에서 심청가 완창발표회(1995, 2014)와 흥보가 완창발표회(1998, 1999, 2007), 수궁가 완창발표회(2001), 춘향가 발표회(2018, 2020)를 하였다. 그리고 전주세계소리축제 초청 심청가 완창발표회(2003)와 흥보가 완창발표회(2006), 국립국악원 초청 흥보가 완창발표회(2007) 등을 통해 전국적인 명성을 얻었다. 한편 창무극 〈봄꽃 피고 새날을 연다〉(2003), 창무극 〈심청〉(2005), 창극 〈심청전〉(2006), 해학창극 〈포항골에 박 터졌네〉(2008), 소리극 〈심청딘〉(2009), 신해학 창극 〈신관사또와 기생점고〉(2010), 해학창극 〈놀보는 풍각쟁이야〉(2011), 창극 〈심 봉사전〉(2020) 등을 무대에 올려 대구·경북에 창극이 지닌 재미를 널리 알렸다. 그리고 대구와 경북 등지에서 열린 수많은 공연과 강의 등을 통해 판소리의 저변 확대에 노력하고 있다.

한편 주운숙 명창은 1993년에 주운숙판소리연구소를 설립하여

---

88 수리성이란 쉰 목소리와 같이 거칠게 나오는 소리로 판소리를 하는 데 적합한 성음이다. 물론 성음으로는 이동백과 임방울 명창과 같이 거친 소리이지만 수리성에 비해 상대적으로 맑은 소리인 천구성을 최고로 친다. 최동현, 『판소리란 무엇인가』, 에디터, 1994, 71-72쪽.

제자를 가르치고, 1995년부터 대구예술대학교와 동국대학교(경주 캠퍼스), 영남대학교, 부산대학교 등 대학 강단에서도 제자를 지도하며 교육자로서 존경받았다. 그는 훌륭한 인품의 소유자로서 제자들에게 항상 '소리에 앞서 인간이 되어야 한다'는 점을 강조하고 있다. 기능인이 아니라 예술가가 되어야 한다는 것이다. 말만 앞세우는 것이 아니라, 본인도 그렇게 살아왔으니 제자들의 사표가 되기에 충분하다.

주운숙 명창의 언니 주영숙(1948년생)도 판소리 명창이다. 주영숙은 부포와 설장구 명인으로 어릴 때부터 남원농악단 등 여러 단체에서 활동하며 이름을 날렸다. 늦은 나이에 이일주 명창 문하에 입문하여 2002년 5월 9일 남원에서 열린 제72회 춘향제의 전국국악(판소리)명창대회(제29회)에서 심청가로 대통령상을 수상하였다. 한때 전라북도 김제에서 국악원을 열어 제자들을 가르치다가 2021년 세상을 떠났다.

6. 맺음말

'왕대밭에 왕대 난다'는 속담이 있다. 전라남도 담양의 주덕기 가문의 소리꾼들은 남다른 소리 재능을 타고 났으며, 그 재능을 피나는 노력으로 활짝 피워 판소리문화 발전에 크게 이바지하였다. 이 글에서는 전통예술 분야에서는 타고난 재능, 곧 가문의 핏줄이 중요하다는 점에 주목하며, 주덕기 명창 가문에서 배출한 소리꾼들의 예술세계를 두루 살펴보았다.

이상에서 살펴본 바를 간략하게 정리하면 다음과 같다.

첫째, 주덕기 명창은 순헌철종 연간에 활동한 전기팔명창의 한 사람으로 적벽가와 춘향가, 심청가 등으로 이름을 떨친 소리꾼이다. 송흥록과 모흥갑의 수행고수였으나 소리꾼으로 전향하여 대성하였다. 춘향가의 사랑가·이별가·옥중가, 적벽가의 화용도에 특장하였으며, 춘향가의 옥중몽유가를 더늠으로 남겼다. 그의 심청가는 아들 주상환에게 전해졌고, 적벽가는 박만순에게 전해진 것으로 보인다.

둘째, 주상환 명창은 주덕기의 아들로 헌철고종 연간에 활동한 서편제 소리꾼이다. 심청가 명창으로 일세를 울렸으며, 후세에 심 봉사가 젖동냥으로 심청을 기르는 대목을 더늠으로 남겼다.

셋째, 주광득 명창은 송만갑과 김정문, 박동실에게 소리를 배웠으며, 북, 설장구, 판소리, 창극 등에 두루 뛰어난 다재다능한 예인이었다. 화랑창극단을 비롯하여 조선고전음악연구회, 국극협단, 순흥창극단, 박록주의 국극사, 박후성의 국악사 등에서 활동하였다. 화랑창극단의 〈항우와 우미인〉, 조선고전음악연구회의 〈춘향전〉, 〈흥보전〉, 〈심청전〉, 국극협단의 〈고구려의 혼〉, 〈탄야곡〉, 〈예도성의 삼경〉, 국극사의 〈도화선〉, 국악사의 〈백호성〉 등에 출연하여 방자, 흥보 큰아들, 읍차 등 조연으로 인기를 얻었다. 그리고 박복남과 정춘실, 성준숙, 안숙선 등을 가르쳤다.

넷째, 주운숙 명창은 주광득의 딸로 1985년 늦은 나이에 판소리에 입문하여 이명희에게 만정제 흥보가를 전수하고, 이일주에게 동초제 심청가와 흥보가, 수궁가를 전수하였으며, 신영희에게 만정제 춘향가를 전수하였다. 1996년 제22회 전주대사습놀이대회에서 대통령상을 수상하였으며, 2017년 대구광역시 무형문화재 제8호 판소리 〈심청가〉 예능보유자가 되었다. 그의 성음은 수리성이며 통성 위주로 소리한다. 심청가, 흥보가, 수궁가, 춘향가 등의 완창발표회를 통해 애원성 있는 구성진 소리와 절제된 발림으로 판소리의 맛과 멋을 잘 드러내었다. 한편 〈신관사또와 기생점고〉를 비롯하여 〈놀보는 풍각쟁이야〉와 〈심 봉사전〉 등의 창극을 무대에 올려 대구·경북지역에 창극이 지닌 재미를 널리 알려 왔다. 또한 주운숙판소리연구소와 부산대학교 등 여러 대학에서 많은 제자를 가르치는 등 훌륭한 스승으로서 판소리의 앞날에 크게 이바지하고 있다. 한편 주영숙 명창도 남원 춘향제에서 대통령상을 수상하고, 한때 전라북도 김제에서 국악원을 열어 활동하였다.

판소리 가문에 대한 본격적인 연구가 필요하다. 더 늦기 전에 학계에서 힘을 모아 판소리의 예맥이 끊어진 가문에 대한 연구부터 서둘러야 할 것이다.

판소리 명창의 삶과 예술세계

제2장

김창환 명창 가문의
소리 세계

1. 머리말

판소리 명창이란 판소리 기량이 탁월하고, 그 소리가 정통성과 역사성이 있고, 내세울 만한 개성적인 더늠이 있으며, 감상층의 폭넓은 지지를 확보하고 있고, 판소리 발전에 뚜렷하게 이바지한 소리꾼을 일컫는 말이다. 19세기 후반기와 20세기 전반기에 걸쳐 활동한 김창환은, 일찍이 정노식이 『조선창극사』에서 "李朝 高純 兩代間에 在하여 李捺致 後로 西派 法統을 獨奉하다싶이 一世를 振動한 名唱이다. 製作도 能하거니와 '제스추워'가 唱보다 더욱 能하다. 잘난 風采로 右往左來 一擧手 一投足이 모다 美妙치 아니한 것이 없다. 美人의 一嚬 一笑가 사람의 精神을 恍惚케 함과 恰似하여 唱과 劇이 마조 떠러지는 데에는 感歎을 發치 아니할 수 없다. 各種 古典 歌에 精通

한 것과 前人의 法制에 見聞이 많은 것은 또한 드물리 보는 바이다. 近代 斯界에 一大家로 許함에 넉넉하다."[1]라고 평한 바 있듯이 명실 상부한 판소리 명창이다.

김창환은 1855년 전라남도 나주군 삼도면 양화리의 전통예인 집 안에서 태어나 1937년 무렵까지 산 서편제 명창이다.[2] 어린 시절 박 만순, 정춘풍에게 배우고 이날치에게 가문소리를 습득하였다. 그 후 정창업 명창에게 판소리를 배웠으며, 신재효의 문하에서 지침을 받 아 자신의 판소리 세계를 완성하였다. 1902년 고종 어극(御極) 40년 칭경예식(稱慶禮式)을 위해 봉상시(奉常寺) 내에 설치된 협률사의 주석으로 발탁되어 당대 최고의 국창으로 인정받았고, 1915년 3월 에 설립된 경성구파배우조합에 선생으로 참여하였으며, 1930년에 설 립된 조선음률협회의 회장을 맡는 등 판소리창단의 원로로서의 역할 을 하였다. 그런 한편 각종 명창대회와 국악방송에 출연하여 자신의 특장 대목을 불렀으며, 여러 회사의 음반에 장기 대목을 다수 취입하 였다. 이와 같이 김창환은 20세기 판소리 발전에 크게 이바지하였다.

김창환 명창 가문에서는 여러 명의 명창을 배출하였다. 아들 김봉 이와 김봉학은 판소리 명창이고, 서파의 수령이라는 서편제 명창 이 날치와 동파의 종장(宗匠)이라는 동편제 명창 박기홍은 이종 간이 다. 그리고 전남 영광 출신의 서편제 소리꾼인 김종길은 육촌이다.[3]

---

1 정노식, 『조선창극사』, 조선일보사출판부, 1940, 147-148쪽.
2 김창환의 제적등본에 의하면 開國 四百六拾四年(1855) 3月 5日 金海人 父 金 千鏡와 母 朴氏의 장남으로 全羅南道 光山郡 三道面 內山里 221番地 출생하 여 昭和 12年(1937) 6月 6日 내산리 221번지에서 사망하였다. 양화리는 지금 의 광주광역시 광산구 대산동이다.
3 강한영 교주, 『신재효 판소리사설 여섯마당집』, 형설출판사, 1982, 4쪽.

한편 김창환의 여동생들은 각각 박종환(박송희의 부친)과 임방울, 정광수를 낳았다.

김창환의 가계를 간략하게 도표로 정리하면 다음과 같다.

〈김창환 명창의 가계도 1〉

〈부계〉　〈모계〉
김천경 ── 박씨
│
(재종)김종길 ─ 김창환 ─ 이날치·박기홍(이종)

〈김창환 명창의 가계도 2〉[4]

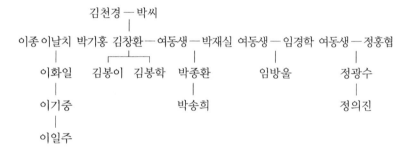

근래 김창환 명창에 대한 연구가 이루어지고 있다.[5] 그러나 그것

4　서진경, 「동편제〈흥보가〉박록주와 박송희 명창의 예술 활동과 전승음악의 특징 비교 연구」(동국대학교 문화예술대학원 석사학위논문, 2013, 36쪽)와 이일주의 호적을 바탕으로 정리하였다.

5　남궁정애, 「판소리 명창 김창환의 음악어법 연구」, 중앙대학교 석사학위논문, 2000. 김석배, 「김창환제〈춘향가〉에 끼친 신재효의 영향」, 『판소리연구』13, 판소리학회, 2002. 김석배, 「김창환제〈흥보가〉에 끼친 신재효의 영향」, 『판소리연구』15, 판소리학회, 2003. 이연옥, 「김창환제 흥보가의 전승과 음악적

은 주로 음악적 측면이나 문학적 측면에 초점이 맞추어진 연구여서 김창환 명창의 예술세계를 이해하는 데 충분하지 않다. 김창환 명창의 판소리사적 위상에도 불구하고 그에 대한 연구가 제대로 이루어지지 않았던 것은 서편소리의 퇴조 현상과 김창환제 판소리가 겨우 명맥만 유지되고 있는 사실과 무관하지 않을 것이다. 또한 김봉이를 비롯하여 이날치와 박기홍 등 김창환 명창 가문의 다른 소리꾼들에 대한 관심도 필요하다.

　20세기의 판소리 및 판소리사를 제대로 이해하기 위해 김창환 명창 가문의 소리세계에 대한 체계적이고 종합적인 연구가 필요하다. 이 글에서는 김창환 명창 가문의 소리세계를 이해하기 위한 작업의 일환으로 먼저 김창환 명창의 예술 활동을 살펴보고, 아울러 그 가문의 소리꾼들에 대해 간략하게 살펴보기로 한다.

2. 김창환 명창의 예술 활동

1) 김창환제 판소리의 정립

　김창환제 판소리가 정립되는 과정은 크게 세 시기로 구분할 수 있다. 첫째 시기는 어릴 때 박만순, 정춘풍에게 배우고, 이날치 명창에게 가문소리를 익혀 판소리의 기초가 닦여진 입문기이고, 둘째 시기는

특징 연구―김창환·오수암·정광수를 중심으로―」, 한양대학교 석사학위 논문, 2003. 김석배, 「김창환제〈심청가〉에 끼친 신재효의 영향」, 『판소리연구』 18, 판소리학회, 2004.

정창업 명창에게 본격적인 판소리 수업을 받아 김창환제 판소리가 자리잡힌 형성기이고, 셋째 시기는 신재효의 문하에서 판소리 이론과 실기에 대한 지침을 받아 김창환제 판소리가 확립된 완성기이다.

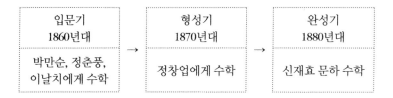

① 김창환의 판소리 입문과 이날치

김창환은 옛날 나주읍 성북동에 있던 신청(神廳)에 소속되어 있었고,[6] 생질인 임방울의 집안이 무업에 종사한 것[7]으로 미루어 보아 김창환의 가계가 무계임을 알 수 있다.[8] 김창환의 예술적 재능은 모계로부터 물려받은 피내림이고, 그의 소리 역시 내림소리인 것이다.

김창환은 집안 내력으로 인해 어린 시절부터 자연스럽게 판소리를 듣고 자랐으며, 열한 살 때부터 박만순과 정춘풍에게 본격적으로 소리를 배우기 시작하였다.

---

6 나주군지편찬위원회, 『나주군지』, 나주군, 1980, 701쪽.

7 표인주 외, 『국창 임방울의 생애와 예술』, 사단법인 임방울국악진흥재단, 2004, 31-32쪽.

8 "과거 명창 중에 결성 최선달, 권삼득, 정춘풍 기타 數人의 비가비(한량으로 劇歌에 능하여 광대로 行世하는 자를 才人階級의 광대와 구별하기 위한 명칭)를 除한 外에는 광대가 모두 거의 才人 巫人 階級에 限하여서만 출생"(정노식, 『조선창극사』, 조선일보사출판부, 1940, 14쪽)하였고, 무계의 통혼권은 매우 폐쇄적이었다. 박정진, 「우리시대 재인의 계보학(2)」, 『문화예술』, 1993년 10월호, 한국문화예술진흥원, 24-38쪽.

나는 본시 전라남도 라주 출생으로 열한 살 째부터 구례 명창 박만
순 선생과 진주 명창 정춘풍 선생에게서 소리를 배호기 시작하야 대원
군께서 생존해 게실 째에는 비상한 총애를 입사와 마패의 하사까지 바
덧습니다 그래서 당시의 捕校들도 이 마패 째문에 나는 함부로 못 잡
어 갓습니다 그리고 돌아가신 고종 전하와 순종께서도 각금 우리를 궁
중으로 불러들이사 御前에서 연주를 한 적이 만허서 관을 세 개나 하
사 바든 일이 잇습니다 그래서 만대의 영광이라고 전 가족이 感泣한
일도 잇습니다마는 모든 것이 옛꿈이 되고 말엇습니다 나의 감상이요?
무엇 별것이 잇겟습니까?[9]

조상선은 소리를 무섭게 헐라면 김의관(김창환)같이 하고 소리를
맛있게 헐라면 송감찰(송만갑)같이 허고 소리를 두텁고 웅장하게 헐라
면 이동맥 씨같이 하라[10]

소리로 말하자면 송만갑 명창은 강한 상청으로 음이 높아 귀에 쟁쟁
울리고 정확하여 축음기에도 잘 받는 소리였는디 우리 선생님의 음의
폭은 넓고 굵고 호령음이 무서웁고 이면과 경우가 밝았지. 그래서 소
리가 맛있기는 송만갑 명창, 무섭고 장중하기는 김창환 명창, 큰 터를
다듬어 주추를 세우기는 이동백 명창이라는 말이 있었지.[11]

---

9 「寒燈夜話, 노래 뒤에 숨은 설음(二), 國唱歌手의 古今錄」, 『매일신보』, 1930.
11. 24.
10 이보형 외, 「판소리 인간문화재 증언 자료, 판소리 명창 정광수」, 『판소리연구』
5, 판소리학회, 1994, 347쪽.
11 김명곤, 「옛법을 존중하는 귀족적인 소리광대 판소리 정광수」, 『명인명창』,
동아일보사, 1987, 54쪽.

김창환이 어릴 때 가르친 박만순과 정춘풍 명창에 대해 간단히 살펴보기로 한다.

박만순은 전북 고부군 수금리에서 생장한 동편제 명창으로, 주덕기의 수하에서 지도를 받은 후 송흥록 문하에서 10여 년 공부하여 대성하였다. 풍신은 볼품이 없었지만 그의 성음은 양성이고 우조 위주로 판을 짜는데 발림도 뛰어나 듣는 사람으로 하여금 찬탄을 금치 못하게 하였다. 춘향가의 사랑가와 옥중가, 적벽가의 화용도 등에 뛰어났다. 그의 더늠으로 옥중가와 춘향몽유가가 유명하다.[12]

정춘풍은 충청도 양반 가문에서 태어난 비가비로, 진사과에 합격한 만큼 한학에 조예가 상당하고 판소리에 대한 이론에 뛰어나 "남에 고창 신재효요 북에 정춘풍"이라고 했다. 스승을 두고 소리를 배우지 않고 문일지십하여 자가 독공으로 고금을 종합하여 동편제 명창으로 대성하였다. 대원군의 총애를 받아 운현궁을 자기 사랑처럼 드나들었다. 적벽가에 특히 뛰어났으며, 그의 소리는 박기홍에게 전해졌다.[13]

김창환 명창의 소리는 "소리를 무섭게 헐라면 김 의관같이"라거나 "음의 폭은 넓고 굵고 호령음이 무서웁고"라고 한 것에서 알 수 있듯이 서편제이지만 우조 위주로 하는 소리이다. 이러한 소리의 특징은 김창환이 어릴 때 동편제 명창인 박만순과 정춘풍에게 배웠기 때문이다.

김창환은 박만순과 정춘풍 문하에서 소리를 익힌 후 이종형인 이날치에게 가문소리를 배웠을 것으로 짐작된다.[14] 이날치(1820~1892)

---

12 정노식, 『조선창극사』, 조선일보사출판부, 1940, 56-59쪽.
13 정노식, 『조선창극사』, 조선일보사출판부, 1940, 74-75쪽.
14 김명환 구술, 『내 북에 앵길 소리가 없어요』, 뿌리깊은나무, 1991, 65쪽.

는 본래 줄타기 명수였으나 수년간 박유전의 문하에서 수련하여 일
가를 이루었는데, 그의 소리는 "有時乎 哀怨恨歎으로써 청중의 噓唏
涕淚를 자허내이다가도 다시 詼諧滑稽로써 포복절도케 하는 그 광경
과 그 창극의 제스추워(형용동작)를 아울러 보면 실로 천하장관이었"
고, "박만순의 소리는 식자에 한하여 칭예를 받지만 이날치의 소리는
남녀노소 시인묵객 초동목수 할 것 없이 찬미 아니하는 이가 없었다
한다."[15] 그리고 이날치판 심청가는 교훈적 윤색이 제거되어 있고, 설
화의 초기적 단계가 드러나고 있으며, 일상적 세계에서 사는 사람들
의 평범한 생활과 무속적 세계관이 표명되어 있다.[16] 이러한 점은 김창
환의 가문소리가 무속적 세계관을 바탕으로 한, 서민적 성격이 강한
소리라는 사실을 알려주고 있다. 요컨대 김창환이 어린 시절 익혔던
판소리는 이날치에게 배운 고제 서편소리로 가문소리였던 것이다.

　이날치제 판소리는 김창환, 김종길과 손자 이기중(1913~1977) 등
의 혈연집단과 김채만 등의 제자를 통해 전남권을 중심으로 전승되
었다. 이일주의 부친 이기중은 가문소리를 이어 흥보가의 박타는 대
목, 심청가의 심청이 밥 빌러 가는 대목, 춘향가의 이별 대목, 숙영낭
자전을 잘 불렀으며, 서편제 소리꾼답게 맑고도 구성 있는 목으로 다
양한 기교를 구사하였다고 한다.[17]

　② 김창환제 판소리의 형성과 정창업

　김창환은 가문소리를 익힌 후 서편제 명창 정창업(1847~1919)에

15　정노식, 『조선창극사』, 조선일보사출판부, 1940, 70쪽.
16　정병헌, 『판소리문학론』, 새문사, 1993, 145쪽.
17　최동현, 『판소리명창과 고수연구』, 신아출판사, 1997, 261-262쪽.

게 소리공부를 하였다.[18] 정창업은 철종과 고종 시대에 활동한 전남 함평 출신 명창으로 박만순, 김세종, 이날치의 후배이다. 고매(高邁)하기 박만순에게 비견할 수 없고 웅혼하기 이날치에게 미치지 못했지만, 서편제 창시자 박유전의 문하에서 5년간의 각고의 노력 끝에 일가를 이루었다. 그러나 전주대사습에 참가하여 춘향가의 나귀 안장 짓는 대목을 부르다가 막혀 일시 낙명한 바 있고, 춘향가의 문을 열고 사면을 둘러보니라는 대목과 심청가의 중타령을 부르다가 김찬업으로부터 이면을 잘못 그렸다는 지적을 받은 것[19] 등에서 알 수 있듯이 박유전의 문하에서 소리 공부를 마친 후 곧바로 명창으로서 이름을 떨쳤던 것은 아니었다. 정창업은 전주대사습에서 낙명한 후 고향으로 돌아와 두문불출하고 1년 동안 독공하였고, 그 후 신재효의 문하에서 2년 동안 신재효의 지침을 받아서[20] 판소리에 대한 원리와 이론에 투철하였고, 열두 마당의 고전에 정통하였으며, 상중하 성음을 어긋남이 없이 상하청을 자유자재로 구사하면서 희노애락을 소리로 표현하는 데 신접(神接)하게 되었다. 25세 때인 1872년 전주대사습에 재도전하여 심청가의 부녀 영결 대목과 타루비 대목을 애원성으로 불러 청중을 울림으로써 마침내 명창의 반열에 오르게 되

---

18 박황, 『판소리소사』, 신구문화사, 1974, 66쪽.
19 정노식, 『조선창극사』, 조선일보사출판부, 1940, 93-94쪽.
20 그런데 정창업의 손자 정광수는 정창업의 소리제가 박유전의 소리제와 다르다고 하고, 심지어 박유전에게 배운 사실조차 부인(이보형, 「판소리 제(派)에 대한 연구」, 『한국음악학논문집』, 한국정신문화연구원, 1982, 75쪽)하고 있는 것은 정창업이 신재효의 지침을 받은 후의 소리가 박유전에게 배웠던 소리와 상당히 다른 바디가 되었기 때문으로 추정된다. 또한 박유전이 말년에 보성의 강산리에 은거하면서 강산제를 새로 짰기 때문에 정창업이 전수한 소리와 달랐던 것이 아닌가 한다.

었다[21]고 하니, 김창환이 정창업에게 본격적인 지도를 받은 것은 1872년 이후였을 것이다.

정창업의 소리가 남아 있는 것이 없기 때문에 그의 소리 실체를 정확하게 알 수는 없다. 그러나 김창환이 남긴 고음반의 이별가를 통해 어느 정도 짐작이 가능하다.

(진양조) 춘향이 기가 맥혀 도련님 앞으 꺼꾸러저 만보장으 기절을 허니 도련님이 기가 막혀 춘향 허리 후리쳐 안고, "마라, 우지 마라. 목왕은 천자로되 요지어 연랑하고, 항우난 천하장사로되 만여추월에 인지비 비가강패허고, 명황은 성주로되 화안 이별을 헐 적으 마우바우 울었나니, 허물며 후세의 날 같은 소장부야 일러 무삼하랴. 내가 오늘 간다 하면 너난 천연히 앉어서 잘 가라고 말을 허면 대장부 일촌간장이 봄눈켜로 다 녹는디, 니가 나를 부여잡고 앉어서 못 가나니 하니 니가 어디 속 있다는 사램이냐. 우질 마라." 춘향이가 기가 막혀 (중모리) "여보 도련님, 여보 도련님, 여보 도련님 날 데려가오. 나를 데려가오. 여보 도련님 날 데려가오. 쌍교도 말고 독교도 말고 워리렁 출렁덩 건는단 말끄 반부담하야 날 데려가오."[22]

진양조로 부르는 부분은 김창환제 춘향가를 계승한 정광수와 백성환의 춘향가는 물론 다른 춘향가에서도 발견하기 어려운 독특한 대목이다.[23] 이별가의 이러한 모습은 김창환제 춘향가가 고제 서편

21 박황, 『판소리 이백년사』, 사사연, 1987, 133쪽.
22 「Columbia 40148-B 춘향전 이별가 김창환」.
23 중모리 부분은 모홍갑의 더늠인 강산제 이별가로 지금은 잘 불리지 않지만 「Victor KJ-1001-B 송만갑 이별가」, 「Victor 1242-A 김초향 김소향 이별가」

제 춘향가를 기둥으로 하고 있다는 사실을 알려주는 것으로 볼 수 있다. 다른 춘향가에서 찾아보기 어려운 김창환의 옥중가[24]도 이러한 사실을 뒷받침하고 있다. 요컨대 김창환이 기둥으로 삼았던 고제 서편소리는 정창업제 판소리였던 것이다.

③ 김창환제 판소리의 완성과 신재효

김창환은 정창업 명창에게 여러 해 동안 판소리를 배워서 상당한 수준에 이르자 신재효 문하로 가서 이론과 실기에 대한 지침을 받아 자신의 소리제를 완성하였다.

> 그런데 〈춘향가〉 처음에 안의리가 '절대가인 태어날 제 강산정기 타서 난다. 저라산 약야게에 서시가 종출하고 군산만학부형문에 왕소군이 생장하고…'처럼 되어 있어서 다른 사람들이 하는 '숙종대왕 즉위초…' 등과 달라서 선생님한테 물어 봤어요. 그런데 그 김의관 영감님이 그래요. 고창 신오위장 가사가 많이 들어간다 그래요, 당신은, 그때 당시 고창에를 가 가주고, 고창 신오위장이라믄 그때 당시에 아주 대문장이신데, (중략) 그런디 그 가사가 옳고 좋아서 옇었다고 그래서 그랬는가 부다 했더니[25]

정광수 명창의 증언에 의하면 김창환이 신재효에게 소리 지침을

등의 고음반에 남아 있다.

24 「Victor 42988-A Korean 전라도 죠선어 춘향가 상편 가긱 김창환 북 남즈」, 「Victor 42988-B Korean 전라도 죠선어 춘향가 하편 가긱 김창환 북 남즈」.
25 이보형 외, 「판소리 인간문화재 증언자료(정광수 편)」, 『판소리연구』 2, 판소리학회, 1991, 214쪽.

받은 것이 분명하다. 김창환은 20대 중반인 1880년대 초 2~3년 정도 신재효의 문하에 지도를 받았을 것으로 짐작된다. 김창환이 당대 제일의 판소리 이론가인 신재효의 문하에서 이론과 실기를 지도받았기 때문에 김창환제 판소리는 신재효의 영향을 크게 입었을 것이다. 따라서 김창환제 판소리의 정립에 문학적 층위는 말할 것도 없고 음악적 층위와 연극적 층위에까지 신재효의 영향을 두루 입었을 것이 분명하다. 김창환제 춘향가와 심청가, 흥보가에 신재효본 판소리사설의 상당 부분이 그대로 수용되어 있고, 김창환의 절제된 멋을 지닌 발림은 그러한 사실을 뒷받침하고 있다. 그 결과 김창환제 판소리는 정창업제 판소리와 상당 부분 달라지게 되었을 것이다.

2) 김창환 명창의 예술 활동

김창환은 협률사, 김창환협률사, 경성구파배우조합, 대정단일행, 조선음률협회, 조선악정회 등의 단체활동과 무대공연, 음반 취입, 국악방송 출연 등 다양한 예술 활동을 활발하게 펼쳤다. 『뎨국신문』, 『황성신문』, 『매일신보』, 『조선일보』, 『동아일보』 등 당대의 신문기사를 중심으로 김창환의 예술 활동을 살펴보기로 한다.

① 단체 활동

김창환은 협률사를 비롯하여 경성구파배우조합과 조선음률협회 등 여러 예술단체에서 주도적 역할을 하며 판소리 및 창극 발전에 크게 이바지하였다.

가. 협률사

1902년 가을 고종 어극 40년 칭경예식을 거행하기 위해서 봉상시 내에 왕실극장인 희대(戲臺) 일명 협률사를 설립하였다. 김창환은 고종의 칙명을 받아 협률사의 주석이 됨으로써 국창으로서의 확고 부동한 지위를 얻게 되었다. 1902년 9월 17일(음력)로 예정되었던 칭경예식[26]은 콜레라의 유행으로 1903년 4월 4일(음)로 연기[27]되는 등 여러 번 연기[28]되다가 우여곡절 끝에 1903년 8월 6일(음) 설행한 것으로 보인다.[29]

김창환은 정삼품 중추원의관 가자를 받았으며,[30] 고종 앞에서 소리하여 금토시와 마패를 선물로 받는 광영을 누리기도 했다.[31] 고종

---

26 『황성신문』, 1902. 8. 11.

27 『데국신문』, 1902. 9. 23. 10. 23.

28 1903년 4월 영친왕의 천연두 증세(『황성신문』, 1903. 4. 13.)로 1903년 가을로 미루었고(『황성신문』, 1903. 4. 13.), 가을에는 또 흉년으로 인하여 일단 다음 해 봄으로 미루었다.(『데국신문』, 1903. 7. 1.).

29 『황성신문』, 1903. 8. 17. 음력 8월 6일은 양력 9월 26일이다.

30 "● 名唱加資 近日 巷說을 聞호則 日前 軍部大臣家에셔 宴會를 設호고 舞妓 歌客을 請邀호야 歌舞를 廳覽홀식 協律社 中 第一 有名흔 광딘 金昌煥이 亦參 其宴會호지라 軍相이 問曰 汝曾經何官에 頭着宕巾고 答曰 趙參判東完氏宅 에 多年親近호와 來往호읍다가 中樞院議官을 借衛호얏습니딘 軍相曰 汝之 歌曲이 今世獨步니 不可無賞이라 何以賞之則適當所願고 호니 金昌煥이 曰 小人이 平生 所願이 耳後 雙貫子를 一懸호얏스면 死無餘恨이라 호니 軍相이 參酌情愿에 似以爲然호야 正三品 加資을 得給흔 故로 該金이 軍相의 施惠흠 을 到處說道흔다더라", 『황성신문』, 1906. 7. 10.

31 "김창환의 소리를 하지 않은 둘째 아들(김삼룡)의 셋째 딸(김혜리)은 지금도 가끔 나와 소식을 나누는 사이다. 그녀는 여성국극에서 같이 활동했다. 1950년 6·25전쟁 중 피난지 마산에서 어머니(임임신)가 '너희 할아버지'라며 사진 한 장을 보여주었다. 할아버지는 오래전 대단한 국창이었고, 대궐 임금님 앞 에서 소리를 불렀으며, 임금님이 일어나라고 잡아주었던 손목에 토시를 끼고 있는 사진이었다. 손목의 토시에는 금붙이가 붙어 있었다고 했으며, 앞으로 할아버지의 일은 아무에게도 말하지 말라고 당부했단다. 사진은 어머니가 보

은 궁중에 소리꾼 등을 불러서 밤새도록 즐겼는데, 『매천야록』에는 이러한 사실을 잘 보여주고 있다.

임금은 친정한 이래 날마다 유흥을 일삼아 매일 밤 연회를 열고 질탕하게 놀아, 광대·무당과 악공들이 어울려 노래하고 연주하느라 궁정 뜰에 등촉이 대낮과 같았다. 새벽에 이르도록 쉬지 않고 놀다가 인시나 묘시, 진시가 되어서야 비로소 휘장을 쳐서 창을 가려 어둡게 하고 잠자리에 들어 곯아떨어졌다. 해가 기울어서야 일어나니 이런 일이 일상사가 되어 세자는 어릴 때부터 익숙히 보아 일상으로 생각했다. 매일 아침 햇살이 창가를 비추면 양전(兩殿)의 옷을 잡아당기면서, "마마, 주무시러 가십시오." 하였다. 이로 말미암아 주무를 맡은 자들이 해이해졌다.[32]

협률사에서는 전국에서 모집한 80여 명의 명인, 명창, 각색 창기(娼妓)로 1902년 12월 2일 첫 공연에 창극 춘향전, 쌍줄타기, 탈춤, 춤, 무동놀이 등으로 짠 〈소춘대유희〉를 공연하였다.[33]

관했으나 행방은 모른다고 했다.", 조영숙, 『(동지사시대에 관한 증언) 여성국극의 뒤안길』, 민속원, 2022, 18쪽.

32 황현 지음, 임형택 외 옮김, 『매천야록·상』, 문학과지성사, 2005, 123-124쪽. "上親政以來, 日事流連, 每夜曲宴淫戲, 倡優·巫祝·工瞽, 歌吹媟嫚, 殿庭燈燭如晝, 達曙不休. 及寅卯辰時, 始掩黑牖, 施幃帳, 就御酣寢, 晡時乃興, 日以爲常. 世子幼年, 習觀以爲常節, 每朝陽射牖, 輒引兩殿衣曰: "願和媽媽睡." 由是, 百司懈玩, 衆務隳弛.", 황현 지음, 임형택 외 교주, 『역주 매천야록·원문교주본』, 문학과지성사, 2005, 45쪽.

33 "[廣告] 本社에셔 笑春臺遊戲를 今日 爲始ᄒ오며 時間은 自下午六点으로 至十一点ᄭ지요 等票는 黃紙上等票에 價金이 一元이오 紅紙中等票에 價金七十錢이오 靑紙下等票에 五十錢이오니 玩賞ᄒ실 內外國 僉君子 照亮來臨ᄒ

협률사 구경. (전략) 협률이라 ᄒᆞ는 뜻슨 풍악을 ᄀᆞ초어 노리ᄒᆞ는 회
샤라 흠이니 맛치 청인의 창시와 ᄀᆞᆮ흔 거시라 외국에도 이런 노리가
만히 잇ᄂᆞ니 외국에셔 ᄒᆞ는 본의는 종ᄎᆞ 말ᄒᆞ려니와 이 회샤에서는 통
히 팔로에 광ᄃᆡ와 탈군과 소리군 춤군 소리픠 남ᄉᆞ당 ᄲᅵᆼ지조군 등류를
모하 합이 팔십여 명이 ᄒᆞᆫ집에서 슉식ᄒᆞ고 논다는ᄃᆡ 집은 벽돌반 양제
로 짓고 그 안헤 구경ᄒᆞ는 좌쳐를 삼등애 분ᄒᆞ야 상등쟈리에 일 원이
오 즁등에는 칠십 전이오 하등은 오십 전 가량이라 ᄆᆡ일 하오 여섯시
에 시작ᄒᆞ야 밤 열ᄒᆞᆫ시에 긋친다 ᄒᆞ며 ᄒᆞ는 노름인즉 가진 풍악을 가
초고 혹 츈향이와 리 도령도 놀니고 쌍줄도 취고 탈츔도 취고 무동픠도
잇스며 기외에 ᄯᅩ 무슴 픠가 더 잇는지는 ᄌᆞ셰치 안으나 대긔 이상 몃
가지로만 말ᄒᆞ야도 풍악 긔계와 가무의 련슉홈과 의복과 물건 차린 거
시 별로 보잘 거슨 업스나 과히 초초치 아니ᄒᆞ며 츈향이 노리에 이르
러는 어사츌도 ᄒᆞ는 거동과 남녀 맛나 노는 형상 일판을 다 각각 제 복
식을 ᄎᆞ려 놀며 남원 일읍이 흡샤히 온 듯ᄒᆞ더라 ᄒᆞ며 망칙긔괴흔 츔도
만흔 즁 무동을 세 층으로 타는 거시 ᄯᅩ흔 쟝관이라 ᄒᆞ더라[34]

협률사는 첫 공연 후 거듭된 개장과 정지 등으로 공연이 중지되기
도 했다. 그러나 칭경예식이 끝난 후에도 "協律社中 第一 有名흔 광
ᄃᆡ 金昌煥"[35]에서 1907년 협률사가 폐지될 때까지 김창환이 주도하

시되 喧譁와 酒談과 吸煙은 禁斷ᄒᆞᄂᆞᆫ 規則이오니 以此施行ᄒᆞ심을 望흠 光武
六年 十二月 二日 協律社 告白", 『황성신문』, 1902. 12. 4.
34 『뎨국신문』, 1902. 12. 16.
35 "[名唱加資] 근일 巷說을 聞흔則 日前 軍部大臣家에서 宴會를 設ᄒᆞ고 舞妓歌
客을 請邀ᄒᆞ야 歌舞를 聽覽홀ᄉᆡ 協律社中 第一 有名흔 광ᄃᆡ 金昌煥이 亦參其
宴會흔지라", 『황성신문』, 1906. 7. 10.

221

였음을 알 수 있다.

나. 경성구파배우조합

1915년 3월 26일 광무대와 연흥사에서 전통연희를 공연하던 남녀
배우들이 모여 경성구파배우조합을 결성하고 훈정동에 사무실을 두
었다. 김창환은 이동백과 함께 선생으로 참여하였다.

> 광대의 죠합 셜립. 경셩부 훈졍동 등디에 셜립훈 경셩구파빅우조합
> 은 그동안 당국에 쳥원 승인된 후 지나간 이십륙 일 경셩 광무디와 연
> 흥샤 두 곳에 잇는 남녀빅우 일동과 기타 빅우 등이 만히 모혀 쟝릭에
> 리힝ᄒ야 갈 ᄉ무분쟝을 힁ᄒ얏다는디 김챵환 리동빅은 션싱으로 조
> 합(쟝)은 쟝지욱 부조합쟝은 김인호 김봉이로 뎡ᄒ얏고 기타 총무는
> 죠양운 한문필 등으로 ᄉ찰은 곽쳔희로 모다 분쟝훈 후 쟝릭에 아모죠
> 록 졍신을 챨여 남의 치욕을 면ᄒ고 잘 슈신ᄒ야 가미 죠합 발젼의 긔
> 쵸라고 강지욱의 셜명이 잇셧다는디 그 죠합 일톄 ᄉ무의 쟝릭는 이젼
> 에 경험 만흔 윤병두가 분장ᄒ야 본다더라[36]

경성구파배우조합은 설립 목적을 "쟝릭에 아모죠록 졍신을 챨여
남의 치욕을 면ᄒ고 잘 슈신ᄒ야가미 죠합 발젼의 긔쵸"라고 천명하
고 있지만, 사실은 송병준이 1915년 9월 11일부터 10월 31일까지 50
일 동안 경복궁에서 열린 '시정오년기념조선물산공진회'에서 공연
하기 위하여 설립한 것이다.[37]

---

36 『매일신보』, 1915. 4. 1. 한문필은 명고수 한성준의 본명이다.
37 靑葉生, 「명창 이동백전」, 『조광』, 1937년 3월호, 168쪽.

『매일신보』, 1915. 6. 1.

『매일신보』, 1916. 3. 5.

경성구파배우조합은 설립 직후 운영진의 일부를 변경하는 등 체제를 정비하였고,[38] 조선물산공진회 내의 조선구파배우조합 연극장에서 판소리, 창극, 요술, 산대도감극, 땅재주, 줄타기 등 다양한 종목의 전통연희를 공연하였다. 연극장은 경회루 뒤편에 있었다.[39] 경

---

38 "이〈배우조합〉의 총지휘는 김창환 선생이 담당하였으며 조합장은 당대의 명고수였던 강재옥 선생이였다."(박동실,「창극이 걸어온 길을 더듬어」,『판소리연구』18, 판소리학회, 2004, 313쪽), "내 친한 친구는 나의 鼓手 姜敬守 氏가 있었고 그의 子弟 姜元參 氏와는 지금도 갓가히 사괴나"(靑葉生,「명창 이동백전」,『조광』, 1937년 3월호, 167쪽)에서 장재욱은 강재옥의 誤記이고, 강재옥과 강경수는 동일인물임을 알 수 있다.

39 '축시정오년기념 물산공진회 조선구파연극' 광고전단에 나타난 공연자들은 다음과 같다. "조선 명창의 일등 판소리 김창환 리동백 / 난장니 강진천 요술 大奇術 身長은 一尺三寸 / 山頭都監탈노리 假面舞 嚴桂月 金采蘭 朴梨花 廉桂香 朴錦紅 金海仙 朴月仙 金桂仙 嚴錦仙 李錦姬 / 俳優順序 金昌煥 李東伯 李亨淳 姜敬秀 金仁吾 金奉文 金鳳伊 朴尙道 趙鎭榮 申京蓮 金基奉 韓聖俊 金昌龍 黃聖世 朴八卦 李汝順 韓在善 林學俊 車永化 金鳳業 郭千善 池成根 李昌浩 姜鎭天 崔相快 吳銀童 다섯동 밧는 舞童 十八名", 이진원,「조선구파배우조합 시정오년기념 물산공진회 참여의 음악사적 고찰」,『한국음반학』13, 한국고음반연구회, 2003, 52쪽. 金仁吾는 金仁浩, 郭千善은 郭千喜의 誤記이다.

성구파배우조합의 공연 종목 중에서 가장 중요한 것은 판소리와 창극이었는데, 김창환과 이동백은 판소리를 연창하였고,[40] 창극은 〈춘향가〉(3회), 〈심청가〉(3회), 〈수궁가〉(3회), 〈삼국지연극〉(21회), 〈박타령〉(2회)이 상연되었다.[41]

독쟈 긔별. … 빅우조합에셔는 요스히 긔량 츈향가를 연습ᄒᆞ야 가지고 공진회 쌔에 홀 작뎡이라는듸 그젹게 단셩샤에셔 경셩에 잇는 빅우들은 모다 모혀서 실디 연습을 ᄒᆞ얏다나요 과연 볼 만홀는지요 (구경꾼)[42]

舊派俳優組合 才人 一同은 春香劇의 服色으로 或은 李道令 春香 軍奴 通引 等 形々色々으로 打粉ᄒᆞ고 京城호텔에 集合ᄒᆞ야[43]

당시 공연된 창극 춘향전의 배역은 도창 김창환, 춘향 심명연, 이 도령 최득이, 방자 김봉이, 월매 신갑도 등이었다.[44] 조선물산공진회 공연 후에도 '경성구파배우조합' 이름을 내걸고 서울과 지방에서 공연하였는데,[45] 1920년대 중반까지 그 명맥이 유지되었던 것으로 보인다.[46]

---

40 "낫에는 광듸의 가곡이 잇는듸 김창환 리동빅의 립챵으로 손을 만히 쓸며", 『매일신보』, 1915. 9. 16.

41 이진원, 「조선구파배우조합 시정오년기념 물산공진회 참여의 음악사적 고찰」, 『한국음반학』 13, 한국고음반연구회, 2003, 54쪽.

42 『매일신보』, 1915. 8. 17.

43 『매일신보』, 1915. 9. 7.

44 박동실, 「창극이 걸어온 길을 더듬어」, 『판소리연구』 18, 판소리학회, 2004, 313쪽.

45 백현미, 『한국창극사연구』, 태학사, 1997, 106-110쪽, 참고.

46 수재이재민을 위한 조선음악대회(1925. 7. 28.~29. 매일신보사 래청각), 『매일신보』, 1925. 7. 29.

다. 김창환협률사

1907년 협률사가 폐지되자 김창환은 고향 나주로 내려가 강용환, 유성준, 김채만, 박지홍, 김봉학 등 50여 명의 전라도 출신 명인 명창을 규합하여 김창환협률사를 조직하여 지방순회공연을 다녔다고 한다.[47] 김창환협률사의 활동에 대한 자료가 드물어 자세한 것은 알기 어렵지만 1908년 7월에 협률사의 후신으로 민간극장으로 개장한 원각사,[48] 그리고 1910년 6월 연흥사에서 김창환이 공연하고 있는 것[49]으로 보아 김창환협률사는 1910년 이후 본격적인 활동을 한 것으로 추정된다. 다음 기사는 김창환이 1910년대 중반에 협률사란 이름을 내걸고 아들 김봉이와 함께 지방공연을 다녔음을 알려준다.[50]

---

47 박황, 『창극사연구』, 백록출판사, 1976, 46~47쪽. 성기련, 『1930년대 판소리 음악문화』, 민속원, 2021, 57쪽.

48 『황성신문』, 1908. 7. 26. 『대한매일신보』, 1908. 7. 26. 『황성신문』, 1908. 12. 1. 『대한매일신보』, 1909. 11. 26.

49 "연흥사 창부 김창환은 모모 대관의 첩과 간음을 혼다 ᄒ야 모처에서 쥬목ᄒᄂ 중이더라", 『대한매일신보』, 1910. 6. 26.

50 1910년대 중반에 활동하던 대표적인 협률사는 김창환협률사, 송만갑협률사, 이동백협률사 등이다. 당시 신문에 보도된 송만갑협률사, 이동백협률사와 관련된 기사를 하나씩 들면 다음과 같다.

  • 송만갑협률사 : "진주 구연극의 성황 진쥬군에ᄂ 소위 협률사라 ᄒᄂ 것이 ᄌ조 드러와 보잘것업ᄂ 연극으로 탕류남녀의 금젼을 만히 취득ᄒ더니 일젼에 경향의 유명혼 광ᄃ 송만갑일힝이 드러와서 흥힝ᄒᄂ 연극을 본즉 비록 구연극이라도 풍속에 방히함이 업시 미오 ᄌ미 잇게 ᄒᄂ 고로 남녀 관람쟈ᄂ 인산인히를 일우며 경관도 시간을 려힝ᄒ야 극히 보호흔다더라", 『매일신보』, 1914. 3. 21.

  • 이동백협률사 : "舊派優의 地方巡廻. 리동빅일힝의 디방순회. 단셩샤에셔 오릭동안 신파연극의 합동으로 흥힝ᄒ던 경셩구파빅우조합 빅우 이동빅 일힝은 각군 디방을 슌회ᄒ야 흥힝을 홀 ᄎ로 거번에 먼져 대뎐으로 나려가셔 지나간 칠일브터 신구파연극으로 흥힝ᄒ엿다ᄂᄃ 이왕보다 미우 기슐이 발달되야 디방 인ᄉ의 대갈치를 박듯ᄒ다ᄂᄃ 슌ᄎ로 각군을 도라단이ᄂ 중이라더라", 『매일신보』, 1916. 10. 15.

독쟈 긔별 … 쇼위 빅우조합의 션싱이라는 김챵환과 또 그 ᄋ달 부
조합장 김봉이 부쟈는 아모 말 업시 남원을 나려가서 무슴 회사를 쑴
여 가지고 도라단이며 흥힝을 혼다고 아죠 동류간에 비평이 야단이야
죠합 규측은 발셔브터 허리쯱가 글너졋스닛가 나도 그와 ᄀᆺ치 ᄒ면 누
가 말홀 터인가(한 광ᄃᆡ)[51]

독쟈 긔별 … 빅우죠합에 쇼위 션싱으로 잇다는 김챵환이는 돈에 눈
이 팔녀셔 실그머니 싀골로 나려가더니 긋틴니 요싀 쇼문에 의관을 갈
갈히 찌기고 믹를 죽도록 마졋듸요 필경 싀골사람이라고 업슈히 넉이
지(一俳優)[52]

라. 대정단일행

김창환은 이동백과 함께 대정단일행을 조직하여 전국을 순회하
면서 공연하였다. 현재로서는 자세한 것을 알 수 없지만 1929년 5월
8일부터 12일까지 원산의 원산관에서 공연한 기사가 있다.

舊劇界 元祖 大正團一行
京城에서도 舊派로 有名한 李東伯 金昌煥 兩君의 組織한 大正團一
行은 過般 南鮮 各地로 巡回하고 지난 八日 來元하야 當地 元山舘에서
五日間 豫定으로 興行 中 觀覽客에게 多數 喝采를 바더 왓스며[53]

---

51 『매일신보』, 1915. 5. 18.
52 『매일신보』, 1915. 7. 16.
53 『중외일보』, 1929. 5. 17. 『동아일보』, 1929. 5. 15.

마. 조선음률협회

조선음률협회는 1930년 9월 25일 퇴폐 유린된 민족 고유예술의 갱생 부활을 구체적으로 실천하기 위하여 오염된 전통가곡을 수정 보완, 신곡 발표, 음악회에서의 가풍 개선과 정화, 동서음악의 비교 연구, 조선음악에 대한 전문잡지 발간 등을 주된 사업으로 내걸고 창립되었다. 임원은 회장 김창환, 부회장 송만갑·김창룡, 총무 강원삼·한성준, 통리 이기세·이원배였다.[54]

김창환은 다음과 같이 조선음률협회에서 주최하는 공연에 출연하여 이별가와 강남행 등 장기 대목을 불렀다.

공연명	일시	장소	곡목
제1회 공연	1930. 11. 19.~20.	조선극장	고고천변, 이별가, 춘당시과, 어사남행
제2회 공연	1931. 3. 30.~31.	단성사	죽장망혜, 집터 잡는 데, 강남행, 장부한, 춘당시과, 어사발행
제3회 공연	1932. 6. 22.	장곡천정 공회당	죽장망혜, 박타령
전조선명창 대회	1932. 7. 8.	애관 (인천)	곡목 확인 안됨

바. 조선악정회

김창환의 전통음악 발전에 대한 관심은 조선악정회에 참여한 사실에서도 잘 드러난다. 조선악정회는 1932년 1월 장문평의 발의, 김창환·정정렬·오태석·한성준·양철 등의 발기로 조선음률을 부

---

[54] 『동아일보』, 1930. 9. 27. 『조선일보』, 1930. 11. 17.

활시키려는 목적으로 창립하였다. 출범과 동시에 경북 영일에서 첫 공연을 가졌으며, 발회식으로 2월 2일부터 3일간 대구공회당에서 대연주회를 열고, 3월 상순경에 기관지『사음률』창간호 발행을 계획하고 있었다.[55] 그리고 1월 26~28일에『중앙일보』대구지국 후원 하에 대구극장에서 조선음악연주회를 가졌다.[56]

② 무대 공연

당시의 신문[57]을 살펴보면 1900~1910년대에 김창환은 왕실극장 협률사 공연을 비롯하여 협률사의 후신인 원각사 무대 그리고 김창환협률사, 시정오년기념조선물산공진회 무대 등에서 다양한 공연을 하였다.

- 1902년 12월 2일부터, 〈소춘대유희〉 공연(『황성』, 1902. 12. 4.)
- 1908년 7월 26일부터, 원각사 공연(『황성』, 1908. 7. 26.)[58]
- 1908년 11월, 원각사 〈최병도타령〉〈은세계〉 공연(『황성』, 1908. 12. 1.)
- 1909년 11월 26일부터, 원각사 〈수궁가〉 공연(『대한』, 1909. 11. 26.)[59]

---

55 『동아일보』, 1932. 1. 22.
56 『중앙일보』, 1932. 1. 24.
57 『황성신문』은『황성』,『대한매일신보』는『대한』,『매일신보』는『매신』,『중외일보』는『중외』,『조선일보』는『조선』,『동아일보』는『동아』로 약칭한다.
58 "[廣告] 本社에서 七月 二十六日로붓터 演劇을 開始이온 바 京城內 第一 屈指하는 歌妓가 二十四名이오 唱夫는 名唱으로 著名흔 金昌煥 等 四十名이온대 處所는 夜珠峴 前協律社이오며 時間은 每日 下午 七時에 開하야 同 十二時에 閉하깃ᄉ오니 一般 僉君子는 如雲來臨하심을 務望 圓覺社白",『皇城新聞』, 1908. 7. 26.『大韓每日申報』, 1908. 7. 26.
59 "本社에셔 水宮歌라는 滑稽的 新演劇을 今日붓터 設行ᄒᄂ듸 人工으로 제조흔 獸類魚族의 각종형체가 天然히 活動홀 쑌더러 별주부의 愛君丹忠과 兎先生의 權變奇謀는 智識開發上 大趣味가 有ᄒ오니 僉君子는 速枉觀覽ᄒ시옵

- 1910년 6월, 연흥사 공연(『대한』, 1910. 6. 26.)
- 1912년 5월 말부터, 장안사 공연(『매신』, 1912. 6. 1.)
- 1915년 9월 11일~10월 31일, 조선물산공진회 공연(『매신』, 1915. 9. 2.)[60]
- 1915년 10월 16~17일, 가정박람회 공연(『매신』, 1915. 10. 17.)[61]
- 1916년 3월 13~19일, 개성좌 공연(『매신』, 1916. 3. 15.)
- 1916년 8월 25일부터, 단성사 추기연주회(『매신』, 1916. 8. 26.)
- 1917년 2월 1일부터, 단성사 공연(『매신』, 1917. 2. 4.)
- 1919년 3월 12일부터, 광무대·단성사 공연(『매신』, 1919. 3. 13.)[62]
- 1919년 4월 17일부터, 광무대 공연(『매신』, 1919. 4. 18.)
- 1910년대 김창환협률사 지방순회공연

김창환은 1908년 11월 원각사에서 공연하여 공전의 히트를 기록한 창극 〈최병도타령〉에서 최병도 역을 맡아 열연하였다. 공연 중에 극의 내용을 문제 삼아 시비가 일어나기도 했으며,[63] 최병도 역의 김

　　十一月 二十六日 圓覺社 告白", 『대한매일신보』, 1909. 11. 26.
60 "●謹告 本組合이 創立된 以後로 漸次 進步ㅎ야 興旺ㅎ옴은 感謝無比ㅎ오며
　　今始政五週年記念朝鮮物産共進會 時期롤 當ㅎ야 各項 服色을 一新準備ㅎ
　　옵고 開催當日브터 五十日 晝夜 興行ㅎ올 샏 不啻라 組合을 贊成ㅎ시ᄂ 諸位
　　에 惠澤을 万分之一이라도 報答키 爲ㅎ와 洞口內 團成社에서 模範的 滋味가
　　有ㅎ온 脚本으로 晝夜 興行ㅎ오니 尤極贊成ㅎ심을 望홈 京城府 受恩洞 團成
　　社內 (洞口內) 京城舊派俳優組合出張所", 『매일신보』, 1915. 9. 2. 광고.
61 "그 외에 쏘 흔 가지 쇼기홀 바ᄂ 방금에 뎨일 명챵이라 이르ᄂ 구비우죠합의
　　션싱 김창환이가 십륙일 밤과 십칠일 밤에 나와 당시 일품의 명챵 판소릭를
　　일반 입쟝자의게 무료로 들려드릴 터이라", 『매일신보』, 1915. 10. 17.
62 "보시요!! 보시요!! 광무딕에셔 구연극을 확댱ㅎ고 일등 명챵 김창환 일힝을
　　불너다가 오날 밤부터 출연ㅎ오며 쏘 단성사에도 김챵환을 격일ㅎ야 보ᄂᆡ여
　　츌연케 ㅎ오니 … 三月 十二日 光武臺 團成社主 朴承弼 謹告", 『매일신보』,
　　1919. 3. 13. 광고.
63 "[圓覺風波] 惠泉湯 主人 尹啓煥 氏 等七人이 再昨夜에 圓覺社의 銀世界를 觀

창환이 수십 대의 곤장을 맞아 죽어 나오는 장면에 이르면 관객들이
김창환의 목에 엽전꾸러미를 걸어주는 진풍경이 벌어지기도 했다.[64]
　김창환은 고령임에도 불구하고 1920~30년대에도 공연을 활발하
게 하였다.

〈1923년〉
- 4월, 광무대 공연(『매신』, 1923. 4. 18.)
- 4월 21~25일, 극동문화협회 개최 재만동포장학연예대회, 단성사
  (『조선』, 1923. 4. 19.)
- 5월 18일, 서울청년회 주최 민중음악회, 경운동 천도교당(『조선』,
  1923. 5. 17.)

〈1925년〉
- 7월 21일부터 수일간, 경주청년회 주최 구제극 공연, 경주(『조선』,
  1925. 7. 2.)
- 7월 27~28일, 수해구제연예대회, 래청각(『조선』, 1925. 7. 24.)

〈1926년〉
- 11월 10일, 조선축음기상회 주최 명창총출특별연주회, 조선극장

覽ᄒ다가 鄭監司가 崔丙陶를 押致ᄒ야 施刑奪財ᄒᄂ 景況에 至ᄒ야 尹啓煥
氏가 座中에 言를 通ᄒ 件이 有ᄒ다고 公佈ᄒ 後에 倡夫 金昌煥을 呼ᄒ야 日
貪饕官吏의 歷史를 一演劇의 材料로 演戱ᄒᄂ 것이 不爲穩當ᄒ 뿐더러 其貪饕
官吏의 結果가 終當 何處에 歸ᄒ깃ᄂ야 ᄒ고 一場粉拏ᄒᄆ으로 該社 巡查가 門外
로 逐出ᄒ얏다ᄂ딕 該社長 安淳煥氏ᄂ 其事件에 對ᄒ야 他人의 營業을 妨害케
ᄒ얏다고 將次 裁判ᄒ야 賠償金을 徵出ᄒ다더라", 『황성신문』, 1908. 12. 1.
64　박황, 『창극사연구』, 백록출판사, 1976, 28~29쪽.

(『조선』, 1926. 11. 9.)

- 11월 20~22일, 명창대회, 광무대(『동아』, 1926. 11. 21.)

〈1928년〉

- 9월 12~13일, 관북수해구제명창대회, 우미관(『매신』, 1928. 10. 12.)
- 9월 15일, 독창회(『매신』, 1928. 9. 15.)[65]
- 10월 1일, 독자위안 연주대회, 대전좌(『중외』, 1928. 10. 4.)
- 11월 21~23일, 일축조선소리반 개최 전조선명창연주회(『조선』, 1928. 11. 19.)

〈1929년〉

- 2월 27~28일, 빈한형제 구휼연주회, 강경좌(『중외』, 1929. 3. 8.)
- 9월 12~14일, 창극 대공연, 광무대(『조선』, 1929. 9. 12.)
- 9월 15~16일, 무명회 주최 조선명창 대연주회(래청각)(『매신』, 1929. 9. 12.)[66]
- 10월 20일, 광무대 공연(『조선』, 1929. 10. 20.)

---

65 "八十翁 金昌煥／驚嘆할 長時間 獨唱／김창환 씨의 원긔에 경탄／意外의 名妓도 出演, 觀衆의 喝釆와 再請 三請에 依하야 두 번 세 번 出演한 金昌煥 氏는 當年 七十四歲의 老齡으로 約 一時間이나 繼續하야 獨唱을 하얏는데 소리를 繼續할사록 그의 씩々한 목소리가 더욱더욱 觀客으로 하야금 놀냄을 마지 안케 하얏스며 또 觀客으로부터 일즉이 名唱이라는 所聞을 씌고 잇는 河弄珠, 牟秋月, 金海仙 等 세 妓生이 特別出演을 하야 한層 더 觀客의 興味를 도々게 하얏다.", 『매일신보』, 1928. 9. 15.

66 이 공연은 당초 9월 15일부터 20일까지 계획되었으나, 『매일신보』 9월 17일 자 기사에 주최 측 사정으로 조선명창연주회를 중지한다는 광고가 실려 있다.

〈1930년〉

- 9월 22~23일, 제1회 조선각도명창대회, 조선극장(『조선』, 1930. 9. 15.)
- 11월 19~20일, 조선음률협회의 제1회 공연, 조선극장(『매신』, 1930. 11. 19.)
- 12월 3일, 군산중앙유치원 경비보충 공연, 군산극장(『매신』, 1930. 12. 3.)

〈1931년〉

- 3월 30~31일, 조선음률협회 제2회 공연, 단성사(『매신』, 1931. 3. 29.)
- 9월 21~22일, 제2회 조선각도명창대회, 조선극장(『매신』, 1932. 9. 21.)

〈1932년〉

- 4월 21~23일, 예찬회 주최 전조선명창대회, 단성사(『매신』, 1932. 4. 13.)
- 6월 22일, 조선음률협회 제3회 공연, 장곡천정공회당(『매신』, 1932. 6. 21.)
- 7월 8일, 조선음률협회 주최 전조선명창대회, 인천 애관(『조선』, 1932. 7. 8.)

이 시기에 김창환의 공연 중에서 곡목이 확인되는 것은 조선음률협회 제1회 공연의 고고천변, 이별가, 춘당시과, 어사남행과 제2회 공연의 죽장망혜, 집터 잡는 데, 강남행, 장부한, 춘당시과, 어사발행 그리고 제3회 공연의 죽장망혜, 박타령 등이다.[67]

---

67 『매일신보』, 1930. 11. 19. 1931. 3. 29. 1932. 6. 21.

김창환은 1932년 7월 8일 인천 애관에서 열린 조선음률협회의 전
조선명창대회에 참가하였지만 1933년 2월 14일 대전 경심관에서 열
린 조선음률협회의 일류명창대회와 1934년 5월 11일 설립된 조선성
악연구회에 참여하지 않은 것[68]으로 보아 1932년 하반기에 은퇴하
여 고향으로 내려간 것으로 추정된다.

③ 음반 취입

김창환은 다수의 고음반을 남겼는데, 첫 음반은 시정오년기념조
선물산공진회 기간인 1915년 9월 미국 빅타사에서 취입한 춘향가의
옥중가와 흥보가의 가난타령인 것으로 추정된다.

> 독쟈 긔별. … 이번의 빅우죠합에 김챵환 리동빅 김봉이 세 빅우는
> 류셩긔에 쇼릭롤 넛코 돈 쳔 원이 싱겻디요 그런디 돈 씨문에 말셩이
> 만타나보지(耳語者)[69]

이 기사는 1915년 9월 시정오년기념조선물산공진회에 참가한 김
창환, 김봉이, 이동백 등이 미국 빅타사를 통해 그들의 소리를 취입
하였음을 알려준다.[70] 현재까지 확인된 김창환의 고음반 목록은 다

68 『조선일보』, 1934. 5. 13.
69 『매일신보』, 1915. 9. 22.
70 당시에 취입된 음반으로 추정되는 것 중에서 김창환의 음반 외에 확인된 것은
다음과 같다. ① 「Victor 42971-A 황히도 되구 죠션어 셩쥬푸리 가긱 김희션
박리화 엄계월 뉵각 녀즈」, 「Victor 42971-B 츙쳥도 죠션어 조죠가 관공게 비
는 되 가긱 리동빅 북 남즈」, ② 「Victor 42973-A · B 젼라도 죠션어 뉵즈박이
상편 · 하편 가긱 신경연 장고 남즈」 ③ 「Victor 42983-A · B 츙쳥도 죠션어 단
가 박팔괘 상편 · 하편 가야금 남즈」, ④ 「Victor 42984-A1 젼라도 죠션어 리별

음과 같다.[71]

〈미국 빅타〉

- Victor 42988-A · B 춘향가 가긱 김창환 상편 하편
- Victor 43226-A · B 흥부 가는타령 가긱 김창환 상편 하편

〈일동축음기 제비표조선레코드〉

- Nt.B120 춘향전(과거보는 데)
- Nt.B134 흥보전 상(제비 도라오는 데), 하(제비 흥보집 당도)
- Nt.B147 고고텬변 廣漢山城 김창환

〈콜럼비아레코드〉

- Columbia 40133-A 남도잡가 성주푸리 김창환 박록주 하농주 재비반주
  Columbia 40133-B 남도잡가 농부가 김창환 박록주 하농주 재비반주
- Columbia 40148-A 단가 고고천변 김창환

가 가긱 김봉이 일편 북 남즈」, 「Victor 42984-A2 *내용 불명」, ⑤ 「Victor 42986-A · B 북 남즈 츙청도 죠선어 심쳥가 인당슈 상편 · 하편 가긱 리동빅 북 남즈」. 한국음반아카이브연구단 엮음,『한국 유성기음반 1907~1945 4권』, 한걸음 · 더, 2011, 23-27쪽.

[71] VICTOR음반은 미국 빅타社(VICTOR TALKING MACHINE CO)에서 제작한 음반으로 1908년부터 발매되었고, Nt.B음반은 日東蓄音器株式會社(Nitto, 제비표조선레코드)에서 제작한 음반으로 1925년 9월부터 1928년까지 발매되었다. Columbia음반은 일본콜럼비아축음기주식회사에서 1929년 2월부터 발매한 음반으로 1,500여 종이 발매되었고, Regal음반은 콜럼비아에서 발매한 廉價음반으로 일부는 콜럼비아 정규반의 재발매 음반인데, '즁타령'은 재발매 음반이다. Victor음반은 미국의 빅타社가 일본에 설립한 일본빅타축음기주식회사에서 1929년 초부터 발매한 음반으로 1,000여 종이 발매되었다. 한국정신문화연구원 편,『한국유성기음반총목록』, 민속원, 1998.

Columbia 40148-B 춘향전 이별가 김창환

- Regal C132-A 쥼타령(上) 김창환 고 한성준
  Regal C132-B 쥼타령(下) 김창환 고 한성준

〈빅타레코드〉
- Victor 49060-A 흥보전 江南行(上) 독창 김창환 장고 한성준
  Victor 49060-B 흥보전 江南行(下) 독창 김창환 장고 한성준
- Victor 49061-A · B 남도잡가 농부가(上 · 下) 독창 김창환 장고 한성준
- Victor 49079-A · B 리별가(上 · 下) 김창환 고 한성준[72]
- Victor 49092 춘향전 춘당시과 김창환 고 한성준

「Victor 42988-A Korean 전라도 죠션어 츈향가 상편 가긔 김창환 북 남즈」

(아니리 창조) 이때에 향단이난 춘향을 업고, 춘향모 칼머리 들고 옥으로 내려가 옥문 설주□□더리니, 구름밧에 달 떨어진 듯, 미방에 걸리는지, 술방에 걸리는지, 춘향을 잡아 옥에다 넣니 춘향 어머니 기가 막혀, (진양조) 옥문을 부여잡더니, 아이고 이게 웬일이냐. 내 자식이 무신 죄로 옥에 와서 갇히더냐? □□□□ □□허고 □□ 칼이 웬일이며, 옥 같은 두 다리여 가부좌이 웬일이냐? 아이고 어쩌꺼나 덥벅 제쳐 목 제비질 치 둥글고 내리 둥글며, 옥문에다가 머리를 툭툭 짓쳐 부두치

---

72 조유미, 「'빅타-조선레코드' 초기 음반 연구」, 『한국음반학』 10, 한국고음반 연구회, 2000, 624쪽.

며 울며 낙루허니, 옥형방 사정이 달려들어 춘향 어미를 위로하며 옥
으로 내려가니, 그때여 춘향이난 □□□□ □□에다가 넣어 두고, 춘하
추동 사시절으 허송세월 다 보낸다.

「Victor 42988-B Korean 전라도 죠션어 츈향가 하편 가긔 김창환 북
남ᄌ」

(진양) 동풍이 눈을 녹여 가지가지 꽃이 피니, 쌍쌍한 범나부는 꽃을
보고 웃는 모양 반갑고 슬푸워라. 눌과 함끄 보잔 말이냐. 꽃이 지고 잎
이 피니 녹음방초 시절인가, 꾀꼬리난 북이 되야 유상세지 늘어진디
구십춘광 짜내는 소래 아름답고 슬프도다. 눌과 함끄 듣잔 말가. 잎이
지고 서리 치니 구추단풍 시절인가. 낙목한천 찬 바람으 홀로 피난 저
국화는 오상고절 그 아니냐. 북풍이 달을 열어 백설은 펄펄 흩날릴 저,
석상으 푸른 솔은 천고절을 지켜 있고, 아미으 찬 매화난 님으 태도를
띠웠도다.[73]

이상과 같이 김창환의 소리는 4개 회사의 5종 음반에 녹음한 총
26면의 음반이 확인되었다. 이 음반들은 김창환의 예술세계를 이
해하는 데 매우 소중한 자료들이고, 앞으로 김창환의 음반은 더 발
견될 가능성이 크다. 김창환의 음반을 작품별로 정리하면 다음과
같다.

---

73 배연형, 「김창환 제 춘향가로 본 20세기 초 판소리 전승 양상」, 『한국음악연구』
50, 한국국악학회, 2011, 141-143쪽.

음반	춘향가	흥보가	단가	기타	면수
미국 Victor	2	2			4
Nt.B	2	2	2		6
Columbia	1	2	1	2	6
Regal		2			2
일본 Victor	4	2		2	8
계	9	10	3	4	26면

④ 경성방송국 국악방송 출연

김창환은 1928년 8월 11일 경성방송국(JODK)의 국악방송에 처음 출연한 이래 여러 차례 출연하였는데, 반주는 모두 명고수 한성준이 맡았다.[74]

- 1928년 8월 11일, 남도단가 수종 김창환, 한성준(고수)
- 1928년 9월 12일, 남도단가 김창환(명창), 한성준(고수)
- 1928월 11월 25일, 남도단가 수종 김창환(명창), 한성준(고수)
- 1930년 5월 2일, 남도단가 단가 춘향가 김창환(명창)
- 1931년 5월 29일, 남도단가 단가 춘향전 김창환(명창), 한성준(고수)
- 1931년 8월 9일, 남도단가 단가 춘향가 김창환, 한성준(고수)
- 1931년 9월 3일, 남도단가 단가 춘향가 김창환, 한성준(고수)
- 1932년 3월 4일, 남도단가 단가 춘향가 중 농부가 김창환(명창), 한성준(고수)
- 1932년 8월 6일, 연속구연(삼) 심청전 김창환, 한성준(고수)

---

74 한국정신문화연구원 편, 『경성방송국 국악방송곡 목록』, 민속원, 2000.

김창환은 국악방송에 9회 출연하여 단가와 장기인 춘향가를 주로 불렀고, 심청가도 1회 부른 것이 확인된다. 단가는 녹음한 적이 있는 고고천변, 남원산성이거나 조선음률협회 공연에서 부른 적이 있는 장부한, 죽장망혜 등이었을 것이고, 춘향가 중에서 곡목이 확인되지 않는 것은 녹음한 적이 있는 이별가, 춘당시과, 어사발행, 옥중가 등이었을 것이다. 김창환의 국악방송 출연을 정리하면 다음과 같다.

연도	춘향가	심청가	곡목 미상	출연 횟수
1928년			3	3
1930년	1			1
1931년	3			3
1932년	1	1		2
계	5	1	3	9회

경성방송국에서는 조선극장과 단성사에서 열린 조선음률협회 공연을 중계방송하였는데, 이때 김창환의 소리도 다음과 같이 중계방송되었다.[75] 조선음률협회 제2회 공연은 단성사에서 열렸고, 나머지는 모두 조선극장에서 열렸다.

- 1930년 9월 22일, 팔도명창대회, 기타 명창 김창환
- 1930년 11월 19일, 조선음률협회 제1회 공연, 춘향전 춘당시과 어사남행 김창환, 한성준(고수)
- 1930년 11월 20일, 조선음률협회 제1회 공연, 흥보가 강남행 김창환, 한성준(고수)

75 한국정신문화연구원 편, 『경성방송국 국악방송곡 목록』, 민속원, 2000.

- 1931년 3월 31일, 조선음률협회 제2회 공연, 단가 장부한 춘향전(춘당시과, 어사남행) 김창환, 한성준(고수)
- 1931년 9월 21~22일, 팔도명창대회, 김창환

3. 김창환 명창 가문의 소리꾼들

1) 김봉이, 김봉학, 김종길 명창

김봉이는 김창환 명창의 맏아들로, 호적에 1878년에 태어나 1929년에 사망한 것으로 되어 있다.[76] 어릴 때부터 부친 김창환 명창에게 가문소리를 배웠을 것이다. 김봉이는 김창환과 성색이 닮았으며, 소리조까지 똑같기 때문에 유성기음반 녹음만 듣고서는 부자간에 판단을 내리기 어렵다고 한다.[77]

김봉이는 1914년 2월 6~8일 장안사에서 열린 자선연주회(6일 앵도폭발 구호, 7일 경성구호회, 8일 제생원 농아부)와 3월 21일 장안사에서 열린 호동학교(壺洞學校) 유지를 위한 연주회에 참여하였다. 이 연주회에는 당시 장안사에 출연하고 있던 배우 중에서 김봉문, 심정순, 김봉이와 홍도·연연(2월 6~8일)과 금선·해선·금홍(3월 21일)이 참여하였다.

김봉이는 장안사와 단성사에서 공연했는데 판소리, 그중에서도

---

76 호적에 김봉이는 庶子로 개국 487년(1878) 9월 30일 태어나서 1929년 11월 28일에 사망한 것으로 되어 있다. 開國四百拾七年은 開國四百八拾七年의 誤記다.

77 배연형, 「김창환 제 춘향가로 본 20세기 초 판소리 전승 양상」, 『한국음악연구』 50, 한국국악학회, 2011, 129쪽.

『매일신보』, 1914. 2. 8.

춘향가와 심청가를 주로 연창했을 것으로 짐작된다.

- 1914년 장안사 : 판소리-4월 21일, 23일, 28일, 춘향가-4월 26일
- 1914년 단성사 : 판소리-5월 14일, 6월 17일, 20일, 춘향가-5월 20일
  (암행어사), 22일, 심청가-6월 27일[78]

김봉이는 1915년 3월 광무대와 연흥사에서 전통연희를 공연하던 배우들이 경성구파배우조합을 조직할 때 참여하여 김인호와 함께 부조합장으로서 부친과 함께 활동했다. 당시 김창환은 이동백과 함께 선생[總敎]으로 있었다.[79] 당시 조선물산공진회에서 상연한 창극 〈춘향전〉에서 방자 역을 하였다. 그 무렵 부친과 함께 남원으로 내려

---

78 『매일신보』 당일 기사의 각 극장 프로그램 안내인 「演劇과 活動」 참고. 활동 은 활동사진을 말한다.
79 『매일신보』, 1915. 5. 18.

가 협률사를 조직하여 지방순회공연을 다니기도 하였다.

김봉이는 신세가 좋으며 목이 좋고 성량도 임방울보다 곱으로 좋았으며, 기름치고 장치고 하여 맛있는 가락을 구사하였는데 슬픈 대목을 하면 청중들이 울지 않는 이가 없을 정도로 뛰어난 소리꾼이다. 부친보다 발림이 더 뛰어났다고 한다.[80] 한번은 김봉이패와 김정문패가 김천에서 합동공연을 했는데, 김정문은 소리하여 갈채는 받았으나 재창이 없었지만, 뒤에 소리한 김봉이는 재창, 삼창까지 받았다고 한다. 그러나 김창환 명창은 김봉이가 서자라고 박대하였으며, 다른 데서 공부를 하여 김창환과 다른 제로 소리를 한다고 하여 김봉이가 소리하면 등에 붙일 놈을 배에 붙이고 배에 붙일 놈을 등에 붙인다고 헐뜯었다.[81] 즉 아들의 소리에 사기(邪氣)가 있다고 해서 인정하지 않았던 것이다.[82] 사기가 있다는 것은 청중들이 듣기 좋게 맛있게만 하는 것을 뜻하는 것으로 이해된다. 고졸한 고제 소리를 하는 김창환에게 김봉이의 달고 화려한 통속적인 소리가 마음에 들 리 없

---

80 "발림은 김 의관과 같이 잘허시는 분이 없었습니다. 풍채도 좋으신 양반이…. 그래고 그 양반 아들 김봉희라고 있었어요. 그 양반이 또 더 잘했거든요.", 이보형 외, 「판소리 인간문화재 증언자료, 판소리 명창 박동진」, 『판소리연구』 2, 판소리학회, 1991, 229쪽.

81 문화재연구소, 「판소리 유파」, 문화재관리국, 1992, 75-76쪽. 「명창 김봉이 〈리별가〉 햇빛」, 『조선일보』, 1993. 2. 24.

82 김창환은 '소리에도 正邪가 있다'라는 말을 입버릇처럼 하였으며, 아무리 목구성이 좋아도 그 소리에 邪氣가 엿보이면 인정해 주지를 않았다. 김봉이는 거의 부친을 필적할 만한 명창으로, 특히 그의 목은 소위 오명창 이외에는 따를 사람이 없었다. 그의 내지르는 소리는 5리 밖까지 나갔으며 그렇게 통성으로 높이 내질렀다가 흔들어 톱질로 비벼 내려올 때면 바늘 떨어지는 소리까지도 다 들릴 만큼 청중은 숨을 죽여 고요해지고 바로 전날 부모상을 당한 상제라도 좋아서 무릎을 치지 않고는 배기지를 못할 지경이었다. 그런데도 김창환은 김봉이의 창을 邪氣가 있다 하여 알아주지 않았다. 박경수, 『소리꾼들, 그 삶을 찾아서』, 일월서각, 1993, 125쪽.

었던 것이다. 김봉이가 부친으로부터 독립해 협률사를 조직하여 활동하면서부터 소리가 통속화되어 부자간에 갈등이 생기게 된 것으로 보인다.[83]

정광수 명창이 17세 때 나주군 삼도면 양화리에 가서 김창환과 김봉학에게 소리를 배웠는데, 1년 반 정도 지난 무렵 협률사를 하던 김봉이가 목구성이 좋은 오수암을 데리고 갔다고 한다.[84] 임방울이 김봉이에게 배웠으며, 김여란은 1921년부터 그 이듬해까지 김봉이에게 심청가를 배웠다.[85]

春塘試科의 金昌煥

박타령 속 「춘당시과」라고 아니 잇는가 쟝원급제하고 거드리거리는 박타령 대목의 그 조흔 곳 말이야 이 「춘당시과」는 김창환이 아니면 못 한다 하리만치 이 어른은 「춘당시과」 명창이야 소리는 역시 송홍록에게서 밧엇지 그 아들에 김봉이(金鳳伊)라고 잇서 과연 명창이더니 천재조사(天才早死)라고 그만 청춘에 죽어버렷서 앗가운 일이야 그의

---

83 김창환과 김봉이 부자간의 이러한 갈등은 송우룡과 송만갑 부자간의 갈등과 유사한 것이다. 송우룡은 아들 송만갑이 가문의 법제를 지키지 않고 "창극가는 주단포목상과 같아서 비단을 달라는 이에게는 비단을 주고 무명을 달라는 이에게는 무명을 주어야 한다"며 통속화하자 송씨가문의 법통을 말살하는 悖戾子孫이라고 독약을 먹여 죽이려고 하였다. 정노식, 『조선창극사』, 조선일보사출판부, 1940, 184쪽. 일설에는 송우룡이 아들 송만갑이 자신의 소리를 제대로 받지 못하자 죽이려고 했다고 한다. "이 송만갑이 소년시 쌔(少年時節)에 소리를 잘 못한다고 그의 선생이든 아버지는 칼을 가지고 '이러케 용렬한 졸재는 명창가명(名唱家名)을 더럽히는 터이나' 죽여 업새린다고 야단을 첫대", 장안과객, 「팔도명창 가곡평」, 『삼천리』, 1934년 7월호, 151쪽.
84 이보형 외, 「판소리 인간문화재 증언자료, 판소리 명창 정광수」, 『판소리연구』 2, 판소리학회, 212쪽.
85 박황, 『판소리소사』, 신구문화사, 1974, 99쪽.

제자로써 유명한 이는 림방울(林방울)이지[86]

김봉이의 소리는 미국 빅타가 1915년 9월 서울에서 녹음한 것이 있다.

> Victor 42981-A Korean 전라도 죠션어 리별가 상편 가끽 김봉이 장고 남즈
> Victor 42981-B Korean 죠션어 리별가 하편 전라도 가끽 김봉이 장고 남즈
>
> Victor 42984-A Korean 죠션어 젼라도 리별가 일편 가끽 김봉이 북 남즈
> (뒷면 미확인)

김봉이의 이별가는 다음과 같다.

> Victor 42981-A Korean 젼라도 죠션어 리별가 상편 가끽 김봉이 장고 남즈
> (진양) 떠날 일을 생각허고, 보낼 일을 생각허니 하염없난 눈물이 간장으 솟아올라 경경열열허여 얼굴도 한테 대고, 수족도 만지며, "날 볼 날이 몇 날이며, 날 볼 뱀이 몇 밤이나 되는거나. □□□운 우리 연분은 오날 날을 망종허니 내 서럼을 어이를 헐거나. 어떤 부인 팔자 좋아 개

---

86 장안과객, 「팔도명창 가곡평」, 『삼천리』, 1934년 7월호, 151-152쪽. '박타령'은 '춘향가'의 誤記이다.

광보국흥록대우 삼태육경으 아내 되고, 어떤 부인 팔자 좋아서 팔도감
사 아내 되여 구름 같은 쌩교 속의 벽제 소리를 옹위허고, 앞뒤로 지탱
헌데 호의호식 지내는디, 나는 무신 팔자로 타고나 창녀의 몸이 되어
이별 □□□□ ……일거나." 오강으 흐르는 눈물이 호사같이 퍼붓는다.

Victor 42981-B Korean 죠선어 리별가 하편 젼라도 가긱 김봉이 장
고 남즈

(진양) 도련님 기가 막혀 춘향의 목을 안고, "우지 마라, 우지 마라.
우지 말고 말 들어라. 목왕은 천자로되 요지연 연락허고, 항우난 천하
장사로되 만영추월 이별시 비개강개 허고, 명황은 성주로되 애화하고
이별을 헐 적으 마와파 하에 울었나니라. 허물며 후세여 날 같은 소장
부야 일러 무엇허랴. 우지 마라, 우지를 말어라, 우지 말고 말 들어라.
양산백이 취혼대도 죽어 다시 대신 되고 □진으 □□이도 내종으 상봉
허고, 이□으 □□□ □도 서역국의 만났거던 □□□□ □□장 천정연
분 우리 배필은 멀다 하니 못 볼소냐. 우리 마라, 우지 마라, 헴, 니가 몸
조심하며 □□ 날 오기를 기댈려라. 우지 말고 기댈리며는 내가 너를
찾을 날 있으리라.[87]

---

[87] 배연형, 「김창환 제 춘향가로 본 20세기 초 판소리 전승 양상」, 『한국음악연구』
50, 한국국악학회, 2011, 140-141쪽. 그리고 김봉이의 소리로 추정되는 것으
로 단가 천하강산이 전한다. "(중머리) 대장부 뜻이 없어 부귀공명 하직허고,
삼척동 일필려로 승지강산 유람할 제, 진시황 고국지 만리장성 아방궁과 한
무제 천추유적 선인장 승로반과 봉황대 황금대 연지초 □□도요 사당월노채
송 도읍터를 다 본 후에, 강산이 기진하되 호흥이 상존하야 옥난간 높이 올라
인호상이자작 후으 한단침 돋오 베고 장주 호접 잠이 드니 꿈도 또한 생시같
이 우수를 높이 들어 소상반죽 둘러 짚고 만수청산을 들어가니 산용도 좋거니
와 초목무성이 아름답구나. 칭칭한 절벽 상으 낙화로 자리허고, 고금영웅 문
장절사 은일화탕 절대가인이 차례로 늘어 앉어, 현건야복으로 훤화하야 앉었

　다음으로 김창환의 둘째 아들인 김봉학 명창에 대해 살펴보기로
한다. 김봉학은 호적에 1883년에 태어나서 1927년에 세상을 떠난 것
으로 되어 있다.[88] 그런데 김봉학에게 직접 소리를 배운 정광수는 그
가 갑신생이라고 했다.

　　김봉학은 대명창 김창환의 2남으로 태어났다 한다. 김창환의 장남
　　은 김봉이인데 서자라 좀 박대하였으나 김봉학은 차남이나 적자라고
　　김창환의 사랑을 받았다 한다. 김봉학은 甲申生이며 부인이 동갑이라
　　항상 우리는 내외간이 갑신생이라 끼리끼리 만났다고 자랑하곤 하였
　　다고 한다.[89]

　정광수가 김봉학에게 5년간 배웠으며, 특히 김봉학이 부부가 갑

　난디, 좌상에 앉인 손임 누구누구 앉으신고.", 「RECORDINGS BY Oshige
　Sound System Made in U.S.A. 大重時計店」. "(중머리) 천하장사 풍우영무, 사
　군무양 고요 직설, 만고충신 용방 비간, 지절 높은 백이 숙제, □□□□소 제
　일 총명 사광 이루, 현병여신 사마양진 자사유협 형개 섭정 오호 편주 범상군,
　효친 유명 증자 맹자, 첩첩이구 소진 장의, 무소인 상산사호, 검무일 항장이며
　통소명창 장자방과 천고일월 제갈무후, 추풍강동 장한이며, 기주하던 유펑이
　며 애월하던 태백이라. 다 모야 앉인 곳의 일등미인이 다 모였구나. 매희 달기
　포사희며, 식부인, 하희이며, 낙인골 □□□사 오강낙루 우미인과 척승경주
　월선부인이 일변으로 앉었난디, 영울절사 다 모인 디 경체가 더욱 기이하다.
　수천 장 걸린 폭포 의시은하낙구천이요, 백만 길 높은 봉 청천삭출 금부용이
　라. 백로 백구 부인들은 도화유수 떠 놀고, 황금 같은 저 꾀꼬리난 세류 중의 베
　를 짤 제, 끝이 없는 □□□ 곳곳이 일어난다.", 「RECORDINGS BY Oshige
　Sound System Made in U.S.A. 大重時計店」. 배연형, 「김창환 제 춘향가로 본 20세
　기 초 판소리 전승 양상」, 『한국음악연구』 50, 한국국악학회, 2011, 144-145쪽.
88　호적에 김봉학은 개국 492년(1883) 8월 21일 태어나서 1927년 1월 24일 사망
　한 것으로 되어 있다. 開國 四百拾貳年은 開國 四百九拾貳年의 誤記다.
89　문화재연구소, 「판소리 유파」, 문화재관리국, 1992, 73-74쪽.

신생 동갑이라고 자랑한 사실을 기억하고 있으니 김봉학의 출생연도는 1884년생이 맞을 것이다.

김봉학은 부친 김창환 명창을 닮아 풍채도 잘났으며 재질과 성음 또한 타고났다. 어릴 때부터 부친에게 10여 년 동안 가문소리를 배워, 그 법통과 더늠을 그대로 이어받았고, 부친의 발림과 너름새 사체구성을 그대로 본받아 일가를 이루었다. 김창환이 만년에 고향 나주에서 지낼 때 부친 대신 제자들에게 소리를 가르쳤으며, 아편을 심하게 했다고 한다. 30세 무렵 부친의 협률사에 참여하여 명성을 떨쳤다. 흥보가와 심청가에 장하고 제비노정기가 특장이었다.[90]

한편 김창환 명창의 6촌 동생인 김종길도 소리꾼으로 이름이 있었다.

김종길은 전남 영광 사람으로, 서편제 소리의 명창이다. 그는 명창 김창환의 육촌 형제이며, 이날치에게도 소리를 배운 바 있다.[91]

영광의 김종길 씨라고 있어요. 그이가 지금 살아 있으면 백스물 몇 살 되었습니다. 근디 그이가 김창환 씨 육촌동생이요, 재종간. 근디 창환 씨하고 노상 얘기히여. 거기는 순전 우조 바닥인디 소리는 이날치한테 배웠대. 대선생님이여. 음성, 양성 그 법얼 잘 알아.[92]

김종길은 전남 영광 출신으로 이날치에게 소리를 배워 일가를 이

90 박황, 『판소리소사』, 신구문화사, 1974, 129-131쪽.
91 강한영 교주, 『신재효 판소리사설 여섯마당집』, 형설출판사, 1982, 4쪽.
92 김명환 구술, 『내 북에 앵길 소리가 없어요』, 뿌리깊은나무, 1991, 65쪽.

루었다.

2) 이날치와 박기홍 명창

이날치(李捺致)는 전남 담양의 세습예인 집안 출신으로 1820년에 태어나서 1892년에 세상을 떠났다. 본명은 이경숙(李敬淑)이며 박기홍 · 김창환과는 이종 간이다.

> 그리고 그는 그의 생모가 삼 형제인데 큰 이는 리날치(李景淑)라는 명창을 낫코 가운데 이는 자긔를 낫코 끗헤 이는 박기홍이라는 명창을 나엇다는 말을 하야 은연중 이상하게도 삼 형제의 녀인이 다 각각 희세의 명창을 하나식 나헛다는 뜻을 말하엿다[93]

이날치는 본래 줄타기 명수였는데, 판소리를 배우기 위해 박만순의 수행고수가 되었다. 그러나 고수에 대한 차별 대우를 참지 못하고 나와, 박유전의 문하에서 수년간 도야하여 대성하였다. 날치라는 예명은 젊은 시절 날치같이 날쌔게 줄을 잘 탄다고 해서 얻은 것이다.

이날치는 수리성인 성량이 거대하여 춘향가를 연창할 때 나팔을 방창하면 실제와 방불하고, 인경은 '뎅뎅' 하면 실물의 인경 소리가 일촌(一村) 일동(一洞)에 향응(響應)하였다고 한다. 그의 새타령은 당대 독보였는데, 뻐꾹새와 쑥국새 소리를 하면 실제 새가 날아 들어

---

93 「寒燈夜話, 노래 뒤에 숨은 설음(二), 國唱歌手의 古今錄」, 『매일신보』, 1930. 11. 24. 정노식, 『조선창극사』, 조선일보사출판부, 1940, 147쪽.

온 일도 있었다고 한다. 박만순의 소리가 식자에 한하여 칭예를 받았지만, 이날치의 소리는 남녀노소, 시인묵객, 초동목수 모두에게 인기 있었다고 한다. 그는 사람을 능히 울리고 능히 웃길 수 있을 정도로 소리에 뛰어났고, 각종 고전에 무불정통하고 춘향가와 심청가에 뛰어났다. 그의 더늠은 춘향가의 망부사였다.[94] 이날치의 후손 가운데 손자 이기중과 증손녀 이일주 명창이 소리꾼의 예맥을 이었다.

박기홍은 전남 나주의 세습예인 집안 출신으로 이날치·김창환과 이종 간이다. 『전주대사습사』에는 박기홍이 1848년에 태어나 1925년에 세상을 떠났으며, 부친은 정춘풍 명창의 수행고수였다고 하였다.[95] 최근에 박기홍이 1926년 이전에 세상을 떠난 사실이 밝혀졌다.

> 지금은 고인이 되얏지만 최근에 거의 묘선소리를 쏫막다 십히 한 줌 고됴의 대가로 일홈을 일세 떨치든 국창 박긔홍 군도 죽을 째까지 근일 소위 명창이라고 잠칭하는 잡배(雜輩)들이 불느는 신됴를 듯고 그러한 목이 엇더한 소리에서 나왓느냐고 추구하야 맛나는 젹마다 면피(面皮)를 벗기여 지금에 대가리짓을 하는 가수도 박기홍 군 압혜서는 입을 버리지 못하얏다 한다.[96]

박기홍은 초년에 박만순 문하에서 지침을 받다가 정춘풍의 문하에 가서 다년간 학습하여 대성하였다. 통속화된 소리를 하는 송만갑

---

94 정노식, 『조선창극사』, 조선일보사출판부, 1940, 69-72쪽.
95 사단법인 전주대사습놀이보존회, 『전주대사습사』, 탐진, 1992, 111쪽, 120쪽.
96 李德彰, 「名唱論(下)」, 『日東타임쓰』, 제1권 제3호, 1926년 6월, 일동타임쓰사. 배연형, 「판소리 중고제 자료의 재검토」, 『판소리연구』 49, 판소리학회, 2020, 12쪽.

에게 "장타령이 아니면 염불이다. 명문 후예로 전래 법통을 붕괴한 패려자손이다."라고 혹평할 정도로, 동파의 법통을 혼자 두 손바닥 위에 받들어 들고 끝판을 막다시피 한 종장이다.

박기홍은 미리 소리금을 정하고 소리할 정도로 소리꾼으로서의 자부심이 대단했으며, 판소리만 탁월했던 것이 아니라 문식이 넉넉하고, 시조, 가사, 현금, 가야금, 피리, 저, 해적 할 것 없이 무불정통하여 각각 일가를 이루었다. 대원군과 고종의 총애를 받아 참봉 직계를 받았으며, 대원군은 애꾸눈인 그에게 오수경을 하사하여 어디서든 오수경을 쓰고 소리하도록 하였다. 후배 송만갑, 이동백, 김창룡은 그를 '가신(歌神)'으로, 현석년은 '가선(歌仙)'으로 평했다. 춘향가와 적벽가에 장하고 적벽가의 삼고초려, 장판교대전, 화용도 장면에 이르러서는 신출귀몰한 기예를 발휘하였다. 그의 더늠은 적벽가의 조조 군사 사향가다.[97]

4. 맺음말

서편제 김창환 명창 가문은 근대 판소리 발전에 이바지하였다. 김창환 명창은 근대오명창의 한 사람으로서 19세기 후반기와 20세기 전반기에 판소리 발전에 크게 기여하였다. 그러나 김창환 명창이 가지는 판소리사적 위상에도 불구하고 연구에서는 소외된 편이었다. 이 글에서는 김창환 명창의 예술 활동을 중심으로 그 가문의 소리 세

97 정노식, 『조선창극사』, 조선일보사출판부, 1940, 162-164쪽. 박황, 『판소리소사』, 신구문화사, 1974, 64쪽.

계에 대해 살펴보았다.

먼저 김창환 명창의 예술 활동 전반에 대해 살펴보았다. 김창환제 판소리가 정립되는 과정은 크게 세 시기로 구분할 수 있다. 첫째 시기는 1860년대로 박만순과 정춘풍에게 본격적인 소리 공부를 하였고, 이날치에게 가문소리를 익혀 판소리의 기초를 닦은 입문기, 둘째 시기는 1870년대로 정창업 명창에게 본격적인 판소리 수업을 받아 김창환제 판소리가 자리잡힌 형성기, 셋째 시기는 1880년대로 신재효의 문하에서 판소리 이론과 실기에 대한 지침을 받아 김창환제 판소리가 정립된 완성기이다.

김창환은 1900년대부터 협률사, 김창환협률사, 경성구파배우조합, 대정단일행, 조선음률협회, 조선악정회 등의 단체활동과 무대공연, 음반취입, 국악방송 출연 등 다양한 예술 활동을 활발하게 펼쳤다. 첫째, 김창환 명창의 단체활동은 다음과 같다. ① 1902년 가을 고종 어극 40년 칭경예식을 거행하기 위해서 봉상시 내에 설립된 왕실극장 협률사의 주석으로 1907년 협률사가 폐지될 때까지 협률사의 공연을 주도하였다. ② 1907년 협률사가 폐지되자 김창환은 고향 나주로 내려가 강용환, 유성준, 김채만, 박지홍, 김봉학 등 50여 명의 전라도 출신의 명인 명창을 규합하여 김창환협률사를 조직하여 지방 순회공연을 다녔는데, 1910년 이후 본격적인 활동을 한 것으로 추정된다. ③ 송병준이 1915년 경복궁에서 열린 시정오년기념조선물산공진회에 공연하기 위해서 1915년 3월 26일 설립한 경성구파배우조합에 이동백과 함께 선생으로 참여하였다. ④ 김창환은 이동백과 함께 대정단일행을 조직하여 전국을 순회하면서 공연 활동을 하였다. ⑤ 1930년 9월 25일 창립된 조선음률협회에 회장으로 선임되어 판소리 발전에 이바지하였다. ⑥ 1932년 정정렬, 오태석, 한성준 등과 함께 조선음률을 부활시키려는 목적으로 조선악정회를 결성하였다. 둘째, 김창환 명창은 다양한 무대공연을 통해 자신의 예술세계를 마음껏 펼쳤다. 1900~10년대에 김창환은 왕실극장 협률사 공연을 비롯하여 협률사의 후신인 원각사 무대 그리고 김창환협률사, 시정오년기념조선물산공진회 무대 등에서 다양한 공연을 하였고, 1920~30년대에도 독창회를 비롯하여 조선음률협회의 정기공연 등에 적극적으로 참가하여 공연하였다. 셋째, 김창환 명창은 시정오년기념조선물산공진회 기간인 1915년 9월 미국 빅타사에서 취입한 춘향가의 옥중가와 흥보가의 가난타령을 비롯하여 다수의 음반을 남겼다. 넷째, 김창환 명창은 1928년 8월 11일 경성방송국의 국악방송에 처음 출연한 이래 9차례 출연하여 단가와 장기인 춘향가를 주로 연창하였고, 심청가도 1차례 연창한 것이 확인되었다.

다음으로 김창환 명창 가문의 소리꾼들의 면모를 살펴보았다. 김봉이는 김창환의 장자이지만 서자로, 어릴 때부터 부친에게 소리를 배웠으며, 장안사와 단성사 무대에서 활동한 바 있다. 한때 경성구파배우조합의 부조합장을 맡았으며, 부친과 함께 협률사를 조직하여 지방순회공연을 하였다. 슬픈 대목을 잘 불렀으며 발림은 부친보다 더 뛰어났다고 한다. 김봉이는 부친으로부터 독립하여 협률사를 조직하여 활동했는데, 통속화된 소리를 불러 부친으로부터 미움을 받았다. 춘향가와 심청가에 뛰어났으며, 미국 빅터사에서 발매한 춘향가의 이별가 음반이 전한다. 김봉학(1884~1927)은 어릴 때 부친 김창환 명창에게 배워 가문소리의 법통과 부친의 발림과 너름새 사체구성을 그대로 이어받았다. 김창환이 고향 나주에 지낼 때 부친을 대신

하여 제자들을 가르쳤다. 한때 부친의 협률사에서 공연했고, 홍보가
와 심청가에 뛰어났으며 제비노정기가 특장이다. 김종길은 전남 영
광 출신으로 김창환의 6촌 동생이다. 이날치에게 소리를 배워 이름
이 났다.

한편 김창환 명창과 이종 간인 이날치와 박기홍 명창도 한 시대를
풍미한 명창이었다. 이날치는 전남 담양 출신으로 박유전 문하에서
수년간 도야하여 일가를 이룬 서편제 명창이다. 성량이 거대했으며,
새타령이 독보적이어서 새타령을 하면 실제로 새가 날아들기도 했
다고 한다. 각종 고전에 무불정통하고, 춘향가와 심청가에 뛰었으며,
춘향가의 망부사가 그의 더늠이다. 손자 이기중과 증손녀 이일주로
예맥이 이어지고 있다. 박기홍은 박만순 문하를 거쳐 정춘풍 문하에
서 다년간 학습하여 일가를 이루었다. 동편의 법통을 꿋꿋하게 지킨
종장으로서 가신·가선의 칭호를 받았다. 그는 소리금을 정하고 소
리할 정도로 예술가로서의 자부심이 대단했으며, 소리뿐만 아니라
문식이 넉넉하고 시조와 가사, 그리고 현금, 가야금, 피리, 대금 등
각종 악기에 두루 뛰어났다. 춘향가와 적벽가에 뛰어났으며, 적벽가
의 조조 군사 사향가가 그의 더늠이다.

제3장

판소리명가, 장판개 명창 가문의
예술세계

1. 머리말

　오랫동안 대구·경북지역은 판소리의 불모지로 알려져 왔다. 그러
나 최근에 이 지역이 판소리 불모지가 아니라는 사실이 구체적으로
밝혀지고 있다. 전주대사습에서 장원한 명창도 경상감영의 선화당에
서 소리하여 인정받아야만 서울 무대에 진출할 수 있었고, '전라도에
서 공부해서 경상도에서 닦아서 서울에 와서 명창 된다'는 말이 있다.[1]
판소리사를 살펴보면 19세기 후기부터 20세기 중기 사이에는 당대를
대표하는 명창들이 대구·경북지역에서 활동한 바 있다. 조선 말에는
송흥록, 고수관 등 국창들이 대구 선화당에서 소리하였고,[2] 일제강점
기에는 가선(歌仙)으로 칭송받던 동편제의 마지막 종장(宗匠) 박기홍

1　문화재연구소, 「판소리 유파」, 문화재관리국, 1992, 29쪽.
2　정노식, 『조선창극사』, 조선일보사출판부, 1940, 21-22쪽, 32쪽.

과 그의 제자 조학진, 정춘풍의 지침을 받아 이름을 날린 유성준, 김창
환의 수제자 박지홍과 박지홍의 수제자 박동진 등이 대구와 경북에서
활동하였다. 그리고 이 지역 출신의 강소춘, 김초향과 김소향 자매, 김
추월, 박록주, 이소향, 임소향, 박소춘, 박귀희 명창과 경남 출신의 김
해 김록주, 신금홍 명창 등이 판소리 창단을 화려하게 장식했다.[3]

　지금 경주에는 정순임 명창이 제자들을 지도하며 왕성하게 활동
하고 있다. 정순임은 장월중선 명창의 딸로 국가무형문화재 제5호
판소리 흥보가 예능보유자이다. 정순임 집안은 4대에 걸쳐 판소리
의 예맥을 이어오고 있는 예인 가문이다. 장월중선의 조부 장석중은
음률의 명인이고, 백부 장판개는 고종의 어전에서 소리하여 참봉 직
첩을 받은 동편제 명창이며, 부친 장도순도 판소리 명창이다. 장판개
의 부인이 배설향 명창이며, 장판개의 누이동생이 무용과 기악으로
유명했던 장수향 명인이다. 그리고 장월중선은 판소리, 가야금병창,
무용, 아쟁산조 등에 만능이었다.

　'한 집안에서 3대 정승 나기보다 3대 명창 나기가 더 어렵다'는 말이
있듯이 한 집안에서 3대에 걸쳐 명창이 나오는 것은 쉽지 않은 일인데,
이 집안에서 그런 일이 이루어졌으니 대단하다. 2007년 6월 문화관광
부는 전통예술의 보전과 계승에 앞장서고 있는 3대 이상의 국악 명가
문을 전국 지자체로부터 추천을 받아 정순임 명창의 가계가 판소리사
에서 가지는 위상을 높이 평가하여 '판소리명가'로 선정하였다.[4]

3　김석배, 「20세기 전반기의 경상도 지역의 판소리문화 연구」, 『판소리연구』
　　33, 판소리학회, 2012. 김석배, 「20세기 경주지역의 판소리문화 연구」, 『판소
　　리연구』 38, 판소리학회, 2014.
4　『매일신문』, 2007. 11. 27. 포항MBC 뉴스, 2007. 11. 29. 당시 정회천家는 고법
　　명가, 박병천家는 진도씻김굿명가, 심화영家는 춤명가로 선정되었다.

이 글에서는 1960년대부터 경주에 뿌리를 내리고 국악 발전에 크
게 이바지한 장월중선 명창의 집안 곧 판소리 명문가인 장판개 가문
의 예술세계에 대해 두루 살펴보고자 한다. 이를 통해 장판개 명창
가문과 이 지역의 판소리문화를 이해하는 데 일정하게 기여할 수 있
기를 기대한다.

2. 장판개 가문의 소리꾼과 예술세계

장판개 가문의 명인 명창들의 예술세계에 대해 살펴보기로 한다.
이해를 돕기 위해 판소리명가의 계보를 간략하게 정리하면 다음과
같다.

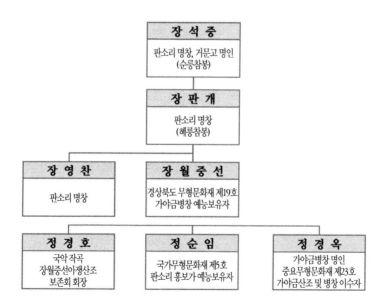

필자는 1990년대 초에 장월중선 명창을 몇 차례 면담한 적이 있고, 2015년 9월 14일 등 정순임 명창을 수차례 면담한 바 있다. 여기서는 필자의 면담자료와 『동아일보』, 『경향신문』 등 당대의 신문, 그리고 문화재연구소, 「판소리 유파」(문화재관리국, 1992) 등 선행논저를 바탕으로 정리하기로 한다.[5]

1) 장판개 명창

장판개 명창은 전통예인 집안의 후손으로 조부와 부친은 음률의 명인이요 판소리 명창이다.[6] 부친 장석중은 『인동장씨남산파보』에 '錫中, 字 石中, 號 仁溪, 1863~1946년'으로 되어 있으며,[7] 광무 7년 (1903)에 받은 순릉참봉 교지가 전하고 있다.[8] 그리고 조부 장주한은 족보에 '京福, 字 俊煥, 號 玄亭, 1838~1873년'으로 되어 있다.[9]

장판개는 전라남도 곡성군 겸면 출신의 동편제 명창이다. 그를 옥

---

5 박황, 『판소리 이백년사』, 사사연, 1987. 김명환 구술, 『내 북에 앵길 소리가 없 어요』, 뿌리깊은나무, 1991. 최동현, 『판소리 명창과 고수 연구』, 신아출판사, 1997. 서인화, 「장월중선 명창론」, 『판소리연구』 19, 판소리학회, 2005. 김수미, 「예성 장월중선의 생애와 예술」, 〈국악명문가의 후손들〉 음반해설서, 2007. 서영화, 「판소리명가 장판개 가계 연구」, 부산대학교 석사학위논문, 2010.

6 박황, 『판소리 이백년사』, 사사연, 1987, 183쪽. 장판개는 張判盖, 張判介, 張 判橋, 張一成, 張鶴舜 등 다양한 이름으로 알려져 있다.

7 仁同張氏南山派修譜所, 『仁同張氏南山派譜』 卷之二, 譜文社, 1997, 1273쪽. 제적등본에 명치 34년(1901)에 사망한 것으로 되어 있는데, 그것은 잘못된 것 이다.

8 순릉은 경기도 파주시 조리읍 파주 삼릉 안에 있는 成宗의 원비인 恭惠王后 한씨(1456~1474)의 능이다.

9 張周翰. 仁同張氏南山派修譜所, 『仁同張氏南山派譜』 卷之二, 譜文社, 1997, 1273쪽.

과 출신이라고도 하는 것은 곡성군 겸
면이 과거에 옥과현에 속하였기 때문
이다.[10] 호적에는 1886년 11월 8일 전
라남도 곡성군 겸면 현정리에서 부
장석중, 모 이금화의 장남으로 태어나
1938년 8월 16일 작고한 것으로 되어
있고,[11] 족보에는 '學遠, 字 鶴舜, 號 東
溪, 1886~1935년'으로 되어 있다.[12] 그
런데 오랫동안 장판개에게 북과 소리

장판개 명창

를 배운 바 있는 명고수 김명환이 장판개가 을유생(1885년생)이라[13]
고 하니 그의 말이 옳을 것이다.

　전통예인의 피를 타고난 장판개는 어릴 때부터 부친의 소리를 듣
고 그대로 방창하여 어른들을 놀라게 했다. 그는 체구가 작았으며 얼
굴빛이 검었으며 심하게 얽었다고 한다. 처음에는 줄타기를 하였는
데, 줄을 타다가 떨어진 일이 있은 후 고수로 돌아섰다. 15세 때부터
김채만의 수행고수로 북을 치고 소리를 배우다가 송만갑을 스승으
로 모시고 3년 동안 춘향가, 심청가, 흥보가, 적벽가 등 네 바탕을 연

10　겸면은 1895년 지방관제 개정으로 옥과현에 속하다가 1909년 창평군에 이
　　속되었으며, 1914년 지방관제 개정으로 겸방면과 지좌면을 합하여 겸면으
　　로 개칭하고 곡성군에 속하여 현재에 이르고 있다.〈곡성군 겸면 홈페이지〉
　　(gyeom.gokseong.go.kr).
11　全北 淳昌郡 金果面 面事務所에 보관되어 있는 장판개의 아들인 張周瓚(예명
　　장영찬)의 호적. 장판개의 호적은 全南 谷城郡 三岐面 面事務所에 보관되어
　　있다.
12　仁同張氏南山派修譜所,『仁同張氏南山派譜』卷之二, 譜文社, 1997, 1273쪽.
13　문화재연구소,「판소리 유파」, 문화재관리국, 1992, 21쪽, 86쪽.

마하였다. 그 후 순창의 절에 들어가 2년간 독공을 한 후 스승 송만갑
의 실제적 기예와 표현 동작을 견문하기 위해 2년 동안 그의 수행고
수로 있으면서 절차탁마하여 소리로도 일가를 이루었다. 그리고 김
세종에게 춘향가를 배우고, 박만순에게 수궁가와 적벽가를 배웠
다.[14] 장판개는 타고난 목이라 소리가 청미하고 저음에서 고음까지
마음대로 구사하는 명창으로 가왕 송흥록 이후의 독보적인 존재로
평가받기도 한다. 그리고 소리뿐만 아니라 명고수였던 그는 설북, 젓
대, 해금, 거문고, 피리에도 정통하여 20세 전후에 이미 명성이 삼남
일대에 자자하였다.[15]

　　장판개는 광무 8년(1904)에 스승 송만갑의 부름을 받고 상경하여
원각사에 참여하였다. 그해 7월 어전(御前)에서 장기인 적벽가를 불
렀는데, 청미하고 풍부한 성음 성량으로 절륜의 기예를 유감없이 발
휘하고, 멋과 귀태가 넘치는 발림으로써 고종을 비롯한 삼정승 육판서를 혼취케 하였다. 소리가 장판교대전 대목에 이르자 실전을 방불케 하는 신출귀몰한 묘기에 좌중은 탄성을 연발하였다고 한다. 당시 고종이 장판개를 가상히 여겨 혜릉참봉을 제수하였다.[16]

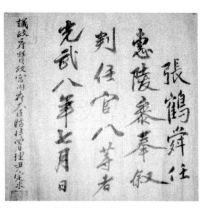

혜릉참봉 교지(1904년)

14　문화재연구소, 「판소리 유파」, 문화재관리국, 1992, 21쪽.
15　박황, 『판소리 이백년사』, 사사연, 1987, 184쪽.
16　혜릉참봉은 종구품 벼슬. 혜릉은 경기도 구리시 인창동 동구릉 내에 있는 景
　　宗의 원비 端懿王后 심씨(1686~1718)의 능이다.

원각사 폐쇄 후에는 송만갑협률사에 참여하여 지방순회 공연을
하였으며, 장안사·연흥사 시절에는 배설향과 함께 판소리와 창극
으로 인기가 높았다. 그리고 장판개는 진주권번[17]과 광주권번, 경주
권번 등 여러 권번에서 소리선생을 하며 공창식,[18] 김준섭,[19] 성운
선,[20] 한승호,[21] 장월중선 등을 가르쳤다.

장판개는 상성도 통성으로 쓸 정도로 목이 싱싱하고 좋아서 소리
하면 대청의 쇠문고리가 덜덜덜거리고 문풍지가 드르르르 떨었다
고 하며, 그의 소리는 전라도보다도 경상도 안동, 상주 등지에서 더
알아주었다고 한다.[22] 흥보가와 적벽가에 뛰어났으며, 김소희 명창
에 의하면 김창환 명창의 발림을 보고 배워서 발림도 아주 멋있게
했다고 한다.[23]

장판개가 주로 지방에서 활동했기 때문에 그에 관한 자료는 찾기

---

17 박황,『판소리 이백년사』, 사사연, 1987, 185쪽. 호적에는 1935년 세상을 떠난
   것으로 되어 있다.
18 孔昌植(1887~1936)은 전라남도 화순군 능주의 전통예인 집안 출신으로, 孔
   基男 명창의 아버지요, 孔大一(1911~1990) 명창의 팔촌 형이다. 공창식은 장
   판개에게 흥보가의 박 타는 대목을 배웠다. 정범태,『명인 명창』, 깊은샘, 2002,
   191쪽.
19 金俊燮(1913~1968)은 전라북도 완주군 상관면(또는 전라남도 곡성군 옥과
   면, 화순군 도암면)의 전통예인 집안 출신으로 어린 시절 장판개 문하에서 소
   리공부를 시작하였다. 정범태,『명인 명창』, 깊은샘, 2002, 194쪽.
20 成雲仙(1927~1998, 본명 成點玉)은 전라북도 순창군 복흥면의 전통예인 집
   안 출신으로, 13세에 장판개가 배설향과 함께 군산권번에 소리선생으로 있을 때
   흥보가와 춘향가, 심청가를 배웠다. 정범태,『명인 명창』, 깊은샘, 2002, 333쪽.
21 韓承鎬(1924~2010, 본명 韓甲珠)는 전라남도 광주시 동구 금남로의 전통예
   인 집안 출신으로, 어릴 때 광주권번의 소리선생이던 장판개에게 소리를 배
   웠다. 김명곤,『恨-김명곤의 광대기행』, 산하, 1994, 317-318쪽.
22 김명환 구술,『내 북에 앵길 소리가 없어요』, 뿌리깊은나무, 1991, 88-89쪽.
23 〈명인명창선집 (6 동편제 판소리)〉, 서울음반, 음반해설서.

어렵다. 1928년 7~8일 담양극장에서 개최된 신춘구악대회를 보도한
『동아일보』 2월 5일 자 기사에 장판개를 "舊聲樂隊家로서는 湖南 一
帶에 名聲이 자못 喧藉한 張判凱"로 소개하고 있다. 이 대회에는 풍
류와 구악에 소양이 있는 순창 명창들과 호남 명창으로 이름난 장판
개, 김남희, 한똑똑, 신마산포, 박금옥, 박금향 등이 출연하여 대성황
을 이루었다고 한다.[24]

현재 장판개 명창의 소리는 단가 진국명산과 흥보가의 제비노정
기가 남아 있고, 임방울의 호천망극(고당상)에 장판개의 북 가락이
남아 있다. 장판개의 명성에 비해 그의 음반이 드문 것은 그가 은단
장수, 약장수 같은 자들이 길거리에서 듣고 장사하는 꼴이 보기 싫어
음반 취입을 꺼렸기 때문인데, 이 음반은 임방울이 일본 구경이나 하
자고 유인하여 가서 취입한 것이라고 한다.[25]

단가 진국명산과 흥보가의 제비노정기는 1936년 4월에 오케에서
발매한 음반으로 북장단을 한 임세근은 임방울(본명 林承根)의 형으
로 젓대 명인이다.[26]

> Okeh 1891(K303) 短歌 鎭國名山 張判橋 長鼓 林世根
> Okeh 1891(K303) 興甫傳 제비路程記 張判橋 長鼓 林世根

장판개의 단가 진국명산은 스승 송만갑이 부른 것보다 한층 치밀
한 음악성을 구사하여 잘 짰으며, 장판개 이후로 진국명산을 잘 부르

---

24 『동아일보』, 1928. 2. 5. 2. 15. 한똑똑은 한경석 명창의 아들이다.
25 문화재연구소, 「판소리 유파」, 문화재관리국, 1992, 22쪽.
26 한국음반아카이브연구단 엮음, 『한국유성기음반』 3권, 한걸음·더, 2011, 746쪽. 이 음반은 〈동편제 판소리〉(서울음반, 1992)에 수록되어 있다.

는 명창이 드물다는 평을 듣고 있다.[27]

　　(자진중중모리) 앞남산 지내고 밖남산을 지내, 촉국을 지내고 촉산 동 이천 리, 낙양성 오백 리, 소상강 칠백 리, 동정호 팔백 리, 금릉 육백 리요. 악양루, 고수대와 오악 형산 귀경허고 구정마탑 육십 리요 사마성이 삼십 리라. 월택성 돌아들어 고소성 바라보니 한산사 거룩허고, 아방궁 육십 리으 만리장성 날아드니 일만 오천 리. 봉성령 내달으니 천하의 제비가 좋아라, 각국으로 흩어질 제, 강남으로 오난 제비, 포기 포기 떼를 지어 서로 짖어 언약헌다. '금년 구월 보름날 이 곳 와서 상봉허자.' 약속을 정한 후으 중천으 높이 떠 강동을 구경허고, 적벽강 돌아드니 소동파, 조맹덕은 금안재 하처재요. 청설령 오백 리를 순식간에 당도허니 옥화관이 여그로다. 심양강 팔백 리요, 정주 지내아 순안, 수천 칠십 리요, 바라보니 평양이로구나. 연광정 높이 올라 일호 장안을 굽어보니 충신 만조정이요, 효자 열녀 가가재라. 연광정 높이 올라 살 같이 빨리 떠서 거들거리고 내려오니, 태산을 들어가니 왕태조 고사는 다만 고택뿐이로다. 무악대 연추문은 억만세를 응하였고, 제일 삼각 올라서니 장안을 가만히 굽어봐. 남산은 천년산, 한강수 만년수라. 수원 공주 귀경하고, 흥보 집을 당도허니 흥보 보고서 반가라 "반갑다 내 제비야, 어디를 갔다가 이제 와? 천황 지황 이남구 유소씨 얽힌 남기 유수차로 니 갔드냐? 북풍한설 ○○○○ 기러기 넋이 되아 평사낙안으 놀고 와? 욕향청산으 문두견 소식 적적 막연터니, 니가 오늘날 살아오니 반갑고 반갑구나." 저 제비 거동 보소. 보은표 박씨를 입에다 물고 이리저리 거닐 제, 북해 흑룡이 여의주 물고 채운간에 넘논 듯, 단산

27 〈동편제 판소리〉 해설서, 서울음반, 1992.

봉황이 죽실을 물고 오동 속으로 넘논 듯.

제비노정기는 김창환제가 널리 불리고 있는데, 장판개의 제비노
정기는 장판개가 송만갑제를 버리고 새로 짠 것이다. 현재 장판개제
는 박봉술의 흥보가 등에 놀보 제비가 강남에 갔다가 보수(報讎)박
을 물고 놀보 집으로 돌아오는 놀보제비노정기로 불린다. 이 외에 적
벽가의 한 장수 나온다에서 남병산 바람 빌어 갖고 활 쏘는 데까지도
취입하였다[28]고 하는데 현재까지 음반이 확인되지 않았다.

한편 장판개는 명고수로서도 일가를 이루었다. 장판개의 북장단
과 추임새가 임방울이 부른 적벽가의 호천망극[29]에 남아 있어 명고
수의 면모를 엿볼 수 있다.

Okeh 1885(K284) 赤壁歌 호천망극(高堂上) (上) 林방울 長鼓 張判橋
Okeh 1885(K285) 赤壁歌 호천망극(高堂上) (下) 林방울 長鼓 張判橋

임방울의 호천망극(상)은 "(진양조) 고당상 학발양친 배별하고 떠
난 지 몇 날이며 부혜여 생아시고 모혜여 육아시니 욕보지덕택인대
호천망극이로구나 …중략… 골폭사장에 흐여져서 오연으 밥이 된들
뉘라 뉘라 손뼉을 뚜다려 준단 말이냐"이고, 호천망극(하)는 "(아니
리) 이러타시 설이 울 제 한 군사 내다르며 네 설음을 들어보니 부모
생각 네 설음이 효성지심 지극허나 네 내 설음 또 들어 보아라 (중중

28 김명환 구술, 『내 북에 앵길 소리가 없어요』, 뿌리깊은나무, 1991, 92쪽.
29 한국음반아카이브연구단 엮음, 『한국유성기음반』 3권, 한걸음·더, 2011,
738쪽.

모리) 여봐라 군사들아 이내 설움을 들어라 나는 남에 오대 독신으로 열일곱에 장개들어 사십이 지나도록 실하 일점혈육 없어 부부 매일 한탄하고 명산대찰 영신당과 …중략… 난세를 당하여서 사당 문 열어놓고 통곡재배 하직혈 적으 간간한 어린 아해 안고 누어 등 뚜다리며 유정한 가속 얼굴 한 테 대고 문지르며 부디 이것이나 길러 나에 후사를 전하여 주오"이다.[30]

장판개의 소리와 북의 세계를 훤하게 알고 있는 김명환은 다음과 같이 말한 바 있다.

> 아, 장판개 그이는 북 칠 때 벨로 가락도 없는디, 하 소리럴 시기 놓고 그 추임새 허며 말여. 추임새도 자꾸 괜시 헌 것이 아니라 '탁' 험선 그 하나 '꿍' 웅글리면서 때리는데 말여. 거기서 그렇게 멋들어지게 맞아 나갈 수 없단 말여. 아주 추임새 성음도 '어이' 그런데 가서 말여. 그 소리 명창이라는 것이 목구성이 올라가 부러. 그리 좋을 수가 없단 말여.
>
> 하여튼 그분네는 북얼 치면 우리매로 앉거서 친 것이 아녀. 발얼 딱 버려 갖고 북을 쩌리 보내 버리네. 긍게 북채하고 북통하고 거리가 상당히 먼디 어느새 번개같이 가서 때려 부려. …중략… 장판개 북에는 별 가락이 없단 말세. 그런디 친 것얼 보면. '궁' 소리 한번 울린 데 가서 소리럴 죽이고 살리는 거시기가 있단 말여. 근게 내가 눈에가 환하고 귀에가 환한디 그이매로 북을 갖고 저정거리고 갖고 놀 수가 없어. 그 것얼 참 숭내도 못 허겄드란 말일세.[31]

---

30 소중한 음원을 제공해 주신 한국음반아카이브연구소 배연형 소장님의 후의에 감사드린다.
31 김명환 구술, 『내 북에 앵길 소리가 없어요』, 뿌리깊은나무, 1991, 87-88쪽. 김명환은 1년 6개월 동안 장판개의 행줏보 노릇을 하며 소리와 북을 배웠다.

장판개의 북 장단은 '별 가락'이 없는 것처럼 보이지만 소리를 죽이고 살릴 수 있을 정도로 능수능란하여 북을 가지고 저정거리고 놀았다는 것이다. 그의 북 장단은 화려하지는 않지만 질박한 아름다움이 있었던 것이다. 그리고 북채와 북통 사이가 상당히 먼 독특한 자세, 그런 자세로는 잔가락을 칠 수 없었을 터이므로 자연 선이 굵은 장단을 쳤던 것이다. 그러니 때릴 때만 한 번씩 때리는데 기가 막히게 멋있었고, 단가 한 번 부르는데 때리는 데가 두서너 번이면 족했던 것이다.[32] 정응민 명창도 "장 선생은 북얼 때리는 것도 의식적으로 허는 것이 아니여. 그냥 묻어 떨어져. 꽃이 되야 갖고 둥실 혀. '딱' 붙여주고 요리 간다 그렇게 멋질 수가 없어."라고 했다고 한다.[33] 즉 북 장단도 동편제 소리를 닮았던 것이다. 또한 추임새도 기막힐 정도로 멋있게 했다고 한다. 장판개 명창의 북 장단과 추임새는 소위 '일고수 이명창', '수고수 암명창'이란 말의 진정한 의미가 무엇인지를 잘 보여주고 있다. 소릿길을 잘 닦아 소리를 활짝 피우는 이가 명고수이다.

2) 배설향 명창

배설향 명창은 전라북도 남원 출신의 여성명창으로 장판개와 함께 살았다. 배설향은 1895년에 태어나 장판개가 병사한 이듬해인

---

32 "그이는 북 칠 때 독특한 가락이 있는 것이 아니고, 가락도 아니고 꿍꿍 울리고, 또 가락하고 배합이 맞어 갖고 때릴 때만 한 번씩 때리는디 기가 막히게 멋있었어요. 단가 한번 한다 치면 때리는 디가 두서너 번밖에 없어요.", 김명환 구술, 『내 북에 앵길 소리가 없어요』, 뿌리깊은나무, 1991, 90쪽.
33 김명환 구술, 『내 북에 앵길 소리가 없어요』, 뿌리깊은나무, 1991, 90쪽.

1938년에 작고한 것으로 알려져 있다.[34] 그런데 이영민의『벽소시고』에는 "정미년에 동래읍 복천동에서 배만서의 맏딸로 태어났고, 장일성에게 소리를 배웠다."[35]고 했으니 배설향의 출생연도는 정미년(1907)으로 보는 것이 옳을 것이다. 장일성은 장판개이다. 어려서부터 장판개에게 배워 일가를 이루었고, 여성이면서도 폭이 넓고 성량이 풍부하

배설향 명창

였으며 소리법은 이화중선보다 훨씬 낫다는 평을 들었다고 한다.[36]

배설향은 다양한 무대에 출연하여 자신의 소리 세계를 펼쳤는데 대표적인 것을 들면 다음과 같다. 1928년 11월에 조선명창연주회(21~23일, 우미관)에서 이동백, 김창환, 유성준, 김추월, 이화중선, 김초향 등과 출연하였으며,[37] 1929년 2월 빈한(貧寒)형제 구휼연주회(27~28일, 강경 강경좌)에 이동백, 김창환과 함께 참여하였다.[38] 그리고 1936년 5월 여류명창대회(23~24일, 부산공회당)에 김여란, 김연수, 권금주 등과 함께 출연하였고,[39] 1938년 3월 여류명창대회

---

34 박황,『판소리 이백년사』, 사사연, 195쪽.
35 "丁未生 東萊邑 福泉洞 裵萬瑞 長女 學于張一成", 이영민,『碧笑詩稿』, 53쪽.
36 김명환 구술,『내 북에 앵길 소리가 없어요』, 뿌리깊은나무, 1991, 106쪽.
37 『조선일보』, 1928. 11. 21. 11. 24. 11.25. 당시 출연자는 •男子部－李東伯 朴春載 文泳洙 金昌煥 金正文 劉聖俊 吳泰石 沈相建 安基玉 白点奉 朴鍾基 金宗基, •女子部－金秋月 李花中仙 金草香 裵雪香 林明玉 李中仙 孫眞紅 李眞鳳 白牧丹 金玉葉 金香蘭 表蓮月 申海中月이었다.
38 『중외일보』, 1929. 3. 8.
39 조선권번의 김여란 조산옥 김연수 조금옥, 전북 배설향, 전남 권금주, 부산의 동래권번・봉래권번의 예기들이 출연하였다.『동아일보』, 1936. 5. 15.

(12~13일, 부민관)에 김초향과 함께 특별출연하였다.[40]

배설향도 당대의 여류명창들과 마찬가지로 고음반에 소리를 남기고 있는데, 현재까지 확인된 것은 다음과 같다.[41]

Columbia 40032-A(20629-1) 南道雜歌 흥타령   裵雪香 長鼓 李興元
Columbia 40032-B(20630-1) 南道雜歌 키고리타령 裵雪香 長鼓 李興元

일축조선소리판 고당상(曹操 軍士 自嘆歌) 裵雪香

일축조선소리판 K828-A(20625) 秋月江山(上) 裵雪香
일축조선소리판 K828-B(20626) 秋月江山(下) 裵雪香

Regal C151-A(20623) 春香傳 獄中歌(上) 裵雪香
Regal C151-B(20624) 春香傳 獄中歌(下) 裵雪香

Regal C179-A(20625) 春香傳 秋月江山(上) 裵雪香
Regal C179-B(20626) 春香傳 秋月江山(下) 裵雪香

1929년 4월에 발매된 Columbia 40032 음반인 〈흥타령〉과 〈개고리타령〉은 이흥원의 반주로 취입한 남도잡가이고, 1929년 10월에 발매

---

40 박록주 신금향 박초선 임소향 이춘화 조금옥 조소옥 김유앵 김연수 조농옥 오비취 김초향 배설향이 출연하였다. 『매일신보』, 1938. 3. 12.
41 한국음반아카이브연구단 엮음, 『한국유성기음반』 1-5권, 한걸음·더, 2011. 〈고당상〉을 제외한 소리는 〈SP시대의 판소리 여류명창들 4〉(신나라, 1994)에 수록되어 있다.

된 일축조선소리판인 〈고당상〉은 적벽가의 조조 군사가 설움을 탄식하는 대목이다. 1930년 4월 무렵 발매된 일축조선소리판 K828 음반인 〈추월강산〉("추월강산 상락추에 북방 소식의 기러기 울고 간밤에 부든 바람 금성이 완연하구나 …")은 단가의 일종이다. 그리고 1934년 6월에 발매된 Regal C151 음반인 춘향가의 옥중가는 춘향이 서울의 이 도령을 그리워하는 동풍가이다. Regal C179 음반인 〈추월강산〉은 1934년 6월 일축조선소리판 〈추월강산〉(K828)을 재발매한 것으로, 춘향가의 공방망부사와 비슷한 내용이므로 판매 전략상 '춘향전'을 레이블에 내세운 것으로 짐작된다.

한편 배설향은 1928년 11월 22일 경성방송국에서 남도단가 여러 곡을 불렀으며, 고수는 박종기였다.[42] 그리고 배설향은 1930년대 초반에 한동안 경주의 권번에서 소리선생으로 있으면서 장월중선 등을 가르쳤다.

이영민은 『벽소시고』에서 배설향의 소리를 "산호주렴 밖에는 달이 유독 밝은데 / 원앙 수놓은 베갯머리에서 기러기 소리에 놀라네. / 궁중의 심 황후 대목 빼어나게 부를 적에 / 누구라도 부모 생각 일으키지 않으리요."라고 하였다.[43] 배설향의 추월만정은 듣는 사람에게 혈육의 정을 불러일으킬 정도로 감동을 준다는 것이다. 배설향의 장기는 흥보가이고, 특장은 흥보 박타는 대목이다.

---

42 "南道短歌 數種 裵雪香(名唱) 朴鍾基(鼓手)", 『매일신보』, 1928. 11. 22.
43 "珊瑚簾外月偏明 鴛枕忽驚鴻雁聲 絶唱宮中沈后曲 何人不起爲親情", 임성래, 「이영민 한시를 통해 본 판소리 명창의 세계」, 『판소리연구』 10, 판소리학회, 1999, 216쪽.

3) 장도순 명창

장도순 명창은 장월중선의 부친으로 장판개의 동생이다. 족보에는 '道遠, 字 內允, 號 石谷, 1891~1931년'으로 되어 있으며,[44] 호적에는 1892년에 태어나서 1926년 3월에 작고한 것으로 되어 있다. 장도순도, 형 소리는 소리가 아니라고 장담할 정도로 아기명창으로 이름이 있었고,[45] 일찍이 협률사, 장안사, 연흥사 무대에 출연하였다. 이곳에서 남도잡가를 부른 한똑똑, 신마산포, 전일도, 조정렬, 장도순, 조진영, 박경수, 김정문 등을 '8잡가꾼'이라고 했다.[46]

『매일신보』, 1915. 6. 1.

장도순은 1915년 3월 26일 결성된 경성구파배우조합에 참여하였다. 경성구파배우조합은 광무대와 연흥사에서 전통연희를 공연하던 남녀배우들이 결성한 단체로 훈정동에 사무실이 있었으며, 김창환과 이동백이 선생으로 참여하였다. 그리고 한때 남원에서 이화중선을 가르쳐 그녀가 훗날 여류명창으로 이름을 떨치게 되는 데 일조했다.[47]

---

44 仁同張氏南山派修譜所, 『仁同張氏南山派譜』 卷之二, 譜文社, 1997, 1274쪽.
45 문화재연구소, 「판소리 유파」, 문화재관리국, 1992, 21쪽.
46 권도희, 『한국근대음악사회사』, 민속원, 2004, 145쪽. 金一道는 全一道이다. 한편 박동진에 의하면 육자배기로 이름을 떨친 팔명창은 전재덕, 조진영, 신마산포, 한똑똑, 장판개, 조기섭, 김정문 그리고 성명 미상 1인이라고 한다. 노재명 편저, 『판소리 중고제 흔적을 찾아서』, 채륜, 2012, 167쪽.
47 정범태, 『명인명창』, 깊은샘, 2002, 430쪽.

한편 장판개의 여동생인 장수향도 판소리와 춤, 거문고의 명인 명창으로 한때 경주에서 배설향과 함께 활동한 바 있다고 한다.[48]

4) 장영찬 명창

장영찬 명창은 1930년 전라북도 순창군 금과면 내동리에서 장판개의 셋째 아들로 태어났다. 족보에는 '元相, 字 周瓚'으로 되어 있다. 장영찬의 사망 연도는 기록마다 다른데 유족에게 확인한 결과 1980년 5월 26일 51세에 세상을 떠났다고 한다.[49]

장영찬은 어릴 때 부친 장판개가 작고

장영찬 명창

했기 때문에 부친에게 소리를 배우지는 못했고, 14세 때 임방울 명창에게 소리를 배웠다. 1940년 12월에 조선성악연구회에서 이탈한 창악인들이 중심이 되어 화랑창극단을 결성하고 〈팔담춘몽〉(24~31일, 제일극장)을 창립공연으로 올렸는데, 이때 장영찬도 출연하였다.[50] 1946년에 국극사에 입단하여 〈대춘향전〉(1946), 〈아랑 애화〉(1947), 〈선화공주〉·〈의기 논개〉·〈만리장성〉

---

48 정범태, 『명인 명창』, 깊은샘, 2002, 431쪽.
49 2013년 3월 1일 정순임 명창을 통해 유족에게 확인하였다. 족보에는 1980년 3월 21일 사망한 것으로 되어 있다.
50 연출 박생남, 작곡 박동실 조상선, 음악 이기권 강성재, 무용 한성준, 출연 남자부–조상선 박동실 이기권 최막동 장영찬 강성재 김준섭 최명곤 임방울, 여자부–김여란 조소옥 김순희 조원옥 조연옥 조남홍 조금향 서산월 박초월 김일지 조금옥 임소향. 『매일신보』, 1940. 12. 24.

(1948) 등에 출연하여 명성을 얻었다. 1945년 10월 국악건설본부가
대한국악원(원장 함화진, 부원장 박헌봉)으로 재조직되고, 대한국악
원의 직속 창극단으로 국극사가 조직되었는데, 대표이사는 정남희
조상선, 이사는 오태석 신숙 박귀희 등이었다. 1946년 1월 창립기념
공연으로〈대춘향전〉을 명동의 예술극장에서 공연했다.[51]

그리고 1951년 1월 박후성이 대구에서 조직한 대동국악사에 참여
하여〈오월몽〉과〈검백과 공주〉에 출연하였으며,[52] 1957년에 정응민
문하에서 배웠고, 1960년 광주에서 공대일에게 소리를 닦았다.

장영찬은 1962년 2월 22일 출범한 국립창극단에 입단[53]하여 정기
공연에서 다음과 같이 소리와 창극을 하였다.[54]

구분	일시	출연작	배역/소리대목	비고
제1회	62.3.22.	춘향전	이몽룡	각색 박황, 지도 김연수
제2회	62.10.13.~15.	수궁가	어족 회의 대목	지도 김연수
제3회	63.2.22.~2.7	배비장전	비장	연출 박진, 지도 김소희
제4회	63.6.14.~17.	춘향가	공방망부사, 옥중상봉	

51 백현미,『한국창극사연구』, 태학사, 1997, 334-335쪽.
52 한일섭 장영찬 공기준 박초향 이귀보 박홍도 남해성 박신숙과 신극 출신의 남
   민 허빈 전해원 등이 단원이었다. 박황,『창극사연구』, 백록출판사, 1976, 193-
   194쪽.
53 창단 당시 단장은 김연수 명창이었고, 박귀희 박초월 강장원 김준섭 임유앵
   김경애 김경희 김득수 한일섭 장영찬 강종철 정권진 남해성 한농선 박봉선 박
   초선 김정희 한승호 등이 단원이었다.『동아일보』, 1962. 2. 23. 장영창은 장영
   찬의 오기이다.
54 국립중앙극장 엮음,『세계화 시대의 창극』, 국립극장, 2002, 248쪽, 254-261
   쪽. 장영찬은 1965년 제8회〈오대가전〉(2월 2~6일), 1966년 제10회〈대보름 달
   맞이 민속제전(2월 5~8일), 1969년 제13회〈심청가〉(9월 26~29일), 1972년 제
   17회〈흥보가〉(9월 22~25일)에는 출연하지 않았다.

제5회	63.10.1.~6.	백운랑	미상	작 서항석, 연출 박진 창 지도 김연수
제6회	64.3.17.~23.	서라벌의 별	미상	작 김동초, 연출 박진
제7회	64.9.19.~23.	흥부가	미상	창 지도 김연수 고수 김득수, 한일섭
제9회	65.9.10.~12.	추석대공연	곽씨부인 장사지내고 돌아오는 대목	창 지도 김연수 고수 김득수 외
제11회	67.2.9.~15.	흥보가	흥보	연출 서항석, 창 지도 김연수
제12회	68.11.14.~15.	판소리	심 봉사 젖동냥 대목	고수 김득수
제14회	70.5.2.~3.	국립국극단 특별공연	인당수 가는 데서 물에 빠지는 대목	창 지도·연출 김연수 고수 한일섭
제15회	70.9.15.~20.	춘향가	이 도령	연출 박진
제16회	71.9.29.~10.4.	춘향전	방자	연출 이진순
제18회	73.2.15.~19.	배비장전	방자	연출 이진순

장영찬은 1964년 9월 14일부터 동아방송에서 연속방송(15분)한 연속창극 〈향일화〉(이서구 작·연출)에 김소희와 함께 소리하였다. 〈향일화〉는 조선 성종 때 어떤 호색한 정승의 아내가 강짜를 부리는 코믹한 내용으로 신원균 이춘사 김소원 이정선 등 성우가 출연하였다.[55]

그리고 1970년 1월에 발족한 판소리보존연구회에 참여하여 감사를 맡았으며, 동 보존연구회가 개최한 1971년 권삼득 명창 탄생 200주년 기념 제1회 판소리 유파발표회(7월 5일, 국립극장)에 출연(곡목 미상)하였고,[56] 1972년 제2회 판소리 유파발표회(4월 15일, 국립극장)에서 춘향가의 이별가를 연창하였다.[57]

---

55 『동아일보』, 1964. 9. 14. 9. 15.
56 『동아일보』, 1971. 7. 2.
57 『동아일보』, 1972. 4. 12.

장영찬은 1968년 한국국악협회가 주최한 제1회 세종상 전국국악
경연대회(4월 24~25일, 시민회관)에서 세종상(대통령상)을 수상하
였다. 경서도창에 김옥심, 판소리에 장영찬, 시조에 이재호가 각 부
문의 1등으로 뽑혔으며, 최종심사에서 장영찬이 세종상 수상자로
선정되었다. 이때 성창순 명창이 판소리 부문 1등상을 수상하였다.[58]

장영찬의 장기는 심청가와 흥보가이고, 빼어난 목구성과 부침새
가 정교한 것이 특징이라고 한다. 이보형에 의하면 일찍이 명고수
김명환이 "옛날 국창들은 풋내기 명창들이 하지 못하는 '특이한 짓
어리'를 하는데 장영찬이 아직 나이는 많지 않지만 그런 명창들의
'짓어리'를 한다."고 했다.[59] 즉 장영찬은 소리를 자유자재로 능수능
란하게 가지고 가는 뛰어난 기량의 소유자였던 것이다.

현재 장영찬의 소리는 1968년에 지구레코드공사에서 제작한 〈창
극 대춘향전〉(5LP)[60]과 1979년에 현대음반주식회사에서 제작한 〈대
심청전〉(5LP)[61] 그리고 1997년에 서울음반에서 제작한 〈장영찬 판소
리 1, 심청가〉(1CD)[62]와 〈장영찬 판소리 2, 심청가 · 흥보가〉(1CD)[63]

---

58 이 대회는 4월 5일부터 판소리, 시조, 경서도창 3부문의 예선을 거쳐 24~25일
　결선 대회를 하였다. 『동아일보』, 1968. 4. 27. 5. 6.
59 〈장영찬 판소리 1〉 해설서, 서울음반, 1997.
60 소리-김연수(도창) 박록주 김여란(특별대목) 박초월(월매) 김소희(월매) 장
　영찬(이몽룡) 박봉선(춘향) 김경희(방자) 남해성(향단) 김득수(농부) 김동준
　(농부), 고수-한일섭 김득수. 이 음반은 〈김연수 도창 창극 춘향전〉(3CD, 지
　구레코드, 1997)으로 재발매되었다.
61 소리-김소희 조상현 한농선 성창순 안향련 장영찬 성우향 조통달 조남희 남
　해성 박봉술 박춘경 신영희 김동애 박송희 박옥진 김경희, 도창-장영찬 성우
　향, 기악반주자-미상.
62 심청가 : 임당수로 향하는 데~방아타령, 고수 김명환. 1971년 국립문화재연구
　소 녹음.
63 심청가 : 안씨 맹인 만나는 데~끝까지, 흥보가 : 형에게 빌고 매 맞는 데~제비

에서 확인할 수 있다.

5) 장월중선 명창

장월중선 명창은 1925년 4월 20일(음) 전라남도 곡성군 오곡면 묘천리에서 장도순과 강인자 사이에 1남 1녀 중 둘째로 태어났다. 7세 때부터 여러 해 동안 경주의 권번에서 장판개와 배설향 명창에게 단가 산악잠영, 만고강산, 진국명산 등을 배우고 나서 판소리 흥보가와 춘향가, 적벽가, 심청가, 수궁가 등을 배웠다. 13세(1937) 때부터 광주에서 서편제 명창 박동실에게 3, 4년 동안 심청가 전 바탕을 배우고, 춘향가는 십장가에서 어사 상봉까지 배웠으며, 고모 장수향에게 가야금풍류와 가야금산조를 배웠다. 1939년 임석윤에게 거문고풍류와 거문고산조를 배웠고, 1940년 오태석에게 가야금병창, 1941년 정자선에게 살풀이와 승무, 1944년 한갑득에게 거문고산조를 배웠다. 그리고 1950년에 이동안에게 진쇠춤, 승전무, 심불로, 한량무, 태평무, 신칼대신무 등을 배웠으며, 1976년 박송암 스님에게 범패, 훗소리, 짓소리, 나비춤, 천수바라, 법고 등을 배웠다. 1952년 무렵 조선창극단 단원으로 창극 반주를 했는데, 이때 대금산조, 한갑득류 거문고산조, 박상근류 가야금산조를 참조하여 아쟁산조를 짰다.[64]

점고, 고수 김명환. 1971년 국립문화재연구소 녹음.

[64] 문화재연구소, 「판소리 유파」, 문화재관리국, 1992. 최동현, 『판소리 명창과 고수 연구』, 신아출판사, 1997. 서인화, 「장월중선 명창론」, 『판소리연구』 19, 판소리학회, 2005. 김수미, 「예성 장월중선의 생애와 예술」, 〈국악명문가의 후손들〉 음반해설서, 2007. 서영화, 「판소리명가 장판개 가계 연구」, 부산대학교 석사학위논문, 2010.

장월중선 명창 임춘앵과 장월중선

장월중선은 해방 전부터 1950년대 중반까지 여러 국악단체에서 활동하였다. 일제강점기에 조선창극단과 임방울협률사 단원으로 전국을 순회공연하였고, 일본과 만주 등지에서도 공연하였다. 그리고 해방 후에는 국극사를 비롯하여 조선창극단과 여성국극단체인 여성국극동지사(임춘앵과 그 일행), 여성국극협회, 여성국극단 낭랑, 여성국극단 새한 등에 참여하여 주로 창극 공연을 하였다. 국극사의 〈대춘향전〉(1946), 〈신판 심청전〉과 〈흥보전〉(1946), 〈춘향전〉과 〈선화공주〉(1948), 〈신라의 달〉(1949), 〈만리장성〉(1950), 조선창극단의 〈왕자호동과 낙랑공주〉·〈장화홍련전〉·〈의기 논개〉(1948) 등에 출연하였다. 그리고 임춘앵과 그 일행의 공연으로 1953년의 〈백화궁의 달밤〉과 〈구슬공주〉·〈산호팔찌〉·〈여의주〉, 1954년의 〈백호와 여장부〉·〈공주궁의 비밀〉·〈원본 춘향전〉·〈목동과 공주〉, 1955년의 〈무영탑〉 등에 출연하였고, 여성국극협회의 〈사랑의 화원〉(1951)과 〈해령탑〉(1952), 〈옥퉁수〉·〈비취거울〉(1953)에 출연하였다. 이 외에 여성국

극단 낭랑의 〈청사초롱〉(1954)과 여성국극단 새한의 〈무지개〉(1956) 등에도 출연하였다.[65]

한편 장월중선은 작창 능력도 탁월하여 〈비취거울〉(1953)을 비롯하여 백도화가 조직한 여성국극단 낭랑의 창립공연인 〈청사초롱〉(1954) 등 여러 편의 국극을 작창하였으며, 〈햇님 달님 후편〉과 〈이차돈〉, 〈견우직녀〉, 〈꽃과 나비〉, 〈호동왕자〉, 〈유궁에 오신 님〉, 〈무지개〉, 〈이순신 장군〉, 〈만리장성〉 등도 작창하였다.[66] 그리고 1994년에는 국립창극단에서 무대에 올린 〈명창 임방울〉(9월 29일~10월 12일, 국립극장)을 작창하여 호평을 받았다.

장월중선은 1963년부터 경주에서 활동하기 시작하였다. 1962년에 목포에서 운영하던 국악원을 정리하고 오빠 장태화[67]가 활동하고 있는 대구에 올라와 있었는데, 1963년에 시조창을 하던 류종구(1920~1984)[68]의 권유로 경주의 관광요원교육원 강사로 갔다. 1966년부터 1980년까지 경주시립국악원 주임강사로 있으면서 판소리, 민요, 가야금병창, 무용 등을 가르쳤다. 그리고 1980년 12월에 경주시립국악원이 문을 닫자 1981년 신라국악예술단을 창단하여 1998년에 세상을 떠날 때까지 단원들을 지도하여 경주 지역에 국악이 부활

65 여성국극은 여러 극장을 돌면서 공연되었는데, 공연 연보는 김기형, 『여성국극 60년사』(문화체육부관광부, 2009)에 정리되어 있다.
66 〈2013. 제2회 경주 판소리명가 장월중선 명창대회〉(2013. 4. 20.~21. 경주 보문야외공연장 등) 팸플릿.
67 장태화(1922~1988, 본명 재동, 족보명 乙相)는 한때 악극단에서 활동하였고, 1962년 당시에는 대구MBC방송국 전속밴드 단원이었다.
68 전라북도 정읍 출신의 풍류가로 호는 石坡. 20세에 金道根에게 시조를 배웠고, 24세에 석암 鄭坰兌에게 가곡 시조 단소를 배웠다. 완제시조와 영제시조를 조화시켜 애절하고 독특한 계면조 창법을 만들어냈다. 40세 무렵에 대구에 정착하여 대구국악원과 대구대학에서 시조를 강의하였다.

하고 발전할 수 있는 기틀을 닦았다.

1977년 전국국악경연대회에서 범패로 작품 최고상인 대통령상을 수상하였고, 1993년 2월 경상북도 무형문화재 제19호 가야금병창 예능보유자가 되었다. 판소리, 아쟁, 가야금, 거문고, 춤 등 만능 예인인 장월중선은 국악 발전에 이바지한 공로를 인정받아 1991년 1월 국악대상(한국국악협회), 1991년 경상북도문화상(예술부문), 1993년 5월 제3회 예술가의 장한 어머니상(문화체육부), 1995년 화관문화훈장, 1996년 10월 제6회 동리대상 등을 수상하였다.

장월중선의 예술세계의 일부는 다음과 같은 음반(CD)에 수록되어 있다.

① 〈장월중선의 예술세계〉(2CD, 킹레코드, 1995)[69]

② 〈장월중선의 음악세계〉(1CD, 국립민속국악원, 2004)

③ 〈국악 명문가의 후손들〉(2CD, 서울대 한국문화연구소, 2005)[70]

④ 〈장월중선 산조〉(1CD, 국립부산국악원, 2014)[71]

장월중선은 1998년 2월 6일 향년 74세를 일기로 예인으로서의 삶

---

69 판소리–1970년대 후반 장월중선 자택 녹음(모노 릴테이프), 가야금·병창 –1994년 10월 킹스튜디오 녹음.

70 [CD 2] 김창옥(1970년 초 전남 거문도 녹음)의 소리; 1. 춘향가 중 앞부분(11:15), 2. 춘향가 중 일정통곡(6:07), 3. 육자백이(6:59)와 장지연(2004년 6월 1일 전북 익산 녹음, 고수 김용근)의 소리, 4. 단가 공도난이(3:59), 5. 춘향가 중 사랑가(9:06), 6. 춘향가 중 후원 치성(13:59), 7. 안중근가(11:19)가 수록되어 있다.

71 『영남공연예술자료집 제3집 장월중선 산조』의 부록 음반. 가야금산조는 〈장월중선의 예술세계〉의 것과 동일한 것이고, 거문고산조와 아쟁산조는 〈장월중선의 음악세계〉의 것과 동일한 것이다.

을 마감했다. 그러나 악가무에 두루 능했던 그의 예술은 자녀들에게 전수되어 4대째 가문의 예술과 예술혼을 이어가고 있다. 정순임 (1942년생)은 경상북도 무형문화재 제34호 판소리 흥보가 보유자 (2007년 1월)였다가 2020년에 국가무형문화재 제5호 판소리 흥보가 예능보유자가 되었다. 아들 정경호(1946년생)는 국악 작곡 및 아쟁의 명인으로 장월중선아쟁산조보존회 회장으로 있고, 정경옥(1953년생)은 가야금병창 명인으로 국립국악원 단원으로 활동했으며, 현재는 정년 후 후진을 양성하고 있다.

3. 맺음말

이 글에서는 1963년부터 경주에 뿌리를 내리고 국악 발전에 크게 공헌한 장월중선 명창의 집안 곧 판소리명가인 장판개 가문의 예술세계를 살펴보았다. 현재 경주에서 활동하고 있는 정순임 명창은 국가무형문화재 제5호 판소리 흥보가 예능보유자로 그 집안은 4대에 걸쳐 판소리의 예맥을 이어오고 있는 판소리명가문이다.

앞에서 살펴본 장판개 가문의 예술세계를 간략하게 정리하면 다음과 같다.

장판개 명창은 전통예인 집안 출신으로 부친 장석중은 순릉참봉 직첩을 받은 명창이다. 장판개는 송만갑의 제자로 명성이 자자했는데, 1904년 고종 앞에서 적벽가 중 장판교대전을 불러 탄성을 자아내어 혜릉참봉에 제수되었다. 적벽가에 뛰어났으며, 특히 장판교대전과 적벽대전은 실전을 방불케 할 정도였고, 발림도 아주 멋있게 했다. 또한 명고수로도 이름을 떨쳤다.

배설향 명창은 남원 출신의 여성명창으로 장판개에게 소리를 배워 일가를 이루었다. 여성이면서도 폭이 넓고 성량이 풍부하고, 소리법은 이화중선보다 위라는 평을 받았다. 흥보가에 뛰어났으며, 특장은 흥보 박타는 대목이다.

장도순 명창은 장월중선의 아버지로 아기명창으로 이름이 있었다. 경성구파배우조합에 참여하였으며, 협률사 등에 출연하여 8잡가꾼으로 유명했다.

장영찬 명창은 장판개의 셋째 아들로 판소리 명창이다. 임방울에게 소리를 배워 일가를 이루었으며, 일제강점기에 화랑창극단에서 활동했고, 해방 후에는 국극사, 국립창극단 등에서 판소리 공연과 〈팔담춘몽〉, 〈대춘향전〉, 〈의기 논개〉, 〈배비장전〉 등의 창극에 출연하였다. 심청가와 흥보가에 뛰어났으며, 목구성이 빼어났고 부침새가 정교하였다.

장월중선 명창은 장도순의 딸이요 정순임의 어머니이다. 7세부터 경주의 권번에서 장판개와 배설향에게 단가와 판소리 다섯 바탕을 배웠으며, 13세 때부터 박동실에게 심청가 등을 배웠다. 그 후 장수향에게 가야금풍류와 가야금산조, 임윤석에게 거문고풍류와 거문고산조, 오태석에게 가야금병창, 정자선에게 살풀이와 승무, 한갑득에게 거문고산조, 이동안에게 진쇠춤 등 춤, 박송암에게 범패 등 불교음악을 배워 국악 전반에 두루 능했다. 임방울협률사, 국극사, 조선창극단 등의 창극단과 여성국극동지사, 여성국극협회, 낭랑, 새한 등 여성국극단에 참여하여 〈대춘향전〉, 〈선화공주〉, 〈만리장성〉, 〈구슬공주〉, 〈해령탑〉, 〈무지개〉 등 수많은 창극과 국극에 출연하는 한편 〈비취거울), 〈청사초롱〉, 〈명창 임방울〉 등 여러 편의 작창을 맡았다. 특히 장월중선은 1963년 경주에 터를 잡은 이래 1998년 삶을 마감할 때까지 경주 지역의 국악 발전에 이바지한 공이 크다.

판소리명가는 경주 지역의 자랑거리가 아닐 수 없다. 앞으로 경주시와 경상북도는 물론이고 국악 애호가들이 이들의 예술세계를 기리는 사업을 지속적으로 할 수 있도록 힘을 모아야 할 것이다. 그리고 이 판소리 명가문이 앞으로도 지속될 수 있도록 현재 경주에서 활동하고 있는 정순임 명창을 비롯한 그의 가족과 제자들에게 관심을 가지고 지원해야 마땅하다. 지방자치단체에서 행·재정적 지원을 아끼지 않고, 국악 애호가들이 애정을 가지고 후원할 때 장판개 가문의 예술은 전승·보존되고 더욱 발전할 수 있을 것이다.

판소리 명창의 삶과 예술세계

제3부

개성적인 소리꾼들의 세계

판소리 명창의 삶과 예술세계

제1장

대구지역의 판소리를 가꾼
조학진과 박지홍 명창

1. 머리말

임진왜란과 정유재란을 겪은 후 대구지역이 군사적 요충지로 인식되어 1601년(선조 34) 경상감영을 대구로 옮겨왔다.[1] 대구는 사람과 재화가 몰려들어 경상도의 중심지가 되었고, 자연스럽게 문화와 예술을 생산하고 소비하는 거점 도시가 되었다.

오랫동안 대구지역은 판소리 불모지로 인식되었다. 하지만 조금만 꼼꼼하게 살펴보면 그렇지 않다는 사실을 금방 확인할 수 있다. 19세기까지는 대구지역에서 판소리 명창이 배출되지 못했지만, 판

---

1 경상감영은 조선 초기에는 경주에 있었으며 그 후 상주, 팔거현, 달성군, 안동부 등지를 옮겨 다니다가 1601년 이덕형의 장계로 안동부에서 대구로 이전하였다. 대구향토문화연구소, 『경상감영사백년사』, 대구광역시 중구, 1998, 22쪽.

소리 소비지로서 판소리 예술의 중요한 터전이었다. 전주대사습에
장원한 명창도 경상감영의 선화당에서 소리하여 명창으로 인정받아
야만 서울에 진출할 수 있었다고 할 정도로 대구지역은 판소리문화
가 융성했던 곳이다. 그래서 소리판에서는 '전라도에서 공부해서 경
상도에서 닦아서 서울에 와서 명창 된다'라는 말이 있을 정도였다.[2]
『조선창극사』에 전하는 송흥록과 고수관의 일화는 이러한 점을 잘
알려주고 있다.[3]

　　20세기 전반기에도 대구지역은 판소리계에서 위상이 상당히 높
았다. 1929년 김여란(1907~1983)이 대구극장에서 데뷔공연을 하였
고,[4] 1932년에는 김창환·정정렬·한성준 등 전통예술계 원로들이
조선 음률의 부활을 목적으로 창립한 조선악정회의 발대식을 대구
공회당(2월 2~4일)에서 하였다.[5]

2　문화재연구소, 「판소리 유파」, 문화재관리국, 1992, 29쪽.

3　대구의 일등 명기 孟烈이, 송흥록이 경상감영 선화당에서 부르는 판소리를
듣고서 '그대가 비록 명창이지만 아직도 미진한 대목이 있으니 더 피나는 노
력을 해야 참 명창이 될 것'이라고 일침을 놓았다. 이에 분발한 송흥록은 고향
(운봉 비전)으로 돌아가 폭포 밑에서 석 달 동안 서너 동이의 검붉은 피를 토한
끝에 득음하였고, 그 후 다시 경상감영 선화당에서 소리하여 마침내 맹렬의
인정을 받고, 운봉에 가서 함께 살았다. 고수관도 경상감사 도임연에서 춘향
가의 '기생점고' 대목을 부르면서, 기생 이름을 그곳에 참석한 기생들의 이름
에 어울리는 사설을 붙여 불러 좌석을 경탄케 하였다고 한다. 정노식, 『조선창
극사』, 조선일보사출판부, 1940, 21-22쪽, 32쪽.

4　박황, 『판소리소사』, 신구문화사, 1974, 99쪽. 노재명, 「김여란의 생애와 예술」,
『김여란 춘향가』 해설서, 지구레코드, 1995. 당시 김창환과 정정렬 두 대명창
이 찬조 출연하였다.

5　"朝鮮樂正會 創立 朝鮮音律에 淨化를 目標로 市內 樂園洞에 모여 張文平 氏
의 發議로 金昌煥 丁貞烈 吳太錫 韓成俊 梁哲 氏 等에 發起도 音律에 復活機
關인 樂正會를 組織하고 동회의 事業으로 演奏會 音律에 關한 書籍 機關紙인
四音律 등 出版하리라 하며 創刊號는 三月 上旬에 出版할 準備 中이며 同會에
發會式으로 大邱公會堂에서 十二(月) 二十六日부터 三日間 演奏會가 열리리

대구지역은 임방울 명창이 대구의 어느 부호 집 잔치에 초청되어 갔다가 망신당한 일화[6]에서 알 수 있듯이 동편제 소리를 선호했다. 동편제는 쇳소리 같은 철성으로 쇠망치를 내려치듯 끊어내는 소리다. 안동, 상주 일대에서는 동편제 소리 중에서도 계면조가 섞인 송만갑의 소리보다 소리가 더 굵은 장판개의 소리를 더 좋아했다고 한다.[7]

20세기 전반기에 대구지역은 박기홍, 조학진, 염덕준, 박지홍, 박동진 등이 활동한 무대였으며, 강소춘, 김초향, 김추월, 김해 김록주, 신금홍, 박록주, 박귀희 등의 여성명창도 활동하였다.[8] 이 글에서는 20세기 전반기에 대구를 주무대로 활동한 조학진과 박지홍 명창에 대해 살펴보기로 한다. 이들은 20세기 전반기에 대구에서 활동하며 이 지역의 판소리문화 발전에 크게 이바지했지만 거의 주목받지 못했다. 특히 박지홍은 대구 국악계의 초석을 다진 인물로 주목해야 마땅한 명창이다.

2. 조학진 명창의 생애와 예술 활동

조학진 명창에 대해 알려진 것은 많지 않다. 그에 대한 논의로는

라 하며 音律에 對하야 男女 硏究生을 募集한다고", 『조선일보』, 1932. 1. 23.
6 임방울이 단가 편시춘으로 목을 풀기 시작하자마자 좌상인 주인이 소리를 그치게 하면서 "단가에 질질 짜는 계면이 뭐꼬? 그게 단간가?"라고 나무라며, "어릴 적에 박기홍 명창의 소리를 들었는데 단가만 들어도 씩씩한 성음에 소름이 끼칠 정도였다."며 "단가는 그만두고 판소리나 듣자."고 하자 임방울은 소리를 못 하고 얼굴을 붉히며 소리판을 물러나올 수밖에 없었다고 한다. 한승호 명창의 증언. 전성옥, 『판소리 기행』, 마당, 2002, 352-353쪽.
7 김명환 구술, 『내 북에 앵길 소리가 없어요』, 뿌리깊은나무, 1991, 88쪽.
8 김석배, 「20세기 전반기의 경상도 지역의 판소리문화 연구」, 『판소리연구』 33, 판소리학회, 2012, 35-66쪽.

허정임과 문해돈이의 연구성과가 있다.[9] 선행연구를 참고하고, 몇몇
단편적인 자료를 바탕으로 조학진 명창의 소리 인생과 예술 활동을
정리하기로 한다.

1) 조학진 명창의 생애

박황의 『판소리소사』에는 조학진 명창에 대해 다음과 같이 서술
되어 있다.

> 조학진(1877~1951)은 박기홍(朴基洪)의 제자이다. 그는 재질과 성
> 음이 남달리 뛰어나지는 못했으나, 박기홍의 문하에서 오랫동안 지도
> 를 받아 동파의 법통을 계승하고, 각종 고전에 정통하였으며, 실제보
> 다는 이론이 앞선 대가였다. 동파의 창법과 특징은 처음에는 담담하여
> 아무 흥미가 없고 싱겁기 짝이 없다가, 중간쯤에 이르러 차차 흥미가
> 일기 시작하면서 난데없는 딴청이 튀어나온다. 그리고 특색인 성조를
> 한마디 뽑아 질러내면 그 소리는 완연히 하늘에서 떨어진 듯하고, 완
> 급 장단과 억양 반복을 법도에 맞도록 창거창래하여 청중의 정신을 혼
> 동시켜 놓고는 다시 담백무미로 돌아가는 이러한 제작으로 조종하면
> 서 그 어떤 특조를 발휘하는 것인데, 그는 박기홍과 같이 소리로 휘어
> 잡지는 못하여도 결코 남에게 뒤지지 않는 자가 특징을 가진 소리이다.
> 그가 대가로서의 이름을 얻을 때에는 세상이 어지럽고 뒤숭숭하여

---

9 허정임, 「조학진과 박동진의 적벽가 비교분석」, 추계예술대학교 교육대학원
  석사학위논문, 2003. 문해돈이, 「조학진 판소리 음악어법 연구」, 한국종합예
  술학교 예술전문사학위논문, 2015.

판소리로 행세하기 어려운 때였으므로, 향곡에 묻혀 살면서 후진을 지도하는 데 심혈을 기울였기 때문에, 그의 이름이 널리 알려지지 아니하였다.

　그의 장기는 〈춘향가〉, 〈적벽가〉인데, 그 더늠은 그의 제자인 박동진(朴東鎭)이 전창하고 있는 것이다.[10]

　위의 인용문을 요약하면 다음과 같다. 조학진의 생몰 연도는 1877~1951년이며, 그는 재질과 성음이 크게 뛰어나지는 못했으나 박기홍의 문하에서 오랫동안 지도를 받아 동파의 법통을 계승하고, 각종 고전에 정통하였으며, 실제보다는 이론이 앞선 대가로 자가 특징을 가진 소리를 하였다. 그리고 춘향가와 적벽가에 뛰어났고, 박동진을 통해 그의 더늠이 전승되었다.

10　박황, 『판소리小史』, 신구문화사, 1974, 123쪽. 동편제의 특징을 들고 있는 "동파의 창법과 특징은 처음에는 담담하여 … 청중의 정신을 혼동시켜 놓고는 다시 담백무미로 돌아가는 이러한 제작으로 조종하면서 그 어떤 특조를 발휘하는 것인데" 부분은 『조선창극사』의 박기홍 조의 내용을 거의 그대로 가져온 것이다. "朴이 出場하여 소리를 하는데 처음에는 淡淡히 아무 興味가 없는 態度로 하여 소리가 싱거웁기 짝이 없다. 聽衆은 厭症이 나서 하품과 조름이 나올 지경이다. 그리하여 중판쯤이르더니 소리는 漸漸 興味있게 되어간다. 난데없는 딴청이 뛰어나오기 시작한다. 그 特色인 聲調를 한마디 뽑아 질러내니 宛然히 碧空에서 떨어지듯 한다. 場內 空氣는 變換하여 하품하고 졸든 諫官들은 귀를 번쩍 들고 지수는 소리 左右에서 쏟아져나온다. 緩急長短抑揚反覆을 法度에 맞도록 唱去唱來할 제 듣는 사람의 精神을 昏倒한다. 그리하다가 소리는 다시 漸漸 淡白無味하게 된다. 이러한 製作으로 操縱하면서 達夜토록 繼續하였다 한다. 朴은 이러한 手法이다. 朴은 이러한 手法이다 神奇卓異非至人이오 濃肥辛非眞味라 至人只是常이오 眞味只是淡이라 淡淡然 冷水的으로 坦坦然 大路的으로 하다가 어느 地境에 이르러서 그어떤 特調를 發揮하는 式이다 이것이 東派의 本領인 同時에 自家의 特徵이다.", 정노식, 『조선창극사』, 조선일보사출판부, 1940, 162-163쪽.

조학진의 스승 박기홍은 전라남도 나주 출신으로 이날치·김창환 명창과 이종사촌이고, 박지홍 명창의 사촌 형이다. 『전주대사습사』에서는 1848년에 태어나 1925년에 향년 77세를 일기로 대구에서 세상을 떠났다고 했는데,[11] 최근에 1926년 6월 이전에 타계한 사실이 밝혀졌다.[12] 그는 동편제의 마지막 종장으로 '가신', '가선'으로 칭송받았을 만큼 소리 기량이 뛰어났으며, 통속화된 소리를 하던 송만갑에게 "장타령이 아니면 염불이다. 명문 후예로 전래 법통을 붕괴한 패려자손"이라고 혹평할 만큼 동편제 법제를 고수하였다. 또한 미리 소리금을 정하고 소리할 정도로 예술가로서 자부심도 남달랐다. 선산 해평의 도리사 부근에서 박록주를 가르쳤고, 그 뒤 대구기생조합에서 한동안 소리선생으로 있었다. 장기는 춘향가와 적벽가이고, 특히 적벽가의 삼고초려, 장판교대전, 화용도에 신출귀몰하였다.[13]

박동진은 조학진에 대해 다음과 같이 말한 바 있다.

박동진이 23세 때 대구에 간 사이에 서울에서 정정렬 선생이 작고하였다 한다. 정정렬 선생이 책을 주어서 춘향가를 떼었다 한다. 박동진은 대구에서 조학진을 만나 적벽가를 배웠다 한다. 조학진은 당시 대구 명치정(계산동)에 있었던 조선성악연구회 대구지회 대구성악회에 있었다고 한다. 조학진은 전남 담양 출신으로 조선 말기 대명창 박기

11 사단법인 전주대사습놀이보존회, 『전주대사습사』, 탐진, 1992, 120쪽.
12 "지금은 고인이 되얏지만 최근에 거의 됴선소리를 슷막다십히 한 중고됴의 대가로 일홈을 일세 썰치든 국창 박긔홍 군도 죽을 째까지", 이덕창, 「명창론(하)」, 『日東타임쓰』, 제1권 제3호, 1926년 6월, 일동타임쓰사. 배연형, 「판소리 중고제 자료의 재검토」, 『판소리연구』 49, 판소리학회, 2020, 12쪽.
13 정노식, 『조선창극사』, 조선일보사출판부, 1940, 162-164쪽.

홍의 제자이며 대구에서 살았다 한다. 박동진이 23·4세 무렵에 적벽가를 배울 당시에 조학진은 70여 세 노인이었는데 대구 삼산동에 살았다 한다. 건장하게 생겼고 항상 맥고모자를 쓰고 다녔다고 한다. 그때 박동진은 일당 50전씩 주고 적벽가를 배웠는데 두어 달 동안에 삼고초려에서 천여 척 전선까지 배웠다 한다.

조학진은 전라도에서 박기홍에게 판소리를 배웠는데 동편제로 소리하였다. 소리가 장중하여 여자는 안 된다고 하였다. 그는 전라도에서 판소리 명창으로 활동하다가 사회에서 판소리인을 하대하는 것이 싫어서 소리를 집어치우고 약밥장사로 나섰다 한다. 약밥장사로 떠돌다가 어느 때인가는 송만갑협률사를 만나서 무대에서 조학진이 소리한자리를 하였는데 송만갑이 조학진의 소리를 듣고 어허 소리 조상 나왔네 하고 탄복하였다는 말을 들었다고 한다. 조학진은 뒤에 대구에서 살았는데 판소리 공연 시에는 박기홍이 고수로 수행하였다 한다. 그는 대구에서 살다가 72세로 작고하였다고 한다.[14]

대구에는 나를 귀여워하던 김한식 씨가 있었는데, 그 지역 인력거꾼을 총감독하는 이였다. 그분은 "기왕 소리를 배우려면 무식하게 하지 말고 유식하게 해라. 삼국지 적벽가를 배워야 한다."고 말했다. 그 말에 이끌려 조학진 선생한테서 적벽가를 배우게 되었다.

조 선생은 약밥을 팔러 다닌다고 해서 일명 '약밥쟁이'로 불리는 노인이었다. 원래는 전남 광주 출신이나 소리꾼을 "얘, 쟤" 하며 멸시하는 광주의 풍토를 견디다 못해 대구로 옮겨왔다고 했다.

14 문화재연구소, 「판소리 유파」, 문화재관리국, 1992, 46-47쪽. 인용문의 '삼산동'은 남산동의 잘못이고, 고수로 수행했다는 '박기홍'은 박지홍의 잘못이다.

그러나 대구에서는 조 선생의 소리를 알아주는 이가 없어 약식을 팔아 생계를 잇고 있었다. 하루에 50전을 드리고 한 달간 소리를 배웠는데 다른 사람 같으면 4~5년 걸릴 공부였다.[15]

박동진의 증언 사이에 약간의 출입이 있지만 정리하면 대체로 다음과 같다. 조학진은 전라남도 광주(또는 담양) 출신으로,[16] 박기홍에게 판소리를 배운 동편제 소리꾼이었으며, 소리꾼을 하대하던 전라도를 떠나 대구에서 약밥장사를 하며 지냈다. 송만갑이 조학진의 소리를 듣고 '어허 소리 조상 나왔네'라고 탄복하였다고 한 것으로 보아 조학진의 소리는 통속화되기 전의 정통 동편제 소리가 분명하다. 박동진은 23 · 4세 때인 1938 · 9년 무렵 대구에서 조학진에게 하루에 50전씩 주고 한두 달 배웠는데, 당시 조학진은 70여 세였으며, 대구에서 살다가 72세 때 세상을 떠났다. 그렇다면 조학진의 생몰 연도는 1868~1940년(또는 1869~1941)으로 추정되어 박황이 말한 1877~1951년과 10여 년 차이가 있다.

---

15 박동진, 「내 인생 소리에 묻고 (4), 열일곱 순정」, 『중앙일보』, 2000. 6. 27. 판소리 중에서 식자들은 적벽가를 으뜸으로 쳤다. "옛날에 대갓집에서 소리할 적에는 첫 번에 이럽니다. 소리하러 딱 들어가잖아요, 광대가. 들어가면, 저 소리하러 왔습니다, 이럽니다. 지금은 레파토리를 짜가지구 가지만, 어림없어요, 옛날에는, 〈적벽가〉를 할 줄 아시오, 이래 물어요. 〈적벽가〉 잘 못헙니다. 〈춘향가〉 헐 줄 아는가, 이래거든요. 말이 떨어지지요. 잘 못하면, 〈심청가〉 할 줄 아냐, 이러고. 대번에 격수가 탁 낮어집니다. 그러니께 왜 그러느냐 하면, 선생님들이 그렇게 해놨어요. 〈심청가〉는 만날 우는 것이다, 남자들 우는 거 좋아하지 안잖아요.", 이보형 외, 「판소리 인간문화재 증언자료, 판소리 명창 박동진」, 『판소리연구』 2, 판소리학회, 1991, 227-228쪽.

16 조학진이 나주 출신이라는 견해도 있다. 최동현 해설 · 채록, 『폴리돌(Polydor)판 적벽가』(2CD), 신나라, 1991, 8쪽.

한승호는 이와 달리 "조학진은 경상도 사투리를 썼으며 대구에 살았고, 적벽가를 주로 불렀다"고 했다. 조학진이 대구에서 오랫동안 살았기 때문에 그의 말에 경상도 말투가 배어 있었기 때문일 것이다.

한편 박귀희도 1930년대 중반에 대구 용연사에서 조학진 명창을 모시고 백일공부를 하였다.

> 그래서 강태홍 선생에게서 가야금병창을 사사 받은 다음 해인 1938년 여름, 그러니까 내가 열여섯 나던 해이다. 나는 당시 판소리 적벽가로 이름을 떨치던 조학진 선생을 찾아가 대구 근처에 있는 화원 龍淵寺의 암자에 들어가 백일 동안 소리 공부를 하였다. …중략… 조학진 선생은 인정 많고 자상한 성격으로 나에게 자신이 가진 모든 것을 전수해 주려고 노력하셨다. 조학진 선생은 특히 판소리 열두 마당 중 적벽가의 대가로 알려져 있는데, 오늘날 인간문화재인 박동진 씨가 바로 조학진 선생의 지도를 받아 '조학진 적벽가'의 맥을 이어가고 있는 분이기도 하다.[17]

이상을 바탕으로 조학진 명창의 생애를 정리하면 다음과 같다. 조학진은 전라남도 광주(또는 담양) 출신으로 동편제 명창이다. 그는 동편제 거장 박기홍 명창으로부터 적벽가를 배워 그 법제를 고스란히 지켰으며, 실제보다는 이론에 밝았다. 그의 특장은 적벽가와 춘향가 등이다. 일찍이 광대를 천시하는 고향을 떠나 대구에 정착하여

---

17 박귀희, 『순풍에 돛 달아라 갈 길 바빠 돌아간다』, 새소리, 1994, 56-59쪽. '열여섯 나던 해'라면 박귀희가 1921년생이니 1938년이 아니라 1936년이 된다. 같은 책의 「향사 박귀희 연보」(237쪽)에는 1935년에 배운 것으로 되어 있다.

소리꾼으로 활동하는 한편 약밥을 팔아 생계를 유지하였다. 박동진과 박귀희에게 적벽가를 가르쳤으며, 그의 적벽가는 박동진에 의해 후대에 전승되고 있다. 그리고 조학진은 공연 무대와 국악방송에서 심청가를 연창하고 포리돌음반의 『심청전 전집』에 참여한 것으로 볼 때 심청가에도 뛰어났던 명창이 분명하다.

2) 조학진 명창의 예술 활동

먼저 당대의 신문 자료를 통해 조학진 명창의 예술 활동을 살펴보기로 한다. 조학진은 조선음악협회에 참여하여 활동하였다. 조선음악협회는 1928년 2월 11일 서양음악이나 조선음악에 취미가 있는 인사들이 조선음악을 부활시킬 목적으로 창립한 단체로, 회장 한귀호, 총무 나운보, 간사 이태하·이언종·김우계·이석년, 회계 이석년·김예식, 회원 이동백 외 43명이었으며, 사무소는 공평동 27번지에 있었다.[18] 조학진은 1929년 1월 12~13일 인천의 가부키좌에서 경인명창들이 벌이는 신춘음악회에서 적벽가의 적벽대전을 연창하였다.

> 京仁名唱 演奏
> 今夜부터 開催 / 全市 人氣는 演奏會로
> 朝鮮音樂協會 仁川支部 主催 本報 仁川支局 後援 下에 開催하는 京仁聯合名唱音樂演奏會의 期日이 迫近하니 仁川 全市의 人氣는 그 演奏會로 集中되는바 至今부터 곳곳이 音樂會의 이야기이오 … 當日 各人의 擔當科目을 들어보면 李東伯의 御使出道 曺學珍의 華容道 赤壁

---

18 『조선일보』, 1928. 2. 13. 『동아일보』, 1928. 2. 13.

大戰, 朴綠珠의 春香歌 河弄珠의 花鳥打令 等 京仁名妓의 淸歌妙舞는
참 可觀의 것이 이스리라더라.[19]

조학진은 1930년 9월 25일 국일관에서 창립한 조선음률협회에
참여하였다. 조선음률협회는 퇴폐 유린된 민족 고유예술의 갱생 부
활을 실천하기 위하여 오염된 전통가곡을 수정·보완, 신곡 발표,
음악회에서의 가풍 개선과 정화, 동서음악의 비교연구, 조선음악에
대한 전문잡지 발간 등을 주된 사업으로 내걸고 창립되었다. 임원은
회장 김창환, 부회장 송만갑·김창룡, 총무 강원삼·한성준, 통리
이기세·이원배이고, 사무소는 종로 2정목 조선축음기상회 내에 있
었다.[20]

조학진은 1930년 11월 19~20일 조선극장에서 열린 조선음률협회
의 제1회 공연에 출연하였다. 이때 이소향, 오태석, 조학진, 김창룡,
김창환, 심상건, 박록주, 김초향이 연창하였고, 고수는 한성준이었
다. 조학진은 19일 제1부에 단가 편시춘과 삼고초려, 20일 제1부에
단가 죽장망혜와 심청이 인당수에 빠져 수궁으로 들어가는 데를 연
창하였다.[21]

조학진은 1932년 4월 최동석과 김영팔이 조선음악과 서양음악을
조화시켜 쇠퇴하는 조선전통음악에 새로운 내용을 담아 발전시키기
위해 창립한 조선악협회에 참여하였다. 조선악협회는 학구적 근거
에 의해 조선 민족성에 적절한 정서와 음악 현실을 반영하고자 하였

---

19 『동아일보』, 1929. 1. 12.
20 『동아일보』, 1930. 9. 27.
21 『매일신보』, 1930. 11. 18. 11. 19. 조학진은 조선음률협회의 제2회 공연(1931.
3. 30.~31. 단성사)과 제3회 공연(1932. 6. 22. 경성공회당)에는 출연하지 않았다.

으며, 사무소는 사직동 318번지에 있었다.[22]

> 朝鮮樂協會에서 東西音樂會 開催 / 이십삼, 이십사일 공회당에서
> 조선악협회(朝鮮樂協會)에서는 이달 이십이, 이십삼 양일간 시내
> 장곡천정 공회당(公會堂)에서 동서음악대회를 개최하게 되었는데 …
> 중략… 전통악부에는 조선악협회 정악부와 소속 합동악단(合同樂團)
> 요곡부를 비롯하야 명창으로써 조학진(曺學珍) 리동백(李東伯) 오태
> 석(吳太石) 등의 국내의 굴지하는 가인들이 나올 것으로써[23]

조학진은 1933년 8월 12일 조선음악학원기성회에서 개최한 제1회 연주회인 「전통악과 무용의 밤」(경운동 천도교기념관)에 출연하였다. 당시 출연진은 기악편에 현금 이언식 김기풍, 가야금 이명호, 양금 이성환 김용승, 생황 박일몽, 단소 최수성 김흥구 명호진, 장고 이한경, 필률[피리] 김명수 고재덕 조재필, 대금 방용현, 해금 지용구 강태홍이 출연하고, 판소리에 이동백 조학진 정정렬, 병창 오태석 심상건, 산조에 강태홍이었다.[24]

다음으로 조학진의 경성방송국 국악방송 출연을 살펴보기로 한다. 1927년 3월 24일 처음 출연한 이래 1935년 11월 27일까지 49회 출연하였는데, 정리하면 다음과 같다.[25] 일부 오식된 것은 바로잡았다.

---

22 『동아일보』, 1932. 4. 12.『조선일보』, 1932. 4. 13.『중앙일보』, 1932. 4. 14.『매일신보』, 1932. 4. 16.
23 『조선일보』, 1933. 1. 15.
24 조선음악학원기성회는 朝鮮 舊樂을 부활, 보급하려는 목적으로 조선음악학원을 설립하기 위해 조직되었다.『동아일보』, 1933. 8. 8.『매일신보』, 1933. 8. 11.
25 당시 신문의 라디오 프로그램 안내와 한국정신문화연구원 편,『경성방송국국악방송곡 목록』(민속원, 2000)을 바탕으로 정리하였다.

연도 (49회)	출연 날짜와 곡목
1927년 (3회)	3월 24일 : 南道雜歌 短歌, 華容道. 曺學珍[26] 4월 22일 : 南道短歌 數種. 曺學珍 5월 14일 : 南道短歌 數種. 曺學珍
1928년 (4회)	6월 16일 : 南道短歌. 曺學珍 7월 1일 : 南道短歌. 曺學珍 8월 20일 : 南道短歌. 曺學珍, 大笒 獨奏 朴鍾基 9월 7일 : 南道雜歌. 曺學珍, 大笒 獨奏와 合奏 朴鍾基
1929년 (4회)	1월 1일 : 南道短歌와 大笒 合奏, 短歌, 沈淸傳, 朴打零, 散調, 雜歌. 唱 曺學珍, 大笒 朴鍾基 1월 23일 : 南道短歌 數種. 曺學珍, 고수 朴鍾基 2월 16일 : 南道短歌. 曺學珍, 大笒 合奏 數曲 大笒 朴鍾基 9월 11일 : 南道短歌 短歌, 春香歌. 曺學珍
1932년 (1회)	12월 10일 : 唱劇調 短歌 竹丈芒鞋, 三國志 中 赤壁大戰. 가수 曺學 珍, 고수 池龍九
1933년 (14회)	1월 29일 : 名唱調 口演 1. 흥부전 중 燕歌, 2. 三國誌 中 烏打令, 3. 三國誌 中 孔明 祭風, 4. 三國誌 中 三顧草廬, 5. 심청전 중 瀟湘八景. 口演 曺學珍, 鼓手 韓成俊[27] 3월 2일 : 連續倡劇調(一) 춘향전 중. 曺學珍, 고수 韓成俊[28] 3월 3일 : 連續倡劇調(二) 春香傳 中 御使出道 曺學珍, 고수 韓成俊 6월 26일 : 名唱調 口演 1. 權三得調 興夫傳 中 제비가, 2. 李날치調 三國誌 중 새타령, 3. 朴有田調 삼국지 중 孔明 祭風, 4. 朴萬順調 삼국지 중 三顧草廬, 5. 鄭春風調 沈靑傳 中 瀟 湘八景. 曺學珍, 고수 韓成俊[29] 6월 27일 : 名唱調 口演. 1. 短歌 竹杖 집고, 2. 朴萬順調 三顧草廬, 3. 朴有田調 東南風 비는 데, 4. 朴有田調 군사 서름打鈴. 曺 學珍, 고수 韓成俊[30] 7월 13일 : 連續唱劇調 沈淸傳 中 (一) 郭氏夫人 葬儀. 曺學珍, 고수 沈相健[31]

26 『조선일보』, 1927. 3. 24.
27 『조선일보』, 1933. 1. 29.
28 『조선일보』, 1933. 3. 2.
29 『조선일보』, 1933. 6. 26. 朴萬順調가 '朴萬壽調'로 오식되어 있다.
30 『동아일보』, 1933. 6. 27. 朴萬順調가 '朴萬壽調'로 오식되어 있다.
31 『동아일보』, 1933. 7. 13.

	7월 14일 : 連續唱劇調 沈淸傳 中 (二) 船人에게 몸 바치는 데. 曺學珍, 고수 沈相健
	7월 15일 : 連續唱劇調 沈淸傳 中 (三) 江上蓮. 曺學珍, 고수 沈相健
	8월 14일 : 連續唱劇調 三國誌 中 (一) 三顧草廬. 曺學珍, 고수 韓成俊
	8월 15일 : 連續唱劇調 三國誌 中 (二) 南屛山 東南風 비는 데. 曺學珍, 고수 韓成俊
	8월 16일 : 連續唱劇調 三國誌 中 (三) 赤壁江上 大攻火戰. 曺學珍, 고수 韓成俊
	9월 21일 : 連續唱劇調 三國誌 中 (一) 三顧草廬. 曺學珍, 고수 池龍九
	9월 22일 : 連續唱劇調 三國誌 中 (二) 南屛山 東南風 비는 데. 曺學珍, 고수 池龍九
	9월 23일 : 連續唱劇調 三國誌 中 (三) 赤壁大戰. 曺學珍, 고수 池龍九
1934년 (10회)	1월 15일 : 連續唱劇調(一) 短歌 竹杖芒鞋, 赤壁歌 東南風 비는 데. 曺學珍, 고수 韓成俊
	1월 16일 : 連續唱劇調 短歌 瀟湘八景, 赤壁歌 中 赤壁大戰. 曺學珍, 고수 韓成俊
	2월 9일 : 名唱調 口演 1. 鄭春風制 語短聲長의 詩唱, 2. 丁昌業制 박타는 데, 3. 李날치制 새타령, 4. 朴萬順制 赤壁歌, 5. 朴有田制 沈淸傳 水宮歌, 6. 權三得制 제비가. 曺學珍, 고수 韓成俊[32]
	3월 1일 : 唱劇調 短歌, 唱劇調 赤壁歌. 曺學珍, 고수 池龍九
	8월 23일 : 名唱調 口演 1. 鄭春風調 水宮歌, 2. 朴萬順調 赤壁大戰, 3. 權得三調 제비 도라가는 데. 曺學珍, 고수 韓成俊
	9월 8일 : 唱劇調 短歌, 唱劇調 赤壁大戰. 曺學珍, 고수 韓成俊
	10월 12일 : 唱劇調 短歌, 唱劇調 赤壁歌. 曺學珍, 고수 池龍九
	10월 21일 : 唱劇調 短歌, 唱劇調 赤壁歌. 曺學珍, 고수 池龍九
	11월 20일 : 唱劇調 短歌, 唱劇調 赤壁歌. 曺學珍, 고수 池龍九
	12월 18일 : 唱劇調 短歌, 唱劇調 赤壁歌. 曺學珍, 고수 韓成俊
1935년 (5회)	4월 8일 : 唱劇調 短歌 瀟湘八景, 唱劇調 赤壁歌. 曺學珍, 고수 池龍九
	5월 13일 : 唱劇調 短歌 竹杖芒鞋, 唱劇調 赤壁歌. 曺學珍, 고수 池龍九
	6월 13일 : 唱劇調 短歌, 唱劇調 赤壁歌. 曺學珍, 고수 韓成俊
	11월 5일 : 唱劇調 短歌 竹杖芒鞋, 唱劇調 赤壁歌. 曺學珍, 고수 韓成俊
	11월 27일 : 唱劇調 短歌 竹杖芒鞋, 唱劇調 박타령. 曺學珍, 고수 池龍九

---

[32] 丁昌業制가 '丁昌葉制'로 오식되어 있다.

조학진은 경성방송국 국악방송에 총 49회 출연하였다. 판소리를 연창한 것 중에서 적벽가가 21회로 가장 많고, 심청가는 4회, 춘향가는 3회, 홍보가는 2회 연창하였다. 적벽가는 적벽대전, 삼고초려, 동남풍 비는 데를 주로 연창하였으며, 심청가는 곽씨부인 장례, 선인에게 몸 바치는 데, 강상련(심청 환세)을 연창하였고, 춘향가는 어사출도를 연창한 것이 확인된다. 그리고 단가 죽장망혜와 소상팔경을 자주 불렀다.

한편 조학진은 다음과 같이 옛 명창들의 장기 대목을 연창하였는데, 1933년에 3회(1월 29일, 6월 26~27일), 1934년에 2회(2월 9일, 8월 23일) 하였다. 곡목은 적벽가의 박유전조 삼고초려 · 공명 제풍(동남풍 비는 데) · 군사 서름타령, 이날치조 새타령(원조타령) 그리고 심청가의 정춘풍제 소상팔경(범피중류)과 박유전제 수궁가(수궁풍류), 홍보가의 정창업제 박 타는 데, 권삼득조 제비가(제비 몰러 나가는 데) · 제비 돌아가는 데, 정춘풍제 어단성장의 시창(詩唱) 등이다. 이를 보면 조학진은 옛 명창들의 더늠에 정통했음을 알 수 있다.

다음으로 조학진이 포리돌(polydor)레코드에 남긴 음반을 살펴보기로 한다. 먼저『심청전 전집』부터 정리하면 다음과 같다. 이 전집은 1935년 12월 10일 제1회가 발매되기 시작하여 1936년 11월에 전부 발매되었는데, 'polydor 19235 A 序篇 · B 심봉사 내외 상의~polydor 19258 A 황후 부친 상봉 · B 맹인 개안'으로 구성되어 있다.『심청전 전집』은 1939년 10월에 보급판인 'polydor X599 ~ polydor X620'으로 재발매되었다. 다음은 그중에서 조학진의 소리가 녹음된 것이다.[33]

---

33 송혜진 해설 · 채록,『폴리돌 심청전』(2CD, 신나라뮤직, 2004)을 따른다.

『唱劇 沈淸傳 全集』

19247-A 沈淸 臨溏水 曺學珍 林素香 고수 韓成俊

19247-B 심낭자 용궁행 曺學珍 고수 韓成俊

19254-B 맹인 인사 金昌龍 丁貞烈 李東伯 曺學珍 林素香 고수 韓成俊

19255-A 방아打鈴 金昌龍 丁貞烈 李東伯 曺學珍 林素香 文蓮香 고수
韓成俊

19258-A 황후 부친 상봉 金昌龍 李東伯 曺學珍 林素香 고수 韓成俊

19258-B 盲人 開眼 金昌龍 丁貞烈 李東伯 曺學珍 林素香 文蓮香 고수
韓成俊

국악음반박물관 제공   한국음반아카이브연구소 제공

    왼쪽 사진은 1935년 일본 포리돌레코드에서 나온『창극 심청전
전집』가사지(Polydor 19241)의 것으로, 앞줄 왼쪽 첫 번째가 조학

진 명창이고,[34] 오른쪽 사진은 『포리돌판 매월신보』(1935년 12월)에 실려 있는 『창극 심청전 전집』 출연자 사진 가운데 조학진이다.[35]

다음은 조학진이 포리돌레코드의 『화용도 전집』에 소리를 남긴 음반이다. 총 18매로, 1935년 12월 10일 제1회가 발매되기 시작하여 1936년 7월에 모두 발매되었다. 'polydor 19260 삼고초려편~polydor 19227 운장 하구로 돌아오는 데'로 구성되어 있는데, 그중에서 조학진의 소리가 담긴 음반은 다음과 같다.[36]

『唱劇 華容道 全集』

19263-A 賢德 江東行 丁貞烈 金昌龍 鼓 韓成俊[37]

19268-B 曹操 軍士 설움타령 丁貞烈 曹學珍 고수 韓成俊

19269-A 赤壁江火戰篇 丁貞烈 李東伯 金昌龍 曹學珍 고수 韓成俊

19269-B 赤壁江火戰篇 曹學珍 고수 韓成俊

19272-B 軍士点考 丁貞烈 林素香 曹學珍 고수 韓成俊

<hr>

34 뒷줄 왼쪽부터 임소향, 문연향, 앞줄 왼쪽부터 조학진, 한성준, 이동백, 김창룡, 정정렬. 노재명, 「동편제 심청가 흔적을 찾아서」, score, 2021, 254쪽.

35 배연형, 『한국 유성기음반 문화사』, 지성사, 2019, 753쪽.

36 최동현 해설·채록, 『폴리돌(Polydor) 판 적벽가』(2CD, 신나라, 1991)와 한국음반아카이브연구단 엮음, 『한국 유성기 음반 1907~1945』(한걸음·더, 2011)를 바탕으로 정리하였다.

37 신나라의 『폴리돌(Polydor) 판 적벽가』에 조학진의 소리가 있는 것으로 되어 있다.

19276-B 雲將 만나는 데 李東伯 丁貞烈 曺學珍 林素香 文蓮香 고수 韓
成俊

이 밖에 다음과 같은 조학진의 소리가 포리돌음반에 남아 있다.[38]

19278-A 短歌 竹杖 집고 曺學珍 고수 韓成俊
19278-B 赤壁歌 赤壁千餘船 曺學珍 고수 韓成俊

김초향에 의하면 조학진은 유성기에 소리를 취입할 때 공연히 마
이크를 잡고 뒤흔드는 이상한 버릇이 있었다고 한다. 그렇게 되면 잡
음이 들어가서 녹음된 것을 버린다고 녹음기사가 주의를 줘도 매번
그 버릇을 고치지 못하여 음반이 많지 않다고 한다.[39]

---

38 음반 레이블에 "polydor 19390-A 南道雜歌 자진六字백이 吳太石 丁南希 曺學
珍 趙相鮮 林素香, polydor 19390-B 南道雜歌 三節歌 吳太石 丁南希 曺學珍
曺相鮮 林素香"으로 되어 있지만 가사지에 "polydor 19390-A 南道雜歌 자진
六字백이 曺鸚鵡 林素香 吳太石 丁南希 趙相鮮, polydor 19390-B 南道雜歌 三
節歌 曺鸚鵡 林素香 吳太石 丁南希 趙相鮮"로 되어 있는 것으로 보아 음반의
曺學珍은 曺鸚鵡의 오식일 것이다.

39 이보형, 「역사 속에 숨어버린 여류명창 김초향」, 『국악』, 2001년 3월호, 국악
중심, 50쪽. 김해 김록주는 소리할 때 고개를 흔들어대는 버릇이 있었는데, 박
록주와 함께 꽃사거리(화초사거리)를 녹음할 때 김록주가 버릇대로 어찌나
고갯짓을 하였던지 취입하고 나자 박록주의 볼이 화끈거리며 벌겋게 달아올
랐다는 일화가 전한다. 이보형, 「흩어진 소리, 날아간 소리」, 『음악동아』, 1985년
11월호, 278쪽.

3. 박지홍 명창의 생애와 예술 활동

박지홍은 46세 때 대구에 와서 일제강점기에는 달성권번, 해방 후에는 대동권번에서 기생들에게 소리와 춤을 가르쳤으며, 그 후 경북국악원을 설립하는 등 대구지역 전통예술의 초석을 다진 명창 이다.

1) 박지홍 명창의 생애

박황은 『판소리소사』에서 박지홍에 대해 다음과 같이 서술하고 있다.

> 박지홍(1889~1961)은 전남 나주 출신으로 박기홍과는 종형제간이 다. 어려서부터 영특하였고, 건장한 키에 얼굴이 예뻐 美童이라 일컬 었다. 김창환이 한 고을에 살고 있었으므로 일찍부터 그의 지침을 받 아 소리 공부를 하게 되었다. 아침이면 스승의 집으로 가서 소리를 배 우고, 저녁때 돌아오면 낮에 배운 소리를 완전히 익힐 때까지 몇 십 번 이고 되풀이하여 습득하였다.
>
> (중략 : 18세 총각 때, 16세의 吏房의 딸과 정분이 나서 고향을 떠났 다는 이야기)
>
> 박지홍은 그녀를 데리고 대구로 박기홍을 찾아가 사유를 말하고 그 의 수행고수가 되었다.
>
> …중략…
>
> 그 후 박기홍을 오랫동안 배종하면서 그의 창제와 더늠을 익히 들

고, 나중에 소리로 전환하여 그의 지침을 받아 대가가 되었다. 대구에 처음으로 기생 권번이 생긴 1920년부터 20년간 기생과 후배를 가르치고만 있었기 때문에 그의 이름이 널리 알려지지 않았을 뿐, 당시의 쟁쟁한 명창이었다.

그러한 연유로 고향을 등진 후 그들 내외는 한 번도 가 본 일이 없었다. 슬하에 혈육도 없이 해로하다가 1960년에는 그 부인이 먼저 세상을 뜨고, 그 이듬해에는 박지홍이 73세를 일기로 세상을 떠났다.

그의 장기는 〈심청가〉, 〈흥보가〉였던 것이다.[40]

그런데 위의 기록은 박지홍의 생몰 연도를 비롯하여 사실과 다른 부분이 적지 않다. 우선 박지홍 명창의 생몰 연도부터 살펴보기로 한다. 박지홍의 생몰 연도는『한국민족문화대백과사전』에는 '1889~1961년',『한겨레음악대사전』에는 '1889~1961년 또는 1884~1958년'으로 되어 있다.[41]

박지홍 명창의 생몰 연도는 다음의『대구매일신문』기사에서 확인할 수 있다. 박지홍의 사진은 1957년 4월 21일 자『대구매일신문』에 게재된 것이다.

① 國樂生活六十年

올해 일흔넷 故鄕은 全南 羅州 땅 十二歲 때 國樂界에 入門하여 數個處의 '권번'의 스승을 거쳐 지금의 慶北國樂院을 創設하고 一年에

---

40 박황,『판소리소사』, 신구문화사, 1974, 123-126쪽.
41 한국학중앙연구원,『한국민족문화대백과사전』(encykorea.aks.ac.kr), 송방송,『한겨레음악대사전』, 보고사, 2012.

三百名씩의 門下生을 輩出하였다는 이번 慶
北文化賞의 音樂分科 功勞賞 受賞者인 朴枝
洪 옹의 略歷은 아무튼 魅力을 끄는 것이다.[42]

朴枝洪 옹

② 國樂界의 元老 朴枝洪 氏 別世

경북 국악계의 원로의 한 사람인 박(朴枝洪
=七六) 씨는 지난 二十六일 상오 二시 시내 南
山동 자택에서 뇌일혈로 별세하였다. 전라도
태생인 씨는 장고의 명수로 二十六세 때 대구에 이주한 이래 수많은
제자와 명기를 길러내어 우리 민속예술을 빛낸 국악계의 공로자이다.
영결식은 二十八일 하오에 거행되었다.[43]

위의 인용문 ①은 1957년 4월 21일 자『대구매일신문』기사로 당
시 박병동 기자가 경북문화상 공로상 수상자인 박지홍 명창을 경북
국악원에 찾아가 취재한 것이고, ②는 1958년 8월 29일 자『대구매일
신문』에 실린 박지홍 명창의 사망 기사이다. ①에서 '올해 일흔넷'이
라고 했으니 박지홍은 1884년생이 되는데, ②에서는 1958년 8월 26일
향년 76세로 별세했다고 하니 1883년생이 된다. 두 기사 사이에 1년
의 차이가 있지만 직접 탐방하고 쓴 기사가 신뢰성에서 앞서는 것으
로 판단된다. 그리고 경북국악원에서 박지홍 명창에게 여러 해 동안
배운 권명화(1934년생)[44] 명인도 박지홍 명창의 띠를 원숭이띠(갑신

---

42 『대구매일신문』, 1957. 4. 21.

43 『대구매일신문』, 1958. 8. 29.

44 『대구매일신문』(1957. 4. 21.) 기사 중에 "'이 애는 나헌테 五年 배운 門下生인
데 가정주부들의 지도를 맡은 선생이라'고 하며 '二十四歲인데 權明花라 부

생)로 분명하게 기억하고 있으므로 박지홍의 출생 연도는 1884년으로 판단된다. 이상과 같이 박지홍 명창은 1884년에 태어나서 1958년 8월 26일 대구 남산동에서 향년 75세를 일기로 세상을 떠났다.[45]

2) 박지홍 명창의 예술 활동

박지홍 명창의 예술 활동을 살펴보기로 한다. 다음 인용문 1957년 4월 21일 자『대구매일신문』기사이다.

> 열두 살 때 金昌煥 先生한테 배웠지요 아 우리 스승의 연세야 살아 계신다면 百二歲가 되지요 스물둘에서 다섯까지 三年間 韓國 初의 演劇團体 西大門 밖의 円閣寺 자리에 있었지요 거기서 일을 보다가 나와 그 뒤는 설흔일곱까지 줄탕 平壤 海州 松都 咸興 慶州 等 他鄕으로 돌아다니며 배운 재간 풀어 맥였지요 그 뒤는 그러니까 내가 마흔여섯 때 大邱로 와 達城券番과 解放後 大東券番에서 二三年間 妓生들을 敎授 했지요.[46]

른다'고 소개를 하는 朴 옹의 말에 …" 권명화가 등장한다. 권명화와 면담은 1999년 12월 28일과 2002년 12월 7일 등 서너 차례 하였다. 권명화는 6·25전쟁 때 고향 김천에서 대구로 피난 와서 박지홍 명창에게 소리와 춤을 배웠다. 1995년 5월 12일 박지홍류 살풀이로 대구광역시 무형문화재 제9호 살풀이가 예능보유자가 되었으며, 현재는 명예보유자이다.

45 김석배,「판소리 명창의 생몰연대 검토」,『선주논총』5, 금오공과대학교 선주문화연구소, 2002, 23-24쪽. 김석배,「대구경북지역 판소리 명창의 생몰 연도 재고」,『향토문화』36, 대구경북향토문화연구소, 2021, 6-8쪽.

46 「國樂生活六十年」,『대구매일신문』, 1957. 4. 21. '大東券番'은 大同券番의 오식이다.

박지홍은 12세 때 김창환 명창에게 배웠으며,[47] 22세부터 25세까지 3년 동안 원각사에서 활동하였고, 그 후 37세까지 평양, 해주, 송도, 함흥, 경주 등지의 도회지를 돌아다니며 권번 선생으로 활동하였다. 46세 때인 1929년부터 대구에 정착하여 달성권번과 해방 후 2, 3년간 대동권번에서 기생들에게 소리와 춤을 가르쳤다.

달성권번은 대구기생조합의 후신으로 염농산(1860~1947, 본명 염경은, 호 앵무)[48]이 취체로 있던 대구지역의 대표적인 권번으로 상서

---

47 김창환(1855~1937)은 전라남도 나주군 삼도면의 예인집안 출신의 서편제 명창으로 근대오명창 가운데 한 사람이다. 이날치와 박기홍은 이종사촌이고, 임방울과 정광수, 박종환(박송희 부친)은 생질이다. 12세부터 박만순과 정춘풍에게 소리 공부를 하였고, 그 후 이날치에게 가문소리를 습득하였다. 그리고 정창업에게 배운 후 신재효의 문하에서 지침을 받아 일가를 이루었다. 1902년 高宗御極40年 稱慶禮式을 위해 奉常寺 내에 설치된 協律社의 主席으로 발탁되었고, 1907년 협률사가 폐지되자 고향으로 돌아가 김창환협률사를 조직하여 활동하였다. 1915년 3월에 설립된 경성구파배우조합에 이동백과 함께 선생으로 참여하였고, 1920년대 후반에 大正團一行을 조직하였으며, 1930년 9월에 설립된 조선음률협회의 회장을 맡았고, 1932년 1월에 창립한 朝鮮樂正會에 참여하는 등 판소리 창단의 원로로서 역할을 하였다. 그런 한편 각종 명창대회와 국악방송에 출연하여 자신의 특장 대목을 불렀으며, 여러 회사의 음반에 장기 대목인 홍보가의 제비노정기와 중타령, 춘향가의 이별가와 춘당시과, 그 밖에 농부가와 성주풀이 등을 남겼다. 각종 고전에 정통하였고, 소리는 서편제인 만큼 애원처절하여 감상적인 계면조를 주로 한 판소리를 했으며, 풍채가 좋고 발림을 잘하여 관중들을 매혹시켰다. 김창환은 소리에만 뛰어난 것이 아니라 발림에도 뛰어났던 명창으로 정평이 나 있다. 김석배, 「판소리 명창 김창환의 예술 활동」, 『판소리연구』20, 판소리학회, 2005.

48 廉隴山은 1907년 국채보상운동에 거금 일백 원을 의연금으로 쾌척하여 서상돈, 김병순, 정재학 등이 기만 원씩 출연하기로 결의하도록 했다. 그 후 星州郡 龍巖面 龍亭里에 있는 두리방천 복구에 크게 기여했으며, 1937년(78세)에는 교남학교를 위하여 상당한 재산을 기부하였다. 경북 성주군 용암면 용정리 면사무소 인근에 1919년 5월에 세운 '廉隴山堤堰功德碑'가 있으며, 그의 부친 묘도 인근 고령군 운수면 화암1리 야산에 있다. 2017년 4월 24일 현지 조사 때 엄창석 소설가와 함께 갔는데, 마을 주민으로 경진(1940년)생인 시수준, 시무

정 20번지(지금의 만경관 서편 춘앵각 일대)에 있었다. 대구기생조합은 1926년 5월 대구경찰에서 기생조합을 해산하고 권번으로 변경하라는 명령에 따라 1926년 12월 24일부로 합자회사 달성권번으로 명칭을 바꾸었다. 그리고 조직을 혁신하고 권번 규칙을 개정하여 종래 기생의 자택에서 손님에게 가무·음곡을 제공하던 것을 일절 폐지하고,[49] 1월 23일 성대한 개업식을 거행하였다.[50] 달성권번은 1932년에는 합자회사에서 주식회사로 조직을 변경한 후 배병렬이 지배인으로 취임하여 내부를 혁신하고 학과까지 편입한 후 기생 양성에 주력하였다.[51]

대동권번은 1946년 1월 중순에 예우회의 후신으로 설립되었으며, 박지홍 명창을 초빙하여 1월 15일부터 예기 양성생을 모집하였다.[52] 당시 대동권번의 역원은 회장 김애산, 부회장 정남정, 평의원 이춘정, 간사 전명득, 학예부장 박지홍, 사범 방호준·박동진, 총무 조병규였다.[53] 1947년 1월에 주식회사 대동권번(초대사장 김문식, 전무 윤주태)으로 바뀌었으며,[54] 1947년 7월 당시 대표 전명득을 비롯하

준 씨의 도움을 받았다. 김석배, 「대구지역의 판소리문화 연구」, 『판소리연구』 43, 판소리학회, 2017, 12-13쪽. 정일선, 「염농산-기생 앵무에서 사회의 스승으로-」, 『대구여성 독립운동 인물사』, 대구여성가족재단, 2019. 이문기, 「대구 의기(義妓) 염농산('기생 앵무')의 생애와 성주군 용암면 두리방천 축조의 의미」, 『역사교육논집』 75, 역사교육학회, 2020.

49 「대구 기생도 권번제로 변경」, 『매일신보』, 1927. 1. 9.
50 「달성권번 개업식」, 『매일신보』, 1927. 1. 23.
51 「達城券番 革新 第一次 演奏會」, 『매일신보』, 1933. 11. 21.
52 「藝友會 再出發 大同券番으로」·「養成生募集」 광고, 『영남일보』, 1946. 1. 19. 『영남일보』 1946년 1월 29일 자 대동권번 광고에 의하면 양성과목은 "창극조, 춤, 시조, 풍류, 가야금병창, 기타" 등이다.
53 「대동권번」 광고, 『영남일보』, 1946. 1. 29.
54 「대동권번 신발족」, 『영남일보』, 1947. 1. 6.

여 임소향과 박초향 등이 중심이었다.[55] 1948년 10월에 육예사로 명칭이 변경되었고,[56] 그 후 화재로 없어졌다.

한편 박지홍은 1947년에 방호준, 박동진 등과 함께 조향창극단을 조직하여 순회공연을 하고, 그 후 경북국악원을 설립하여 권명화 등을 가르치며 대구지역의 전통예술 발전에 초석을 다졌다.

박지홍은 다음에 인용한 박동진의 말에서 알 수 있듯이 판소리의 이면을 중시했던 명창이었다.

> 옛날에 김채만 씨라고 있었어요. 그 어른이 소리허는데, 이 양반이 〈심청가〉를 잘해요, 우리 선생님 박지홍 씨가 듣고 있어요. "인당수 상에 북을 두리둥둥둥둥 두둥둥둥…" 구성지게 올라갔다 내려갔다 허는데, 소리하는 사람 망건 뒤를 그 합죽선으로 후려 쎄린단 말여. 그 좌중에서 깜짝 놀랠 거 아닙니까? 선배 중에 대선밴디, "이놈, 인당수에 북을 며 개나 달아났냐, 북이 그렇게 여러 개냐, 북소리가 '둥' 이거 한 개밖에 안 되는데, '북을 두리둥둥둥둥둥 두둥둥…' 도대체 북이 며 개냐", 인제 이런 것을 어떻게 다 헤아립니까. 지금 보면 말이죠, 소리허는 것이 이면도 생각 않고 그냥 목구성만 가지고 그냥 하는데요, 참 답답할 때가 많죠.[57]

판소리에서 이면은 사설 혹은 음악의 사실성을 뜻한다. 신재효는 이면을 "상단이 나가던이 듯담갓치 찰인단 말 이면이 당찻컷다",

55 「災民住建 基金에 十萬圓 大同券番 妓生의 義擧」, 『대구시보』, 1947. 7. 18. 7. 26.
56 「倭嗅 나는 券番 育藝會로 改稱」, 『대구시보』, 1948. 10. 15.
57 이보형 외, 「판소리 인간문화재 증언자료, 박동진 명창」, 『판소리연구』 2, 판소리학회, 1991, 231-232쪽.

"옥즁 고생ᄒᄂ 터의 복쳐를 달ᄂ 말니 리면은 틀녓시나"와 같이 행위의 상황과 사실에 꼭 들어맞는 것이라는 뜻으로 사용했다.[58]

다음은 현재까지 확인된 박지홍의 공연 활동이다.

- 『부녀일보』 독자 위안 명창경연대회, 1947년 6월 5~6일, 만경관[59]
- 부산 국립극장(구 보래관) 개관기념대공연 단국창극단공연, 1949년 2월 1일부터, 부산 국립극장[60]
- 국극사 〈창극 桃花扇〉(일명 〈萬里長城〉) 공연, 1953년 2월 2일부터, 동아극장[61]

이 외에 1946년에 대동권번에서 개최한 대동권번 창립연주회

---

58 "츈향 어모 상단 불너 귀흔 손임 오셔슨이 잡슈실 상 츠리오라 상단이 나가던이 ᄃ담갓치 찰인단 말 이면이 당찻컷다 금치 노은 왜칠반의 갈분의의 쑬종즈 며 쳥치졉시 다문 슈란 초쟝종즈 겻틔 놋코 어란 젼복 약포쪼각 빅졉시의 것 디리고 싱율 참비 임실쥰시 쳥치졉시 흣틔 담고 맛 죠흔 나박침치 화보이의 담아 놋코 숑슌쥬 잉무비와 은수겨 씨셔 노와 슐상을 디려노코 흔 잔 몬져 가득 부어 도령임게 올이온이 도령임 잔 바다셔 반비을 잡슈신 후"(〈동창 춘향가〉, 132쪽), "소경 ᄒᄂ 말이 옥즁 고생ᄒᄂ 터의 복쳐를 달ᄂ 말니 리면은 틀녓시나 졈이라 ᄒᄂ 거슨 신으로만 흐ᄂ 터니 무물이면 불셩이라 졍셩을 안 드리면 귀신 감동 못 홀 터니 복쳐를 늬여놋쇼 츈향이가 품 안의셔 돈 흔 량을 늬여노니 쇼경이 돈을 들어 쌤으로 쌤어 보고 흔참을 웅크려 응응 어허 그 쑴 신통ᄒᄂ 쟝이 죠흔 쑴이로쇄"(〈남창 춘향가〉, 72쪽), 강한영 교주, 『신재효 판소리사설집(全)』, 민중서관, 1974.

59 『부녀일보』, 1947. 6. 5. 광고. 박지홍, 박동진, 방준호, 신영선, 임소향, 박초향, 전명득, 박귀희 등 출연.

60 춘향전·심청전·흥보전(全 4幕 1場) 상연. 국극협단과 단국창극단 합동공연으로 오태석, 박지홍, 박상근, 박후성, 김영철, 임새근, 박초향 등 출연. 『부산신문』, 1949. 2. 1. 광고.

61 『동아일보』, 1953. 1. 31. 광고. 창악 강장안·박록주, 안무 강태홍, 음악 박지홍·강태홍 등.

(2월 26~28일, 대구극장)의 창극 〈춘향전〉(5막 4장)과 승무, 풍류 공
연,[62] 국악명창대회(4월 1~4일, 대구극장),[63] 조선창극대공연(6월 1~
4일, 대구공회당)의 〈춘향전〉·〈심청전〉·〈흥보전〉·〈장화홍련전〉,[64]
1947년에 '춤과 노래의 밤'(2월 16~?, 대구극장) 공연,[65] 이재민구제
전국유행가급음악 콩쿨대회(4월 5~6일, 대구공회당),[66] 구왕궁아악
대공연(6월 2~3일, 키네마구락부),[67] 전국명창경연대회(6월 5~6일,
만경관),[68] 이재민 주택건설기금 연주회(7월 9~11일, 대구극장),[69]
1948년에 극단 연연(演研)에서 상연하는 창극 〈만고열녀〉(5막10장, 1월
30~2월 1일, 키네마)[70]에 출연하거나 관여하였을 것이다.

4. 맺음말

조학진과 박지홍 명창은 20세기 전반기에 대구에서 생활하면서
이 지역의 전통예술 발전에 크게 이바지하였다. 이 글에서는 그들의
생애와 예술 활동에 대해 살펴보았다.

조학진은 전라남도 광주(또는 담양) 출신으로 대구에서 활동하다

---

62 『영남일보』, 1946. 2. 24. 광고.
63 『대구시보』, 1946. 4. 1. 광고.
64 『영남일보』, 1946. 5. 29. 광고.
65 『부녀일보』, 1947. 2. 18. 광고.
66 『한성일보』, 1947. 4. 1. 광고.
67 『영남일보』, 1947. 6. 3. 광고.
68 『부녀일보』, 1947. 5. 18. 광고.
69 「戰災民 住宅 義捐金」, 『영남일보』, 1947. 7. 3.
70 『대구시보』, 1948. 1. 31. 광고.

가 세상을 떠난 동편제 명창이다. 박기홍의 문하에서 오랫동안 지도
를 받아 동파의 법통을 계승하고, 각종 고전에 정통하였으며, 실제보
다는 이론이 앞선 대가로 자가 특징을 가진 소리를 하였다. 춘향가와
적벽가, 심청가에 뛰어났으며, 그의 더늠은 박동진을 통해 전승되었
다. 그리고 일제강점기 때 조선음악협회를 비롯하여 조선음률협회,
조선악협회 등에 참여하여 국악 발전에 이바지하였으며, 경성방송
국 국악방송에 49회 출연하여 자신의 장기와 옛 명창들의 더늠을 연
창하였고, 포리돌음반의 『심청전 전집』과 『화용도 전집』에 소리를
남겼다.

박지홍은 전라남도 나주 출신으로 1884년에 태어나 1958년에 세
상을 떠난 서편제 명창이다. 12세 때 김창환 문하에서 소리 공부를
시작하였고, 22세부터 3년 동안 원각사에서 활동하였다. 그 후 평양,
해주, 개성, 함흥, 경주 등의 권번에서 소리선생으로 떠돌다가 46세
때인 1929년에 대구에 정착하여 달성권번에서 선생을 하였으며,
1946년 1월부터 2, 3년 동안 대동권번의 학예부장으로 활동하였다.
1947년 방호준, 박동진 등과 함께 조향창극단을 조직하여 순회공연
을 하고, 그 후 경북국악원을 창설하여 대구의 전통예술 발전에 초
석을 놓았다.

자료의 부족으로 인해 제대로 밝히지 못한 부분에 대해서는 앞으
로 새로운 자료의 발굴 등을 통해 수정, 보완할 수 있기를 기대한다.

제2장

현대 창극의 초석을 다진 김연수 명창

1. 머리말

　동초 김연수(1907~1974) 명창은 현대 판소리사에서 뚜렷한 발자취를 남긴 소리꾼으로, 한평생을 판소리 창자와 창극 배우 및 연출가, 예술행정가로 살다 간 판소리계의 풍운아였다. 동초는 1927년 고향 고흥에서 늦깎이로 판소리에 입문하여 1935년부터 유성준 송만갑 정정렬에게 판소리 다섯 바탕을 익혀 소리꾼으로서 입지를 굳힌 이래 판소리계 발전에 크게 공헌하였다. 조선창극단(1942년), 조선이동창극단(1944년), 김연수창극단(1945년), 우리국악단(1950년), 대한국악원(1957년) 등의 대표를 역임하였고, 1962년에 국립국극단의 초대 단장으로 취임한 이래 1974년 작고할 때까지 판소리와 창극 발전에 혼신의 힘을 기울였다. 한편 동초는 자신의 판소리관에 입각

하여 이면에 맞는 소리를 짰고, 판소리사설을 정리하여 『창본 춘향
가』(1967년)와 『창본 심청가 흥보가 수궁가 적벽가』(1974년)를 상재
하였다.[1] 현재 동초가 정립한 판소리 세계는 오정숙, 이일주 등 뛰어
난 제자들에 의해 전주지역을 중심으로 소리가문을 형성하여 번성
하고 있다.

그러나 동초에 대한 연구는 그의 위상에 비해 소홀하였다고 해도
과언이 아니다. 1974년 타계했을 때 약간의 관심이 있었고, 그 후 몇
몇 단편적인 글에서 소개하는 정도가 전부였다.[2] 동초에 대한 본격
적인 연구는 2000년대에 들어와서 이루어지기 시작했다. 이경엽, 배
연형, 김경희, 최동현 등에 의해 괄목할 만한 성과가 이루어졌고,[3] 최
근에 간행된 『동초 김연수의 생애와 판소리』[4]는 김연수 명창을 이해
하는 데 좋은 길잡이 역할을 하고 있다.

---

1 김연수, 『창본 춘향가』, 국악예술학교출판부, 1967. 김연수, 『창본 심청가 홍
   보가 수궁가 적벽가』, 문화재관리국, 1974.
2 이보형, 「김연수 판소리 음악론」, 『월간 문화재』, 1974년 4월호, 월간문화재
   사. 유기룡, 「김연수 선생 주변의 낙수」, 『월간 문화재』, 1974년 4월호, 월간문
   화재사.
3 이경엽, 「판소리 명창 김연수론」, 『판소리연구』 17, 판소리학회, 2004. 배연형,
   「김연수의 판소리사설, 그 생명력의 원천」, 『판소리연구』 24, 판소리학회,
   2007. 최동현 교주, 『김연수 완창 판소리 다섯 바탕 사설집』, 민속원, 2008. 김
   경희, 『김연수 판소리 음악론』, 민속원, 2008.
4 최동현 엮음, 『동초 김연수의 생애와 판소리』, 신아출판사, 2013. 이 책에는
   「김연수의 생애와 판소리적 지향」(최동현), 「김연수와 신재효의 거리」(정병
   헌), 「김연수의 판소리사설 정리와 창극 활동」(유영대), 「김연수의 판소리사
   설, 그 생명력의 원천」(배연형), 「김연수의 제자들과 동초제 판소리의 확산」
   (최동현), 「동초제 〈춘향가〉 연구」(김석배), 「김연수본 〈심청가〉의 인물 형상
   과 미학」(박일용), 「동초제 〈홍보가〉의 구성과 특징」(정충권), 「동초제 〈수궁
   가〉 사설의 특징과 의의」(김종철), 「동초제 〈적벽가〉의 구성과 특징」(김기형),
   「김연수 창 '범피중류'의 음악적 특징과 의미」(김혜정) 등이 수록되어 있다.

　김연수는 워낙 다양하고 왕성한 예술 활동을 하였기 때문에 그것을 정리하는 것이 쉽지 않다. 이 때문에 그동안의 연구에는 미흡한 부분과 부정확한 부분이 적지 않게 발견된다. 이 글에서는 동초 김연수의 예술가로서의 삶과 예술 활동을 다시 정리하여 그의 예술세계를 이해하는 데 이바지하는 한편 선행연구의 미흡한 부분을 보완하고 일부 오류를 바로잡고자 한다.

② 김연수 명창의 생애

　김연수는 1907년에 태어나 1974년에 세상을 하직할 때까지 한 시대를 자신의 시대로 만들면서 당당하고 거침없이 살았다. 처음에는 일초(一初)라는 호를 썼고, 나중에는 동초(東超)를 썼다.[5] 동초는 『창본 춘향가』의 부록에 직접 작성한 「저자 연보」를 첨부하였는데, 이를 통해 김연수라는 뛰어난 명창이 예술가로서 살다 간 삶의 궤적을 비교적 쉽게 알 수 있다. 그러나 이 연보에는 일부 부정확한 점이 발견되므로 선행연구와 당대의 신문 등 여러 자료를 참고하여 동초의 예술가로서의 생애를 간략하게 정리하기로 한다.

　김연수는, 그의 제적등본에 의하면 1907년 3월 10일 전라남도 고흥군 금산면 대흥리에서 김병옥과 박득복 사이의 장남으로 태어났다.[6] 그의 집안은 어머니가 금산(거금도)에서 무업에 종사한 세습무계이

5　유기룡, 「김연수 선생 주변의 낙수」, 『월간 문화재』, 1974년 4월호, 월간문화재사, 29쪽.

6　김연수의 제적등본에 明治 40年 3月 10日生으로 되어 있고, 아래로 弟 光變, 妹 然心, 妹 順心이 있다.

며,[7] 동생 광섭도 이동백에게 소리를 배운 소리꾼이었는데 1931년에 요절하였다.[8]

김연수는 「저자 연보」에서 1913년 14세까지 9년간 한학 수업을 하고, 1927년 서울중동중학교를 졸업한 후 귀향하여 영농 중 창악에 발의하여 7년간 축음기로써 독습하였다고 했다.[9] 김연수는 한학자 노연수에게 한학을 배웠고, 한학 공부는 판소리 다섯 바탕을 정리하는 데 큰 도움을 주었다. 그러나 중동중학교를 다닌 것은 사실이 아니고,[10] 소리공부도 축음기로 독습한 것이 아니라 1927년부터 7년 동안 고흥 인근의 녹동에서 국악학습소를 운영하고 있던 오성삼에게 소리를 배웠다고 한다.[11] 오성삼은 가야금병창 명인 오태석의 당숙으로 김창환, 송만갑 등 오명창의 북 반주를 했던 명고수이며, 해금·대금·피리 등 여러 가지 악기에 능했고, 줄풍류와 삼현육각에도 무불능통했다고 한다.[12] 그리고 최근에 김연수의 첫 번째 소리선생은 고흥지방의 소리꾼 박복선이고, 김연수는 28세(1934년) 때 그에

---

7 이규섭, 『판소리 답사기행』, 민예원, 1994, 222쪽. 이경엽, 「판소리 명창 김연수론」, 『판소리연구』 17, 판소리학회, 2004, 214쪽. 그리고 한국문화인류학회, 『한국민속종합조사보고서 - 전라남도 편』(형설출판사, 1980, 204쪽)에서도 김연수가 무계 출신임을 짐작할 수 있다.

8 김연수는 동생의 죽음을 슬퍼하며 〈아우를 生覺코〉라는 추모가를 유성기음반에 취입하였는데, 이 음반은 1943년 2월에 발매되었다. 〈Okeh20132 南道歌謠 아우를 生覺코(上)·(下) 金演洙 長鼓丁元燮〉, 한국음반아카이브연구단 엮음, 『한국 유성기음반, 3권』, 한걸음·더, 2011, 1102-1103쪽.

9 원문의 1937년은 1927년의 오기이다.

10 이경엽, 「판소리 명창 김연수론」, 『판소리연구』 17, 판소리학회, 2004, 216쪽. 노연수는 동초의 친구인 魯禧相(1908~1995)의 부친으로 고흥 일대에서는 알아주는 한학자였다.

11 최동현, 『판소리 명창 김연수』, 신아출판사, 2014, 43쪽.

12 이경엽, 「판소리 명창 김연수론」, 『판소리연구』 17, 판소리학회, 2004, 217-218쪽.

게 배웠다는 새로운 사실이 밝혀졌다. 박복선은 소리뿐만 아니라 상 쇠놀음도 잘하고, 장단도 잘 치던 사람이라고 한다.[13]

김연수는 1935년 순천에서 유성준으로부터 수궁가 전편을 배우고, 상경하여 7월에 조선성악연구회에서 송만갑에게 흥보가 전편과 심청가 전편을 배웠다. 그리고 1936년 1월에 충북 현암사에서 정정렬에게 적벽가 전편을 배웠고, 7월에 내금강 표훈사에서 정정렬에게 춘향가 전편을 배웠다고 한다. 그러나 2년 동안에 다섯 바탕 전편을 온전히 배우는 것은 현실적으로 쉽지 않은 일이다.

김연수가 서울 무대에 데뷔한 때를 확인하기는 어렵다. 1936년 11월 동양극장에서 상연된 창극 〈흥보전〉(6~10일)에 출연한 것이 현재 확인된 것 중에서 가장 빠른 것이다. 김연수는 1937년 조선성악연구회 이사로 선임되었고, 1941년 7월 조선성악연구회 산하에 신설된 창극좌에 참여하였다. 1942년 8월에 조선성악연구회·창극좌·화랑이 합동하여 결성된 조선창극단, 1944년 6월에 창설된 조선이동창극단의 대표였다.[14]

김연수는 1945년 12월에 김연수창극단, 1950년에 우리국악단을 조직하였고, 1957년 5월에 대한국악원 원장으로서 산하에 직속 국극단(일명 시범국극단)을 조직하였으며,[15] 1962년 2월에 국립국극단

---

13 최동현,『판소리 명창 김연수』, 신아출판사, 2014, 45~46쪽.
14 『매일신보』, 1944. 6. 8.
15 김연수는 1959년 5월 20일 대한국악원 원장에 유임되었으며, 1960년 9월에 신행용이 대한국악원 원장으로 선임되었다. 그 후 대한국악원은 1961년 1월 5일 모든 문화예술단체가 문화예술단체총연합회 산하에 통합되어 한국국악협회로 개칭되고, 동년 10월 국악인 총회에서 이사장에 박초월, 부이사장에 김소희 박귀희가 선출되었다. 김종철,「국악계 70년의 동향-한국국악협회를 중심으로」,『월간 문화재』, 1972년 11월호, 월간문화재사, 16쪽.

초대 단장에 취임하여 1974년 3월 작고할 때까지 재임하면서 창극
을 주도하였다.

1964년 12월 28일 중요무형문화재 제5호 판소리 예능보유자가 되
었으며, 1967년에는 동아방송국(DBS)에서 판소리 다섯 바탕 전판을
녹음하고, 140회에 걸쳐 연속 방송함으로써 동초제 판소리를 완성
하였다. 그리고 판소리 다섯 바탕의 사설을 정리하여 1967년에『창
본 춘향가』를 간행하였고, 그의 타계 직후인 1974년 7월에『창본 심
청가 흥보가 수궁가 적벽가』가 간행되었다.[16]

3. 김연수 명창의 예술 활동

김연수는 1936년부터 다양한 무대에서 명창으로서, 창극 배우 및
창극 연출가로서, 예술행정가로서 판소리와 창극 발전에 크게 기여
하였다. 김연수 명창이 생전에 한 단체 활동, 공연 활동, 음반 취입,
방송 출연, 동초제 판소리 정립 및 창본 간행 등을 정리하면 다음과
같다.

1) 단체 활동

김연수는 1935년 7월 상경하여 조선성악연구회에 입회함으로써
단체 활동을 시작하게 된다. 1937년 조선성악연구회 이사였다고 하

---

16 김연수,『창본 심청가 흥보가 수궁가 적벽가』, 문화재관리국, 1974.

는데,[17] 1938년 조선성악연구회의 제5회 정기총회(5월 23일)[18] 이후 역대 이사 명단에 동초가 확인된다. 그리고 1941년 조선성악연구회 제8회 정기총회(7월 15일)에서 산하에 창극을 전문으로 하는 극단 창극좌 신설을 결정하여 대표는 김용승이 맡았고, 김연수는 백점봉과 함께 작곡부 소속이었다.[19] 1942년 8월에 창극좌와 화랑이 합동하여 조선창극단이 결성되어[20] 제1회 공연으로 1943년 2월 부민관에서 〈춘향전〉(5~6일)과 〈심청전〉(7~8일)을 상연하였다. 출연자는 김연수(金演洙), 박영실, 오태석, 박구명, 정남희, 채찬식, 조상선, 서홍구, 백점봉, 한일섭, 최명곤, 한갑득, 성원목, 방태진, 조몽실, 조한중, 안기옥, 정원섭, 한정호, 김소희, 박소향, 김연수(金鍊洙), 김순희, 한애순, 오운선, 성우향, 방연이, 조농옥, 강남월 등이었다.[21] 김연수가 출연자 명단 맨 앞에 등장하는 것은 동초가 조선창극단의 대표라는 사실을 알려준다.

　1944년 6월 조선총독부 정보과의 비상조치에 의해 김연만이 중심이 되어 창설된 조선이동창극단의 실질적인 대표였다.[22] 단원은 김

---

17 「저자 연보」, 김연수, 『창본 춘향가』, 국악예술학교출판부, 1967, 340쪽. 조선성악연구회 제4회 정기총회(1937. 5. 20.)에서 이사장 김창룡, 서무이사 김용승, 상무이사 정정렬, 회계이사 정남희 외 이사 11명이 선임되었는데, 이사 명단은 확인되지 않는다. 『매일신보』, 1937. 5. 23.
18 이사-송만갑, 이동백, 김창룡, 정원섭, 김용승, 오태석, 조상선, 정남희, 김연수, 박록주, 김소희, 박소향, 염계화, 이소향(봉익정), 임원은 전년과 동일하다. 『매일신보』, 1938. 5. 25. 『동아일보』, 1938. 5. 26.
19 『삼천리』, 1941년 9월호, 90쪽.
20 『매일신보』, 1942. 8. 28.
21 『매일신보』, 1943. 2. 3.
22 『매일신보』, 1944. 6. 8. 김연만은 경북 김천 출신으로 1939년 2월에 창간된 『文章』의 편집 겸 발행인이었다.

연수, 오태석, 성원목, 박영진, 방태진, 김원길, 채찬식, 양상식, 한일섭, 강장원, 정원섭, 한갑수, 백점봉, 정남희, 박록주, 조유색, 원옥화, 오운선, 김만수, 김난옥, 김옥연 등이었다.[23]

해방 후에도 김연수는 조선창극단의 대표로서 1945년 11월에 제일극장에서 〈춘향전〉(7막 12장, 22~26일)[24]과 〈장화홍련전〉(11월 27일~12월 1일)[25] 그리고 〈흥보전〉(5막 6장), 〈심청전〉(5막 7장)을 상연하였다.[26] 당시의 단원은 김연수, 정남희, 오태석, 백점봉, 강장원, 박영진, 정원섭, 방태진, 조한중, 김원길, 박동준, 김광렬, 박록주, 원옥화, 성미향, 조유색, 한산월, 박초향, 박롱주, 고옥순, 이영숙, 김금련 등이었다.[27]

김연수는 「저자 연보」에서 1945년 12월 김연수창극단을 설립했다고 했다.[28] 그런데 1946년 1월 25~29일 대구극장에서 조선창극단의 〈춘향전〉(6막 11장), 〈심청전〉(5막 7장), 〈장화홍련〉(4막 6장)을 공연하고 있다.[29] 그리고 1946년 5월 18~20일에 대구극장에서 김연수창극단의 〈남도판소래와 창극〉을 공연한 것[30]으로 보아 이 무렵에 김

---

23 1944년 12월 〈심청전〉(제일극장) 공연 당시의 단원이다. 『매일신보』, 1944. 12. 3. 韓甲洙는 韓甲珠(韓承鎬)의 오식으로 짐작된다.
24 『新朝鮮報』, 1945. 11. 23. 안광희, 『한국현대연극사자료집 (1)』, 한국문화사, 2006, 121쪽.
25 『중앙신문』, 1945. 11. 26. 안광희, 『한국현대연극사자료집 (1)』, 한국문화사, 2006, 131쪽.
26 『중앙신문』, 1945. 11. 22. 안광희, 『한국현대연극사자료집 (1)』, 한국문화사, 2006, 116쪽.
27 1945년 11월 〈장화홍련전〉의 출연진이다. 『중앙신문』, 1945. 11. 26. 안광희, 『한국현대연극사자료집 (1)』, 한국문화사, 2006, 131쪽.
28 김연수, 『창본 춘향가』, 국악예술학교출판부, 1967, 340쪽.
29 『영남일보』, 1946. 1. 25.
30 『영남일보』, 1946. 5. 19.

연수창극단이 창립된 것으로 보인다. 그러나 김연수창극단 창립대
공연으로 대구극장에서 1947년 2월 27일부터 〈춘향전〉, 〈심청전〉,
〈장화홍련전〉을 상연한 기록이 있어 자세한 사정은 알 수 없다.[31]

김연수는 1950년 우리국악단을 조직하였는데, 6·25전쟁이 발발
하여 7월 고흥에서 해산하였다. 당시 단원은 김연수 박영진 방태진
안기선 공대일 김득수 임만춘 황재기 남민 허빈 최한영 신용수 성부
근 박채선 안채봉 김옥련 김금련 공옥진 박화선 박미숙 등이었다.[32]
그런데 우리국악단 창립대공연으로 1952년 11월 15일부터 〈수양과
육신〉(3막 6장)을 대구극장에서 상연하였다.[33] 1953년 7월 12일부터
대구 국립극장에서 상연한 〈옥루몽〉(5막 9장, 일명 〈평화의 쇠북소리〉)
의 출연진은 김연수 홍갑수 성순종 임만춘 허희 강동완 황재기 이중
남 김춘옥 최성옥 장유정 신영선 남영목 이춘문 김영철 김봉규 최한
영 김득수 강백천 박영진 박초월 박도아 최선옥 장한월 강초운 김명
심 서옥자 신연선 (조)금향 강산홍 등이다.[34] 9월 2일부터 대구 국립

---

31 『영남일보』, 1947. 2. 27. 3. 4. 한편 박황은 김연수창극단이 1947년 말에 〈장화
  홍련전〉으로 기치를 높이 들었다고 하고, 단원은 박영진 김원석 박봉술 김원
  길 이완 박병두 박병기 김옥련 박보아 원옥화 김금련 오동월 박옥진 등이라고
  하였다. 박황, 『창극사 연구』, 백록출판사, 1976, 161쪽, 173쪽.
32 김연수, 『창본 춘향가』, 국악예술학교출판부, 1967, 340쪽. 박황, 『창극사 연
  구』, 백록출판사, 1976, 191쪽, 208쪽.
33 출연진은 김연수 홍갑수 김동준 임만춘 강백천 김태규 김사섭 이정범 김사중
  황재기 이원산 선영민 김영철 최한영 성순종 박영진 임방울 박초월 강산홍 박
  도아 안채봉 이선옥 김양금 김윤심 강초운 등이다. 『영남일보』, 1952. 11. 14.
  『매일신문』, 1952. 11. 15. 재창립 공연으로 짐작된다.
34 『영남일보』, 1953. 7. 12. 8월 26일부터 歸京 제1차대공연으로 공연한 〈평화의
  쇠북소리〉(평화극장)에는 김연수 신영선 김재옥 황재기 최한영 성순종 홍갑
  수 박영진 강백천 김봉규 강동완 김영철 공기준 이춘문 허희 임만춘 김득수
  박도아 장한월 이의자 서행자 권명화 강초운 최선옥 강산홍 박초월 등이 출연
  하였다. 『경향신문』, 1953. 8. 26.

극장에서 상연한 〈승방비곡〉(4막 6장)의 출연진은 이의자 김한월 김선국 강산홍 홍갑수 박영진 김득수 최한영 공기준 이춘문 신영선 김재국 황재기 허희 박만춘 성순종 김(득)수 남영목 홍(성)렬 장유정 이중남 최화옥 박도연 권명화 전명심 고(명)자 서행자 등이었다.[35]

김연수는 1957년 5월에 대한국악원 원장으로 선임[36]되어 창극 부흥을 위해 대한국악원의 직속단체로 국극단(일명 시범국극단)을 조직하였다. '시범국극단'이란 명칭은 여성국극단의 연예물은 창극이 아니고 남녀 창극인으로 구성되어 '이것이 창극이다'는 것을 시범하자는 의도에서 붙인 것이라고 한다.[37] 1958년 10월 21일부터 시범국극단 창립 대공연으로 김연수 작곡·연출의 〈수양과 육신〉(4막 8장, 시공관)을 상연하였다. 남자 단원은 김연수 박후성 박동진 김득수 안태식 김동준 성순종 장영찬 김갑수 허희 이춘문 김동진 강종철 홍갑수 신영신 이용길 심상초 등이고, 여자 단원은 박초월 신유경 전봉애 조복란 박봉선 고우주 이덕순 박송자 전화향 김정미 정남숙 이행다 이향화 정호순 왕라 등이었다.[38] 1959년 5월 20일 대한국악원 원장에 유임되어 1960년 9월에 신행용이 신임 원장으로 선출될 때까지 재임하였다. 그리고 1961년 1월 5일 모든 문화예술단체가 문화예술단체총연합회 산하로 통합되는데, 이때 김연수는 박귀희 김천흥과 함께 국악 분야 이사로 선임되었다.[39]

---

35 『영남일보』, 1953. 9. 2.
36 원장 김연수, 사무국장 윤병용, 이사 김연수·김경석 외 11명, 감사 남경홍 외 2명. 『동아일보』, 1957. 5. 27.
37 박황, 『창극사연구』, 백록출판사, 1976, 236쪽.
38 『경향신문』, 1958. 10. 21.
39 『동아일보』, 1962. 1. 6. 대한국악원은 문화예술단체총연합회 산하의 한국국악협회로 개칭되고, 동년 10월 국악인 총회에서 이사장에 박초월, 부이사장

김연수는 1962년 2월 국립국극단의 초대 단장이 되었다. 1962년 2월 중앙국립극장의 전속단체로 국립극단, 국립무용단, 국립오페라단, 국립국극단 등 4개 단체가 창설되는데, 국립국극단은 1962년 2월 22일 결단식을 가지고 출범하였다.[40] 김연수는 초대 단장에 취임하여 1974년 3월 작고할 때까지 10여 년 동안 재임하였다. 출범 당시에 단장 김연수, 부단장 김소희, 간사 박귀희 그리고 단원은 박초월 강장원 김경희 임유앵 김경애 김경희 김득수 한일섭 장영찬 강종철 정권진 남해성 한농선 박봉선 박초선 김정희 한승호 등이었다.[41] 국립국극단은 1970년 여름 국립창극단으로 명칭이 변경되었다.[42]

2) 공연 활동

① 창극 공연

김연수는 1936년 11월의 조선성악연구회의 가극 〈흥보전〉(6~10일,

에 김소희 박귀희가 선출되었다. 김종철, 「국악계 70년의 동향－한국국악협회를 중심으로」, 『월간 문화재』, 1972년 11월호, 월간문화재사, 16쪽.
40 성경린, 「현대창극사」, 『국립극장 30년』, 국립극장, 1980, 344쪽. 『경향신문』, 1962. 2. 23.
41 『경향신문』, 1962. 2. 22. 『동아일보』, 1962. 2. 23. 張永昌은 장영찬의 오식이다.
42 "이 定立化 작업과 함께 國立극장은 國樂의 大衆化 운동으로 새로운 이미지를 담을 수 있도록 종래의 國劇이란 명칭 대신에 唱劇이란 명칭을 사용하기로 지난 여름에 결정, 국립국극단을 國立唱劇團으로, 또 國劇定立위원회를 唱劇정립위원회로 바꾸었다. 「轉機 찾는 國樂」, 『경향신문』, 1970. 9. 9. '이 정립화 작업'은 춘향가를 표준화한 것이며, 이 〈창극 춘향가〉는 1970년 9월 15일부터 20일까지 국립창극단 제15회 공연으로 국립극장 무대에서 상연되었다. 따라서 성경린, 「현대창극사」, 『국립극장 30년』(국립극장, 1980, 344쪽)에서 1973년 5월 1일에 국립창극단으로 명칭이 바뀌었다고 한 것은 오류이므로 바로잡아야 한다.

동양극장)에서 처음으로 서울 무대에 등장한다. 1937년 6월에 동양
극장에서 상연된 김용승 각색, 정정렬 연출의 창극 〈편시춘〉(4막 6장,
21~25일)에 출연하였다.[43] 1938년에는 3월에 동양극장에서 상연한
〈토끼타령〉(13~17일)의 자라 역을 하였고,[44] 6월 1일부터 대구(1~3일)
를 시작으로 7월 2일 청주(1~2일)까지 약 1개월 동안 김용승 각색의
창극 〈춘향전〉, 〈심청전〉, 〈흥보전〉을 예제로 이동백, 김창룡 등 원로
명창들과 함께 남선순회공연을 하였다.[45] 그리고 8월에 창극 〈옹고
집전〉(8~12일, 동양극장)에서 옹고집 역을 맡았는데,[46] 김연수가 창
극 무대에서 주인공 역을 한 것은 이때가 처음인 것으로 보인다. 당
시에 김연수는 주인공을 맡을 정도로 창극 배우로서의 기량이 상당
한 수준에 이르렀던 것이다. 그리고 1939년에는 11~12월 두 달 동안
김용승 각색의 〈춘향전〉과 〈심청전〉을 가지고 나선 서북조선과 동만
주 일대의 장기순회공연에 출연하였다.[47]

　　1940년에는 2월에 제일극장에서 상연된 조선성악연구회의 신춘
특별공연인 박생남 각색의 〈옥루몽〉(7막 16장, 20~25일)에서 항주자
사 윤형문 역을 하였고, 김용승 각색의 〈신판 흥보전〉(5막 14장, 2월
26일~3월 1일)에 출연하였으며,[48] 10월에 동양극장에서 상연된 김

---

43 『동아일보』, 1937. 6. 10. 『조선일보』, 1937. 6. 11.

44 『동아일보』, 1938. 3. 13.

45 공연 일정 : 대구(6월 1~3일), 부산(4~5일), 마산(6~7일), 진주(8~10일), 통영
(11~12일), 여수(13~14일), 순천(15~16일), 광주(17~19일), 목포(20~22일), 전
주(23~24일), 군산(25~26일), 이리(27~28일), 대전(29~30일), 청주(7월 1~2
일). 출연자 : 이동백, 김창룡, 정원섭, 오태석, 김연수, 조상선, 박록주, 임소향
등.『동아일보』, 1938. 5. 25.『매일신보』, 1938. 5. 30.

46 배역 : 옹고집 김연수, 거짓옹고집 오태석, 옹고집 모 임소향, 옹고집 처 박록
주 등.『조선일보』, 1938. 8. 4. 8. 10.

47 『조선일보』, 1939. 11. 8.

용승 각색, 박생남 연출의 〈백제의 낙화암〉(5막 5장, 2~8일)에 김창룡 정원섭 오태석 박록주 등과 함께 출연하였다.[49] 1941년에는 2월에 동양극장에서 상연된 이광수 원작, 김용승 각색의 〈마의태자〉(4막 5장, 11~14일)에 출연하였고,[50] 1942년에는 2월에 조선성악연구회 산하 창극좌가 동양극장에서 상연한, 김용승 각색 〈심청전〉(7~10일)과 〈춘향전〉(11~14일)에 출연하였으며,[51] 7월에 부민관에서 열린 조선음악무용대제전의 창극 〈숙영낭자전〉과 〈춘향전〉(12~14일)에 이동백 김창룡 등과 출연하였다.[52] 그리고 1943년에는 조선창극단 대표로서 2월 부민관에서 조선창극단의 제1회 공연으로 〈춘향전〉(9막 19장, 5~6일)과 〈심청전〉(5막 6장, 7~8일)을 상연하였고,[53] 5월 부민관에서 박영진 작 〈고란사의 종소래〉(5막 9장, 1~4일)와 김아부 작 〈보은표〉(5막)를 상연하였다. 당시 광고에 "요양 중의 김연수 군 전쾌 출연"을 내세울 정도로 김연수는 창극 배우로서 최고의 인기를 누리고 있었다.[54] 그리고 11월에 제일극장에서 조선창극단의 〈장화홍련전〉(4막 7장, 1~7일)[55]과 〈춘향전〉(6막 9장, 8~10일)을 상연하였다.[56] 1944년에는 12월에 제일극장에서 조선이동창극단의 〈심청전〉(3막 5장, 1~3일)과 〈장화홍련전〉(4~6일)을 상연하였고,[57] 1945년

---

48 『조선일보』, 1940. 2. 18.
49 『매일신보』, 1940. 10. 2.
50 『매일신보』, 1941. 2. 11.
51 『매일신보』, 1942. 2. 7.
52 『매일신보』, 1942. 7. 10.~14.
53 『매일신보』, 1943. 2. 3.
54 『매일신보』, 1943. 5. 2.
55 『매일신보』, 1943. 10. 31.
56 『매일신보』, 1943. 11. 8.
57 『매일신보』, 1944. 12. 3.

에는 4월에 조선창극단의 〈어촌야화〉(17일부터, 제일극장), 5월에 조
선창극단의 〈어촌야화〉(2~6일, 제일극장)[58]와 〈장화홍련전〉(7~11일,
제일극장)[59]을 상연하였다.

　해방 후인 1945년 11~12월에 제일극장에서 조선창극단의 제1회
공연으로 〈춘향전〉(7막 12장, 22~26일),[60] 〈장화홍련전〉(11월 27일~
12월 1일),[61] 〈흥보전〉(5막 6장), 〈심청전〉(5막 7장)을 상연하였다.[62]
1946년에는 1월에 25~29일 대구극장에서 조선창극단의 〈춘향전〉
(6막 11장), 〈심청전〉(5막 7장), 〈장화홍련〉(4막 6장)을 상연하였고,[63]
5월에는 김연수창극단의 〈남도 판소래와 창극〉(18~20일, 대구극장)
을 하였다.[64]

　1947년에는 2월 27일~3월 4일 대구극장에서 김연수창극단의
창립대공연으로 〈춘향전〉, 〈심청전〉, 〈장화홍련전〉을 상연하였다.[65]
1948년 부산에서 2월 10~12일 〈추련송〉(한벗극장), 2월 13일 〈추련
송〉(항구극장)을 상연하였고, 8월 16~20일 〈추련송〉, 〈춘향전〉, 〈심청

58 『매일신보』, 1945. 5. 1.
59 『매일신보』, 1945. 5. 6.
60 김연수 정남희 오태석 백점봉 강장원 박영진 정원섭 박록주 원옥화 성미향 조
　유색 한산월 박초향 출연. 『新朝鮮報』, 1945. 11. 23. 안광희, 『한국현대연극사
　자료집 (1)』, 한국문화사, 2006, 121쪽.
61 김연수 정남희 오태석 백점봉 강장원 박영진 정원섭 방태진 조한중 김원길 박
　동준 김광렬 박록주 원옥화 성미향 박롱주 한산월 박초향 고옥순 이영숙 김금
　련 조유색 출연. 『중앙신문』, 1945. 11. 26. 안광희, 『한국현대연극사자료집 (1)』,
　한국문화사, 2006, 131쪽.
62 『중앙신문』, 1945. 11. 22. 안광희, 『한국현대연극사자료집 (1)』, 한국문화사,
　2006, 116쪽.
63 『영남일보』, 1946. 1. 25.
64 『영남일보』, 1946. 5. 19.
65 『영남일보』, 1947. 2. 27. 『남선경제신문』, 1947. 3. 8.

전), 〈장화홍련전〉(부산 부민관)을 상연하였다.[66]

　우리국악단의 창극 공연을 정리하면 다음과 같다. 1950년 6월에 〈단종과 사육신〉(여수 시민극장)을 상연하다가 6·25전쟁으로 7월 고흥에서 해산하였다. 그 후 1952년 11월 15일부터 우리국악단 창립 대공연으로 김연수 작의 〈수양과 육신〉(3막 6장, 대구극장)을 상연하였다.[67] 1953년에는 7월 12일부터 박영진 각색·연출, 김연수 작곡의 〈옥루몽〉(5막 9장, 국립극장),[68] 8월 26일부터 우리국악단 귀경 제1차 대공연으로 박영진 각색·연출, 김연수 작곡의 〈평화의 쇠북소리〉(5막 9장, 평화극장),[69] 9월 2일부터 이유진 작·연출, 김연수 작곡의 고려사화 〈승방비련〉(4막 6장, 국립극장),[70] 9월 10~11일 김연수 작·연출의 〈수양과 육신〉(4막 6장, 국립극장)[71]을 상연하였다. 그리고 1954년 5월 20일부터 조건 작, 박진 연출, 김연수 작곡의 상고사화 〈유정화〉(4막 6장, 시공관)를 상연하였다.[72] 1955년에는 5월 10일부터 김연수 각색·작곡의 〈심청전〉(5막 6장, 평화극장),[73] 7월 5~8일 김연수 각색·작곡의 〈장화홍련전〉(4막 6장, 중앙극장),[74] 7월 20~23일

66 류혜윤, 「부산음악사 1946~1965」, 동아대학교 석사학위논문, 1997, 14쪽.
67 『영남일보』, 1952. 11. 14.
68 일명 〈평화의 쇠북소리〉, 『영남일보』, 1953. 7. 12. 당시에 대구의 문화극장(구 키네마극장)을 국립극장으로 사용하였다.
69 김영철 강동완 김봉규 강백천 / 박영진 홍갑수 성순종 최한영 황재기 김재옥 신영선 공기준 임춘문 허희 임만춘 김득수 김연수 / 박도아 장한월 이ㅇ자 서행자 권명화 강초운 최선옥 강ㅇ홍 박초월 출연, 『경향신문』, 1953. 8. 26.
70 『영남일보』, 1953. 9. 2.
71 『영남일보』, 1953. 9. 10.
72 『동아일보』, 1954. 5. 22. 28일부터 계림극장에서 상연. 『동아일보』, 1954. 5. 28.
73 『경향신문』, 1955. 5. 12.
74 김연수 홍갑수 임준옥 성순종 최한영 이둔 안태식 남민 박도아 최선옥 박미숙 오옥연 신국선 안채봉 김록주 외 다수 출연. 『경향신문』, 1955. 7. 4. 7월 9일부

김연수 각색·편곡의 〈원본 춘향전〉(6막 10장, 평화극장),[75] 8월에
20~25일 김연수 편곡, 홍해성 연출의 해방 10주년 기념 국악대제전
〈대춘향전〉(6막 11장, 시공관),[76] 28일부터 조건 작, 이유진 연출, 김
연수 작곡의 〈흑진주〉(4막, 계림극장),[77] 10월에 6~11일 우리국악단
창립5주년 국악대제전으로 고려성 작, 남민 연출, 김연수 작곡의 신
라사화 〈왕용화랑〉(4막 5장, 시공관),[78] 28일부터 김연수 각색·작곡
의 〈홍보와 놀보〉(4막 6장, 계림극장)[79]를 상연하였다. 그리고 1956년
에는 3월 23~25일, 고려성 작, 남민 연출, 김연수 작곡의 신라사화
〈석류 도적〉(4막 5장, 계림극장), 3월 26일부터 김연수 각색·작곡의
〈심청전〉(5막 6장, 계림극장),[80] 4월 17일부터 〈유정화〉(중앙극장),[81]
5월 30일부터 전황 작, 박노홍 연출, 김연수 작곡의 〈꼽추〉(4막 6장,
평화극장),[82] 6월 8일부터 김용호 작, 김연수 각색·작곡, 박노홍 연
출의 이조비화 〈귀촉도〉(4막 5장, 계림극장),[83] 9월 19일부터 강영숙
작, 김연수 작곡, 이사라 연출의 이조애화 〈남매 별〉(4막 6장, 계림극
장),[84] 10월 17~19일 〈딸 삼형제〉(4막 7장, 동양극장)[85]를 상연하였다.

터 계림극장에서 상연.『동아일보』, 1955. 7. 9.
75 배역 : 춘향 박도아 신국선, 춘향모 박초월, 도령 김록주, 향단 박미숙, 어사 김
　　연수, 방자 홍갑수.『경향신문』, 1955. 7. 17. 7. 19.
76 김연수 박후성 임춘앵 박록주 임유앵 김경수 등 출연.『동아일보』, 1955. 8. 19.
77 『동아일보』, 1955. 8. 28.
78 『동아일보』, 1955. 10. 1. 김연수 김록주 홍갑수 박도아 박미숙 등 출연.
79 『동아일보』, 1955. 10. 28.
80 『경향신문』, 1956. 3. 23.
81 『동아일보』, 1956. 4. 17.
82 조금앵 입단 공연.『경향신문』, 1956. 5. 30. 〈꼽추〉는 1956년 3월 28일부터 동
　　양극장에서 상연한 바 있다.
83 『경향신문』, 1956. 6. 8.
84 김연수 조금앵 김록주 안채봉 박미숙 유청람 등 출연.『동아일보』, 1956. 9. 19.

1957년에는 2월 13~16일, 김연수 작·총지휘의 〈목단꽃 필 때〉(4막 7장, 계림극장),[86] 3월 3일부터 〈유정 무정〉(4막 8장, 문화극장)[87]을 상연하였고, 4월 30일~5월 5일 김연수 각색·작곡, 이진순 연출의 상고야사 〈별은 둘〉(4막, 시립극장),[88] 10월 1일부터 박진 작, 이지촌 연출, 김연수 작곡의 〈산울림〉(3막 5장, 시공관)[89], 10월 25일부터 이경춘 감독, 김연수 작곡의 키노드라마 이중연쇄극 〈사랑은 하나〉(3막 15장, 문화극장),[90] 10월 22~27일 임방울 도창, 김연수 작곡, 이유진 연출의 〈심청전〉(5막 9장, 시공관)에서 심 봉사 역을 하였다.[91] 1958년에는 4월 9일부터 박신출 작, 이진순 연출, 김연수 작곡의 〈원앙무〉(4막 6장, 시공관)[92]를 상연하였고, 1959년 2월 22일부터 이유진 작·연출, 김연수 작곡의 〈사랑의 밀사〉(4막, 문화극장)[93]를 상연하였다. 그리고 1960년에는 6월 4일부터 김성천 각색, 이유진 연출, 김연수 작곡의 〈유충렬전〉(2부 6경, 문화극장),[94] 11월 12~16일 이고성 작, 이

10월 5일부터 동도극장 상연. 『경향신문』, 1956. 10. 5.

85 『경향신문』, 1956. 10. 17.

86 『경향신문』, 1957. 2. 13.

87 『경향신문』, 1957. 3. 3.

88 조금앵 김경희 윤영자 박미숙 심정자 유청람 백일미 서낭자 이난순 유연실 김진옥 김순복 배복순 미연숙 박분옥 외 20여 명 출연. 『경향신문』, 1957. 4. 29. 『동아일보』, 1957. 4. 28. 이때부터 '김연수와 그 일행' 대신 '조금앵과 그 일행'이라고 했다.

89 『경향신문』, 1957. 10. 1.

90 『경향신문』, 1957. 10. 25.

91 배역 : 승상부인 박초월, 몽은사 주지 성순종, 심 봉사 김연수 박후성, 심청 조애랑, 선인 박동진 등, 용왕 김갑수, 뺑파 왕라, 효과창 강장원 김소희 등. 『동아일보』, 1957. 10. 22.

92 『경향신문』, 1958. 4. 8.

93 『경향신문』, 1959. 2. 21.

94 『경향신문』, 1960. 6. 4.

유진 연출, 김연수 작곡의 〈총각〉(3막 7장, 시공관)[95]을 상연하였고, 1962년 6월 7~10일 우리국악단 창립 13주년 기념공연으로 이유진 작·연출, 김연수 지휘의 상고사화 〈동트자 꽃피는 날〉(4막 9장, 국립극장)을 상연하였다.[96] 이 외에 〈백일홍〉(김연수 각본, 이유진 연출, 연도 미상), 〈해나무집 딸〉(김연수 각색, 남민 연출, 1961) 등이 있다.[97]

그리고 1957년 5월 대한국악원 원장이 된 후 시범국극단에서 상연한 창극은 다음과 같다. 1958년에는 3월 4일부터 강영숙 각색, 김연수 작곡, 이사라 연출, 임운학 감독의 이중연쇄극 〈신라의 별〉(4막 22장, 계림극장),[98] 6월 12일부터 대한국악원문예부 각색, 김연수 편곡, 이유진 연출의 〈고제 춘향전〉(3막 11장, 시공관),[99] 9월 9~14일 중앙국립극장의 정부수립 10주년 기념공연 〈흥보가〉(10장, 시공관),[100] 10월 19~24일 대한국악원문예부 각색, 김연수 작곡·연출의 〈수양과 육신〉(19~24일, 시공관),[101] 11월 4일부터 천일극장에서 임운학 감독, 이사라 연출의 이중연쇄극 〈신라의 별〉(4막 5장)과 〈달과 별〉(3막 9장)을 상연하였다.[102] 그리고 1959년 2월 8~13일 대한국악원의 서항석 각색, 이진순 연출, 김연수 작곡 〈장화홍련전〉(9장, 국립극장)을 상연하였다.[103]

---

95 『경향신문』, 1960. 11. 9.

96 박미숙 고은주 등 출연. 『경향신문』, 1962. 6. 6. 『동아일보』, 1962. 6. 7.

97 김기제 편, 『한국연예대감』, 성영문화사, 1962, 385-386쪽.

98 『경향신문』, 1958. 3. 4.

99 『경향신문』, 1958. 6. 8.

100 김소희 김연수 박록주 박초월 등 출연. 『동아일보』, 1958. 9. 8.

101 김연수 박후성 박동진 김득수 등 출연. 『동아일보』, 1958. 10. 18. 『경향신문』, 1958. 10. 21.

102 『경향신문』, 1958. 11. 4.

103 김연수 강장원 박초월 박귀희 홍갑수 외 30명 출연. 『경향신문』, 1959. 2. 5. 『동

김연수는 국립국극단(국립창극단) 단장으로 재임한 1962년부터 1974년 3월 타계할 때까지 국립극장에서 정기공연을 하였는데, 그 중에서 창극은 다음과 같다.[104]

구 분	작품명	작, 편곡	연 출	김연수 역할	일 시
제1회	춘향전	박황 각색		창 지도	62.3.22.~28.
제3회	배비장전	이상운 편곡	박 진	배비장	63.2.22.~27.
제5회	백운랑	서항석 작	박 진	창 지도, 출연	63.10.1.~6.
제6회	서라벌의 별	김연수 작	박 진	출연	64.3.17.~23.
제11회	흥보가		서항석	창 지도, 도창	67.2.9.~15.
제13회	심청가		이진순	창 지도, 심 봉사	69.9.26.~29.
제15회	춘향가		박 진	도창	70.9.15.~20.
제16회	춘향전		이진순	변사또	71.9.29.~10.4.
제17회	흥보가		이진순	창 지도, 제비왕	72.9.22.~25.
제18회	배비장전		이진순	도창	73.2.15.~19.
제19회	수궁가	김연수 편곡	이진순	사후 공연	74.3.22.~25.

② 판소리 공연

김연수가 판소리 무대에 출연한 것으로 확인된 바는 다음과 같다. 1936년 7월에 원산고아원을 돕기 위해 원산관(2~3일)과 영흥극장(4일)에서 열린 명창대회에 이동백 박록주 이소향 정원섭 등과 함께 출연하였다.[105] 1938년에는 4월 27~28일 부민관에서 열린 '판소리의 밤'

아일보』, 1959. 2. 10.
[104] 『국립극장 30년』에 수록된 국립창극단 공연목록(662-666쪽)을 바탕으로 정리하였다. 제2회, 제4회, 제7회~제10회, 제12회, 제14회는 판소리 공연이다.
[105] 『동아일보』, 1937. 6. 29. 6. 30. 7. 4.

은 여러 창자들이 춘향전 전편(27일)과 심청전 전편(28일)을 대목별
로 불렀는데, 김연수는 춘향전의 기산영수와 심청가의 삯바느질을
불렀다.[106] 5월에는 전경성부민대운동회(15일, 제2운동장)에서 수궁
가를 불렀다.[107] 그리고 1939년에는 3월에 청안 증평극장의 조선명창
대회(8일),[108] 공주 공주극장의 신춘명창연주대회(9~10일),[109] 천안극
장의 독자위안 명창대회(11일)에 이동백 박록주 등과 출연하였으
며,[110] 10월에 마산 공락관에서 전조선명창대회(3~4일)에 유성준 임
방울과 함께 출연하였고,[111] 11월 1일 부민관에서 열린 추계전조선명
창대회에 박록주 김여란 박초월 등과 출연하였다.[112]

1940년에는 1월 15~16일 거창의 거창좌에서 열린 조선일류명창
대회에 오태석 정원섭 박록주 신금홍 등과 함께 출연하였고,[113] 3월
17~18일의 한해구제명창대회(17일 부민관, 18일 조선일보사 대강
당)에 김창룡 정원섭 오태석 박록주 등과 함께 출연하였다.[114] 그리
고 1941년에는 10월에 조선일류명창 추계대회(6~8일, 동양극장)에
김창룡 박록주 박초월 등과 함께 출연하였다.[115]

김연수는 1958년 4월 대한국악원의 〈시민 위안 국악의 밤〉(13일,
장충단육군체육관)에 출연하였다. 그리고 국립극장에서 열린 국립

106 『조선일보』, 1938. 4. 29.
107 『매일신보』, 1938. 5. 12. 5. 14. 5. 16.
108 『동아일보』, 1939. 2. 24.
109 『동아일보』, 1939. 2. 26.
110 『동아일보』, 1939. 3. 7. 3. 9.
111 『동아일보』, 1939. 10. 3.
112 『조선일보』, 1939. 10. 30.
113 『동아일보』, 1940. 1. 12.
114 『조선일보』, 1940. 3. 19.
115 『매일신보』, 1941. 10. 7.

국극단의 정기 공연에 여러 차례 소리를 하였는데, 1962년 제2회 〈수궁
가〉(10월 13~15일)에서 토끼란 놈 별주부 등에 내려 ~ 끝, 1963년 제4회
〈춘향가〉(6월 14~17일)에서 도창과 사령들은 이렇듯 서슬이 벌겋게
떠들며 나가는데 ~ 생목숨을 쳐 죽였소 나도 마저 죽여주오, 어사또
동헌에 좌정하시고 ~ 얼씨구 절씨구 지화자 좋네를 불렀고, 1964년
제7회 〈흥보가〉(9월 19~23일)에 출연하였다. 그리고 1965년 제8회
〈오대가전〉(2월 2~6일)에서 토끼 배 가르는 대목, 같은 해 제9회 〈판
소리 추석대공연〉(9월 10~12일)에서 허봉사 해몽 대목, 1966년 제10
회 〈대보름 맞이 민속제전〉(2월 5~8일)에 출연, 1968년 제12회 〈판소
리〉(11월 14~15일)에서 박 타는 대목, 1970년 제14회 〈국립국극단 특
별공연〉(5월 2~3일)에서 심 봉사 눈 뜨는 대목을 불렀다.[116]

한편 동아일보사에서 개최한 〈명인명창대회〉(시민회관)에 1962년
제1회(3월 27일)부터 1967년 제6회(6월 5일)까지 박록주 김여란 박
초월 김소희 박귀희 등과 함께 매년 출연하였다.[117] 그리고 국립극장
무대에서 열린 판소리보존회의 판소리 유파발표회에도 출연하여
1971년 제1회(7월 5일)에 기생점고와 군로사령, 1972년 제2회(4월

116 국립극장, 『국립극장 30년』, 국립극장, 1980, 662-666쪽.
117 제1회: 1962년 3월 27일, 시민회관, 판소리 - 김연수 박록주 김여란 박초월 김
소희(『동아일보』, 1962. 3. 27.), 제2회: 1963년 5월 29일, 시민회관, 김연수 박
록주 김여란 박초월 김소희 박귀희(『동아일보』, 1963. 5. 20.), 제3회: 1964년
6월 3일, 시민회관, 김연수 김여란 박록주 박초월 김소희(『동아일보』, 1965. 5.
29.), 제4회: 1965년 6월 9일, 시민회관, 김연수 김여란 박록주 박초월 김소희
박귀희(『동아일보』, 1965. 5. 22.), 제5회: 1966년 7월 4일, 시민회관, 김연수 김
여란 박록주 박초월 김소희(『동아일보』, 1966. 6. 23.), 제6회: 1967년 6월 5일,
시민회관, 김소희 - 심청가 중 장승상 댁 가는 길, 박초월 - 심청가 중 황성길,
김여란 - 춘향가 중 어사출도, 박록주 - 흥보가 중, 김연수 - 춘향가 중(『동아
일보』, 1967. 6. 1.)

15일)에 토끼 욕하는 대목, 1973년 제3회(5월 23일)에 심 봉사 눈 뜨는 대목을 불렀다.[118]

3) 음반 취입

김연수는 일제강점기에 유성기음반(SP판)에 다수의 음반을 취입하였는데 정리하면 다음과 같다.[119]

> Victor KJ 1196 춘향전 이별 후의 꿈, 하로 가고, 김연수 고한성준
> Victor KJ 1208 수궁가 토끼 배 갈느려는 데(상)·(하), 김연수 고한성준
> Victor KJ 1212 수궁가 고고천변, 춘향전 일절통곡, 김연수 고한성준
> Victor KJ 1278 오림에 자룡 출현, 敗軍 모히는 데, 김연수 고한성준
> Victor KJ 1279 수궁가 가자 어서 가자, 가든 토끼 도라서며, 김연수 고한성준
> Victor KJ 1321 춘향전 어사 춘향가를 차저(상)·(하), 김연수 고한성준
> Victor KJ 1328 춘향전 초경 이경 삼사 오경, 춘향 유언
> Victor KJ 1358 춘향전 오리정 이별, 오리정에서 도라와, 김연수 고한성준
>
> Okeh 20105, 춘향전 어사 춘향집 차자(상)·(하), 김연수 장고정원섭
> Okeh 20110, 오림에 자룡 출현, 敗軍 모혀 우는 데, 김연수

---

118 『동아일보』, 1971. 7. 3. 1972. 4. 12, (사)한국판소리보존회 홈페이지 참고.
119 한국음반아카이브연구단 엮음, 『한국 유성기음반』(2)~(3), 한걸음 · 더, 2011. 노재명, 『판소리 음반사전』, 이즈뮤직, 2000.

Okeh 20116, 오리정 이별, 김연수

Okeh 20126-20129, 창극조 쟁끼전(1-8), 김연수 장고정원섭

Okeh 20130, 춘향전 중 이별 후의 꿈, 歲月如流, 김연수 장고정원섭

Okeh 20132, 남도가요 아우를 生覺코(상)·(하), 김연수 장고정원섭

Okeh 20133-20148, 창극 심청전(1-32), 김연수 박록주 김옥연 정남희
　　　　　　　김준섭 반주오케-고악단[120]

Okeh 20159-20162, 남도가요걸작집(춘향전)(1-8) 김연수 고정원섭

Okeh 20167, 적벽가 적벽강 질느는데(1)·(2) 김연수 장고정원섭[121]

이상과 같이 김연수가 취입한 유성기음반은 Victor KJ음반 8매 16면, Okeh음반 54매 108면으로 총 62매 124면이 확인되었다.

그리고 해방 후에도 몇 차례 다음과 같은 장시간음반(LP판)이 출반되었다.[122]

- 지구레코드공사, 〈김연수 걸작집(애창집) 판소리오대가전〉[123]

- 지구레코드공사, 김연수『창본 춘향가』부록 소형 1LP[124]

- 지구레코드공사, 〈창극 대춘향전〉(1-5)[125]

120 1942년 녹음.
121 한국음반아카이브연구단 엮음,『한국 유성기음반』(2)~(3), 한걸음·더, 2011.
122 노재명,『판소리 음반사전』, 이즈뮤직, 2000.
123 LM-120082-120086, 1966년 녹음, 제1집 춘향전(천자뒤풀이~백년가약), 제2집 흥보전(제비노정기~돈타령), 제3집 심청전(심청 잃은 심 봉사 자탄~뺑덕이네 도망), 제4집 수궁가(토끼 배 가르는 데~토끼 욕하는 데), 제5집 적벽가(적벽대전~조조가 오한진 장수를 헐뜯는 데), 고수 이정업.
124 춘향가 초두에서 광한루 구경까지 수록되어 있다.
125 LM-120325, 1-5, 김연수 박록주 박귀희 김여란 박초월 김소희 장영찬 등, 1968년 제작.

● 지구레코드공사, 〈인간문화재와 명창들의 남도창 단가집〉(2LP)[126]

4) 방송 출연

김연수는 일제강점기에 JODK의 국악방송에 7회 출연하여 자신의 장기를 부른 바 있다. 1940년에는 6월 21~22일 단가 적벽가와 춘향가 중 어사출도하는 데(고수 정원섭), 12월 24일 단가 적벽가, 춘향가 중 박석티(고수 정원섭)를 불렀다. 그리고 1941년에는 7월 16일 장끼전(고수 정원섭), 8월 12일 단가 공도난이와 심청가(고수 한남종), 8월 26일 단가 강상풍월과 수궁가 중 토끼 수궁에 들어가는 데(고수 정원섭)를 불렀으며, 1942년에는 7월 26일 단가 강상가와 심청가(고수 이정업)를 불렀다. 대부분 정원섭이 북 반주를 하였으며, 장끼전을 부른 것이 주목된다.[127]

김연수는 1967년에 동초제 판소리를 완성하고, 동아방송(DBS)에서 그 전판을 녹음하여 1967년 1월 2일(월) 흥보가를 시작으로 7월 13일 이전 적벽가를 마칠 때까지 매주 월요일에서 토요일 사이에 140회 방송되었다.[128]

126 LM-120258, 김연수 박록주 박귀희 김여란 박초월 김소희 장영찬 등, 1969년 녹음. 1집에 김연수의 〈사시풍경〉(앞면)과 〈백구가〉(뒷면)가 수록되어 있다.
127 한국정신문화연구원 편, 『경성방송국국악방송곡목록』, 민속원, 2000.
128 이유진, 「라디오방송을 위한 판소리 다섯 바탕: 김연수 판소리의 특질과 지향」, 『구비문학연구』 35, 한국구비문학회, 2012, 113쪽.

	프로그램	첫 회	마지막 회	요일	방송 시간(오후)
1	흥부전	1월 2일(월)	2월 9일(토)	월~토	10:05, 10:10
2	춘향가	2월 20일(월)	·	월~토	6:35, 5:45
3	심청전	4월 7일(금)	·	월~토	5:45
4	수궁가	5월 13일(토)	·	월~토	5:45
5	적벽가	6월 16일(토)	·	월~토	5:45

한 바탕을 한꺼번에 녹음한 것이 아니라 김연수의 컨디션에 맞춰 한 번에 1~2시간씩 1~2주치 방송분을 미리 녹음해 놓았다고 한다. 동아일보사에 이 연속판소리 다섯 바탕의 원본 릴테이프인 〈흥보가〉(12개, 32회분), 〈춘향가〉(19개, 38회분), 〈심청가〉(15개, 29회분), 〈수궁가〉(11개, 21회분), 〈적벽가〉(9개, 18회분)가 보존되어 있다.[129]

5) 동초제 판소리 정립과 창본 간행

김연수는 판소리 다섯 바탕을 이면에 맞게 정리하는 일을 자신의 사명으로 여기고, 그 일에 평생을 바쳤다. 동초는 이면을 합리적인 사설과 그것을 정확하게 표현하고 전달하는 음악적 표현과 너름새로 이해하였다. 동초제 판소리 다섯 바탕은 동아방송에서 그 전판을 녹음하여 1967년 1월 흥보가를 시작으로 7월 적벽가를 방송함으로써 완성되었다. 이 녹음은 2007년에 신나라·동아일보에서 〈동초 김연수 판소리 다섯 바탕 춘향가〉(8CD) 등 음반(24CD)으로 출반하였다.[130]

129 이유진, 「라디오방송을 위한 판소리 다섯 바탕: 김연수 판소리의 특질과 지향」, 『구비문학연구』 35, 한국구비문학회, 2012, 115쪽.
130 〈춘향가〉(8CD), 〈심청가〉(5CD), 〈흥보가〉(4CD), 〈수궁가〉(4CD), 〈적벽가〉(3CD).

　　김연수의 창본 정리는 1950년대 말부터 1970년대 초에 걸쳐 이루
어졌다. 오정숙의 증언에 의하면 김연수는 춘향가의 만복사 불공
대목의 염불 가사를 알기 위해 큰스님을 찾아가 문의하기도 하였고,
허봉사 점치는 대목을 정리할 때는 유식한 봉사를 찾아가 묻기도
하였으며, 신연맞이와 어사 남행 대목의 노정을 정리하기 위해 현지
답사도 하였다. 그리고 수궁가의 약성가를 정리하기 위해서 한의사
를 찾아갔다고 한다. 한편 판소리사설의 오자낙서를 바로 잡을 때
순천의 한학자 모 씨와 고흥의 한학자 모 씨의 자문을 많이 받았다
고 한다.[131]

　　다음 일화는 동초가 창본 정리에 어느 정도 열성적이었던가를 생
생히 증언해 준다.

　　　그 가사 정리를 위하여 겪은 그의 고초는 실로 이루 헤아릴 수가 없
　　었다. 누가 누구의 필사한 가사를 가지고 있다 하면 불원천리하고 쫓
　　아다녔으며 자기가 직접 모시고 있는 선생들의 가사를 모두 받아 필사
　　하여 비교 연구하고 모르는 구절은 고향의 서당 선생 혹은 다른 그보
　　다 식자가 많은 사람들을 찾아다니며 문의하여 터득하고 하였다.
　　　명창 박유전의 가사를 가지고 있는 사람이 전남 장흥에 산다는 말만
　　듣고 내려갔다가 그를 찾느라고 밤새껏 마을을 헤매다가 도둑으로 몰
　　린 일도 있었다.
　　　한번은 신재효의 가사를 가지고 있다는 엄 모라는 사람이 전북 고창
　　에 산다는 말을 듣고 그의 제자 성순종을 대동하고 섣달도 그믐께인
　　엄동에 내려간 일이 있었다. 마침 폭설로 교통이 두절되어 정읍에서

131　문화재연구소, 「판소리 유파」, 문화재관리국, 1992, 67쪽.

고창까지 50여 리 밤길을 걸어서 그 엄 씨 집을 겨우 찾으니까 엄 씨가 이미 지나온 정읍에 산다는 것이었다. 그 밤에 되짚어 정읍에 나오느라고 피로와 감기로 며칠을 앓았다.

그러나 그때는 고생한 보람이 있어 그 엄 모한테 신재효의 가사를 얻었고 그로 인하여 그의 가사 정리에 큰 도움을 보게 되었다.[132]

김연수는 창본 정리를 위해 익산에 내려와 익산역 앞 여관에서 작업을 하였는데, 1959년부터 1962년까지 3년간 송원조가 김연수의 부름을 받고 창본 정리를 위한 장단을 쳤다고 한다. 전주의 소리문화관에 소장되어 있는 김연수 창본의 원고에는 〈춘향가〉는 1964년, 〈심청가〉는 1964년 8월, 〈흥보가〉는 1967년 6월 27일, 〈적벽가〉는 1969년 10월 15일, 〈수궁가〉는 1970년 1월 30일 완성된 것으로 기록되어 있다.[133]

김연수는 1967년 7월 1일 『창본 춘향가』를 상재하였고,[134] 이어서 나머지 네 바탕도 '제2집 흥부가·심청가', '제3집 수궁가·적벽가'로 속간할 예정이었다.[135] 그러나 완간하지 못한 채 1974년 3월 9일 영면하였다. 김연수의 마지막 소원은 그가 세상을 떠난 4개월 후인 1974년 7월 문화재관리국에서 『창본 심청가 흥보가 수궁가 적벽가』

132 박경수, 『소리꾼들, 그 삶을 찾아서』, 일월서각, 1993, 81쪽.
133 최동현, 「김연수의 생애와 판소리적 지향」, 최동현 엮음, 『동초 김연수의 생애와 판소리』, 신아출판사, 2013, 61-62쪽.
134 그런데 동초는 1964년에 이미 『판소리 春香傳 全篇』(嘉林出版社)을 낸 바 있다(『경향신문』, 1966. 3. 2.). 그리고 이 창본은 『창본 춘향가』와 상당히 근접해 있다고 한다. 이유진, 「라디오방송을 위한 판소리 다섯 바탕: 김연수 판소리의 특질과 지향」, 『구비문학연구』 35, 한국구비문학회, 2012, 117쪽.
135 김연수, 『창본 춘향가』, 「自序」, 국악예술학교출판부, 1967.

를 간행함으로써 마침내 이루어졌다.

　김연수는 창본을 정리하면서 전승과정에서 생긴 오자낙서 등을 바로잡았다. 동초는 창본을 간행한 까닭을 "내가 과거 예도 수업을 할 때에 체험한 고된 전철을 후진들에게 되풀이하지 않도록, 보다 간명하고 보다 용이한 창법을 전하여 후진으로 하여금 무한대의 창조력과 발전의 기틀을 물려주자는 것"이고, "여지껏 구전심수만으로 배워오던 판소리의 육보식(肉譜式) 전습법을 지양하고 기호화한 문자로서 창기(唱技)와 장단을 표시하여 판소리의 올바른 전통을 유지하려는 것이다."라고 하였다.[136] 김연수가 소리공부를 하면서 겪은 고된 체험의 하나로 다음과 같은 유성준과의 일화가 유명하다.

　　〈수궁가〉 중 용왕이 득병하여 仙醫가 執症하는 대목에 무슨 병에는 무슨 약이라야 된다는 일 만 가지 한약 명을 주워섬기는 가사가 있는데 그 한약 명이 거의 다 틀리는 것을 김연수가 참지를 못하고 감히 지적한 것이 사제가 헤어지게 된 원인이었다.

　　'薑三 棗二'를 '강삼 조해'라 하고, '黃芪 蜜炙'를 '황지 빌구'라 하고, '車前 蓮實'을 '차전 연시'라 하는 등.

　　"선생님 '차전 연시'가 아니옵고 '차전 연실'이 맞을 것 같습니다. 차전이란 길경이씨를 말하고 연실은 연꽃 열매를 말하는데 두 가지 다 설사, 눈병 등에 쓰이는 한약재이옵니다."

　　김연수는 조심스럽게 그렇게 말하였다.

　　그러자 선생 유성준은 발끈 화를 내어 말하기를,

　　"이놈아, 하라는 대로 해. 건방진 놈 같으니라구. 그렇게 유식한 놈

136　김연수, 「자서」, 『창본 춘향가』, 국악예술학교출판부, 1967.

이 왜 소리를 배우려고 왔느냐? 과거를 보든지 정승 판서를 하든지 할 일이지."

하였다.

김연수는 두말 못하고, 그 대목을 부르는데 그만 실수로 또 '차전 연실' 하고 자기대로 부르고 말았다.

그러자 즉각,

"이 자식이 그래도 또 연실이여?"

하고 고함 소리와 함께 북통이 김연수의 머리통을 후려쳤다.

김연수는 더 참을 수가 없었다. 마침내 그는,

"전 선생님한테 공부 그만할랍니다."

하고 그 자리에서 일어나고 말았다.[137]

김연수가 정리한 창본은 창자와 고수가 정확하게 소리하고 장단을 칠 수 있도록 배려하고 있다. "영웅열사(英雄烈士)와 절대가인(絶代佳人) 삼겨날 제 강산정기(江山精氣)를 타고나는듸 군산만학부형문(群山萬壑赴荊門)에 왕소군(王昭君)이 삼겨나고 금강활이아미수(錦江滑膩峨嵋秀)에 설도문군(薛濤文君) 환생(幻生)이라"와 같이 한자를 병기하고, 상단에 주석란을 두어 "群山萬壑赴荊門 荊門이란 곳에 산세와 지형이 험준함을 이름"과 같이 주석을 달아 이해를 돕고 있다. 창자가 사설을 정확하게 이해해야 소리를 제대로 할 수 있다고 생각한 것이다. 그리고 장단과 아니리를 표시하고, 사설에는 'O, X, ●, ⹀, ⸓, △' 등의 장단부호를 병기하였다.[138] 고수가 정확하게

---

137 박경수, 『소리꾼들, 그 삶을 찾아서』, 일월서각, 1993, 75-76쪽.
138 'O-합장단 표시, X-장단채가 그 글자에 딱 붙는 것, ●-진양에 대해서만

북 반주를 하도록 고려한 것이다.

그리고 창극 대본처럼 [도](이 도령), [춘](춘향) 등 배역을 구분하고, 사건의 서술 등은 [효](효과)로 구분하고 있다.

(아니리)

[도] 여보 장모 두 말 말소 내 춘향 다려감세 좋은 수가 있네 내일 내행 앞에 신주여가 올라갈 터이니 신주는 모셔 내여 내 소매 속에 넣고 춘향을 여 속에 앉혀 가게 되면 남들이 보기에 여 속에 신주 든 줄 알지 설마 춘향 든 줄이야 알겠나 그밖에는 도리 없네

[효] 춘향이 이 말을 듣더니마는

[춘] 아이고 어머니 양반의 체면 되어 오직 답답허고 오직 민망허여 저런 말씀을 허시겠오 어머니 우지 말고 안방으로 들어가시요 도련님이 내일은 부득불 가신다니 밤새도록 말이나 허고 울음이나 실큰 울고 내일 이별헐라요

[효] 춘향 어무 기가 막혀

[모] 워따 그 년 뱃속 무섭게 유허다

(늦인중머리)

[모] 못 허지야 못 허지야 네 마음대로는 못 허지야 저 양반 가신 후에 뉘 간장을 녹일랴느냐 보내여도 각을 짓고 따러가도 따러가거라 여필종부가 지중허지 늙은 어미는 쓸 데가 없으니 너의 서방을 따러가거

둘째 셋째 넷째의 角을 표시한 것, ＝ー잉애걸이 붙임, ≒ー교대적 붙임(완자거리), △ー합장단을 완전히 끌고 나가는 것' 등이다. 김연수, 『창본 춘향가』, 국악예술학교출판부, 1967, 18-19쪽.

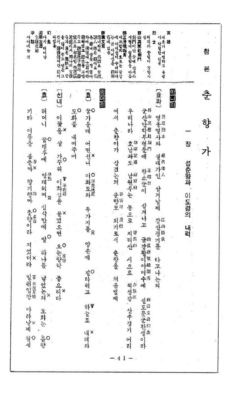

라 나는 모른다 너의 둘이 죽던지 살던지 나는 모른다 나는 몰라

[효] 춘향 모친 건너간 지후로 춘향이가 새로 울음을 내여 일절통곡 애원성에 단장곡을 섞어 운다

[춘] 아이고 여보 도련님 참으로 가실라요 나를 어쩌고 가실라요 인제 가면 언제 와요 올 날이나 일러주오 동방화계 춘풍시에 꽃 피거든 오실라요 금강산 상상봉이 평지가 되거든 오실라요 사해 너른 바다가 육지가 되거든 오실라요 마두각허거든 오실라요 오두백허거든 오실라요 운종룡풍종호라 용가는 데 구름이 가고 범가는 데 바람이 가니 금일송군 임 가신 곳 백년소첩 나도 가지

[효] 도련님도 기가 막혀

　[도] 오냐 춘향아 우지 마라 원수가 원수가 아니라 양반 행신이 원수로구나 우지 마라 우지 마라 내가 간들 아조 가며 아조 간들 내가 잊을소냐 옛일을 모르느냐 부수소관첩재오라 소관에 수객들과 옷나라 정부라도 각분동서 임 그리워 규중심처 늙어 있고 정객관산노기중고 관산에 정객이며 녹수부용 채련녀도 추월강산이 적막헌듸 연을 캐며 상사하였으니 우리 둘이 깊은 정도 상봉헐 날이 있을 테니 쇠끝같이 모진 마음 홍로라도 녹지 말고 송죽같이 굳은 절행 네가 나 오기만 기다려라

　[효] 둘이 서로 부여안고 퍼버리고 앉어 울음을 울 제[139]

　이와 같이 김연수의 창본은 창자를 위한 창본이요, 동시에 창극 배우를 위한 창극 대본이었던 것이다. 그러나 판소리보다는 창극에 무게의 중심이 놓여 있다.

4. 맺음말

　동초 김연수는 자신의 판소리 이론을 바탕으로 이면에 맞는 판소리와 창극을 정립하기 위해 40여 년을 치열하게 살며 판소리 명창이자 창극 배우 및 연출가요 예술행정가로 이름을 날렸다. 이 글에서는 김연수 명창의 예술가로서의 생애를 살펴보고, 그가 한평생 펼쳤던 예술 활동을 살펴보았다.

---

[139] 김연수, 『창본 춘향가』, 국악예술학교출판부, 1967, 126-129쪽.

이상에서 살펴 본 바를 간략하게 정리하면 다음과 같다.

먼저 김연수가 중동중학교를 졸업했다는 것은 사실이 아니고, 소리공부도 축음기로 독학한 것이 아니라 고흥에서 오성삼과 박복선에게 소리를 배웠다.

다음으로 김연수는 1936년부터 판소리창단에서 다양한 예술 활동을 통해 판소리 및 창극 발전에 크게 기여하였다. 첫째, 1937년 7월에 상경한 후 여러 국악단체에서 주도적인 역할을 하였다. 일제강점기에는 조선성악연구회 이사, 창극좌 단원, 조선창극단 대표, 조선이동창극단 대표 등을 하였고, 해방 후에는 조선창극단 대표, 우리국악단 대표, 대한국악원 원장, 국립국극단 초대 단장 등을 두루 역임하였다. 둘째, 1936년 11월 〈흥보전〉(6~10일, 동양극장)에서 서울 무대에 등장한 이래 〈평화의 쇠북소리〉, 〈심청전〉, 〈춘향전〉, 〈수궁가〉, 〈수양과 육신〉, 〈장화홍련전〉, 〈배비장전〉 등 수많은 창극에서 작곡과 연출을 하는 한편 주인공 등 주요 배역을 맡아 열연하였다. 그리고 조선일류명창대회, 국립국극단 정기공연, 명인명창대회, 판소리 유파발표회 등 다양한 판소리 공연 무대에서 자신의 기량을 펼쳤다. 셋째, 일제강점기에 유성기음반(SP판)에 고고천변 등 62매(124면)를 취입하였고, 해방 후에도 장시간음반에 〈창극 대춘향전〉 등을 취입하였다. 넷째, 국악방송에 출연하였는데, 일제강점기에 JODK의 국악방송에 7회 출연하여 어사출도하는 데 등 장기를 불렀고, 1967년 동아방송에서 판소리 다섯 바탕을 140회에 걸쳐 방송하였다. 다섯째, 1967년에 판소리 다섯 바탕을 자신의 판소리 이론에 맞는 이상적인 소리로 완성하였으며, 그가 정리한 판소리사설은 『창본 춘향가』(국악예술학교출판부, 1967)와 『창본 심청가 흥보가 수궁가 적벽가』(문화재관리국, 1974)로 출판되었다.

판소리 명창의 삶과 예술세계

제4부

판소리 명창의 생몰 연도 검토

판소리 명창의 삶과 예술세계

제1장

판소리 명창의
생물 연도

1. 문제 제기

판소리사를 정리하거나 판소리에 관한 연구를 하고자 할 때 우리는 먼저 정노식의 『조선창극사』(조선일보사출판부, 1940)를 살펴보게 된다. 그리고 박황의 『판소리소사』(신구문화사, 1974)와 장사훈의 『국악대사전』(세광음악출판사, 1984), 한국정신문화연구원의 『한국민족문화대백과사전』(1974)과 송방송의 『한겨레음악대사전(상·하)』(보고사, 2012) 등도 가까이 두고 자주 참고하는 문헌이다. 이들은 그동안 판소리 연구에 소중한 정보를 제공하는 기본 텍스트이자 참고문헌 역할을 톡톡히 해 왔다.

그런데 우리가 의지하고 있는 이들 문헌에 적잖은 오류가 산재해 있으니 문제가 아닐 수 없다. 『조선창극사』와 『판소리소사』는 명창들의 구술을 바탕으로 저술한 것이기 때문에 어쩔 수 없이 일정 부분 오류를 안고 있을 수밖에 없다. 따라서 그것을 바탕으로 연구하고자 할 때는 검증작업이 선행되어야만 오류를 최소화할 수 있다. 사전류에 오류가 있다면 문제는 더욱 심각하다고 하겠는데, 『국악대사전』,『한국음악사전』,『한국민족문화대백과사전』,『한겨레국악대사전(상・하)』에도 적잖은 오류가 있는 것이 사실이다. 지금부터라도 호적을 발굴하고, 옛 문헌과 당대의 신문과 잡지 등의 기록을 면밀히 조사하여『조선창극사』등이 안고 있는 판소리 명창의 생몰 연도의 오류를 수정하고 미흡한 부분을 보완하는 작업을 해야 한다.

이 글에서는 우선 생몰 연도 고증에 필요한 자료가 어느 정도 확보된 박기홍 명창을 비롯하여 김창환, 유공렬, 이동백, 김창룡, 김정문, 박지홍 등 일곱 명창의 생몰 연도를 검토하기로 한다.

2. 판소리 명창의 생몰 연도 검토 방법

판소리 관련 문헌에 기록된 판소리 명창들의 생몰 연도는 문헌마다 다른 경우가 허다하다. 다음 도표는 각종 문헌에 보이는 판소리 명창들의 생몰 연도를 정리한 것이다.

구 분	판소리소사	국악대사전	한국민족문화대백과사전	한겨레음악대사전
박기홍	미상	미상	미상	1845년생
김창환	1854~1927	1854~1939	1854~1927	1854~1927 1849~1934
송만갑	1865~1939	1865~1939	1865~1939	1865~1939
이동백	1867~1950	1867~1950	1867~1950	1867~1950
김창룡	1872~1935	1872~1935	1872~1935	1872~1935
정정렬	1876~1938	1876~1938	1876~1938	1876~1938
유공렬	1864~1927	? ~ ?	1864~1927	1864~1930
유성준	1874~1949	1874~1949	1874~1949	1874~1949
이선유	1872년생	1872~?	1872~?	1872년생 1873~1939
김정문	1887~1935	항목 없음	1887~1935	1887~1935
박지홍	1889~1961	항목 없음	1889~1961	1889~1961 1884~1958
임방울	1904~1961	1904~1961	1904~1961	1904~1961
김연수	1907~1974	1907~1974	1907~1974	1907~1974

위의 도표를 살펴보면 각종 문헌의 생몰 연도 중에서 실제 생몰 연도와 모두 일치하는 경우는 13명 가운데 송만갑, 정정렬. 유성준, 김정문, 김연수 등 5명에 불과하다.

판소리 명창의 생몰 연도의 오류는 다음과 같이 각종 판소리 관련 문헌, 호적자료, 일제강점기의 신문과 잡지, 명창의 증언 등을 면밀히 검토하면 어느 정도 바로잡을 수 있을 것이다.

첫째, 『조선창극사』, 『판소리소사』, 『판소리 이백년사』를 검토한다. 정노식은 『조선창극사』를 저술할 때 전도성 명창의 구술에 크게 의지하였고, 이동백, 김창룡, 정재섭, 이화중선, 김초향 명창 등과 현석년,[1] 이정직,[2] 임규[3] 등의 음률가 및 고로(古老)들의 구전에 적지 않은 도움을 받았다.[4] 그리고 박황의 『판소리소사』는 『조선창극사』를 바탕으로 하고 박종원, 공창식, 박동실, 유성준, 임방울, 이화중선, 이동백, 김창룡, 정정렬, 한성준, 김재선, 강남중, 서공철, 김연수, 정광수, 박록주, 김명환, 김득수, 한승호 등의 도움을 받아 저술되었고,[5] 『판소리 이백년사』는 『판소리소사』를 바탕으로 저술되었다. 이와 같이 이 저서들은 명창과 고로들의 구술을 바탕으로 저술되었기 때문에 기억의 착오 등으로 인한 오류가 적지 않게 산재해 있으므로 신중한 검토가 필요하다.

그리고 『조선창극사』를 바탕으로 명창의 생몰 연도를 정리할 때 흔히 발행연도(1940년)를 기준으로 역산하는데, 그것은 잘못이다.

---

1 玄石年(1937~1941)은 시조 명창으로 경성방송국에 출연하여 시조, 詠詩, 창극조, 출사표 등을 연창하였다.

2 李定稷(1841~1910)은 지금의 전라북도 김제시 백산면 상정리 출신으로 대한제국 시기에 활동한 학자요 서화가이다. 본관은 新平이고, 자는 馨五, 호는 石亭·石亭山人·燕石인데, 梅泉 黃玹(1855~1910), 海鶴 李沂(1848~1909)와 함께 근대 '호남 삼걸'로 일컬어지는 인물이다. 시와 문장, 도학을 비롯하여 서화, 의약, 星曆 등 다양한 분야에서 커다란 발자취를 남겼다. 정노식 저·정병헌 교주, 『교주 조선창극사』, 태학사, 2015, 57쪽, 주) 66.

3 林圭(1867~1948)는 전라북도 익산 출신으로 자는 亨如이고, 호는 偶丁이다. 일본 게이오의숙(慶應義塾) 전수학교 경제과를 졸업한 후 서울의 사립학교에서 일본어를 가르쳤다. 일본 정부 요로에 독립선언서를 전달하는 임무를 맡았으며, 이 일로 옥고를 치렀다. 1977년 건국훈장이 추서되었다. 정노식 저·정병헌 교주, 『교주 조선창극사』, 태학사, 2015, 17쪽.

4 김명환 구술, 『내 북에 앵길 소리가 없어요』, 뿌리깊은나무, 1991, 73-74쪽. 김원술은 "정노식이 조선성악연구회에서 송만갑, 이동백, 김창룡에게 판소리에 대하여 연구하다가 정읍에 내려와 전도성이 유식하여 조리가 있는 것을 보고 한 달쯤 머물면서 기록한 것이 조선창극사라 한다."라고 했다. 문화재연구소, 「판소리 유파」, 문화재관리국, 1992, 117-118쪽.

5 박황, 『판소리소사』, 신구문화사, 1974, 3-4쪽.

『조선창극사』는 1940년 1월 18일에 발행되었지만 원고가 완성된 것은 '緒言'의 "己卯 七月 日 著者 識"나 "宋萬甲은 … 今年 一月 一日에 京城 往十里에서 死하니 享年이 七十四歲이다", "李東白은 … 今年 三月頃에 朝鮮日報 主催로 京城 府民館에서 隱退紀念式을 擧行하고 式後에 告別로 唱劇調 한바탕을 誠心껏 하였는데"[6] 등에서 알수 있듯이 1939년 7월이 분명하다. 따라서 역산의 기준은 1940년이 아니라 1939년이 되어야 한다. 또한 "宋萬甲은 … 今年 一月 一日에 京城 往十里에서 死하니 享年이 七十四歲이다", "李東白은 距今 七十四年前에 忠淸南道 庇仁郡 都萬里에서 出生하였다", "金昌龍은 距今 六十八年前에 忠淸南道 舒川郡 橫山里에서 出生하였다", "丁貞烈은 距今 六十四年前에 全北 益山郡 內村里에서 出生하였다 … 宿痾가 復發하여 六十三歲를 一期로 戊寅年 三月에 別世하였다"[7] 등에서 송만갑(乙丑生, 1865), 이동백(丙寅生, 1866), 김창룡(壬申生, 1872), 정정렬(丙子生, 1876) 명창의 나이를 한국식 나이로 기술하였음을 알 수 있다. 따라서 출생 연도를 역산할 때는 한국식 나이를 따라야 하고, 특히 음력 11~12월이나 양력 1~2월에 태어났거나 사망한 경우는 혼동하기 쉬우므로 주의해야 한다.

둘째, 호적자료를 통해 명창의 생몰 연도를 고증한다. 명창 본인의 호적자료는 물론 가족의 호적자료도 고증의 대상이 된다. 우리나라의 근대적인 호적자료는 1909년 「민적법」과 「민적법집행심득(民籍法執行心得)」이 제정되면서 작성된 민적부와 1923년 「조선호적령」

---

6 송만갑은 1939년 1월 1일 타계하였고, 이동백의 은퇴공연은 1939년 3월 29~30일 부민관에서 열렸다.
7 송만갑이 사망한 1939년 1월 1일은 음력으로 1938년 11월 11일이고, 정정렬은 1938년 3월 21일(음 2월 20일)에 사망하였다.

시행으로 작성된 호적부가 있다.[8] 주지하듯이 호적은 호주를 중심으로 하여 그 집에 속하는 사람의 본적지, 성명, 생년월일 따위의 신분에 관한 사항을 기록한 공문서이다. 일제강점기의 명인, 명창 중에서 호적자료가 발굴된 것은 김창환, 강용환, 심정순, 송만갑, 김창룡, 유성준, 장판개, 김정문, 허금파, 김해 김록주, 이화중선, 박록주, 한성준 등이다. 그러나 호적이 개인의 생몰 연도를 알려주는 공적 문서임에도 불구하고 실제 생몰 연도와 다른 경우가 허다하다.[9] 호적에 송만갑은 1886년 4월 16일 출생으로 되어 있지만 실제로는 1885년생이고, 한성준은 1875년 2월 2일 출생하여 1942년 9월 3일 사망한 것으로 되어 있지만 실제로는 1874년 6월 12일 출생해서 1941년 9월 3일 사망했다.[10] 사정이 이러하므로 호적자료의 내용은 여러 자료를 통해 철저하게 검증해야 할 필요가 있다.

셋째, 일제강점기의 신문이나 잡지의 기사를 통해 생몰 연도를 고증한다. 명창의 생몰 연도를 고증하는 자료 중에서 신문과 잡지의 사망 기사가 가장 신뢰성이 높다. 현재까지 신문이나 잡지에서 사망과 관련된 기사가 확인된 일제강점기의 명인 명창은 박기홍[11]을 비롯하여 송만갑, 이동백, 김창룡, 정정렬, 김정문, 박지홍, 김추월, 김해 김록주, 한성준, 지용구 등이다.[12]

---

8 최홍기, 『한국호적제도사 연구』, 일조각, 1997, 187-194쪽.
9 일제강점기의 호적은 말할 것도 없고 1960년대 초반에 출생한 사람들의 출생 연도도 실제와 다른 경우가 적지 않다.
10 「고수 50년 한성준」, 『조광』, 1937년 4월호, 127쪽. 『매일신보』, 1941. 9. 4.
11 李德彰, 「名唱論 (下)」, 『日東타임쓰』, 제1권 제3호, 1926년 6월호, 일동타임쓰사. 「각방면의 成功苦心談(八), (1)興行界의 老將 朴承弼氏」, 『중외일보』, 1929. 11. 1.
12 이 글에서 다루지 않은 명창과 명인 중에서 정정렬(1938. 3. 21.)은 『조선일보』·

넷째, 이영민(1881~1962)의『벽소시고』와 靑柳綱太郎의『조선미인보감』(조선연구회·신구서림, 1918) 그리고 명창들의 증언 등 기타 자료를 활용하여 생몰 연도를 고증한다.『벽소시고』에 수록되어 있는「근대국악계인물」에는 "宋萬甲 唱劇調 乙丑生 求禮邑 宋右龍 長子 學于朴萬順"(51쪽), "李東伯 唱劇調 丙寅生 忠南 舒川郡 一方面 李同奎子 學于金正根 金希重"(52쪽) 등과 같이 '출생 연도, 부, 출생지, 스승' 등이 간략하게 제시되어 있는데, 신빙성이 매우 크므로 출생 연도 고증에 적극 활용할 수 있다.

3. 판소리 명창의 생몰 연도 검토

사전류에서 발견되는 판소리 명창의 생몰 연도에 대한 오류는 대부분『조선창극사』와『판소리소사』의 오류에서 비롯된 것이다. 그리고 이러한 오류는 이규섭의『판소리 답사기행』[13]과 정범태의『명인 명창』[14] 등에서도 반복되고 있다.

이제 박기홍 명창을 비롯하여 김창환, 유공렬, 이동백, 김창룡, 김정문, 박지홍 등 일곱 명창의 생몰 연도를 살펴보기로 한다.

『동아일보』(1938. 3. 23.), 송만갑(1939. 1. 1.)은『조선일보』·『동아일보』(1939. 1. 3.), 지용구(1939. 1. 12.)는『동아일보』(1939. 1. 13.), 한성준(1941. 9. 3.)은『매일신보』(1941. 9. 4.)에 사망 기사가 있다.

13 이규섭,『판소리 답사기행』, 민예원, 1994.
14 정범태,『명인 명창』, 깊은샘. 2002.

1) 동편제의 마지막 종장 박기홍 명창

박기홍은 전라남도 나주의 전통예인 집안 출신의 동편제 명창으로 이날치·김창환과 이종 간이다.[15] 당시 조선소리를 끝막다시피한 동편제의 종장으로 미리 소리금을 정하고 소리할 정도로 기량이 뛰어났으며, 후배 송만갑, 이동백, 김창룡은 "歌神이니 一言半辭도 평을 가할 수 없다"라고 하고, 십여 년 상종한 현석년은 그를 가선(歌仙)으로 평하였다. 그는 통속화된 소리를 하던 송만갑에게 "장타령이 아니면 염불이다. 명문의 후예로 전래 법통을 붕괴한 패려자손이다."라고 혹평할 만큼 동편제 법제를 고수하였다. 장기는 춘향가와 적벽가이고, 특히 적벽가의 삼고초려, 장판교대전, 화용도에 신출귀몰하였으며, 조조 군사 사향가를 더늠으로 남겼다. 그리고 정악에도 뛰어났으며, 거문고, 가야금, 피리, 젓대 등에도 두루 능했다.[16]

박기홍은 서울에서 흥선대원군의 각별한 후원을 받으며 활동하였다. 당시 대원군이 그의 눈을 수술시킨 뒤 오수경과 무과선달의 직계를 하사하였다.[17] 경상북도 구미시 해평의 도리사 부근에 머물며 박록주를 가르쳤으며, 한때 대구에서 염농산이 취체로 있던 대구기생조합에서 소리선생을 하였다.

    ①『조선창극사』: 미상

---

15 김창환의 어머니는 삼 형제인데, 맏이는 이날치를, 둘째는 김창환을, 막내는 박기홍을 낳았다. 「寒燈夜話, 노래 뒤에 숨은 설음(二), 國唱歌手의 古今錄」, 『매일신보』, 1930. 11. 24.
16 정노식, 『조선창극사』, 조선일보사출판부, 1940, 162-164쪽.
17 박황, 『판소리소사』, 신구문화사, 1974, 64쪽.

②『판소리소사』: 미상

③『국악대사전』: 1854~1939년(86세)

④『한국민족문화대백과사전』: 미상

⑤『한겨레음악대사전』: 1845년생

다음은 박기홍 명창의 사망 시기를 짐작할 수 있게 하는 자료이다.

　①"지금은 고인이 되얏지만 최근에 거의 됴선소리를 슷막다 십히
한 즁고됴의 대가로 일홈을 일세 썰치든 국창 박긔홍 군도 죽을 째까
지 근일 소위 명창이라고 잠칭하는 잡배(雜輩)들이 불느는 신됴를 듯
고 그러한 목이 엇더한 소리에서 나왓느냐고 추구하야 맛나는 적마다
면피(面皮)를 벗기여 지금에 대가리짓을 하는 가수도 박기홍 군 압헤
서는 입을 버리지 못하얏다 한다."[18]

　②"지금은 죽고 업지만은 박긔홍(朴基洪) 가튼 사람이 국창(國唱)
으로 잇섯든 만큼 장안에 뎨일 가는 인긔가 잇섯고"[19]

위의 인용문 ①은 1926년 6월의 자료이고, ②는 1929년 11월 1일
자 『중외일보』의 기사이다. 특히 ①에서 박기홍 명창이 1926년 6월
이전에 세상을 떠난 것을 알 수 있다. 한편 『전주대사습사』에서는 박

18　李德彰,「名唱論(下)」,『日東타임쓰』, 제1권 제3호, 1926년 6월, 일동타임쓰사.
　　배연형,「판소리 중고제 자료의 재검토」,『판소리연구』49, 판소리학회, 2020,
　　12쪽에서 재인용.
19　「각방면의 成功苦心談(八), (1)興行界의 老將 朴承弼氏」,『중외일보』, 1929.
　　11. 1.

기홍은 1848년에 태어나 1925년에 세상을 떠났으며, 부친은 정춘풍 명창의 수행고수였다고 하였다.[20]

앞으로 박기홍 명창과 관련된 자료 발굴을 통해 그의 생몰 연도를 좀 더 구체적으로 살펴야 할 것이다.

2) 전남 나주 출신의 김창환 명창

김창환은 전라남도 나주군 삼도면 출신의 서편제 명창이다. 12세 부터 박만순과 정춘풍에게 소리 공부를 하였고, 그 후 이날치에게 가문소리를 습득하였다. 그리고 정창업에게 배운 후 신재효의 문하에서 지침을 받아 일가를 이루었다. 1902년 고종 어극 40년 칭경예식을 위해 봉상시 내에 설치된 협률사의 주석으로 발탁되었고, 1907년 협률사가 폐지되자 고향으로 돌아가 김창환협률사를 조직하여 활동하였다. 1915년 3월에 설립된 경성구파배우조합에 이동백과 함께 선생으로 참여하였고, 1920년대 후반에 대정단일행을 조직하였으며, 1930년 9월에 설립된 조선음률협회의 회장을 맡았고, 1932년 1월에 창립한 조선악정회에 참여하는 등 판소리 창단의 원로로서 역할을 하였다. 그런 한편 각종 명창대회와 국악방송에 출연하여 자신의 특장 대목을 불렀으며, 여러 회사의 음반에 장기 대목인 홍보가의 제비노정기와 중타령, 춘향가의 이별가와 춘당시과, 그 밖에 농부가와 성주풀이 등을 남겼다. 각종 고전에 정통하였고, 소리는 서편제인 만큼 애원처절하여 감상적인 계면조를 주로 한 판소리를 했으며, 풍채

---

20 사단법인 전주대사습놀이보존회, 『전주대사습사』, 탐진, 1992, 111쪽, 120쪽.

가 좋고 발림을 잘하여 관중들을 매혹시켰다.[21] 김창환은 소리에만 뛰어난 것이 아니라 발림에도 뛰어났던 명창으로 정평이 나 있다. 김창환의 제자인 박록주와 정광수에 의하면 그의 발림은 "많이 꾸미지 않아도 신명이 나며 익살스러우면서도 되바라지지 않고 가벼운 몸짓에도 무거운 맛이 있고 손 하나를 들어도 깊은 맛이 있었다"라고 하였다.[22] 김창환의 발림이 이와 같이 절제된 멋을 지니게 된 것은 신재효의 영향일 것이다.

그런데『조선창극사』의 원고가 완성된 1939년 얼마 전까지 생존했던 김창환 명창의 생몰 연도는 다음과 같이 각각 다르게 기록되어 있어 문제가 아닐 수 없다.

①『조선창극사』: 수년 전 86세로 사망

②『판소리소사』: 1854~1927년, 74세

③『국악대사전』: 1854~1939년, 86세

④『한국민족문화대백과사전』: 1854~1927년, 74세

⑤『한겨레음악대사전』: 1854~1927년 또는 1849~1934년

정노식은『조선창극사』에서 김창환이 수년 전에 86세를 일기로 작고하였다고만 하고 구체적인 생몰 연도는 밝히지 않았다.『판소리소사』에서는 1854년에 나서 1927년 74세를 일기로 작고했다고 하였고,『한국민족문화대백과사전』은『판소리소사』를 그대로 따랐고,

21 김석배, 「판소리 명창 김창환의 예술 활동」,『판소리연구』20, 판소리학회, 2005.
22 노재명, 「서편제 판소리 김창환·정정렬」,『LG미디어 음반해설서』, 16쪽, 1996.

『한겨레음악대사전』은 두 가지 설을 제시하고 있다. 한편『국악대사전』에서는 출생 연도는『판소리소사』의 1854년을 따르고 작고 연도는『조선창극사』의 향년 86세 설을 따라 1939년으로 잡은 것으로 짐작된다. 그러나 김창환은 1930년에 설립된 조선음률협회의 회장을 맡는 한편 각종 공연 및 라디오 방송 등에 꾸준히 출연하고 있으므로 1927년에 작고했다는 것은 명백한 오류이다.

　몇 가지 자료를 통해 김창환 명창의 생몰 연도를 추정해보기로 한다. 김창환의 출생 연도를 밝힐 수 있는 믿을 만한 자료로 그의 호적과『매일신보』의 기사, 이동백의 증언을 들 수 있다.

　먼저 다음 자료를 바탕으로 김창환의 출생 연도부터 살펴보기로 한다.

　　① 김창환의 호적
　　生年月日 : 開國 四百六拾四年 參月 五日, 金海, 父 金千鏡, 母 朴氏 長男. 本籍 全羅南道 光山郡 三道面 內山里 221番地
　　死亡 日時 : 昭和 拾貳年 六月 六日 午前 八時, 羅州郡 三道面 內山里 221番地

　　② 八十翁 金昌煥 / 驚嘆할 長時間 獨唱 / 김창환 씨의 원긔에 경탄 / 意外의 名妓도 出演
　　觀衆의 喝采와 再請 三請에 依하야 두 번 세 번 出演한 金昌煥 氏는 當年 七十四歲의 老齡으로 約 一時間이나 繼續하야 獨唱을 하얏는데 소리를 繼續할사록 그의 씩씩한 목소리가 더욱더욱 觀客으로 하야금 놀냄을 마지 안케 하얏스며 또 觀客으로부터 일즉이 名唱이라는 所聞

을 씌고 잇는 河弄珠, 牟秋月, 金海仙 等 세 妓生이 特別 出演을 하야 한 層 더 觀客의 興味를 도도게 하얏다[23]

③ 名人列傳(其一), 國唱 李東伯 翁

○ 記者, 조선에서 명창이라고 부를 만한 이가 누구 누구입니까

○ 翁, 세상에서는 金昌元과 송만갑과 이동백이를 치는 모양입데다 만은 <u>김창원 어룬도 이제는 일흔다섯을 먹엇고 小人도 예순여섯 을 먹엇스니 이러케 늙어지고도 소리 잘하는 명창이란 말을 듯는 지오</u>[24]

위의 인용문 ①의 호적자료에는 김창환의 생년월일이 1855년 3월 5일로 되어 있다. 그리고 ②의 1928년 9월 15일 자 『매일신보』 기사 의 "金昌煥 氏는 當年 七十四歲의 老齡으로"에서 김창환이 1855년 생임을 알 수 있고, ③의 『삼천리』 기사의 "김창원 어룬도 이제는 일 흔다섯을 먹엇고"에서도 1855생임을 확인할 수 있다.[25] 이와 같이 김 창환은 1855년 전라남도 나주군 삼도면 내산리[26]에서 부 김천경과 모 박씨의 장남으로 출생하였다.

다음으로 김창환 명창의 사망 연도를 살펴보기로 한다. 『조선창극 사』에는 "八十六歲를 一期로 하고 數年 前 羅州 故鄕에서 死하였다" 고 했는데, 그것은 『조선창극사』의 원고가 완성된 1939년 7월 이후

---

23 『매일신보』, 1928. 9. 15.
24 『삼천리』, 1929년 12월호, 삼천리사, 1929, 1-2쪽.
25 '金昌元'은 김창환이다.
26 全羅南道 羅州郡 三道面은 1949년 光山郡에 편입되었고, 光山郡은 1988년 광 주광역시에 편입되어 현재의 행정구역은 광주광역시 광산구 내산동이다.

인 1940년에 사망한 것이 되므로 명백한 오류이다.

　다음의 조선일보 기사는 김창환 명창의 사망 시기를 짐작하게 해 주는 자료이다.

　　④ 問 金昌煥 氏는 지금 무엇을 하십니까
　　　　 쏨 망녕 늘근이가 되야 들어안젓습니다[27]

　　⑤ 발님이 가장 가기로는 역시 죽은 김창환(金昌煥)일 것이며 젊은
　　　　 사람으로는 김연수(金演洙) 군 가튼 이가 잇서 극히 깨긋하게 부
　　　　 르는데 조금 옛 소리를 현대화하엿다고 할 수 잇다[28]

　1937년 1월 3일 자 『조선일보』의 「명창에게 듯는 왕사(往事)」는 김창환의 사망 연도를 짐작할 수 있게 해준다. 기자가 김창환 명창의 근황을 묻자 망녕 늙은이가 되어 들어앉았다고 했다. 여기서 김창환은 1937년 1월에는 비록 망령이 들었지만 생존하고 있었다는 사실이 확인된다. 그리고 1939년 5월 27일 자 『조선일보』의 「민족예술의 정화, 조선소리, 피로 쓴 중흥사, 당대 명창은 누구? 누구?」 가운데 밑줄 친 "발님이 가장 가기로는 역시 죽은 김창환(金昌煥)일 것이며"에서 1939년 5월 이전에 사망한 사실이 확인된다.

　그렇다면 김창환 명창이 사망한 시기는 언제일까? 『조선창극사』에서 '수년 전에' 작고했다고 했으니 『조선창극사』 집필 시기인 1939년

---

27 「名唱에게 듯는 往事」, 『조선일보』, 1937. 1. 3.
28 「民族藝術의 精華, 朝鮮소리, 피로 쓴 中興史, 當代 名唱은 누구? 누구?」, 『조선일보』, 1939. 5. 27.

일 가능성은 거의 없는 것으로 보인다. 그렇다면 1937년 아니면 1938년이 김창환이 작고한 해가 될 터인데, 『조선창극사』의 집필 한 해 전인 1938년을 '수년 전'이라고 했을 가능성이 적으므로 1937년을 사망 연도로 보는 것이 자연스럽다. 그리고 앞에서 살펴본 호적에도 1937년 6월 6일 나주에서 사망한 것으로 되어 있다. 물론 1938년에 사망했을 가능성도 배제할 수는 없다.

이상에서 살펴본 바와 같이 김창환 명창은 전남 광산군 삼도면 내산리 양화마을(현 광주광역시 광산구 내산동)에서 태어나 1937년 6월 6일 고향에서 향년 83세를 일기로 세상을 떠난 것으로 짐작된다. 다만 1938년 향년 84세를 일기로 세상을 떠났을 가능성도 있다.

한편 김창환의 호적에 장남 김봉이 명창은 서자로 개국 487년(1878) 9월 30일 태어나서 1929년 11월 28일에 사망하였고, 차남 김봉학 명창은 개국 492년(1883) 8월 21일 태어나서 1927년 1월 24일 사망한 것으로 되어 있다.[29] 그런데 정광수 명창의 증언에 의하면 김봉학의 출생 연도는 호적과 차이가 있다.

김봉학은 대명창 김창환의 2남으로 태어났다 한다. 김창환의 장남은 김봉이인데 서자라 하여 좀 박대하였으나 김봉학은 차남이나 적자라고 김창환의 사랑을 받았다 한다. …중략… 김봉학은 甲申生이며 부인이 동갑이라 항상 우리 내외간이 갑신생이라 끼리끼리 만났다고 자랑하곤 하였다.[30]

---

29 호적에는 金鳳伊의 출생 연도가 '開國四百八拾七年'이 '開國四百拾七年'으로 誤記되어 있고, 金鳳鶴의 출생 연도도 '開國四百九拾貳年'이 '開國四百拾貳年'으로 誤記되어 있다.
30 문화재연구소, 「판소리 유파」, 문화재관리국, 1992, 73-74쪽.

김봉학은 호적에는 1883년생으로 되어 있지만, 정광수의 증언에 의하면 갑신생(1884)이다. 정광수가 김봉학에게 오랫동안 배웠고, 특히 김봉학이 부부가 갑신생 동갑이라고 자랑하였다는 사실은 뚜렷하게 기억할 수 있는 것이므로 그의 증언은 믿을 만하다. 따라서 김봉학 명창의 출생 연도는 1884년이 옳을 것이다.

3) 정춘풍의 수제자 유공렬 명창

유공렬은 충청남도 홍성군 고도면 가곡리 출신의 중고조의 달인[31]으로 정춘풍의 수제자이다. 1928년 30년 만에 상경하여 공연 및 라디오 방송에 출연하고,[32] 1930년에 설립된 조선음률협회에 참여하여 활동하였다.[33] 춘향가와 심청가, 적벽가, 변강쇠가 등에 두루 능했던 명창으로 단가 강선루행과 달거리, 춘향가의 몽중가, 춘당시과, 어사남행과 적벽가의 남병제풍 등이 장기였다. 특히 춘향가의 이별가에 뛰어났다. 그의 소리는 원문에 충실하여 듣는 이를 황홀케 하였으며, 그의 목청은 독특한 느낌을 주어 듣는 이의 흥을 돋우었다고 한다.

유공렬 명창의 생몰 연도도 김창환 명창과 마찬가지로 문헌에 따라 다르게 기록되어 있다.

---

31 『매일신보』, 1928. 3. 11.
32 유공렬은 경성방송국 국악방송(1928. 2. 19. 3. 14. 3. 31. 1930. 3. 14.)에 출연하였다.
33 "[寒燈夜話] 노래 뒤에 숨은 설움(4), 우리 자랑인 조선 음률은 과연 다시 부흥될 수 있는가? 국창 가수의 고금록, 전긔 조선음률협회의 주창자를 보면 김창환 리동백 송만갑 김창룡 정정렬 유공렬 한성준…", 『매일신보』, 1930. 11. 28.

①『조선창극사』: 거금 77년 전~10여 년 전 사망

②『판소리소사』: 1864~1927년

③『국악대사전』: 미상

④『한국민족문화대백과사전』: 1864~1927년

⑤『한겨레음악대사전』: 1864~1927년

『조선창극사』에서 유공렬은 '거금 77년 전'에 출생했다고 하니, 그의 출생 연도는 1863년이 되고, '10여 년 전에 병사하였다'고 하니 1920년대 말에 작고한 것이 된다. 그리고『판소리소사』에는 1864년에 출생[34]하여 1927년에 작고했다고 했으며,『한국민족문화대백과사전』과『한겨레음악대사전』은 이를 따랐고,『국악대사전』에는 생몰 연도를 기록하지 않았다. 그러나 이것은 사실과 다른 것으로 보인다.『조선창극사』에는 이름을 '柳公烈', 고향을 전라북도 익산이라고 하였다.[35]

그런데 다음의 1928년 2월 13일 자『매일신보』에 유공렬의 예술 생애를 좀 더 구체적으로 밝힐 수 있는 기사가 있어 주목된다.

三十餘年 숨어 잇든 名唱 劉公烈 氏 入城

록수청산과 부엇하야 사든 명창 유공녈 씨가 올나왓다

노릭 부르는 사람이 사람 대졉을 못 밧는 세상에 머물너 잇는 것은 노릭군의 恥辱이라고 하야 이제로부터 三十年 前에 표연히 京城의 樂壇을 써나 故鄕이 되는 忠南 洪城郡 古道面 加谷里에 은거하야 홀노

---

34 이 연도는 1940년을 역산의 기준으로 계산(1940-76[77세]=1864)한 것이다.
35 정노식,『조선창극사』, 조선일보사출판부, 1940, 175쪽.

綠水靑山과 노릭 부엇을 삼든 名唱 劉公烈 氏는 <u>칠순을 맛는 금年</u>에 三
十年 써나 사든 京城에 낫하낫다 氏는 누고나 아는 바와 갓치 일즉 일
홈 놉든 名唱 鄭春風의 수제자로 大院君이며 高宗皇帝의 총애도 깁헛
섯다고 한다 그가 부르는 歌詞는 모도가 原文에 充實하야 듣는 이로
하야곰 恍惚케 하며 그의 목청은 獨特한 늣김이 잇서 듯는 이의 興을
도으니 京城에 名唱이 만타 하나 이만큼 高潔한 기개와 류창한 歌詞와
貞烈과 애수에 잠겨 노는 名唱은 업슬 것이다 氏가 이번 上京을 한 것
은 世上도 새로워지고 朝鮮音樂에 對한 理解와 待遇도 달나젓다는 말
을 듯고 名鼓手 韓成俊 君의 친유에 썰녀 京城에 이르러 목하 鍾路 二
丁目 朝鮮蓄音器商會에 두류 中인대 同好者間에 시텽회 計劃도 만타
더라[36]

위의 기사 중 "칠순을 맛는 금년"에서 유공렬이 1859년생임을 알
수 있다. 『매일신보』의 기사가 유공렬 생존 당시의 것이고, 우리의
관습상 나이 특히 회갑, 칠순 등을 매우 중시하는 점에서 전문한 『조
선창극사』의 기록보다 신뢰성에서 앞서므로 유공렬의 출생 연도는
1859년일 것으로 판단된다.

그러면 유공렬은 어느 해에 타계한 것일까? 과연 『조선창극사』의
기록대로 "10여 년 전"인 1920년대 말이었을까? 1931년 11월 30일
에 발행된 『정선 조선가요집』(제1집)[37]은 이에 대한 약간의 단서를
제공하고 있다. 이 책에는 명창들의 사진이 실려 있는데, 작고한
명창인 경우는 '故金綠珠', '故文泳洙'와 같이 '故' 자가 명시되어 있

---

36 『매일신보』, 1928. 2. 13.
37 듸-제-핸드포-드, 『정선 조선가요집 제1집』, 조선가요연구사, 1931.

고,[38] 생존 명창의 경우는 '宋萬甲', '李花中仙'과 같이 되어 있다. 유
공렬 명창은 '劉公烈'로 되어 있으므로 1931년 11월까지는 생존하고
있었던 것이 분명하다. 그런데 박동진 명창(1916~2003)은 〈변강쇠
가〉 공연(1983. 9. 13. 예술극장 판)에서 "1930년대 조선성악회 시절
에 명창 유공렬이 변강쇠가를 부르는 것을 들었는데, 마침 옆에 있던
명창 이동백이 '거 미안해서 못 듣겠구면' 하더라는 것이다."[39]라고
한 적이 있다. 여기서 '조선성악회'란 1934년에 설립된 조선성악연
구회를 말하는 것이므로, 이 말이 사실이라면 유공렬은 적어도 1934
년 이후에 작고한 것이 된다.

이상과 같이 유공렬 명창은 1859년 충청남도 홍성군 고도면 가곡
리(현 홍성군 갈산면 가곡리)에서 태어나 1934년 이후에 세상을 떠
난 것으로 짐작된다. 정노식의 말대로 유공렬이 향년 77세를 일기로
작고했다면 그는 1859년에 태어나서 1935년에 세상을 떠난 것이다.

4) 충남 서천 출신의 이동백 명창

이동백은 충청남도 서천 출신의 중고제 명창으로 본명은 이종기
(李鍾琦)이다. 13세까지 서당에서 한문 공부를 하다가 판소리를 배
우기 위해 김정근 문하에 들어가 약 1달 동안 수학한 후 김세종 문하
에서 공부하였다. 20세 전후에 도만리 흐리산 용구(龍口)에서 2년 동
안 독공하였고, 그 후 진주 이곡사(里谷寺)에서 3년간 정진하였으며,

---

38 김해 김록주는 1899년에 태어나서 1927년 12월에 29세로 요절했고, 문영수는
   1867년에 태어나서 1930년에 타계하였다.
39 전경욱, 「탈춤과 판소리의 연행문학적 성격 비교」, 한국정신문화연구원 부속
   대학원 석사학위논문, 1983, 63쪽.

35,6세 무렵 경상남도 창원에서 9년 동안 지내면서 명창으로 이름을
알리기 시작했다. 45,6세 무렵 서울로 올라와 김창환·송만갑과 함
께 원각사에서 창극을 공연하였고, 원각사가 해산된 뒤 연흥사와 광
무대 등에서 공연하였으며, 그 후 협률사를 만들어 지방순회공연을
다녔다. 그리고 1934년에 송만갑, 김창룡, 정정렬, 한성준 등과 함께
조선성악연구회를 조직하여 이사장을 맡아 판소리 교육과 창극 정
립을 위해 노력하였다. 1939년 3월 29~30일 부민관에서 은퇴공연을
하였고, 은퇴기념공연으로 전국과 만주를 순회공연하였다. 이동백
은 풍채가 당당하고 성음이 극히 미려하며 하성의 웅장함은 당시에
비주(比儔)가 없었다. 고종은 통정대부의 직계를 내리고 어전에서
소리하게 하였다. 심청가와 적벽가에 뛰어났으며, 특히 새타령은 이
날치 이후 당대독보였다. 또한 수십 종의 고음반에 특장 대목을 취입
하였다.[40]

　①『조선창극사』: 거금 74년 전 출생
　②『판소리소사』: 1867~1950년
　③『국악대사전』: 1867~1950년
　④『한국민족문화대백과사전』: 1867~1950년
　⑤『한겨레음악대사전』: 1867~1950년

　『조선창극사』에는 "李東白은 距今 七十四年 前에 忠淸南道 庇仁
郡 都萬里에서 出生하였다."로 되어 있다. 그렇다면 1866년생이 된

40　정노식,『조선창극사』, 조선일보사출판부, 1940, 205-206쪽.

다.『판소리소사』에는 생몰 연도가 '1867~1950년'으로 되어 있고,『국
악대사전』과『한국민족문화대백과사전』,『한겨레음악대사전』등은
모두 이를 따르고 있다. 한편 김기수의『국악입문』(한국고전음악출
판사, 1972)과 박황의『판소리 이백년사』(사사연, 1987), 정범태의
『명인 명창』(깊은샘, 2002)에는 '1866~1947년'으로 되어 있다.

이동백이 1867년생이 아니라 1866년생이라는 사실은 다음과 같
은 자료에서 확인된다.

    ①「名唱에게 듯는 往事」
    問 네 분의 年歲는
    答 宋이 일흔셋, 李가 일흔둘, 金이 예순여섯, 丁이 예순둘[41]

    ②「명창 이동백전」
    출생지는 지금 충청남도 舒川-옛적 일흠은 庇仁郡 一方面 都萬里
    도마니 洞里입니다. 생일은 二月 初사흘인데 …중략… 지금 나히 칠십
    이세인데[42]

    ③『벽소시고』
    李東伯 唱劇調 丙寅生 忠南 舒川郡 一方面 李同奎子 學于金正根 金
    希重[43]

---

[41] 『조선일보』, 1937. 1. 3.
[42] 靑葉生, 「명창 이동백전」, 『조광』, 1937년 3월호, 162쪽, 169쪽.
[43] 이영민, 『벽소시고』, 52쪽.

④「이동백 일대기 ①」

처음 고고의 소리를 내기는 지금으로부터 칠십사년 전인 병인(丙寅)년 이월 초사흗날이엇스나 불행히 그해 십월에 부친이 돌아가 씨는 강보(襁褓)에 싸인 채로 아버지 얼굴도 못 보고 청상과부인 편모 슬하에서 자라다가 가계도 넉넉지 못하므로 백부 슬하에 가서 수양되엇다.[44]

위의 인용문 ①과 ②는 1937년의 자료이고, ④는 1939년의 자료이다. ①과 ②에서 이동백이 1937년에 72세이므로 출생 연도는 1866년임을 알 수 있고, ③과 ④에서 이동백은 병인년(1866) 이월 초삼일(음력) 충청남도 서천군 일방면 도만리에서 이동규의 아들로 태어났음을 확인할 수 있다.

다음으로 이동백 명창이 작고한 해는 언제일까. 그동안 이동백 명창은 1947년 또는 1950년 6·25전쟁 직전에 사망한 것으로 알려져 왔는데, 다음과 같은 자료를 통해 사망 연도를 1949년으로 바로잡을 수 있게 되었다.

⑤訃告

本院名譽會員李東伯翁以老患今月六日別世於平澤郡松炭面七院里自宅玆以訃告

　　檀紀四二八二年六月七日　國樂院[45]

---

44 『조선일보』, 1939. 3. 21.
45 『동아일보』, 1949. 6. 8.

⑥ 國樂界의 至寶 / 國唱 李東伯 翁 逝去

'노래'로 유명한 이동백(李東伯) 옹이 평택군 송탄면 칠원리(平澤郡 松炭面 七院里) 자택에서 정양 중이다가 八십三세의 고령으로 지난 六일 별세하였다.[46]

⑦ 李東伯 翁 永眠

우리가 가진 국보적 존재로 성악게 국창의 유일한 一위를 차지하던 이동백 옹(李東伯翁)이 八十세라는 노령으로 지난 六일 평택군 송탄면(松炭面) 자택에서 영면하였다는 부고가 있었는데 이는 실로 우리 국악게의 최대의 손실로서 애통하여 마지 않는 바인데[47]

위의 인용문 ⑤는 국악원에서 1949년 6월 8일 자『동아일보』에 낸 부고이고, ⑥과 ⑦은 1949년 6월 9일 자『경향신문』과『조선일보』에 게재된 이동백의 사망 기사이다. 이를 통해 이동백이 1949년 6월 6일 경기도 평택군 송탄면 칠원리 자택에서 향년 84세를 일기로 세상을 떠난 사실이 분명하게 확인되었다.[48]

이상에서 살펴본 바와 같이 이동백 명창은 1866년 2월 3일(음) 충청남도 서천군 일방면 도만리(현 서천군 종천면 도만리)[49]에서 태어났으며, 1949년 6월 6일 경기도 평택군 송탄면 칠원리 자택에서 향년 84세를 일기로 세상을 떠났다.

---

46 『경향신문』, 1949. 6. 9.
47 『조선일보』, 1949. 6. 9.
48 노재명 편저,『명창의 증언과 자료를 통해 본 판소리 참모습』, 나라음악큰잔치추진위원회, 2006, 143-171쪽, 참고.
49 문화재연구소, 「판소리 유파」, 문화재관리국, 1992, 114쪽.

5) 충남 서천 출신의 김창룡 명창

김창룡은 충청남도 서천군 횡산리 출신으로 이동백과 더불어 1930년대 중고제를 대표하는 명창이다. 조부는 진양조 창시자인 김성옥 명창이고, 부친은 상궁접을 창시한 김정근 명창이다. 판소리 명문의 후예로 부친에게 소리를 배웠고, 이날치의 지침을 받은 후 김창환과 박기홍 등의 선배 명창들과 종유하면서 이름을 떨쳤다. 연흥사 창립에 기여하였고, 1930년에 창립된 조선음률협회에 참여하였으며, 1934년에 창립된 조선성악연구회에 참여하여 후진을 양성하는 등 1930년대의 판소리계 발전에 크게 이바지했다. 여러 공연 및 음반 취입, 라디오 방송 출연을 통해 자신의 소리세계를 유감없이 발휘하였다. 적벽가와 심청가, 흥보가에 뛰어났으며, 특장은 적벽가의 적벽강 불지르는 대목과 흥보가의 중타령 그리고 심청가의 화초타령이다.[50] 또한 고제 소리에 능하여 고음반에 옛 명창들 예컨대 권삼득, 송흥록, 염계달, 박만순, 박유전 등의 더늠을 다수 남겼다.[51] 당시에 그의 소리는 "장작을 패는 듯한 소리와 돌을 깨치는 듯한 창법으로 별 목을 다 쓰면서 소리를 몰아가는 것이 가이 파란만장이라"[52]

---

50 정노식, 『조선창극사』, 조선일보사출판부, 1940, 210-211쪽.
51 김창룡이 고음반에 남긴 옛 명창들의 더늠은 권삼득의 제비가, 모흥갑의 이별가, 염계달의 돈타령과 백구타령, 고수관의 사랑가, 신만엽의 소지노화, 박만순의 토끼화상, 정춘풍의 수궁풍류, 송광록의 범피중류, 박유전의 이별가, 송흥록의 귀곡성 등이다. 이보형, 「고음반에 제시된 판소리 명창제 더늠」, 『한국음반학』 창간호, 한국고음반연구회, 1991. 이보형, 「고음반에 제시된 판소리 명창제 더늠(2)」, 『한국음반학』 4, 한국고음반연구회, 1994.
52 「민속예술의 정화 피로 쓴 중흥사, 조선소리, 당대 명창은 누구? 누구?」, 『조선일보』, 1939. 5. 27.

하는 평을 들었다.

　김창룡의 생몰 연도에 대해서는 한결같이 '1872~1935년'으로 기록하고 있다. 김창룡이 1872년에 출생한 것은 사실이지만 1935년에 작고했다는 것은 오류이다.

　　①『조선창극사』: 거금 68년 전 출생
　　②『판소리소사』: 1872~1935년, 64세
　　③『국악대사전』: 1872~1935년
　　④『한국민족문화대백과사전』: 1872~1935년
　　⑤『한겨레음악대사전』: 1872~1943년 또는 1872~1935년

　김창룡 명창은 1943년에 작고했으니『조선창극사』에 그의 사망에 관한 기록이 없는 것은 당연하다. 따라서『판소리소사』에서 1935년에 작고하였다는 것과 그것을 따른『국악대사전』과『한국민족문화대백과사전』은 명백한 오류이다.

　『조선창극사』에서 김창룡은 '거금 68년 전에 출생'했다고 하였으니 1872년생이다. 김창룡이 1872년생이라는 사실은 다음 자료에서 확인된다.

　　①「名唱에게 듯는 往事」
　　問　네 분의 年歲는
　　答　宋이 일흔셋, 李가 일흔둘, 金이 예순여섯, 丁이 예순둘[53]

---

[53] 『조선일보』, 1937. 1. 3.

②『碧笑詩稿』

唱劇調 壬申生 舒川郡 橫山面 金定根 三男 學于其父[54]

위의 인용문 ①과 ②에서도 거듭 확인되니 김창룡이 1872년(임신) 생이라는 사실은 이설의 여지가 없다.

그러면 김창룡은 작고한 것은 언제였을까? 1943년 2월 25일 자『매일신보』의 다음 기사[55]는 김창룡이 작고한 때를 분명하게 알려주고 있다.

『매일신보』, 1943. 2. 25.

---

54 임성래, 「이영민 한시를 통해 본 판소리 명창의 세계」, 『판소리연구』 10, 판소리학회, 1999, 215쪽.

55 "唱劇界 元老, 金昌龍 氏. 조선 창극계의 원로 김창룡(金昌龍) 씨는 二十四일 오전 一시 二十五분 부내 봉익정(鳳益町) 十四번지의 자택에서 뇌일혈로 七十二세를 일기로 별세하엿다 김씨는 리동백(李東伯) 씨와 함께 조선 창극계의 쌍벽으로서 지칭되어온 명창인데 충남 홍성(洪城)의 출신으로 十四세 째에 이 길에 뜻을 두고 상경한 후 정진을 계속하야 마츰내 통정(通政)의 가자를 밧고 일대의 명창으로서 일홈을 날렷고 쏘 일즉이 구한국 시대에 국립극장에 해당하는 원각사(圓覺寺) 초창기의 한 사람으로서 五十여 년 동안 조선창극사에 남긴 족적과 공로는 큰 바 잇서 그의 별세는 창극게는 물론 일반으로부터 크게 애석되고 잇다 발인은 二十六일 오전 十시로 되어 잇다", 『매일신보』, 1943. 2. 25.

이 기사를 통해 김창룡은 72세를 일기로 1943년 2월 24일 오전 1시 25분 부내 봉익정 14번지(현 서울특별시 종로구 봉익동) 자택에서 뇌일혈로 타계한 사실이 분명하게 밝혀졌다.

이상과 같이 김창룡 명창은 1872년 충청남도 서천군 횡산리(현 서천군 장항읍 성주동)에서 태어나 1943년 2월 24일 서울 봉익동 자택에서 향년 72세를 일기로 세상을 떠났다.

6) 송만갑의 수제자 김정문 명창

김정문은 전라북도 남원군 주천면 주천리 상주마을 출신의 동편제 명창이다. 외삼촌인 유성준에게 수궁가를 배우면서 본격적인 소리공부를 시작하였는데, 목이 잘 쉬어 소리가 탁하고 상청이 나오지 않아서 소리를 제대로 받아내지 못하여 참나무 북채로 목덜미를 얻어맞아 목에 상처가 생기게 되었다. 이 일로 유성준의 문하를 떠나 송만갑을 찾아가 수행고수를 하면서 소리속을 터득하게 되었고, 정진하여 대성하였다. 김정문의 소리는 송만갑의 소리보다 장식음이나 잔 기교가 많이 들어가 있는데, 그것은 목청이 연하고 가벼워서 송만갑처럼 소리를 하면 힘이 모자라서 맛이 없으므로 기교를 부렸기 때문이다.

김정문은 단가 홍문연과 흥보가, 심청가, 적벽가에 뛰어났으며, 특장인 흥보가는 말할 것도 없고, 심청가의 인당수 투신하는 대목과 황성 올라가는 대목의 심 봉사의 넋두리와 뺑덕어미의 푸념을 구성지게 잘 해냈다고 한다. 창극에도 뛰어나서 관중을 울리고 웃기는 게 낭중취물이었고, 특히 월매 역과 간신 웃음의 조조 역을 신들릴 정도로 잘하였다고 한다. 그리고 1931년부터 남원군 주천면 상주마을에 머물면서 박록주, 박초월, 강도근 등 뛰어난 제자를 배출하였으며, 경성방송국 국악방송에도 출연하였고, 장기를 유성기 음반에 남겼다.[56]

①『조선창극사』: 항목 없음

②『판소리소사』: 1887~1935년, 49세

③『국악대사전』: 1905~1939년

④『한국민족문화대백과사전』: 1887~1935년

⑤『한겨레음악대사전』: 1887~1935년

김정문의 생몰 연도에 대해『판소리소사』에는 '1887~1935년'이라고 했으며,『한국민족문화대백과사전』과『한겨레음악대사전』에도 '1887~1935년'으로 되어 있다.

다음 자료들을 바탕으로 김정문의 생몰 연도를 살펴보기로 한다.

① 호적

生年月日 : 開國 四百九拾七年 拾貳月 貳日, 金海, 父 金俊萬 母 劉俊貳男, 本籍 全羅北道 南原郡 朱川面 周川里 七百貳拾壹番地

死亡日時 : 昭和 拾年 五月 拾九日 午後 八時 京城府 寬勳洞 四番地에서 死亡, 同居者 嚴錦珠 届出 同月 貳拾貳日 受附[57]

---

56 박황,『판소리소사』, 신구문화사, 1974, 117-120쪽. 김기형,「판소리 명창 김정문의 생애와 소리의 특징」,『구비문학연구』3, 한국구비문학회, 1996.

57 전라북도 임실군 성수면에 보관되어 있는 호적에는 본적이 全羅北道 任實郡 聖壽面 道引里 672番地로 되어 있다.

② 「犯罪人 名簿」

住所 南原郡 南原面 雙橋里, 本籍 및 出生地 南原郡 朱川面 高基里,
本名 金正文, 異名 金大允, 나이 37年, 族稱 常民, 職業 歌茂師, 罪名 몰
핀 取締, 刑期 1個月 15日[58]

위의 ①의 호적에는 김정문이 1888년 12월 2일 남원군 주천면 고
기리에서 부 김준만과 모 유준의 차남으로 출생한 것으로 되어 있다.
②는 1926년에 작성된 남원군 주천면의 「범죄인 명부」인데, 김정문
은 당시 37세이므로 1890년생이 된다. 그리고 아래 ③의 『조선중앙
일보』 기사에는 1935년에 42세로 사망했다고 하니 1894년생이 되고,
④에서는 김정문이 1905년생인 박록주보다 15세 연상이라고 하니
1890년생이 된다. 이와 같이 김정문의 출생 연도는 1887년, 1888년,
1890년, 1894년 등으로 다양하고 연도 차이도 크다. 이 중에서 신뢰
성이 높은 것은 「범죄인 명부」와 제자 박록주의 증언이므로 김정문
의 출생 연도를 1890년으로 보고자 한다.[59]

김정문 명창의 사망 일시는 다음의 자료에서 확인할 수 있다.

③ 생일잔치 먹고 「聲樂士」 變死, 아편 중독 관계인 듯

기생 생일 음식 먹고 변사(變死)한 「성악사」(聲樂士)가 잇다

---

58 김용근, 『이야기로 풀어보는 지리산 판소리』, 지리산판소리연구소 · 가왕송
   흥록가후손가족회, 2008, 304-305쪽.
59 1918년부터 1945년까지 일제강점기에 작성된 범죄인 명부는 철저한 조사와
   내용을 기록 관리하여 통치의 수단으로 삼았기 때문에 호적의 내용보다 신뢰
   성이 더 높다고 한다. 김용근, 『이야기로 풀어보는 지리산 판소리』, 지리산판
   소리연구소 · 가왕송흥록가후손가족회, 2008, 304쪽.

부내 관훈동(寬勳洞) 四번지 조선성악연구회(朝鮮聲樂硏究會) 「성악사」라는 김정문(金正文)(四二)은 十七일 오후에 기생 김초향(金初香)의 생일잔치로 부내 천향원(天香園)에서 늦도록 술을 먹고 밤 열두시가 지나 집으로 돌아와 잣는데 十九일 오전 九시경이 되도록 김정문이 깨이지 안흠으로 집안사람들이 이상히 생각하고 방문을 열어 보앗든 바 원인 몰을 죽엄을 한 것을 발견하고 즉시 소관 종로서에 계출하자 동서에는 의사를 대동하고 출동하야 시체를 검시한 결과 확실한 것은 알 수 업스나 김정문은 수년 전부터 아편에 중독이 되엿든 관계로 그날 술을 넘우 만히 먹은 관계인 듯하다 한다[60]

④ 박록주, 「나의 이력서 (19)」

김정문 선생은 나보다 15살이 연상으로 송만갑 선생의 진수를 이어받았다. …중략… 내가 서울에 올라온 지 며칠 안 돼 김정문 선생이 오랜만의 상경을 했다. 그때가 1930년 4월 말이었던 것으로 기억된다. 아슬프레하나마 기억에 남는 것은 바로 그 상경이 김정문 선생의 마지막 여행길이었기 때문이다. 선생은 서울에 와서 관훈동에 있던 성악연구회에 머물렀다. …중략… 김정문 선생은 이곳에 며칠 머물다가 하루는 나와 함께 청량리 김초향이 운영하는 요리집에 놀러갔다. 그냥 놀러간 게 아니라 바로 그 날이 김초향의 생일이었다. 그때는 통행금지가 없던 시절이었으므로 밤 12시까지 놀다가 집으로 돌아왔다. 그런데 바로 그날 밤 김정문 선생은 심장마비로 타계하고 말았다.[61]

---

60 『조선중앙일보』, 1935. 5. 20.
61 박록주, 「나의 이력서 (19)」, 『한국일보』, 1974. 2. 1. '1930년 4월 말'은 '1935년 4월 18일(음)'의 착오이다.

위의 인용문 ③과 ④를 볼 때 김정문은 1935년 5월 18일 서울 관훈동 4번지의 조선성악연구회에서 아무도 모르는 가운데 사망한 것이다. 따라서 김정문은 그를 사랑했던 많은 국악인들과 조선성악연구회의 궂은일을 도맡아 해온 엄금주 등이 임종을 지켰다고 하는 것은 다분히 윤색된 것으로 사실이 아님을 알 수 있다.[62]

이상과 같이 김정문 명창은 1890년 전라북도 남원군 주천면 주천리(현 남원시 주천면 주천리)에서 태어나 1935년 5월 18일 서울 관훈동 4번지의 조선성악연구회에서 46세를 일기로 세상을 떠났다.

7) 대구 국악계의 공로자 박지홍 명창

박지홍은 전라남도 나주 출신의 서편제 명창으로 12세 때 김창환 문하에서 소리공부를 시작하였다. 박지홍은 박기홍 명창의 종제이다. 22세에서 25세까지 3년간 원각사에서 활동한 후 37세까지 평양, 해주, 송도, 함흥, 경주 등지의 권번을 거치며 소리선생을 하였다. 46세 때 대구로 와서 달성권번[63]의 소리선생으로 있었고, 해방 후 1946년 1월부터 2, 3년 동안 대동권번[64]의 학예부장으로 활동하였으며, 그후 남산동에 경북국악원을 창설하여 대구지역의 전통예술 발전에 크게 이바지하였다.[65]

---

[62] 이석홍 편저, 『남원의 문화유산』, 남원문화원, 2001, 241쪽.

[63] 달성권번은 大邱府 西町(현 대구광역시 중구 상서동)에 있었다. 『조선일보』, 1927. 5. 21.

[64] 대동권번은 大邱府 東本町 67番地(현 대구광역시 중구 교동 67번지)에 있었다. 『영남일보』, 1946. 1. 29.

[65] 박지홍의 활동에 대해서는 다음 자료에서 확인할 수 있다. ①"國樂生活六十年 ○ 열두 살 때 金昌煥 先生한테 배웠지요 아 우리 스승의 연세야 살아 계신

박지홍 명창의 생몰 연도는 다음과 같이 기록되어 있다.

①『조선창극사』: 항목 없음

②『판소리소사』: 1889~1961년, 73세 사망

③『국악대사전』: 항목 없음

④『한국민족문화대백과사전』: 1889~1961년

⑤『한겨레음악대사전』: 1889~1961년 또는 1884~1958년

『판소리소사』에는 '1889~1961년(73세)'으로 되어 있으며,『한국민족문화대백과사전』은 이를 그대로 따르고 있다.

박지홍 명창의의 생몰 연도는 다음의『대구매일신문』의 기사에서 확인할 수 있다.

① 國樂生活六十年

○ 올해 일흔넷 故鄕은 全南 羅州 땅 十二歲 때 國樂界에 入門하여

다면 百二歲가 되지요 스물둘에서 다섯까지 三年間 韓國 初의 演劇團体 西大門 밖의 円閣寺 자리에 있었지요 거기서 일을 보다가 나와 그 뒤는 설흔일곱까지 줄탕 平壤 海州 松都 咸興 慶州 等 他鄕으로 돌아다니며 배운 재간 풀어 맥였지요 그 뒤는 그러니까 내가 마흔여섯 때 大邱로 와 達城券番과 解放後 大東券番에서 二三年間 妓生들을 敎授했지요.",『대구매일신문』, 1957. 4. 21.
② "藝友會 再出發 大同券番으로. 대구예우회는 금번 발전적 解消함과 동시에 대동권번으로 재출발하게 되었는데 내용을 일층 충실히 하기 위하야 과거 달성권번에서 성악을 교수하든 박지홍 씨를 초빙하야 藝妓 약 300여 명을 양성하기로 되었다고 한다.",『영남일보』, 1946. 1. 19. ③ 대동권번 광고에 의하면 양성과목은 "창극조, 춤, 시조, 풍류, 가야금병창, 기타" 등이다.『영남일보』, 1946. 1. 29. ④ 당시의 대동권번의 役員으로는 회장 金愛山, 부회장 鄭南汀, 평의원 李春汀, 간사 金明得, 학예부장 林枝洪, 사범 方浩俊・朴東鎭, 총무 趙炳奎이다.『영남일보』, 1946. 1. 28.

數個處의 '권번'의 스승을 거쳐 지금의 慶北國樂院을 創設하고 一年에 三百名씩의 門下生을 輩出하였다는 이번 慶北文化賞의 音樂分科 功勞賞 受賞者인 朴枝洪 옹의 略歷은 아무튼 魅力을 끄는 것이다.[66]

② 國樂界의 元老 朴枝洪 氏 別世

경북 국악계의 원로의 한 사람인 박(朴枝洪=七六) 씨는 지난 二十六일 상오 二시 시내 南山동 자택에서 뇌일혈로 별세하였다. 전라도 태생인 씨는 장고의 명수로 二十六세 때 대구에 이주한 이래 수많은 제자와 명기를 길러내어 우리 민속예술을 빛낸 국악계의 공로자이다. 영결식은 二十八일 하오에 거행되었다.[67]

위의 인용문 ①은 1957년 4월 21일 자 『대구매일신문』 기사로 경북문화상 공로상 수상자인 박지홍 명창을 경북국악원에 찾아가 취재한 것이고, ②는 1958년 8월 29일 자 『대구매일신문』에 실린 박지홍 명창의 사망 기사이다. ①에서 '올해 일흔넷'이라고 했으니 박지홍은 1884년생이 되는데, ②에서는 1958년 8월 26일 향년 76세로 별세했다고 하니 1883년생이 된다. 두 기사 사이에 1년의 차이가 있지만 직접 탐방하고 쓴 기사가 신뢰성에서 앞서는 것으로 판단된다. 그리고 박지홍 명창에게 여러 해 동안 배운 바 있는 권명화(1934년, 갑술생)[68]도 박지홍 명창의 띠를 원숭이띠(갑신생)로 분명하게 기억하

---

66 『대구매일신문』, 1957. 4. 21.
67 『대구매일신문』, 1958. 8. 29.
68 『대구매일신문』 기사(1957. 4. 21.) 중에 "'이 애는 나헌테 五年 배운 門下生인데 가정주부들의 지도를 맡은 선생이라'고 하며 '二十四歲인데 權明花라 부른다'고 소개를 하는 朴 옹의 말에 …" 권명화가 등장한다. 권명화와 면담은

고 있으므로 박지홍의 출생 연도는 1884년이 분명한 것으로 판단된
다. 이상과 같이 박지홍 명창은 1884년에 태어나서 1958년 8월 26일
대구 남산동에서 향년 75세를 일기로 세상을 떠났다.

4. 맺음말

이 글에서는 판소리 연구의 기초자료로 활용되고 있는 『조선창극
사』와 『판소리소사』, 『국악대사전』, 『한국음악사전』, 『한국민족문
화대백과사전』 등의 판소리 명창 관련 항목의 오류 가운데 박기홍,
김창환, 유공렬, 이동백, 김창룡, 김정문, 박지홍 등 일곱 명창의 생
몰 연도를 당시의 잡지와 신문기사 등을 바탕으로 살펴보았다.

이상에서 검토한 결과를 간략하게 정리하면 다음과 같다.

첫째, 박기홍 명창은 전라남도 나주에서 출생했으며, 1926년 6월
이전에 세상을 떠난 것으로 짐작된다. 전주대사습놀이보존회의 『전
주대사습사』에서 박기홍은 1848년에 태어나 1925년에 세상을 떠났
다고 하는 것을 참고할 수 있다.

둘째, 김창환 명창은 1855년 전라남도 광산군 삼도면 내산리 양화
마을(현 광주광역시 광산구 내산동)에서 태어나 1937년 6월 6일 고
향에서 향년 83세를 일기로 세상을 떠난 것으로 짐작된다. 다만 1938년
에 향년 84세를 일기로 세상을 떠났을 가능성도 있다.

1999년 12월 28일과 2002년 12월 7일 등 서너 차례 이루어졌다. 권명화는 1995년
5월 12일 박지홍류 살풀이로 대구광역시 무형문화재 제9호 살풀이 예능보유
자로 인정되었으며, 현재는 명예보유자이다.

셋째, 유공렬 명창은 1859년 충청남도 홍성군 고도면 가곡리(현 홍성군 갈산면 가곡리)에서 태어나 1934년 이후에 세상을 떠난 것으로 짐작된다. 『조선창극사』에서 기술한 대로 향년 77세에 작고했다면 1935년에 세상을 떠난 것이 된다.

넷째, 이동백 명창은 1866년 2월 3일(음) 충청남도 서천군 일방면 도만리(현 서천군 종천면 도만리)에서 태어났으며, 1949년 6월 6일 경기도 평택군 송탄면 칠원리 자택에서 향년 84세를 일기로 세상을 떠났다.

다섯째, 김창룡 명창은 1872년 충청남도 서천군 횡산리(현 서천군 장항읍 성주동)에서 태어나 1943년 2월 24일 향년 72세를 일기로 세상을 떠났다.

여섯째, 김정문 명창은 1890년 전라북도 남원군 주천면 주천리(현 남원시 주천면 주천리)에서 태어나 1935년 5월 18일 서울 관훈동 4번지의 조선성악연구회에서 46세를 일기로 세상을 떠났다.

일곱째, 박지홍 명창은 1884년 전라남도 나주에서 태어나 1958년 8월 26일 대구 남산동에서 향년 75세를 일기로 세상을 떠났다.

이상에서 검토한 명창들의 생몰 연도는 앞으로 보다 신빙성이 있는 결정적인 자료가 발굴되면 수정, 보완되어야 할 것이다.

판소리 명창의 삶과 예술세계

제2장

여성 판소리 명창의
생몰 연도

1. 머리말

판소리 명창과 판소리사를 올바로 이해하기 위해서는 먼저 판소리 명창의 생애사(life history)에 관심을 가져야 한다. 생애사 연구의 출발점은 정확한 생몰 연도를 밝히는 것이라고 해도 과언이 아니다. 특히 생전에 뛰어난 업적을 남겼고, 그 업적이 역사적으로 매우 중요한 의의를 지니고 있을 때 생몰 연도는 더욱 중요하다. 그런데 판소리사에 큰 족적을 남긴 뛰어난 명창이라도 정확한 생몰 연도가 알려진 경우가 드물다. 일제강점기와 그 이전에 활동했던 명창은 말할 것도 없고, 근래에까지 활동했던 명창들의 생몰 연도도 문헌마다 다른 것이 현실이다.

그동안 판소리 연구는 정노식의 『조선창극사』,[1] 박황의 『판소리소

---

[1] 정노식, 『조선창극사』, 조선일보사출판부, 1940.

사』와『판소리 이백년사』[2]에 크게 의존해 왔다. 이 저서들은 판소리와 판소리 명창, 판소리사에 관한 소중한 정보를 제공하고 있는 판소리 연구의 보고이지만 명창과 고로(古老)들의 구술을 바탕으로 저술되었기 때문에 적잖은 오류를 안고 있다. 특히 판소리 명창 연구나 판소리사 기술에 있어서 가장 기초적인 사항인 명창들의 생몰 연도에 대한 오류는 심각하다. 강용환, 유성준, 김해 김록주 등과 같이 사망한 명창들이 여전히 활동하고 있는 것으로 되어 있거나 김창환, 김창룡, 유공렬 등과 같이 생존하고 있는 명창이 사망한 것으로 되어 있는 경우도 있다.

사전류도 사정이 다르지 않다. 장사훈의『국악대사전』(세광음악출판사, 1984), 대한민국예술원의『한국음악사전』(1985), 한국정신문화연구원의『한국민족문화대백과사전』(1991)과 송방송의『한겨레음악대사전』(보고사, 2012)의 판소리 명창의 생몰 연도는『조선창극사』와『판소리소사』등을 바탕으로 작성하였기 때문에『조선창극사』와『판소리소사』의 오류를 고스란히 안고 있는 경우가 대부분이다. 연구의 기본적인 참고문헌인 사전류에 오류가 있으니 문제가 심각하지 않을 수 없다. 심지어 근래까지 생존했던 임방울, 박록주, 박초월 명창의 생몰 연도마저도 문헌마다 제각각이다.[3] 이러한 오류는 근래에 간행된『우리 국악 100년사』(한명희 외, 현암사, 2001),『명인

2 박황,『판소리소사』, 신구문화사, 1974. 박황,『판소리 이백년사』, 사사연, 1987.
3 박록주는 1905년 1월 25일(음력) 태어나서 1979년 5월 26일 사망하였고, 임방울은 1905년 4월 20일(음력) 태어나서 1961년 3월 10일 사망하였으며, 박초월은 1916(丙辰)년 9월 17일(음력) 태어나서 1983년 11월 26일 사망하였다. 임방울의 출생 연도는 2009년 2월 25일 한애순 명창에게 전화로 확인하였고, 박초월의 출생 연도는 2009년 5월 27일 조통달 명창에게 전화로 확인하였다.

명창』(정범태, 깊은샘, 2002),『증보 한국음악통사』(송방송, 민속원, 2007) 등에 여전히 반복되고 있다. 따라서 각종 문헌과 사전류 등이 안고 있는 판소리 명창의 생몰 연도의 오류를 바로잡고 미흡한 부분을 보완하는 작업이 시급하다고 하겠다.

필자는 각종 판소리 관련 문헌에 발견되는 명창들의 생몰 연도의 오류를 바로잡기 위하여 명창들의 호적, 신문과 잡지의 관련 자료, 증언 등을 조사하여 몇몇 판소리 명창의 생몰 연도에 대해 검토한 바 있다.[4] 이 글에서는 강소춘 명창을 비롯하여 김해 김록주, 김추월, 이화중선과 이중선, 김초향과 김소향, 박록주, 신금홍 등 여성 판소리 명창들의 생몰 연도를 검토해 보고자 한다.

2. 여성 판소리 명창의 생몰 연도 검토

1) 탈탈 고제 소리의 강소춘 명창

강소춘은 대구 출신의 여성명창으로, '조선 배판 이후 여창으로는 제일'이라는 찬사를 들었을 정도로 정평이 났던 소리꾼이다.[5] 이동 백에 의하면 미인 명창으로 성음이 극히 아름답고 애원성이 깃들어 춘향가의 망부사를 잘 불렀다고 한다.[6] 그리고 노년에도 창우로서의 면목이 약여(躍如)하고 웨장목의 성량은 남창을 압도할 만하였다고

---

4 김석배,「판소리 명창의 생몰 연대 검토」,『선주논총』5, 금오공과대학교 선주
   문화연구소, 2002.
5 『조선일보』, 1926. 11. 10.
6 박황,『판소리 이백년사』, 사사연, 1987, 167쪽.

한다.[7] 단가 진국명산과 강상풍월을 잘 불렀으며, 장기는 춘향가이
고 특히 사랑가와 이별가 등에 뛰어났다. 박록주는 강소춘 명창이
'아주 탈탈 고제'로 소리하는 것을 들은 적이 있다[8]고 했다.

다음은 여러 문헌에 기재된 강소춘 명창의 생몰 연도이다.

⑦ 『조선창극사』 : 미상

⑭ 『판소리소사』 : 미상

⑭ 『국악대사전』 : 미상[9]

⑭ 『한국민족문화대백과사전』 : 미상

⑭ 『한겨레음악대사전』 : 항목 없음[10]

위의 문헌에는 강소춘의 생몰 연도에 대해 언급하지 않았다. 강소
춘의 생몰 연도는 당대의 신문기사와 『조선창극사』 등의 자료를 바
탕으로 추정해 보면 다음과 같다.

① 全鮮 名唱을 모은 難再의 大演奏, 이미 발표한 일곱 사람 외에 녀
류명창의 강소춘도 참가, 본보 독자 반액 우대

일동축음긔주식회사(日東蓄音器株式會社)에서 레코트에 너키 위

---

7 정노식, 『조선창극사』, 조선일보사출판부, 1940, 245-246쪽.

8 이보형, 「경기판소리의 음악사적 위상」, 『경기판소리』, 경기도국악당, 2005,
157-158쪽. 박록주는 일동축음기상회에서 개최한 특별연주회(1926. 11. 10.
조선극장)와 관북수해구제명창대음악회(1928. 9. 12.~13. 우미관)에서 강소
춘과 함께 출연하였다. 『조선일보』, 1926. 11. 10. 『매일신보』, 1928. 9. 10.~15.

9 姜小춈으로 되어 있다.

10 이 사전의 강소춘 항목에는 『조선미인보감』에 소개된 한성권번 소속의 강소
춘에 관해 기술하고 있다.

하야 각디에 허터저 잇던 일류명창들이 모여든 긔회에 동회사의 총대
리덤인 조선축음긔상회(朝鮮蓄音器商會) 주최와 본사 후원으로 명창
총출동의 특별연주회를 개최한다 함은 긔보와 갓거니와 당일에는 작
일 본지에 발표하엿던 송만갑, 김창환, 김창룡, 김록주(김해), 박록주,
심상건, 한성준 일곱 사람 이 외에 대구의 녀류명창 강소춘(姜笑春)까
지 참가하게 되엿다 강소춘은 일부에서 조선 배판 이후 녀창으로든 데
일이라고까지 칭찬하는 사람이며 제비표레코드에 들엇는 「달거리」가
튼 것도 널리 선전되지 아니 하엿스나 아는 사람 사이에서는 걸작 (중)
의 걸작으로 치는 뎡평이 잇는 가수인즉 십일 밤 연주회의 성황은 미리
추칙할 수가 잇슬 것이다.[11]

② 「朝鮮 寶珮 宋萬甲 名唱 夜話」

記者 : 평생썻 못 니치는 영화는 무엇으로 생각하십니가?

宋氏 : 그야 물론 「어전 출연」이지요. 마츰 당시의 영친왕=지금의 리
왕뎐하=께압서 마마를 순히 하시고 자리에서 이러나시엇다 하야 엄비
의 깃버하심은 물론 고종뎨께서도 무한 깃부게 역이사 수일 동안 잔치
를 하신 일이 잇슴니다. 그쌔에 저도 황송한 처분으로 당시의 상감님
이신 고종뎨 압헤서 소리를 하는 영광을 엇덧든 것이올시다. 그쌔에
녀류명창 강소춘이도 꼿갓치 차리고 저와 함께 어전 출연을 하야 만흔
상급을 탄 일이 잇슴니다.[12]

---

11 『조선일보』, 1926. 11. 10. 제비표레코드의 〈달거리〉는 1925년 10월에 발매된
일츅죠선소리반의 "K五一三 A 短歌 달거리(一) 夏四月 初八日날 獨唱 姜笑
春, B 短歌 달거리(二) 요만하면 넉ㄱ하냐"이다. 『동아일보』, 1925. 10. 7.
12 『日東타임쓰』 제2권 제5호, 1927년 6월, 배연형, 「판소리 중고제 자료의 재검
토」, 『판소리연구』 49, 판소리학회, 2020, 18쪽, 주) 13.

③ 樂壇 初有의 大音樂會, 名唱의 犧牲的 出演

…전략… 朝鮮에 音樂會가 잇슨 이린 이만큼 男女 名唱을 알들히 모와 들닌 音樂會는 업섯슬 것이다 李東伯 金昌煥 兩氏의 名聲은 임이 天下에 썰처서 國唱이라는 尊敬까지 밧는 바이니까 다시 말을 거듭할 必要도 업거니와 오린동안 樂壇을 써나낫든 姜笑春 女史의 出演도 한 異彩이겟고 洪相健 君의 아긔자긔한 가야금 獨奏이며 彗星과 갓치 낫하난 名唱 劉聖俊 君이며 朴綠珠, 李素香, 李玉化, 李中仙 等 곳 가튼 名唱이 或은 하소하는 듯 或은 늣기는 듯 듯는 이로 하야금 황홀케 하고야 말 것이며 南鮮에 한 사람밧게 업다는 名鼓手 韓成俊 君의 伴奏는 特히 이날 밤 男女 名唱의 기운을 도도아 줄 것이니 마침 李東伯, 金昌煥 兩氏는 다른 곳에 豫約 出演이 잇슴도 도라보지 안코 "우리도 同胞의 한 사람으로서 돈은 못 내나 돈 代身 出演이나 하야서 收入되는 돈을 모와 同胞의 不幸을 救하겟다"는 尊敬할 만한 決心을 가지고 犧牲的 同情 出演을 하야 주게 되는 것이니 男女 名唱들이 다 普通 音樂會째보다 한層 더 丹誠을 다하야 노릭를 부를 것은 미리 壯談할 수가 잇는 것이다[13]

④『조선창극사』

姜小春은 慶尙道 大邱 胎生으로 現今 京畿道 安城 竹山 等地에 居한다. 高宗 光武 年間에 協律社 地方 巡廻 興行 時에 이름을 날린 劇唱家이다. 筆者 十餘 年 前에 故鄕 某 回甲宴에 參席하였을 때에 姜의 唱劇調를 暫間 들은 記憶이 있다. 늙고 廢한 남어지에 겨우 塞責하고 말었으므로 批評할 何等의 長短을 發見치 못하였으나 그 倡優的 面目은 躍

13 『매일신보』, 1928. 9. 10. 洪相健은 沈相健의 誤植이다.

如하였고 웨장목의 聲量은 男唱을 壓倒할 만하였다. 一時 聲名이 어찌 偶然하랴. 春香歌와 興甫歌에 長하다.[14]

①은 1926년 11월 10일 일동축음기주식회사의 조선총대리점인 조선축음기상회에서 레코드 취입을 위해 명창들을 초청하여 조선극장에서 명창대회를 개최한다는 기사이고, ②는 1927년 6월 『日東타임쓰』 제2권 제5호에 게재된 것으로 송 씨는 송만갑 명창이다. ③은 1928년 9월 12~13일 우미관에서 열린 관북수해구제명창음악회를 개최한다는 기사이며, ④는『조선창극사』의 '강소춘' 조에 실린 것이다.

위의 자료를 바탕으로 강소춘 명창의 생몰 연도를 살펴보기로 한다. 강소춘 명창의 출생 연도는 인용문 ②와 ③, ④에서 어느 정도 추정해 볼 수 있다. ②의 "그새에 녀류명창 강소춘이도 꼿갓치 차리고 저와 함께 어전 출연을 하야 만흔 상급을 탄 일이 잇슴니다"에서 영친왕이 천연두[痘疹]를 무난히 넘긴 것을 기뻐하여 궁중에서 연 경축연에 송만갑과 강소춘이 출연하여 상급을 받았음을 알 수 있다. 영친왕 이은(李垠, 1897~1970)이 천연두 증세를 보인 것은 1903년 4월 초순이며,[15] 1903년 4월 24일 영친왕이 천연두를 무사히 치른 것을 진하(陳賀)하였다.[16] 송만갑과 강소춘은 4월 24일의 진하성의(陳賀盛儀)에 참가하여 상을 받았던 것으로 짐작된다. 이때 적어도 강소

14 정노식,『조선창극사』, 조선일보사출판부, 1940, 245-246쪽.
15 『고종실록』, 고종 40년(1903) 4월 10일. "禮式停退. 英親王 殿下끠읍셔 痘疹의 患候가 方有ㅎ신 故로 稱慶禮式은 秋間으로 退定ㅎ야 擇日 擧行하라 ㅎ읍신 詔勅이 下ㅎ옵신지라",『황성신문』, 1903. 4. 13.
16 『고종실록』, 고종 40년(1903) 4월 24일. "陳賀盛儀. 今日은 英親王 殿下끠읍셔 痘候 順經하오신 陳賀 吉日이라 勅奏任官員이 闕內에 齊進ㅎ야 賀儀를 擧行 ㅎ얏더라",『황성신문』, 1903. 4. 24.

춘은 20대는 되었을 것이다.

③에서는 1928년 9월에 '강소춘 여사'라 했으며, 당시의 강소춘 사진도 40대 이상으로 보인다.[17] 또한 ④에서 정노식이 『조선창극사』를 집필하기 10여 년 전인 1929년 무렵의 강소춘을 "늙고 폐한 나머지"라고 할 정도였으니 강소춘은 40대 중반은 족히 되었을 것이다. 그렇다면 강소춘은 1880년대 전반 무렵에 대구에서 출생한 것으로 볼 수 있다. 그리고 강소춘이 협률사(1902~1906)와 원각사(1908), 송만갑협률사 공연에 춘향과 심청 역을 했다고 한 이동백의 증언도 참고가 된다.[18]

다음으로 강소춘 명창이 사망한 때는 언제일까? 1929년 8월 20일 경기도 안성군 이죽면 원리에 있는 죽산농우연맹의 농우학원의 경비를 위해 죽산시장 광장에서 독창을 했다는 자료[19]가 현재까지 확인된 강소춘의 마지막 공연 기록이다. 이때 강소춘은 안성(죽산)에 거주하고 있었던 것으로 짐작된다. 위의 인용문 ④에서 정노식은 강소춘 명창이 "현금 경기도 안성 죽산 등지에 거한다."라고 하였다. 그렇다면 강소춘은 『조선창극사』의 원고가 완성된 1939년 7월 무렵에는 경기도 안성군 죽산 등지에서 살고 있는 것으로 볼 수 있다.

이상과 같이 강소춘 명창은 1880년대 전반 무렵에 대구에서 출생하여 1939년에는 생존해 있었다.

한편 『조선미인보감』(1918)에 "姜笑春(二十二才), 原籍 京城府 昌城洞 三七, 現住 京城府 鐘路 一町目 二八, 技藝 歌, 羽界面, 歌詞, 各

---

17 『매일신보』, 1928. 9. 10. 9. 14.
18 박황, 『창극사 연구』, 백록출판사, 1976, 25쪽, 28쪽. 박황, 『판소리 이백년사』, 사사연, 1987, 140-142쪽, 150쪽.
19 『동아일보』, 1929. 8. 25.

種 呈才舞, 揚琴, (特)京西雜歌"[20]로 소개되어 있는, 한성권번 소속의
강소춘은 대구 출신의 강소춘 명창과는 다른 인물이다.

2) 경남 김해 출신의 김록주 명창

김해 김록주는 경남 김해 출신으로 이화중선, 김추월, 김초향 등
과 함께 한 시대를 풍미했던 여성명창이다. 소리꾼인 부친 김수룡에
게 판소리를 배웠고,[21] 10세 때 김정문 명창에게 소리를 배운 후 1910년
대 중반에 송만갑의 지도를 받아 이름을 날렸다. 아편중독으로 오랫
동안 요양하다가 1926년 11월에 일동축음기회사에서 주최한 대연
주회 출연을 계기로 다시 소리판으로 돌아왔으며, 1928년 대구에서
달성권번의 소리선생으로 있다가 요절하였다.

성음은 단단하면서도 미려하고, 창법 또한 빈틈없는 짜임에다 통
성으로 일관하고 극히 절제되어 있다. 특장은 춘향가이고, 더늠은 단
가 편시춘과 소상팔경 그리고 춘향가의 사랑가와 어사또 춘향 문전
당도하는 데 등이다. 국악방송에 출연하여 남도단가 등을 불러 성가
(聲價)를 높였으며, 고음반 10여 장에 그의 소리가 남아 있다.[22]

다음은 여러 문헌에 기재된 김해 김록주의 생몰 연도이다.

㉮『조선창극사』: 거금 7,8년 전 36,7세 사망

㉯『판소리소사』: 1896~1923년, 27세 요절

20 青柳綱太郎, 『조선미인보감』, 조선연구회·신구서림, 1918. 한성권번-8쪽.
21 호적의 본적란에 '歌客'이란 기록이 있는데, 그것은 김수룡의 직업이 소리꾼
  이란 뜻이다.
22 김석배, 「김해 김록주 명창 연구」, 『국어교육연구』42, 국어교육학회, 2008.

㉰『국악대사전』: 1896~1923년

㉱『한국민족문화대백과사전』: 1896~1923년

㉲『한겨레음악대사전』: 1897~1932년 또는 1898~1928년

『조선창극사』에 김해 김록주가 "距今 七八年 前에 死하니 時年이
三十六七 歲였다."[23]고 하였으니 사망 연도는 1931~32년 무렵이고,
출생 연도는 1896년 전후가 된다. 그리고 『판소리소사』에는 1896~
1923년(27세)이라 하였고, 『국악대사전』과 『한국민족문화대백과사
전』은 이를 따르고 있다. 한편 『한국민족문화대백과사전』에는 장흥
출신 김록주(1922년, 임술생)의 사진을 김해 김록주의 사진으로 잘
못 수록하고 있는 점도 지적해 둔다.[24]

김해 김록주의 생몰 연도부터 살펴보면 다음과 같다.

① 김록주의 호적

生年月日 : 金任全, 光武 二年(明治 三十一年) 四月 三日

死亡日時 : 昭和 貳年 拾貳月 貳拾九日 午前 參時, 大邱府 行旅病舍

② 『朝鮮美人寶鑑』

金綠珠(二十一歲)

原籍 慶尙南道 金海郡, 現住所 京城府 淸進洞 三三[25]

---

23 정노식, 『조선창극사』, 조선일보사출판부, 1940, 246쪽.

24 임성래, 「이영민 한시를 통해 본 판소리 명창의 세계」, 『판소리연구』 10, 판소
리학회, 1999, 224쪽.

25 靑柳綱太郎, 『조선미인보감』, 조선연구회・신구서림, 1918, 한남권번−23쪽.

③ 留置場 中의 美人. 기생이 아편즁독자가 되여 경찰부 류치장 속에 가치여

전조선을 통하야 가무(歌舞)에 데일위를 덤령하고 그 일홈을 시내 무교뎡(武橋町) 한성권번(漢城券番)에 두고 잇든 김록주(金綠珠)(二八)는 시드른 방초 가튼 그 몸을 수일 전에 경긔도 경찰부 형사과(刑事課) 류치장에 「모두히네」 즁독자로 텰창의 생활을 하게 되엿다 그는 일시 로유장화(路柳墻花)의 몸으로 여러 풍류탕객들의 손길에 싸혀 가진 귀염과 가진 사랑을 밧든 중에 풍정을 익이지 못하는 엇던 졍랑의 권고로 장래를 생각지 못하고 마츰내 「모두히네」 주사를 마저서 일시의 재미와 환락을 맛보다가 드듸어 옥 가튼 좌우의 팔을 비롯하야 전신에 「모두히네」 주사의 흔적이 빈틈업시 인처서 그와 가티 텰창의 신세를 지게 된 것이나 그 월태화용은 아즉까지도 만흔 탕객을 끌는 풍정이 의연히 나타나더라[26]

④ 名唱 金海 綠珠 永眠, 김해 김록쥬가 대구서 죽엇다, 遺音 남긴 소리판

朝鮮이 나흔 女流名唱으로 名聲이 半島에 놉든 金海 金綠珠가 二十九歲를 一期로 大邱 妓生券番에서 後輩 妓生들에게 歌曲을 가릇키다가 지난 十日에 마참내 이 世上을 써낫다 金綠珠는 本是 慶南 金海邑에서 生겨난 美人으로 十歲부터 南道名唱 金正文의 首弟子이엇다 以來 十有九年 동안 京鄕으로 다니며 白熱的 喝采를 밧아왓섯다 …하략…[27]

---

26 『조선일보』, 1925. 11. 29.
27 『매일신보』, 1928. 1. 13. 원문의 金正文은 金正文의 오기이므로 바로잡았다.

⑤ 꼿다운 동모의 눈물 속에. 명창 김록주의 장례 집행, 모 부호는 그의 비석을 세운다

[大邱] 朝鮮의 花柳界에 잇서서 女流名唱으로 일홈이 놉고 또 이를 낫케한 南鮮의 한 자랑써리이든 金綠珠가 스물아홉 살을 一期로 昨年 十二月에 大邱에서 慘憺한 最後를 맛치게 된 것만은 當時 임의 報道한 바이어니와 그째는 갑작히 누가 周旋하는 사람도 업섯슴으로 葬式도 번々히 치로지 못하고 그저 大邱府外 共同墓地에 假埋葬을 하여 두엇던 바 지난 十日에 慶南 金海로부터 비로소 그의 父母와 女同生이 感慨가 깁푼 大邱 쌍에 갑작이 들어서서 大邱 達城券番 總務 嚴柱祥 氏의 周旋 밋터 百餘 名 妓生들의 그야말로 슬픔이 새로울 눈물겨운 同情金에 依하야 券番葬이라고 할는지 만흔 美妓들의 隨行으로 째맛참 白雪이 四圍에 찬 銀世界의 街路를 주름잡아 府外 一里나 되는 火葬場에서 火葬을 맛치여 骸骨만은 다시 共同墓地에 뭇게 되얏는데 解凍함을 기달녀 一時 그가 一身을 맛기엿든 忠南 富豪 金某 氏가 그의 墓前에 華麗한 碑石을 세워주게 되리라 하더라[28]

위의 인용문 ①의 호적에는 김록주의 본명은 김임전이고, 1898년 4월 3일 경남 김해에서 출생하여 1927년 12월 29일 대구에서 사망한 것으로 되어 있다. ②의 『조선미인보감』(1918)에도 김록주가 21세로 소개되어 있으니 1898년생이 된다.

그리고 인용문 ③과 ④는 당시 『매일신보』에 게재된 김록주의 사망과 관련된 기사이다. 이를 통해 김록주 명창은 1928년 1월 10일에

---

28 『매일신보』, 1928. 2. 15.

29세로 사망했으며, 장례식은 2월 10일 달성권번장으로 치렀음을
알 수 있다. ①의 1928년 1월 10일은 음력으로 1927년 12월 18일이고,
④의 12월은 음력으로 1927년 12월을 뜻하는데, 사망 당시 29세라고
했으니 김록주는 1899년생이 된다.[29] 그런데 ①과 ②의 1898년생과
③과 ④의 1899년생 사이에 1년의 차이가 있다. 김록주의 장례식에
참석한 여동생 김홍주(1911~1998)가 13살 아래라는 사실[30] 등으로
미루어 볼 때 김록주는 1898년생임을 알 수 있다.

이상에서 살펴본 바와 같이 김해 김록주 명창은 1898년 경남 김해
에서 태어나 1927년 12월 18일(양력 1928년 1월 10일) 대구에서 30세
에 요절하였다.

3) 대구 출신의 김추월 명창

김추월은 1920~30년대에 이화중선, 배설향, 김해 김록주, 김초향,
박록주 등과 함께 소리판을 주름잡은 여성명창이다. 대구 출신으로
처음에는 대구의 권번[31]에서 소리공부를 하였고, 서울로 올라가 대

---

29 1928년 1월 14일 자 『동아일보』와 『중외일보』에도 김해 김록주의 사망 기사
가 있다.
30 加藤 薫, 「波濤の果てまで Ⅱ」, 『IMAJU』 26, 2002, 冬, 59쪽. 김홍주는 1981년
1월 당시 國樂協會 在日本支部長이었다. 주소 大阪市 生野小路 2-5-30.
31 대구에서 관기가 실질적으로 없어진 것은 박중양이 대구군수로 부임한 1906
년 7월의 일이다. 박중양은 관찰사가 공석이라 그 직무도 대리했는데, 이때 경
상감영과 대구부에 소속되어 있던 200명 전후의 서기, 하인, 관기를 모두 없앴
다. 대구의 기생들은 1910년 5월 무렵 기생조합소를 설립했다고 한다. "● 기
싱 언론. 대구군에셔는 기싱 등이 조합소를 셜립ᄒ고 김명계 씨를 연빙ᄒ여
일어를 빅호며 토요일마다 토론회를 ᄒᄂ듸 본월 이십팔 일에는 한국을 룡셩
케 ᄒ쟈면 할겁을 발흥케 흠과 군수를 양셩홈에 어ᄂ 것을 몬져 흘고 ᄒᄂ 문

정권번, 한성권번 등에 소속되어 있으면서 송만갑을 비롯한 당대의 명창들로부터 소리를 배워 명창의 이름을 얻었다.[32] 이동백, 신금홍과 함께 일본축음기상회의 『춘향전 전집』에 취입할 정도로 소리 기량을 인정받았다. 판소리뿐만 아니라 앉은소리[坐唱], 선소리[立唱], 시조, 가사, 영남소리, 평양소리 등에 두루 뛰어났다.[33]

김추월은 청아하고 윤기 있는 목구성으로 날렵하고 매끄럽게 소리하였는데, 특히 고음의 처리는 당대의 일인자로 중저음에서 소리를 지르다가 고음부에 이르러 갑자기 소리를 붕 띄워 고음을 평상음처럼 자유자재로 구사했다고 한다. 그리고 상청 위주로 소리를 들고 나가는 것이나 구김살 없이 질러내는 창법은 비교적 고제 동편제의 모습을 많이 가지고 있다고 한다.[34] 춘향가의 춘향이 옥에 갇힌 뒤 월매가 탄식하는 대목과 심청가의 화초타령에 뛰어났고, 육자배기도 절창이었다고 한다.[35] 김추월은 조선음률협회에 참여하는 등 1920~30년대에 각종 공연, 음반 취입 및 라디오 방송에 출연하는 등 왕성하게 활동을 하였다.

데로 토론회를 흔다는 말이 경찰서에 입문되여 그 경찰서에서 즉시 희산 식일 츠로기싱 일동을 경찰서로 불너다가 엄히 훈계ᄒ기를 녀ᄌ가 정치를 언론ᄒ는 것은 부녀의 덕을 문란케 홈이라고 효유ᄒ여 보ᄂ엿다더라", 『대한매일신보』, 1910. 5. 31.

32 "내 제자라 하여 붓그럽지 안을 이를 들면 박봉래(전남 구례), 김정문, 김초향, 김추월, 이화중선, 배설향, 申錦紅, 金研壽들인데", 宋萬甲, 「自敍傳」, 『三千里』, 1931년 4월호, 36쪽.

33 靑柳綱太郎, 『조선미인보감』, 조선연구회・신구서림, 1918, 대정권번-1쪽.

34 배연형, 「유성기음반 판소리사설(6)」, 『판소리연구』 14, 판소리학회, 2002, 426쪽.

35 박상현, 「영남의 명창들 14, 김추월」, 『국제신문』, 1994. 4. 4. 이종훈, 「최초로 〈춘향전〉 판소리 음반 전집에 취입한 대구 출신 여류 명창 김추월」, 『한국음반학』 7, 한국고음반연구회, 1997.

김추월 명창의 생몰 연도에 대한 문헌의 기록은 다음과 같다.

  ㉮『조선창극사』: 미상

  ㉯『판소리소사』: 미상

  ㉰『국악대사전』: 항목 없음

  ㉱『한국민족문화대백과사전』: 미상

  ㉲『한겨레음악대사전』: 1896~1933년 또는 1897~1933년

『조선창극사』와 『판소리소사』, 『국악대사전』에서는 김추월을 독립된 항목으로 다루지 않았고, 『한국민족문화대백과사전』에서는 생몰년 미상이라고 했다.

『조선미인보감』(1918)에는 김추월 명창을 다음과 같이 소개하고 있다.

  金秋月(22세)

  原籍 慶尙北道 大邱府, 現住 京城府 仁寺洞 二一五

  技藝-時調 西南雜歌 京四巨里 坐唱 立唱 無所不通

  딕구부에 생쟝ᄒᆞ야, 경셩 올나와 딕졍권반 들고 보니, 검샹쳠화라

  홍군취슘 여러 자믹, 쌍을 지어서 노름노리 단길 젹에 빗치 나도다 팔

  자츈산 그림 갓고 눈은 가늘며 윤퇵ᄒᆞ고 흰 살빗은 옥을 싹갓네 안진소

  리 션소리와 시조 가ᄉᆞ며 령남소리 평양소리 모다 능ᄒᆞ데[36]

김추월이 1918년에 22세라면 1897년생이 된다.

36 靑柳綱太郎, 『조선미인보감』, 조선연구회·신구서림, 1918, 대정권번-1쪽.

다음의 1933년 2월 22일 자 『조선일보』에 게재된 김추월 명창의 사망 기사는 김추월의 사망 연도를 분명하게 알려주고 있다.

> 女流名唱 金秋月 客死
>
> 【大邱】 일즉이 조선악계(朝鮮樂界)에 명성(名聲)이 놉든 녀류가수 (女流歌手) 김추월(金秋月)(三七)은 지난 오일경 리동백(李東伯) 일행 과 가티 대구에서 연주 흥행(興行)하엿는대 지난 십사일 부내 북내정 (北內町) 모친척의 집에서 「모루히네」 중독(中毒)으로 돌연 사망하고 말엇다는 바 그의 명창은 「레코-드」에 올른 것이 수십여 매이며 그의 사망은 조선 고악계에 일대 손실이라 한다.[37]

위의 기사에서 김추월이 공연차 이동백 일행과 함께 대구에 내려 왔다가 1933년 2월 14일 북내정(현 대구광역시 중구 북내동) 친척집 에서 모르핀 중독으로 37세에 사망했다는 사실을 확인할 수 있다. 1933년에 37세로 사망했다고 하니 김추월의 출생 연도는 1897년이 되고, 그것은 『조선미인보감』의 1918년 당시 22세와도 일치한다.

이상과 같이 김추월 명창은 1897년 대구에서 태어나 1933년 2월 14일 37세로 요절하였다.

4) 자매 명창인 이화중선과 이중선

이화중선은 김해 김록주, 김초향과 더불어 일제강점기를 대표하

---

37 『조선일보』, 1933. 2. 22.

는 여성명창이다. 1915년 17세 때 장재백 명창의 조카 장득진의 첩으로 들어가 소리를 배웠으며, 남원권번에서 김정문 명창에게 소리를 배워 이름을 알리기 시작하였다. 1921년 서울로 올라와서 조선권번에 기적을 두었으며, 송만갑, 이동백 등의 지도를 받고 정진하여 당대 최고의 여성명창으로 이름을 날렸다. 대동가극단에 참여하여 전국순회공연을 다녔고, 1943년 재일교포 위문공연을 위해 일본으로 건너가 공연을 다니던 중 배가 전복되어 익사하였다.

이화중선은 성음이 뛰어나게 아름답고 샘물 솟듯이 막힌 데가 없었으며, 소리를 조작하지 않고 나오는 대로 하여도 규범에 틀림이 없이 유창하게 잘 불렀다. 장기는 춘향가의 사랑가와 심청가의 추월만정이다. 수많은 공연과 국악방송, 100여 장의 음반을 통해 이름을 날렸다.[38]

이화중선 명창의 생몰 연도에 대한 문헌의 기록은 다음과 같다.

㉮『조선창극사』: 거금 42년 전 부산에서 출생
㉯『판소리소사』: 1898~1943년
㉰『국악대사전』: 1898~1943년
㉱『한국민족문화대백과사전』: 1898~1943년
㉲『한겨레음악대사전』: 1898~1943년

『조선창극사』에는 "이화중선은 거금 사십이년 전에 경상남도 부

---

38 정노식,『조선창극사』, 조선일보사출판부, 1940, 247-251쪽. 박황,『판소리소사』, 신구문화사, 1974, 92-94쪽. 최혜진,「이화중선의 생애와 예술」,『판소리의 전승과 연행자』, 역락, 2003.

산에서 출생하였다."³⁹고 하였으니 출생 연도는 1897년이 된다. 『판
소리소사』에는 생몰 연도를 '1898~1943년'이라 하였으며, 『국악대
사전』과 『한국민족문화대백과사전』, 『한겨레국악대사전』 등은 모
두 이를 따르고 있다.

먼저 이화중선의 출생 연도부터 살펴보면 다음과 같다.

① 호적

生年月日 : 光武 參年 九月 拾六日 父 亡 李春實 母 亡 金氏 長女 本
貫 全州李

死亡日時 : 昭和 拾九年 壹月 壹日 午後 七時 長崎縣 東彼村郡 江上
村 赤子灣에서 死亡⁴⁰

②『벽소시고』

李花中仙 同 戊戌生 生于大邱 後居筏橋 李春實 長女 學于張在伯⁴¹

③『モダン日本(朝鮮版)』, 1939년 11월호

金正文に師事. 釜山生 四十二⁴²

위의 인용문 ①의 호적에 이화중선은 전주이씨로 광무 3년(1899)

---

39 정노식, 『조선창극사』, 조선일보사출판부, 1940, 247쪽.
40 全羅北道 任實郡 屯南面 322番地의 李在三의 호적에 등재된 妻 이화중선의
   호적 기록이다. 全羅北道 淳昌郡 赤城面 雲林里 549番地의 張得眞의 民籍簿
   에는 이화중선이 妾으로 되어 있다.
41 이영민, 『벽소시고』, 53쪽. '同'은 唱劇調이다.
42 「朝鮮百人物」, 『モダン日本(朝鮮版)』, 1939년 11월호(1939년 11월 1일 발행),
   345쪽.

9월 16일 부 이춘실과 모 김씨의 장녀로 출생한 것으로 되어 있다.[43] 그리고 ②의 『벽소시고』에서는 무술생(1898)으로, ③의 1939년 11월 호 『모던일본(조선판)』에는 42세(1898년생)로 되어 있다. 출생 연도에 1년 차이가 있는데, 호적보다 『벽소시고』가 신빙성에서 앞서는 것으로 판단되므로 이화중선은 1898년생이 옳을 것이다.

그리고 이화중선의 사망에 대해서도 전하는 내용이 상이하다.

③ 박황, 『판소리 이백년사』

이 대동가극단이 1943년 일본으로 건너가 공연을 하게 되었는데, 대동가극단으로서는 두 번째의 도일공연이었다. 일본의 레코드 회사에서 임방울과 화중선의 음반 취입을 하게 된 것을 계기로, 일본 각지의 군수품 공장과 탄광에 징용된 한국인 노무자를 위문하기 위하여 큐슈(九州)의 오무라(大村), 야하타(八幡)에서 공연을 마치고 오사카(大阪)로 가려고 그 일행은 연락선을 타게 되었다. …중략… 화중선은 한국에 있을 때부터 신병을 앓았는데, 겹치는 피로와 영양 부족으로 병세는 날로 악화되었다. 당시 일행이었던 임방울과 안영환의 말에 의하면, '죽고 싶다'는 말을 여러 번 하였었는데, 이날 새도나이카이(瀨戶內海)를 항해 중인 연락선 2등실에 누워 있던 화중선은 아무도 모르게 갑판으로 올라가 바다로 뛰어들어 수중고혼이 되고 말았으니, 화중선의 그때 나이 46세였던 것이다.[44]

---

43 이화중선의 출생지는 대구, 부산, 남원 등으로 알려져 왔는데, 근래에 김용근은 목포 출생이라고 하였다. 김용근, 『이야기로 풀어보는 지리산 판소리』, 지리산판소리연구소 · 가왕송흥록가후손가족회, 2008, 386쪽.
44 박황, 『판소리 이백년사』, 사사연, 1987, 198쪽.

④ 이보형, 「여류명창 이화중선에 얽힌 생몰의 의문」

그 노인에 의하면 당시에 이화중선이 나까사끼겐 시골에 오게 된 것
은 당시에 한국교민 모 씨가 일본 순회공연 중인 이화중선 일행을 흥행
공연차 한국인 노무자가 많은 그곳에 초청한 데 기인한 것이라고 하였
다. 그러나 모 씨는 흥행 성과가 시원치 않아서 계약대로 출연료를 지
불하지 않았고, 이 일로 이화중선 일행과 싸움이 붙었고, 속이 상한 일
행은 그곳 앞바다에 한국인들이 살고 있는 조그만 섬으로 전마선(보
트)을 타고 건너갔다 한다. 그 전마선에 탄 일행은 이화중선을 포함하
여 여자 둘, 그리고 남자 둘이었는데 그날 저녁에 폭풍이 불어 물결쳐
서 전마선이 뒤집어졌고 남자와 여자 하나는 북을 안고 헤엄치다가 구
조를 받았으나 이화중선과 다른 남자 하나는 그만 익사하고 말았다는
것이다.[45]

⑤ 최영자, 「名唱과 춤」

1943년 여름 어느 날. 장소는 日本 九州 大分縣 北海部郡 坂ノ市町
(오이타겐 기타하마배군 사카노이마치). 당시 14세의 나에게 청천벽력
같은 소식이 전해 왔다. 나가사끼 어느 마을(한인 집단마을)에 공연단
을 인솔하고 가신 아버지의 소식이다. 강을 건너다 배(뗏목)가 뒤집혀
져서 그 배에 탔던 모든 사람들이 강에 빠졌는데 아버지와 이화중선
명창만 죽었다는 것이었다. …중략… 이 명창이 극단 '대동극단'을 인

---

45 이보형, 「여류명창 이화중선에 얽힌 생몰의 의문」, 『국악』, 2001년 7월호, 국
악중심, 51쪽. 이 노인은 당시 일본 큐슈에 노무자로 가서 이화중선이 죽은 현
장에 있었다고 한다. 비슷한 내용의 曺兌庸(庚申生)의 증언도 있는데, 이화중
선이 11월에 죽었다고 했다. 문화재연구소, 「판소리 유파」, 문화재관리국,
1992, 184쪽.

솔해서 일본 어느 곳에서나 그 지방 유지들의 도움으로 흥행했었다. 아버지께서는 그런 경로로 인해서 이 명창과 알게 되었고, 坂ノ市 주변과 나가사끼까지 소개되어 동행하게 된 것이다. 나가사끼 어느 마을에서 4~5일간 공연을 마치고 다음날 공연 장소로 가는 도중 강을 건너다 변을 당하게 되었다는 것이다. 정원을 초과한 15명의 단원들이 탄 배가 뒤집혀졌으나 다행히 강의 깊이와 물살이 약해서 모두 건너왔지만 정신을 차리고 보니 이 명창만 보이지 않아 찾아보니 저만치 떠내려가는 것을 목격하고 구출했으나 이미 죽었다는 것이다. …중략… 그때 사고 당시 아버지는 공연이 끝난 집단마을에서 패싸움이 생겨 그 싸움을 말리고 중재하느라 사고 난 뗏목에 일행과 함께 동행하지 못한 관계로 무사했다는 것이다. 늦게 찾아가 알고 보니 이런 사정이었다. 이 명창의 장례는 大阪 한일예술단 모임에서 '조선명창장'으로 거행되었다.[46]

앞에서 인용한 ①의 호적에는 이화중선이 1944년 1월 1일 오후 7시 日本 九州 長崎縣 東彼村郡 江上村 赤子灣에서 사망한 것으로 되어 있고,[47] 인용문 ③에는 이화중선이 일본 큐슈 오무라 야하다에 위문공연차 갔다가 오사카로 가는 연락선에서 신병을 비관하여 투신자살한 것으로 되어 있다. 그러나 ④와 ⑤에는 이화중선은 큐슈에서 배가 전복되는 사고로 익사하였다고 하였다. ④는 이화중선의 사망

---

46 최영자, 「名唱과 춤」, 『민속문화』 창간호, 대구경북민속문화연구회, 2006, 56쪽. 최영자(己巳生, 1929) 씨는 대구 신명여고를 졸업하고, 경북대 의대를 중퇴하였다. 2007년 5월 28일 오후 6~8시 팔공산채비빔밥정식 식당에서 면담조사와 2009년 2월 10일 오후 1시 전화면담을 하였는데, 이때 '北海道'는 '大分縣 北海部郡'의 誤字임을 알려주어 바로잡았다.
47 1944년 1월 1일은 음력 1943년 12월 6일이다.

현장에 있었던 노인의 증언이고, ⑤는 글쓴이인 최영자의 부친과 관련된 일이기 때문에 신뢰할 만하다. 이화중선은 일본 큐슈 오무라에서 오사카로 가는 연락선에서 투신자살한 것이 아니라 1943년 일본 큐슈에서 배가 전복되는 바람에 익사하였던 것이다.

이상에서 살펴본 바와 같이 이화중선 명창은 1898년에 태어나 1943년 일본 큐슈에서 배 전복 사고로 46세에 사망하였다.

다음으로 이화중선의 동생인 이중선의 생몰 연도에 대해 간략하게 살펴보기로 한다. 호적에는 이중선이 1911년 6월 13일 남원에서 부 이춘실과 모 이팔비의 이녀로 태어난 것으로 되어 있고,[48] 『벽소시고』에는 계묘생(1903)[49]으로 되어 있어 큰 차이가 있다. 『벽소시고』가 신뢰성에서 앞서고, 호적에 이중선이 전남 무안 출신의 강남중(1900년생)과 1926년에 결혼, 1928년에 이혼한 것으로 보아 이중선의 출생 연도는 1903년이 옳을 것이다.[50]

한편 전라북도 부안군 부안읍의 매창공원에 있는 이중선의 묘비문에 1932년 부안 읍내 어느 집 골방에서 한 많은 생애를 마쳤다고 되어 있는데, 그것은 잘못된 것으로 보인다. 1934년 8월 15일 자 『조선일보』의 「삼남 수재 동정 연주의 밤 청진에서는 구제 연주대회」 기사에 "지난 9일 밤 8시부터 개최하였던바 … 대동가극단의 왕좌 이화중선 자매의 도움도 받고"에서 알 수 있듯이 이중선은 1934년 8월에 생존한 것이 분명하다. 김용근에 의하면 이중선은 1935년 8월 19일 전라북도

---

48 이춘실의 호적. 김용근, 『이야기로 풀어보는 지리산 판소리』, 지리산판소리연구소·가왕송흥록가후손가족회, 2008, 378쪽.

49 "李中仙 唱劇 癸卯生 李春實 二女 學于張在伯", 60쪽.

50 송방송, 『한겨레음악대사전』(보고사, 2012)에는 1901~1932년 또는 1903~1935년으로 되어 있다.

부안군 부안읍의 관야병원에서 폐결핵으로 요절했다고 한다.[51]

5) 대구 출신 자매 명창 김초향과 김소향

김초향은 대구 출신으로 일제강점기에 이화중선과 쌍벽을 이룬 여성명창이다. 12세부터 대구에서 가곡을 배웠고, 14세(1913년)에 서울로 올라가[52] 이동백, 김창환, 정정렬, 송만갑 등에게 소리를 배웠다. 한 달 스무날 만에 판소리 다섯 바탕 가운데 중요한 몇 대목을 배워 1913년 3월부터 광무대와 장안사 무대에 섰다.[53] 16세 때 대구로 내려와 대구기생조합에 기적을 두었고, 20세 때 다시 서울로 가서 대정권번에 기적을 두었다. 그리고 30세에 혼인하여 소리판에서 일찍 퇴장하였기 때문에 판소리사에서 오랫동안 잊혀 있었다.

정노식은 『조선창극사』에서 김초향의 소리를 "저의 소리는 억양이 과하고 일구일절에 偏辟히 힘을 쓰므로 전체를 통괄하는 데 虛遺가 없지 아니하다. 그리고 인위적에 너무 흘러서 부자연한 점이 많은 만큼 이것이 그의 대결점이 아닌가 한다."[54]라고 평한 바 있다. 흥보가에 뛰어났으며, 춘향가의 이별가와 심청가의 범피중류 등이 고음반에 남아 있다.

김초향 명창의 생몰 연도에 대한 문헌의 기록은 다음과 같다.

---

51 김용근, 『이야기로 풀어보는 지리산 판소리』, 지리산판소리연구소·가왕송흥록가후손가족회, 2008, 389쪽.
52 「예단일백인 (68)」, 『매일신보』, 1914. 4. 29.
53 『매일신보』, 1913. 5. 2.
54 정노식, 『조선창극사』, 조선일보사출판부, 1940, 252-253쪽.

㉮『조선창극사』: 지금부터 40년 전 대구에서 출생

㉯『판소리소사』: 1900년생

㉰『국악대사전』: 1900~?

㉱『한국민족문화대백과사전』: 항목 없음

㉲『한겨레음악대사전』: 1900~1983년

『조선창극사』에 김초향은 "지금부터 40년 전에 대구에서 출생하였다."[55]고 하였으니 1899년생이 된다.

먼저 김초향의 출생 연도부터 살펴보기로 한다. 1977년에 김초향을 취재하고 쓴 「감은 눈가로 번지는 눈물」에서 '올해 일흔여덟 살이고, 고향은 대구서 한 이십 리 들어간 성내'[56]라고 했으니 1900년에 대구 성내동에서 태어났음을 알 수 있다. 그리고 1935년 5월 20일 자 『조선중앙일보』의 김정문 사망 기사의 "17일 오후에 기생 김초향의 생일잔치"에서 5월 17일 곧 음력 4월 15일이 생일임을 알 수 있다.

김초향의 사망 연도는 근래에 확인되었는데, 1983년 2월 노환으로 서울의 모 병원에서 편안하게 눈을 감았으며[57] 양아들이 음력 정월 보름에 기제사를 올리고 있다고 한다.[58] 음력 1983년 1월 15일은 양력으로 2월 27일이다.

이상에서 살펴본 바와 같이 김초향 명창은 1900년 4월 15일 대구

---

55 정노식,『조선창극사』, 조선일보사출판부, 1940, 251쪽.

56 설호정,「감은 눈가로 번지는 눈물」,『뿌리깊은나무』, 1977년 3월호, 한국브리태니커사, 100쪽.

57 박상현,「영남의 명창들 ⑥ 김초향」,『국제신문』, 1994. 2. 3.

58 최미화,『여성 100년』, 홍익포럼, 2000, 148쪽. 필자는 최 기자가 1998년『매일신문』에「여성 100년」을 연재하면서「김초향 여류명창」(10. 9.)에 대해 취재할 당시 양아들에게 김초향의 생몰 연도를 확인하도록 부탁하였다.

성내동에서 태어나서 1983년 2월 서울의 모 병원에서 향년 84세를 일기로 세상을 떠났다.

다음으로 김초향의 동생인 김소향의 생몰 연도에 대해 간략하게 살펴보기로 한다. 김소향은 14세에 권번에 들어가 갖은 고락을 겪다가 정정렬 명창을 모시고 절에 들어가 공부하여 소리의 진수를 체득하였다. 1931년 3월 30~31일 단성사에서 열린 조선음률협회의 제2회 공연에 출연하여 자신의 진가를 세상에 알렸는데,[59] 이때가 방년 21세라고 하니 1911년생이 된다. 그리고 김소향은 김초향과 함께 춘향가의 모흥갑제 이별가와 어사와 장모를 취입한 후에 곧 요절하였다고 하는데,[60] 이 음반은 1935년 2월에 발매된 빅타판 "V.49101-A 春香傳 離別歌 倂唱 金楚香 金小香 長鼓韓成俊", "V.49101-B 春香傳 春香母와 御史 對面 倂唱 金楚香 金小香 長鼓 韓成俊"이다. 김소향은 1932년 6월 22일 공회당에서 열린 조선음률협회 제3회 공연에 출연[61]하였고, 1933년 11월 20~22일 경기도 수원군 오산시장에서 열린 조선일류명창대회에 참여[62]한 후 더 이상 김소향과 관련된 기사가 발견되지 않으며, 1934년 5월에 발족한 조선성악연구회에도

---

59 「순수한 조선 노래를 위하야 몸을 바쳐, 새로 악단에 진출하는 김소향 양의 결심」, 『매일신보』, 1931. 3. 29. 조선음률협회 제2회 공연에서는 단가 편시춘과 경포완월, 춘향가의 옥중가(천지삼겨)와 적벽가의 조조가 관운장 만나는 데를 연창하였다. 『매일신보』, 1931. 3. 29.
60 이보형, 「역사 속에 숨어버린 여류명창 김초향」, 『국악』, 2001년 3월호, 국악중심, 50쪽.
61 이때는 단가 편시춘과 춘향가의 몽중가를 연창하였고, 서도잡가 수심가와 노랫가락을 김향란과 병창, 춘향가의 이별가를 김초향과 병창하였다. 『매일신보』, 1932. 6. 21.
62 출연자는 정정렬, 오태석, 김초향, 김소향, 김여란 등이다. 『매일신보』, 1933. 11. 2.

이름이 보이지 않는다. 그러다가 1937년 10월 27일 경성방송국 국악방송에 등장하여 단가 대장부와 흥보가의 박타령을 연창하였는데, 고수는 한성준이다.[63] 이러한 사실로 미루어보면 김소향은 1937년에는 생존하고 있었지만 얼마 지나지 않은 때에 요절한 것이 아닌가 한다.

6) 경북 선산 출신의 박록주 명창

박록주는 경북 선산 출신의 여성명창으로 본명은 박명이이고, 호는 춘미(春眉)이다. 어릴 때 부친 박재보에게 소리를 배웠으며, 12세 때 박기홍에게 춘향가 전 바탕과 심청가 일부를 배웠다. 1919년에 대구기생조합의 염농산 밑에서 기생수업을 하였고, 1923년 상경하여 송만갑에게 춘향가를 배웠으며 한남권번에 기적을 두고 활동하였다. 1931년 김정문에게 흥보가와 심청가를 배웠고, 이 무렵에 송만갑에게 적벽가, 정정렬에게 춘향가와 숙영낭자전, 유성준에게 수궁가를 배웠다. 일제강점기에는 조선성악연구회에서 활동하였고, 해방 후에는 1948년 여성국악동호회 회장과 1972년 판소리보존회 회장을 역임하였다. 1964년에 중요무형문화재 제5호 판소리(춘향가) 보유자가 되었고, 1973년에 판소리(흥보가) 보유자가 되었다. 장기는 흥보가와 춘향가였고, 특히 흥보가의 제비노정기와 비단타령에 뛰어났다. 일제강점기에 제비표조선레코드를 비롯하여 콜럼비아, 빅타, 포리돌, 시에론 등의 고음반에 단가 대관강산과 사랑가, 이별

---

63 "同 八時 二五分 唱劇調 一, 短歌 大丈夫 二, 唱劇調 박타령 金小香 鼓手 韓成俊", 『조선일보』, 1937. 10. 27.

가, 소상팔경 등 수많은 소리를 남겼다.[64]

박록주 명창의 생몰 연도에 대한 문헌의 기록은 다음과 같다.

    ㉮ 『조선창극사』 : 당년 36세
    ㉯ 『판소리소사』 : 1906~1981년, 향년 76세[65]
    ㉰ 『국악대사전』 : 1905~1979년
    ㉱ 『한국민족문화대백과사전』 : 1906~1979년
    ㉲ 『한겨레음악대사전』 : 1906~1979년[66]

여러 자료를 바탕으로 박록주 명창의 생몰 연도에 대해 살펴보면 다음과 같다.

    ① 호적
    本籍 : 慶尙北道 善山郡 高牙面 官心洞 四百參拾七番地
    戶主 : 朴在甫 妻 朴順伊 長女 命伊 長男 泰述 二男 萬浩 三男 萬述
貳女 福禮
    生年月日 : 命伊 明治 三十八年 二月 十五日

    ② 박록주, 「나의 이력서 (1)」
    "내가 이 세상에 난 것은 1905년 1월 25일이었다. …중략… 나를 낳
아준 아버님은 성함이 朴重根이요 어머님은 權順伊다. 그래서인지 나

---

64 김석배, 『판소리 명창 박록주』, 애드게이트, 2020. 김석배, 『소리에 길을 묻다,
    인간문화재 박록주 명창』, 애드게이트, 2022.
65 사망 연도는 박황, 『판소리 이백년사』(사사연, 1987, 262쪽)에서 인용하였다.
66 본문에서는 1905년 2월 15일 박재보의 3남 2녀 중 맏딸로 태어났다고 하였다.

의 어렸을 적 이름은 어머님의 伊 字를 따서 命伊라고 했다.[67]

③ 박록주, 「나의 이력서 (38)」

"중요무형문화재 제5호에 들어간 것은 내가 나이 61살이 된 1965년
이다. …중략… 나의 은퇴공연은 1969년 10월 15일 당시 국립극장(현
명동예술극장)서 가졌다. 65살 되던 해였다.[68]

위의 자료를 살펴보면 박록주 명창의 출생 연도는 1905년이 분명
하다.

다음은 박록주 명창의 별세를 알리는 『동아일보』의 기사이다.

④ 판소리 人間文化財 朴綠珠 여사 別世

판소리의 명인 인간문화재 박록주 여사가 26일 오후 1시 서울 동대
문구 면목 5동 155의 37 자택에서 숙환으로 별세했다. 향년 74세. 국악
장으로 치러질 장례는 30일 오전 11시 예총 광장에서 발인하며 화장
후 유골은 종로구 봉익동 大覺寺에 안치된다.[69]

---

67 박록주, 「나의 이력서 (1)」, 『한국일보』, 1974. 1. 5.
68 박록주, 「나의 이력서 (38)」, 『한국일보』, 1974. 2. 28. 박록주 명창이 공식적으
로 중요무형문화재 제5호 판소리 춘향가 예능 보유자가 된 것은 1964년 12월
28일인데, 이때 김연수, 정광수, 김여란, 박초월, 김소희와 함께 인정되었다.
그 후 박록주 명창은 1973년 11월 5일 중요무형문화재 제5호 흥보가 예능보유
자로 변경되었다.
69 「판소리 人間文化財 朴綠珠 여사 別世」, 『동아일보』, 1979. 5. 28. 원문의 향년
74세는 향년 75세의 잘못이다. "판소리 名唱 朴綠珠 여사 別世. 평생을 국악에
바쳐온 판소리의 명인 朴綠珠 여사(인간문화재 5호)가 26일 하오 1시 서울 東
大門구 面牧5동 155의 37 자택에서 별세했다. 향년 75세. …중략… 국악장으
로 치러질 장례는 30일 하오 1시 자택에서 불교식으로 거행된다.", 「판소리 명
창 박록주 여사 별세」, 『경향신문』, 1979. 5. 28.

이상과 같이 박록주 명창은 1905년 1월 25일 경북 선산 고아에서 태어나 1979년 5월 26일 서울 동대문구 면목 5동의 자택에서 향년 75세를 일기로 세상을 떠났다.

7) 경남 함양 출신의 신금홍 명창

신금홍은 1920~30년대에 이화중선, 김추월, 김해 김록주, 김초향, 박록주 등과 함께 어깨를 나란히 하며 인기를 누렸던 여성명창이다.[70] 대구기생조합에서 소리공부를 하였고, 1925년에는 한성권번 소속으로 활동했다. 1930년부터 1933년까지 대구의 달성권번 소리선생으로 활동하였고,[71] 그 때문에 "대구가 낳은 신진국창 신금홍"으로 소개되기도 했다.[72] 그 후 다시 서울로 올라가 조선성악연구회 등에 참여하여 활동했다.

신금홍은 1926년에 일축판 『춘향전 전집』과 1934년에 시에론판 『춘향전 전집』에 취입할 정도로 기량이 뛰어났으며, 가야금병창에도 뛰어났다. 송만갑에게 소리를 배웠고,[73] 이소희의 전언에 의하면

---

[70] "일류명창으로 연단에만 올라서면 만인의 이목을 끄으는 신금홍은", 『동아일보』, 1927. 10. 7.

[71] 김해 김록주(1898년생)는 1927년 무렵부터 달성권번의 소리선생으로 있다가 1928년 1월 10일 30세에 요절하였다. 김석배, 「김해 김록주 명창 연구」, 『국어교육연구』 42, 국어교육학회, 2008, 336쪽.

[72] "본보 대구지국(本報大邱支局)에서는 다사다단하든 삼십일년도 다 저문 오는 이십칠일 밤 대구공회당(大邱公會堂)에서 시내의 전독자에게 이 해의 마지막 위안을 드리고저 조선음악무용(朝鮮音樂舞踊)을 공연하게 되는데 대구가 나흔 신진국창 신금홍과 이 쏘한 국창의 김추월의 래구의 긔회를 어더저(笛) 잘 불기로 조선명수인 박종긔(朴鍾基)와 조선고대무용의 김남수(金南壽) 등이야말로 관중을 황홀에 도취케 할 사대 명인의 「언파레-드」인 만큼 미리부터 만도의 인긔는 집중 되고 잇는데", 『조선일보』, 1931. 12. 29.

박기홍 · 박중근 · 김정문에게 소리를 배웠다.

신금홍 명창의 생몰 연도에 대한 문헌의 기록은 다음과 같다.

    ㉮『조선창극사』: 항목 없음

    ㉯『판소리소사』: 항목 없음

    ㉰『국악대사전』: 항목 없음

    ㉱『한국민족문화대백과사전』: 항목 없음

    ㉲『한겨레음악대사전』: 1906~1942년

신금홍의 출생 연도에 대해서는 다음 자료가 주목된다.

    ①「名唱大會 臨迫 人氣漸沸騰」

    申錦紅…경상도 함양(咸陽) 출생으로 현재 한성(漢城)에 기적을 두 엇스나 그전에는 대구(大邱)에서 명성을 떨치엇섯다 그 특장은 심청가 라고[74]

    ②오태석, 「남창이 본 여류명창」

    朴綠珠, 지금 조선에 명기 명창하면 으레히 이 이를 칠 것이다. 지금 나이 三十二에, 소리 잘하기로는 너무나 유명하다.

    …중략…

---

73 송만갑은 「자서전」에서 "내 弟子라 하여 붓그럽지 안을 이를 들면 朴鳳來(全 南 求禮), 金正文, 金楚香, 金秋月, 李花中仙, 裵雪香, 申錦紅, 金研壽들인데" 라고 하였다. 송만갑, 「자서전」, 『삼천리』, 1931년 4월호, 36쪽.

74 「名唱大會 臨迫 人氣漸沸騰, 남녀 일류명창 출연 압두고 當夜 豪華陳 一覽」, 『매일신보』, 1935. 1. 25. 원문의 申眞紅은 申錦紅의 誤植이므로 바로잡았다.

申錦紅, 경상도 함양에서 나서 올에 서른하나이다. 이 이의 목소리처럼 자연스럽게 울어나오는 것은 참으로 드물 것이다.[75]

위의 인용문 ②에서 오태석은 1935년 당시 박록주가 32세, 신금홍이 31세라고 하였다. 박록주가 1905년생이니 신금홍은 1906년생이 된다.[76]

신금홍 명창의 사망 연도를 밝힐 수 있는 구체적인 자료를 찾지 못하였다. 다만 이소희의 증언에 의하면 신금홍은 30대 후반인 1942~1943년 무렵 대구에서 아편중독으로 사망했다고 하였다.[77]

이상과 같이 신금홍 명창은 1906년 경남 함양에서 태어나 1942~43년 무렵 대구에서 아편중독으로 30대 후반에 요절한 것으로 짐작된다.

3. 맺음말

판소리 명창이나 판소리 및 판소리사 연구를 위해서는 명창들의

---

[75] 오태석, 「남창이 본 여류명창」, 『삼천리』, 1935년 11월호, 177-178쪽.

[76] 1935년 8월 아편을 하다가 붙잡혔을 때 박록주 31세, 신금홍 30세라고 한『동아일보』(1935. 10. 12.)의 기사도 참고가 된다. 다만 30세 동갑으로 된 신문기사도 있다.

[77] 이소희는 신금홍과 친밀한 교분을 가졌던 국악인으로, 원로 국악인에게 들은 것이라며 신금홍은 대구에서 태어나 거창에서 어린 시절을 보내고 다시 대구로 와서 판소리를 익혔다고 하였다. 박상현, 「영남의 명창들 ⑯, 신금홍」, 『국제신문』, 1994. 4. 28. 이소희는 경남 통영 출신인 이진영 명창의 딸이다. 박상현, 「영남의 명창들 ⑨, 이진영」, 『국제신문』, 1994. 3. 3.

정확한 생몰 연도를 파악하는 것이 매우 중요하다. 그런데 판소리 관련 문헌에 판소리 명창들의 생몰 연도가 제각각일 뿐만 아니라 잘못된 경우가 허다하여 문제가 심각하지 않을 수 없다.

이 글에서는 호적과 당시의 신문기사나 잡지, 증언 등을 바탕으로 강소춘 명창을 비롯하여 김해 김록주, 김추월, 이화중선과 이중선, 김초향과 김소향, 박록주, 신금홍 등 여성명창의 생몰 연도를 검토하여 각종 문헌의 오류를 바로잡았다. 이를 위해 판소리 명창의 생몰 연도를 검토하고 각종 문헌의 오류를 바로잡기 위해서『조선창극사』,『판소리소사』등의 판소리 관련 문헌을 비롯하여 호적, 일제강점기의 신문과 잡지, 명창의 증언 등을 면밀히 검토하였다.

이상에서 검토한 판소리 여성명창들의 생몰 연도를 간략하게 정리하면 다음과 같다.

① 강소춘 명창은 1880년대 전반 무렵에 대구에서 태어나 1939년에는 경기도 안성 죽산에 생존하고 있었다.

② 김해 김록주 명창은 1898년 경남 김해에서 태어나 1927년 12월 18일(양력 1928년 1월 10일) 대구에서 30세에 요절하였다.

③ 김추월 명창은 1897년에 대구에서 태어나서 1933년 2월 14일 37세에 대구에서 요절하였다.

④ 이화중선 명창은 1898년에 태어나서 1943년 日本 九州 長崎縣에서 배 전복 사고로 46세에 세상을 떠났으며, 이중선은 1903년에 태어나서 1935년 부안에서 33세에 요절한 것으로 추정된다.

⑤ 김초향 명창은 1900년 4월 15일 대구 성내동에서 태어나서 1983년 2월 향년 84세를 일기로 세상을 떠났으며, 김소향은 1911년 대구에서 태어나 1937년까지는 생존하고 있었지만 그 후 요절한 것으로 추

정된다.

⑥ 박록주 명창은 1905년 1월 25일 경북 선산 고아에서 태어나서 1979년 5월 26일 서울 동대문구 면목 5동의 자택에서 향년 75세를 일기로 세상을 떠났다.

⑦ 신금홍 명창은 1906년 경남 함양에서 태어나 1942~43년 무렵인 30대 후반에 아편중독으로 대구에서 요절한 것으로 짐작된다.

앞으로 더 신빙성이 있는 자료가 발굴되면 명창들의 생몰 연도는 수정, 보완되거나 확정될 수 있을 것이다. 그리고 연구자들이 힘을 모아, 현재까지 정확한 생몰 연도가 밝혀지지 않은 명인 명창들의 생몰 연도를 밝히기 위해 함께 노력해야 할 것이다.

판소리 명창의 삶과 예술세계

참고문헌

제1부 박동진 명창의 삶과 예술세계

제1장 박동진 명창의 삶과 현대 판소리사적 위상

「명인명창전, 박동진」,『국민일보』, 1994. 2. 19.

「명창 박동진 선생」,『경향신문』, 1984. 2. 16.

「무형문화재 박동진 장로의 신앙 간증 (8)」,『기독신문』, 1999. 3. 17.

「박동진 씨 판소리 홍보가 연주회」,『매일신문』, 1996. 4. 19.

「판소리 명창 박동진 씨」,『중앙일보』, 1991. 8. 31.

「판소리 명창 박동진 옹」,『매일경제신문』, 1990. 10. 23.

「판소리 제1의 명창 박동진 옹」,『경향신문』, 1990. 2. 7.

「판소리 중요무형문화재 박동진 씨」,『매일경제신문』1987. 2. 25.

강윤정,「박동진 판소리 창본 연구」, 충북대학교 박사학위논문, 2004.

공선옥·그림 이지은,『판소리 지킴이 신재효』, 한솔교육, 2004.

국립국악원,『건원 1400년 개원 50년 국립국악원사』, 국립국악원, 2001.

국립극장,『국립극장 30년』, 국립극장, 1980.

국립중앙극장 엮음,『세계화 시대의 창극』, 국립극장, 2002.

김기형,『여성국극 60년사』, 문화체육관광부, 2009.

김기형,「판소리 명창 박동진의 예술세계와 현대 판소리사적 위치」,『어문
　　　논집』37, 안암어문학회, 1998.

김기형·백현미 정리, 「판소리 인간문화재 증언 자료, 판소리 명창 박동진」, 『판소리연구』2, 판소리학회, 1991.

김동성, 『국악계에 흐르는 長江, 청강 정철호 평전, 명고 명창의 행로』, 판소리고법보존회, 2010.

김석배, 「박동진 명창의 예술 활동」, 『민속학연구』43, 국립민속박물관, 2018.

김석배, 「대구지역의 판소리문화 연구」, 『판소리연구』43, 판소리학회, 2017.

김석배, 「20세기 경주지역의 판소리문화 연구」, 『판소리연구』38, 판소리학회, 2014.

김석배, 「김연수 명창의 생애와 예술 활동」, 『판소리연구』40, 판소리학회, 2015.

김석배, 「판소리 명창의 생몰연대 검토」, 『선주논총』5, 금오공대 선주문화연구소, 2002.

김석배, 「박록주 명창의 삶과 예술 활동」, 『판소리연구』11, 판소리학회, 2000.

김완기·그림 임경하, 『주시경, 신재효』, 삼익출판사, 1999.

김 평·그림 송향란, 『신재효 : 조상의 얼을 담은 판소리 예술가』, 한국퍼킨스, 2006.

김하명, 『명창의 길, 박록주』, 명서원, 1978.

문화재연구소, 「판소리 유파」, 문화재관리국, 1992.

박귀희, 『순풍에 돛 달아라 갈 길 바빠 돌아간다』, 새소리, 1994.

박 진, 『세세연년』, 세손, 1981.

성나미, 『신재효』, 파랑새, 2007.

송 언, 『우리 소리, 소중한 것이여』, 사계절, 1995.

송혜진·그림 김병하, 『박동진』, 교원, 2002.

송혜진, 『신재효 : 조선의 한과 조선의 삶을 노래하다』, 웅진씽크빅, 2007.

양혜정·그림 원혜진, 『신재효 : 판소리를 사랑한 예술가』, 기탄동화, 2006.

윤중강·그림 김대남, 『신재효』, 교원, 2007.

윤중강·그림 손창복, 『신재효』, 교원, 2002.

윤 형, 『휘모리』, 삶과함께, 1994.

이보형 외, 「판소리 명창 박동진」, 『판소리연구』2, 판소리학회, 1991.

이유진, 「창작판소리 〈예수전〉 연구」, 『판소리연구』27, 판소리학회, 2009.

전경욱, 『한국전통연희사전』, 민속원, 2014.

전다연, 『한국의 예술가 신재효』, 대교, 2005.

전지영, 『임방울, 우리 시대 최고의 소리 광대』, 을유문화사, 2010.

정노식, 『조선창극사』, 조선일보사출판부, 1940.

정철문·그림 황요섭, 『신재효: 판소리 교육의 아버지』, 한국몬테소리, 2007.

주재근, 「박동진 명창의 국립국악원 활동 업적 연구」, 『국악교육』 49, 한국
　　　국악교육학회, 2020.

채　명·박정희, 『춤신을 만나다, 대구 무형문화재 살풀이춤 권명화』, 대
　　　구광역시 동구 팔공문화원, 2010.

천이두, 『판소리 명창 임방울』, 현대문학, 1986.

최동현, 「판소리 완창의 탄생과 변화」, 『판소리연구』 38, 판소리학회, 2014.

최동현, 「귀명창이 사라진 시대의 명창 – 박동진론」, 『판소리 명창과 고수
　　　연구』, 신아출판사, 1997.

최종민, 「현대 판소리에 불을 지핀 대중의 벗」, 『방일영국악상 10년』, 방일
　　　영문화재단, 2003.

푸른물고기주니어동화책연구회(그림 수디자인), 『신재효 : 판소리 여섯
　　　마당을 정리하다』, 푸른물고기주니어, 2011.

한경영·그림 이희은, 『귀명창과 사라진 소리꾼 : 신재효와 진채선의 판소
　　　리 이야기』, 토토북, 2015.

〈인간문화재 박동진 판소리 대전집 흥보가(완창) 사설집〉(SKC, 1989).

〈인간문화재 박동진 판소리 대전집 흥보가(완창)〉(CD3), 소리 박동진, 북
　　　주봉신, 녹음 1988. 6. 14.(SKC, 1989).

「정창관의 국악음반 세계」(http://www.gugakcd.kr/index.htm).

제2장 박동진 명창의 예술 활동

신문; 『경향신문』, 『국민일보』, 『기독신문』, 『동아일보』, 『매일경제신문』,
　　　『매일신보』, 『영남일보』, 『조선일보』, 『중앙일보』, 『한국일보』.

「명창 박동진 선생」, 『경향신문』, 1984. 2. 16.

「판소리 중요무형문화재 박동진 씨」, 『매일경제신문』, 1987. 2. 25.

「판소리 제1의 명창 박동진 옹」, 『경향신문』, 1990. 2. 7.

「판소리 명창 박동진 옹」, 『매일경제신문』, 1990. 10. 23.

「판소리 명창 박동진 씨」, 『중앙일보』, 1991. 8. 31.

「명인명장전, 박동진」, 『국민일보』, 1994. 2. 19.

박록주, 「나의 이력서 (1-38)」, 『한국일보』, 1974. 1. 5.~2. 28.

박동진, 「내 인생 소리에 묻고 (1-30)」, 『중앙일보』, 2000. 6. 22.~8. 4.

강윤정, 「박동진 창본〈변강쇠가〉 연구」, 『판소리연구』 25, 판소리학회, 2008.

강윤정, 「박동진 창본〈숙영낭자전〉 연구」, 『구비문학연구』 20, 한국구비문
　　　학회, 2005.

강윤정, 「박동진 창본〈옹고집타령〉 연구」, 『공연문화연구』 30, 한국공연문
　　　화학회, 2015.

강윤정, 「박동진 판소리 창본 연구」, 충북대학교 박사학위논문, 2004.

국립국악원, 『건원 1400년 개원 50년 국립국악원사』, 국립국악원, 2001.

국립국악원, 『국악연감』, 국립국악원, 1990~2000.

국립극장 엮음, 『국립극장 50년사』, 태학사, 2000.

국립극장, 『국립극장 30년』, 중앙국립극장, 1980.

국립중앙극장 엮음, 『세계화 시대의 창극』, 연극과인간, 2002.

국립중앙극장, 『국립극장 60년사－자료편』, 2010.

김기형, 「박동진 명창 창작판소리 〈치악산〉 사설의 특징」, 〈판소리학회 제
　　　83차 정기학술대회 자료집〉, 판소리학회, 2017년 5월 27일, 경인교
　　　육대학교 경기캠퍼스 음악관 1층.

김기형, 「판소리 명창 박동진의 예술세계와 현대 판소리사적 위치」, 『어문
　　　논집』 37, 안암어문학회, 1998.

김기형, 『여성국극 60년사』, 문화체육관광부, 2009.

김기형·백현미 정리, 「판소리 인간문화재 증언 자료, 판소리 명창 박동진」,
　　　『판소리연구』 2, 판소리학회, 1991.

김명곤, 『광대열전』, 예문, 1988.

김삼불 교주, 『배비장전·옹고집전』, 국제문화관, 1950.

김석배, 「20세기 경주지역의 판소리문화 연구」, 『판소리연구』 38, 판소리
　　　학회, 2014.

김석배, 「대구지역의 판소리문화 연구」, 『판소리연구』 43, 판소리학회, 2017.

김석배, 「뿌리깊은나무 판소리 음반 전집의 현황과 가치」, 『열상고전연구』
　　　41, 열상고전연구회, 2014.

남정옥, 「국민방위군」, 『한국전쟁사의 새로운 연구(1)』, 국방부군사편찬

　　연구소, 2001.

노재명 편저, 『판소리 음반 사전』, 이즈뮤직, 2000.

대전고언론인회 기획·편찬, 『대전고 백년사(역사편)』, 대전고총동창회
　　100주년기념사업회, 2018.

대전고언론인회 기획·편찬, 『대전고 백년사(인물편)』, 대전고총동창회
　　100주년기념사업회, 2018.

동아일보사, 『1980년~1990년 동아일보사사』 권5, 동아일보사, 1996.

동아일보사, 『1990년~2000년 동아일보사사』 권6, 동아일보사, 2005.

문화재연구소, 「판소리 유파」, 문화재관리국, 1992.

박경수, 『소리꾼들, 그 삶을 찾아서』, 일월서각, 1993.

박귀희, 『순풍에 돛 달아라 갈 길 바빠 돌아간다』, 새소리, 1994.

박　진, 『세세연년』, 세손, 1991.

박　황, 『창극사연구』, 백록출판사, 1976.

박　황, 『판소리이백년사』, 사사연, 1987.

송소라, 「20세기 창극의 음반·방송화 양상과 창극사적 의미」, 고려대학교
　　박사학위논문, 2017.

송　언, 『큰 소리꾼 박동진 이야기』, 우리교육, 1999.

송　언, 『우리 소리, 소중한 것이여』, 사계절, 1995.

신창섭, 「국창 박동진 옹」, 『통일한국』, 1987년 4월호, 평화문제연구소.

양재훈, 『판소리의 신학적 풍경』, 대한기독교서회, 2013.

오중석, 『동편제에서 서편제까지』, 삼진기획, 1994.

오효진, 「한국의 소리꾼 박동진」, 『월간조선』, 1988년 4월호, 조선일보사.

이국자, 『판소리 연구-80년대 명창의 판소리를 중심으로-』, 정음사, 1987.

이규섭, 『판소리 답사기행』, 민예원, 1994.

이문성, 「박동진 창본 〈배비장타령〉의 변모와 지향」, 『한국학연구』 56, 고
　　려대학교 한국학연구소, 2016.

이문성, 「박동진 창본 〈장끼타령〉의 복원과 판소리 콘텐츠의 확대」, 『한성
　　어문학』 37, 한성대학교 한성어문학회, 2017.

이성희, 『이 사람 이후』, 월드북, 1991.

이유진, 「동아방송(DBS) 판소리 녹음의 보존 현황 및 활용 방안」, 『판소리
　　연구』 38, 판소리학회, 2014.

이유진, 「동아방송(DBS) 판소리드라마 연구」, 『구비문학연구』 46, 한국구
　　비문학회, 2017.

이유진,「창작판소리〈예수전〉연구」,『판소리연구』27, 판소리학회, 2009.

이진호,「우리 소리 지키기 외길 인생」,『새가정』, 1995년 11월호, 새가정사.

이태화,「'뿌리깊은나무 판소리 감상회' 개최의 의미와 판소리 부흥에 끼친 영향」,『한국언어문학』95, 한국언어문학회, 2015.

정병헌 외,『판소리사의 재인식』, 인문과교양, 2016.

조선일보90년사편찬실,『조선일보90년사, 화보·인물·자료』, 조선일보사, 2010.

주재근,「박동진 명창의 국립국악원 활동 업적 연구」,『국악교육』49, 한국국악교육학회, 2020.

최동현,「판소리 완창의 탄생과 변화」,『판소리연구』38, 판소리학회, 2014.

최동현,『판소리 명창과 고수 연구』, 신아출판사, 1997.

최종민,『방일영국악상 10년』, 방일영문화재단, 2003.

최지연,「뿌리깊은나무 판소리 감상회의 음악사적 의의」,『한국음악사학보』58, 한국음악사학회, 2017.

최혜진,「〈장끼전〉작품군의 존재 양상과 전승과정 연구」,『판소리연구』30, 판소리학회, 2010.

한국성우협회 엮음,『한국 라디오 드라마사』, (사)한국성우협회·(사)한국방송실연자협회, 2015.

한국음반아카이브연구단 엮음,『한국유성기음반』3권, 한걸음·더, 2011.

한채호,「박동진 성서판소리〈모세전〉의 음악적 연구」, 한국예술종합학교 예술전문사학위논문, 2017.

『기독신문』(http://www.kidok.com)

(사)한국판소리보존회(http://www.koreapansori.com)

우진문화공간(http://www.woojin.or.kr)

〈정창관의 국악음반 세계〉(http://www.gugakcd.kr/index.htm)

제3장 중고제 판소리와 박동진 명창의 판소리

공주시,『중고제 판소리 명창』, 2019.

김기형·백현미 정리,「판소리 인간문화재 증언 자료, 판소리 명창 박동진」,『판소리연구』2, 판소리학회, 1991.

김기형, 『적벽가 연구』, 민속원, 2000.
김기형, 『박동진 명창, 판소리 완창 사설집, 흥보가 · 수궁가 · 적벽가』, 문화관광부 · 충청남도 공주시, 2007.
김석배, 「허흥식 소장본 〈심청가〉의 성격과 가치」, 『구비문학연구』 8, 한국구비문학회, 1999.
김석배, 「〈허흥식본〉(심청가)의 판소리사적 위상」, 『문학과 언어』 22, 문학과언어학회, 2000.
김석배, 「박동진 명창의 삶과 현대 판소리사에서의 위상」, 『무형유산』 7, 국립무형유산원, 2019.
김진영 외 편저, 『심청전 전집 [1]』, 박이정, 1997.
김진영 외 편저, 『심청전 전집 [2]』, 박이정, 1997.
김진영 외 편저, 『심청전 전집 [3]』, 박이정, 1998.
김진영 외 편저, 『적벽가 전집 [1]』, 박이정, 1998.
김혜정 · 이명진, 『판소리』, 국립문화재연구소 · 민속원, 2011.
노동은, 「한국음악가론 1－내포의 음악가들－」, 『음악학이란?－音 · 樂 · 學－』 4, 음악학연구회 편, 세종출판사, 1997.
노재명, 『중고제 판소리 흔적을 찾아서』, 채륜, 2012.
노재명, 『꽃피는 중고제 판소리』, 채륜, 2016.
듸-제-핸드포-드 편저, 『精選朝鮮歌謠集』, 조선가요연구사, 1931.
문화재연구소, 「판소리 유파」, 문화재관리국, 1992.
박동진, 「내 인생 소리에 묻고 (28)」, 『중앙일보』, 2000. 8. 2.
박성환, 「중고제 판소리 명창 방만춘, 방진관 연구」, 『한국학연구』 35, 고려대학교 한국학연구소, 2010.
박　황, 『판소리소사』, 신구문화사, 1974.
배연형, 「판소리 중고제 론」, 『판소리연구』 5, 판소리학회, 1994.
배연형, 「이동백 춘향가 연구」, 『판소리연구』 15, 판소리학회, 2003.
배연형, 「판소리 중고제 자료 재검토」, 『판소리연구』 49, 판소리학회, 2020.
사단법인 전주대사습놀이보존회, 『전주대사습사』, 탐진, 1992.
서종문 · 김석배, 「판소리 중고제의 역사적 이해」, 『국어교육연구』 24, 국어교육학회, 1992.
신은주, 『중고제 심정순가의 예인들』, 민속원, 2015.
전경욱, 「탈춤과 판소리의 연행문학적 성격 비교」, 한국정신문화연구원 부속대학원 석사논문, 1983.

정광수 편저, 『전통문화 오가사 전집』, 문원사, 1986.

정노식, 『조선창극사』, 조선일보사출판부, 1940.

정병헌, 「중고제 판소리의 대중화 방안」, 『공연문화연구』 36, 한국공연문화학회, 2018.

최혜진, 「충청지역 중고제 판소리의 역사성과 지역성」, 『판소리연구』 32, 판소리학회, 2011.

최혜진, 「충청지역 판소리 문화 유적 현황 연구」, 『구비문학연구』 48, 한국구비문학회, 2018.

최혜진, 「판소리 명창의 비조 최선달 연구」, 『판소리연구』 45, 판소리학회, 2018.

제4장 박동진의 판소리와 소리판의 미학

〈인간문화재 박동진 판소리 대전집 홍보가(완창) 사설집〉(SKC, 1989).

〈인간문화재 박동진 판소리 대전집 홍보가(완창)〉(CD3), 소리 박동진, 북 주봉신, 녹음 1988. 6. 14.(SKC, 1989).

「박동진 씨 판소리 홍보가 연주회」, 『매일신문』, 1996. 4. 19.

강기수·이점식, 「욕(辱)의 교육인간학적 기능」, 『석당논총』 50, 동아대학교 석당학술원, 2011.

강윤정, 「박동진 판소리 창본 연구」, 충북대학교 박사학위논문, 2004.

강한영 교주, 『신재효판소리사설집(전)』, 민중서관, 1974.

국악음반박물관 판소리연구회, 「국악학자 이혜구 대담자료 (1), 명창 이동백에 대한 회고담」, 『판소리명창』 창간호, 2005.

김기수, 『한국음악 (6), 수궁가·홍부가·심청가』, 전통음악연구회, 1981.

김기형, 「판소리 명창 박동진의 예술세계와 현대 판소리사적 위치」, 『어문논집』 37, 안암어문학회, 1998.

김기형, 『박동진 명창, 판소리 완창 사설집-홍보가·수궁가·적벽가』, 문화관광부·충청남도 공주시, 2007.

김기형·백현미 정리, 「판소리 인간문화재 증언 자료, 판소리 명창 박동진」, 『판소리연구』 2, 판소리학회, 1991.

김대행, 『웃음으로 눈물 닦기』, 서울대학교출판부, 2005.

김석배, 「〈허홍식본 심청가〉의 판소리사적 위상」, 『문학과 언어』 22, 문학과언어학회, 2000.

김석배, 「김연수 명창의 생애와 예술 활동」, 『판소리연구』 40, 판소리학회, 2015.

김석배, 「김연수제 춘향가 연구」, 『배달말』 53, 배달말학회, 2013.

김석배, 「박동진 명창의 삶과 현대 판소리사에서의 위상」, 『무형유산』 7, 국립무형유산원, 2019.

김석배, 「박동진 명창의 예술 활동」, 『민속학연구』 43, 국립민속박물관, 2018.

김석배, 「신재효의 판소리 지원 활동과 그 한계」, 『문학과 언어』 9, 문학과언어연구회, 1988.

김석배, 「중고제 판소리와 박동진 명창의 판소리」, 『판소리연구』 49, 판소리학회, 2020.

김석배, 「판소리가 빚어내는 아름다움 (둘)」, 『대구문화』, 1997년 11월호, 대구문화예술회관.

김열규, 『욕, 그 카타르시스의 미학』, 사계절, 1997.

김진영 외 편저, 『심청전 전집 [1]』, 박이정, 1997.

김진영 외 편저, 『심청전 전집 [2]』, 박이정, 1997.

김진영 외 편저, 『적벽가 전집 [1]』, 박이정, 1998.

김진영 외 편저, 『춘향전 전집 [2]』, 박이정, 1997.

김진영 외 편저, 『흥부전 전집 [1]』, 박이정, 1997.

문화재관리국, 「무형문화재조사보고서 제87호, 판소리 홍보가」, 조사자 홍현식 정화영; 1971년 12월.

박동진, 「내 인생 소리에 묻고 (1-30)」, 『중앙일보』, 2000. 6. 22.-8. 4.

서종문, 『판소리의 역사적 이해』, 태학사, 2006.

신은주, 『판소리 중고제 심정순家의 소리』, 민속원, 2009.

유영대, 『심청전 연구』, 문학아카데미, 1989.

이기우, 「명창론」, 강한영 외, 『판소리』, 사단법인 전북애향운동본부, 1988.

이우성·임형택 편역, 『이조한문단편집 2』, 창비, 2018.

이우성·임형택 편역, 『이조한문단편집 4(원문)』, 창비, 2018.

전경욱 편저, 『한국전통연희사전』, 민속원, 2014.

정노식, 『조선창극사』, 조선일보사출판부, 1940.

정병헌, 「판소리의 웃음과 웃기기 전략」, 김유정탄생100주년기념사업추진위원회 편, 『한국의 웃음문화』, 소명출판, 2008.

최동현, 「판소리 이면에 관하여」, 『판소리연구』 14, 판소리학회, 2002.

최동현, 『판소리 명창과 고수 연구』, 신아출판사, 1997.

최혜진, 「충청지역 중고제 판소리의 역사성과 지역성」, 『판소리연구』 32, 판소리학회, 2011.

제2부 판소리 명가문의 어제와 오늘

제1장 주덕기 명창 가문의 소리꾼들

강한영, 『신재효판소리사설집(전)』, 민중서관, 1974.

강한영, 『판소리』, 세종대왕기념사업회, 2000.

김기형, 「판소리 명창 김정문의 생애와 소리의 특징」, 『구비문학연구』 3, 한국구비문학회, 1996.

김기형, 「남원 동편소리의 세계」, 『음반으로 보는 남원 동편소리의 전통과 세계』, 국립민속국악원, 2002.

김민수, 「1940년대 판소리와 창극 연구」, 한국학중앙연구원 한국학대학원 박사학위논문, 2012.

김석배, 「『조선창극사』 소재 심청가 더늠의 문제점」, 『문학과 언어』, 문학과언어연구회, 1997.

김석배, 「승평계 연구」, 『문학과 언어』 25, 문학과언어학회, 2003.

김석배, 「김연수제 춘향가 연구」, 『배달말』 53, 배달말학회, 2013.

김석배, 「김연수 명창의 생애와 예술세계」, 『판소리연구』 40, 판소리학회, 2015.

김연수, 『창본 춘향가』, 국악예술학교출판부, 1967.

김종철, 「박동실의 정치적 노선과 「열사가」의 거리」, 『판소리연구』 49, 판소리학회, 2020.

김진영 외, 『춘향전 전집 [4]』, 박이정, 1997.

김진영 외, 『실창판소리사설집』, 박이정, 2004.

노재명, 『동편제 심청가 흔적을 찾아서』, 스코어, 2021.

노재명 편저, 『잊혀진 판소리 무숙이타령을 찾아서』, 한국문화재단, 2020.

문화재연구소, 「판소리 유파」, 문화재관리국, 1992.

박귀희, 『순풍에 돛 달아라 갈 길 바빠 돌아간다』, 새소리, 1994.

박　황,『판소리소사』, 신구문화사』, 1974.

박　황,『창극사연구』, 백록출판사, 1976.

박　황,『민속예술론』, 한일문화보급회, 1980.

박　황,『판소리 이백년사』, 사사연, 1987.

박헌봉,『창악대강』, 국악예술학교출판부, 1966.

사단법인 전주대사습놀이보존회,『전주대사습사』, 탐진, 1992.

순천시사편찬위원회,『순천시사(문화·예술편)』, 순천시, 1997.

신은주,『판소리 중고제 심정순家의 소리』, 민속원, 2009.

신은주,『중고제 심정순家의 예인들』, 민속원, 2015.

신은주,「20세기 전반 광주의 판소리 전통과 광주성악연구회」,『정신문화
　　　연구』2018년 봄호, 한국학중앙연구원.

안광희,『한국현대연극사자료집 (1)』, 한국문화사, 2006.

안민영,『금옥총부』.

안숙선,「만정 김소희 선생과 판소리」,『동리연구』3, 동리연구회, 1966.

이명진,「광주지역 판소리 전승과 문화 연구」, 전남대학교 박사학위논문,
　　　2019.

이보형,「판소리 제(派)에 대한 연구」,『한국음악학논집』, 한국정신문화연
　　　구원, 1982.

이보형,「고음반에 제시된 판소리 명창제 더늠」,『한국음반학』창간호, 한
　　　국고음반연구회, 1991.

이우성·임형택 편역,『이조한문단편집 2』, 창비, 2018.

이우성·임형택 편역,『이조한문단편집 4(원문)』, 창비, 2018.

정노식,『조선창극사』, 조선일보사출판부, 1940.

정옥경,「담양 지실 박석기의 국악 학당 연구」,『남도민속연구』37, 남도민
　　　속학회, 2018.

장지연,『일사유사』, 회동서관, 1922.

전경욱 편저,『한국전통연희사전』, 민속원, 2014.

정범태,『명인 명창』, 깊은샘, 2002.

정병헌,『판소리와 사람들』, 역락, 2018.

정혜정,「순천지역 판소리 전승 양상 연구」, 전남대학교 박사학위논문,
　　　2019.

조영숙,『끄지 않은 불씨』, 수필과비평사, 2013

최동현,『판소리란 무엇인가』, 에디터, 1994.

최동현, 『판소리 이야기』, 인동, 1999.

「대한민국 신문 아카이브」(https://www.nl.go.kr/newspaper); 『경향신문』, 『동광신문』, 『남선경제신문』, 『영남일보』, 『동아일보』, 『한성일보』, 『민중일보』, 『광주민보』, 『부산신문』, 『군산신문』, 『민주중보』, 『자유민보』, 『대구일보』, 『대구시보』 등.

「나의 젊음, 나의 사랑-명창 안숙선 ②」, 『경향신문』, 1996. 3. 11.

제2장 김창환 명창 가문의 소리 세계

신문; 『황성신문』, 『대한매일신보』, 『매일신보』, 『중외일보』, 『조선일보』, 『동아일보』.

강한영 교주, 『신재효 판소리사설 여섯마당집』, 형설출판사, 1982.
김명환 구술, 『내 북에 앵길 소리가 없어요』, 뿌리깊은나무, 1991.
김석배, 「김창환제 〈춘향가〉에 끼친 신재효의 영향」, 『판소리연구』 13, 판소리학회, 2002.
김석배, 「김창환제 〈흥보가〉에 끼친 신재효의 영향」, 『판소리연구』 15, 판소리학회, 2003.
김석배, 「김창환제 〈심청가〉에 끼친 신재효의 영향」, 『판소리연구』 18, 판소리학회, 2004.
나주군지편찬위원회, 『나주군지』, 나주군, 1980.
남궁정애, 「판소리 명창 김창환의 음악어법 연구」, 중앙대학교 석사학위논문, 2000.
문화재연구소, 「판소리 유파」, 문화재관리국, 1992.
박동실, 「창극이 걸어온 길을 더듬어」, 『판소리연구』 18, 판소리학회, 2004.
박정진, 「우리시대 재인의 계보학(2)」, 『문화예술』, 1993년 10월호, 한국문화예술진흥원.
박 황, 『판소리 이백년사』, 사사연, 1987.
박 황, 『판소리소사』, 신구문화사, 1974.
박 황, 『창극사연구』, 백록출판사, 1976.
백현미, 『한국창극사연구』, 태학사, 1997.

서진경, 「동편제〈흥보가〉박록주와 박송희 명창의 예술 활동과 전승음악의
　　　특징 비교 연구」, 동국대학교 문화예술대학원 석사학위논문, 2013.

성기련, 『1930년대 판소리 음악문화』, 민속원, 2021.

이보형 외, 「판소리 명창 박동진」, 『판소리연구』 2, 판소리학회, 1991.

이연옥, 「김창환제 흥보가의 전승과 음악적 특징 연구 – 김창환 · 오수암 ·
　　　정광수를 중심으로 – 」, 한양대학교 석사학위논문, 2003.

이진원, 「조선구파배우조합 시정오년기념 물산공진회 참여의 음악사적
　　　고찰」, 『한국음반학』 13, 한국고음반연구회회, 2003.

정노식, 『조선창극사』, 조선일보사출판부, 1940.

정병헌, 『판소리문학론』, 새문사, 1993.

조영숙, 『(동지사시대에 관한 증언) 여성국극의 뒤안길』, 민속원, 2022.

靑葉生, 「명창 이동백전」, 『조광』, 1937년 3월호.

최동현, 『판소리명창과 고수연구』, 신아출판사, 1997.

표인주 외, 『국창 임방울의 생애와 예술』, 사단법인 임방울국악진흥재단,
　　　2004.

한국정신문화연구원 편, 『경성방송국 국악방송곡 목록』, 민속원, 2000.

제3장 판소리명가, 장판개 명창 가문의 예술세계

신문;『매일신보』, 『동아일보』, 『조선일보』, 『중외일보』, 『경향신문』, 『매
　　　일신문』 등.

〈경주 판소리명가문〉(1CD), 서울음반, 2007.

〈국악 명문가의 후손들〉(2CD), 서울대학교 한국문화연구소, 2005.

〈김연수 도창 창극 춘향전〉(3CD), 지구레코드, 1997.

〈명인명창선집 (6) 동편제 판소리〉(1CD), 서울음반, 1992.

〈장영찬 판소리 1〉(1CD), 서울음반, 1997.

〈장영찬 판소리 2〉(1CD), 서울음반, 1997.

〈장월중선 산조〉(1CD), 국립부산국악원, 2014.

〈장월중선의 예술세계〉(2CD), 킹레코드, 1995.

〈장월중선의 음악세계〉(1CD), 국립민속국악원, 2004.

〈SP시대의 판소리 여류명창들 4〉(1CD), 신나라, 1994.

국립중앙극장 엮음,『세계화 시대의 창극』, 국립극장, 2002.

권도희,『한국근대음악사회사』, 민속원, 2004.

김기형,『여성국극 60년사』, 문화체육관광부, 2009.

김명환 구술,『내 북에 앵길 소리가 없어요』, 뿌리깊은나무, 1991.

김석배,「20세기 전반기의 경상도 지역의 판소리문화 연구」,『판소리연구』
33, 판소리학회, 2012.

김수미,「예성 장월중선의 생애와 예술」,「국악명문가의 후손들」음반해
설서, 2007.

노재명,『판소리 음반 사전』, 이즈뮤직, 2000.

노재명 편저,『판소리 중고제 흔적을 찾아서』, 채륜, 2012.

박 황,『창극사연구』, 백록출판사, 1976.

박 황,『판소리 이백년사』, 사사연, 1987.

백현미,『한국창극사연구』, 태학사, 1997.

서영화,「판소리명가 장판개 가계 연구」, 부산대학교 석사학위논문, 2010.

서인화,「장월중선 명창론」,『판소리연구』19, 판소리학회, 2005, 287-312쪽.

문화재연구소,「판소리 유파」, 문화재관리국, 1992.

仁同張氏南山派修譜所,『仁同張氏南山派譜』卷之二, 譜文社, 1997.

임성래,「이영민 한시를 통해 본 판소리 명창의 세계」,『판소리연구』10, 판
소리학회, 1999.

정노식,『조선창극사』, 조선일보사, 1940.

정범태,『명인 명창』, 깊은샘, 2002.

최동현,『판소리 명창과 고수 연구』, 신아출판사, 1997.

한국음반아카이브연구단 엮음,『한국유성기음반』1-5권, 한걸음·더, 2011.

한국유성기음반(http://www.sparchive.co.kr)

한국학중앙연구원,『한국민족문화대백과사전』(http://encykorea.aks.ac.kr)

제3부 개성적인 소리꾼들의 세계

제1장 대구지역의 판소리를 가꾼 조학진과 박지홍 명창

신문;『대구매일신문』,『대구시보』,『동아일보』,『매일신보』,『부녀일보』,
『부산신문』,『영남일보』,『조선일보』,『중앙일보』(1932년),『중앙일

보』(2000년),『한성일보』.

강한영 교주,『신재효 판소리사설집(全)』, 민중서관, 1974.

김명환 구술,『내 북에 앵길 소리가 없어요』, 뿌리깊은나무, 1991.

김석배,「판소리 명창의 생몰연대 검토」,『선주논총』5, 금오공과대학교 선
　　　주문화연구소, 2002.

김석배,「판소리 명창 김창환의 예술 활동」,『판소리연구』20, 판소리학회,
　　　2005.

김석배,「20세기 전반기의 경상도 지역의 판소리문화 연구」,『판소리연구』
　　　33, 판소리학회, 2012.

김석배,「대구지역의 판소리문화 연구」,『판소리연구』43, 판소리학회, 2017.

김석배,「대구경북지역 판소리 명창의 생몰 연도 재고」,『향토문화』36, 사
　　　단법인 대구경북향토문화연구소, 2021.

노재명,「김여란의 생애와 예술」,『김여란 춘향가』해설서, 지구레코드, 1995.

노재명,『동편제 심청가 흔적을 찾아서』, score, 2021.

대구향토문화연구소,『경상감영사백년사』, 대구광역시 중구, 1998.

문해돈이,「조학진 판소리 음악어법 연구」, 한국종합예술학교 예술전문사
　　　학위논문, 2015.

문화재연구소,「판소리 유파」, 문화재관리국, 1992.

박귀희,『순풍에 돛 달아라 갈 길 바빠 돌아간다』, 새소리, 1994.

박동진,「내 인생 소리에 묻고 (4), 열일곱 순정」,『중앙일보』, 2000. 6. 27.

박　황,『판소리소사』, 신구문화사, 1974.

배연형,「판소리 중고제 자료의 재검토」,『판소리연구』49, 판소리학회,
　　　2020.

사단법인 전주대사습놀이보존회,『전주대사습사』, 탐진, 1992.

송혜진 해설·채록,『폴리돌 심청전』(2CD), 신나라뮤직, 2004.

이문기,「대구 의기(義妓) 염농산('기생 앵무')의 생애와 성주군 용암면 두
　　　리방천 축조의 의미」,『역사교육논집』75, 역사교육학회, 2020.

이덕창,「명창론(하)」,『日東타임쓰』, 제1권 제3호, 1926년 6월, 일동타임쓰사.

이보형,「흩어진 소리, 날아간 소리」,『음악동아』, 1985년 11월호.

이보형,「역사 속에 숨어버린 여류명창 김초향」,『국악』, 2001년 3월호, 국
　　　악중심.

이보형 외,「판소리 인간문화재 증언자료, 판소리 명창 박동진」,『판소리연

구』2, 판소리학회, 1991.

전성옥, 『판소리 기행』, 마당, 2002.

정노식, 『조선창극사』, 조선일보사출판부, 1940.

정일선, 「염농산-기생 앵무에서 사회의 스승으로-」, 『대구여성 독립운동 인물사』, 대구여성가족재단, 2019.

최동현 해설·채록, 『폴리돌(Polydor) 판 적벽가』(2CD), 신나라, 1991.

한국음반아카이브연구단 엮음, 『한국 유성기 음반 1907~1945』, 한걸음·더, 2011.

한국정신문화연구원 편, 『경성방송국 국악방송곡 목록』, 민속원, 2000.

허정임, 「조학진과 박동진의 적벽가 비교분석」, 추계예술대학교 교육대학원 석사학위논문, 2003.

제2장 현대 창극의 초석을 다진 김연수 명창

신문; 『매일신보』, 『동아일보』, 『조선일보』, 『경향신문』, 『영남일보』 등.

〈동초 김연수 판소리 다섯 바탕〉 ; 〈춘향가〉(8CD), 〈심청가〉(5CD), 〈흥보가〉(4CD), 〈수궁가〉(4CD), 〈적벽가〉(3CD), 신나라·동아일보, 2007.

강한영, 「동초 창본의 의의」, 『월간 문화재』, 1974년 4월호, 월간문화재사.

김경희, 『김연수 판소리 음악론』, 민속원, 2008.

김기제 편, 『한국연예대감』, 성영문화사, 1962.

김석배, 「동초제 〈춘향가〉 연구」, 최동현 엮음, 『동초 김연수의 생애와 판소리』, 신아출판사, 2013.

김연수, 『창본 춘향가』, 국악예술학교출판부, 1967.

김연수, 『창본 심청가 흥보가 수궁가 적벽가』, 문화재관리국, 1974.

김종철, 「국악계 70년의 동향」, 『월간 문화재』, 1972년 11월호, 월간문화재사.

노재명, 『판소리 음반사전』, 이즈뮤직, 2000.

류혜윤, 「부산음악사 1946~1965」, 동아대학교 석사학위논문, 1997.

박경수, 『소리꾼들, 그 삶을 찾아서』, 일월서각, 1993.

박 황, 『창극사 연구』, 백록출판사, 1976.

성경린, 「현대창극사」, 『국립극장 30년』, 중앙국립극장, 1980.

안광희, 『한국현대연극사 자료집』 1, 한국문화사, 2006.

유영대, 「김연수의 판소리 사설 정리와 창극 활동」, 최동현 엮음, 『동초 김
　　연수의 생애와 판소리』, 신아출판사, 2013.

이경엽, 「판소리 명창 김연수론」, 『판소리연구』 17, 판소리학회, 2004.

이규섭, 『판소리 답사기행』, 민예원, 1994.

이보형, 「김연수 판소리 음악론」, 『월간 문화재』, 1974년 4월호, 월간문화재사.

이보형, 「임방울과 김연수」, 『뿌리깊은나무』, 1977년 11월호, 한국브리태
　　니커사.

이유진, 「라디오방송을 위한 판소리 다섯 바탕 : 김연수 판소리의 특질과
　　지향」, 『구비문학연구』 35, 한국구비문학회, 2012.

최동현, 『판소리명창과 고수 연구』, 신아출판사, 1997.

최동현, 『김연수 완창 판소리 다섯 바탕 사설집』, 민속원, 2008.

최동현, 『판소리 명창 김연수』, 신아출판사, 2014.

최동현 엮음, 『동초 김연수의 생애와 판소리』, 신아출판사, 2013.

한국문화인류학회, 『한국민속종합조사보고서 – 전라남도 편』, 형설출판
　　사, 1980.

한국음반아카이브연구단 엮음, 『한국 유성기음반』, 한걸음 · 더, 2011.

한국정신문화연구원 편, 『경성방송국국악방송곡목록』, 민속원, 2000.

제4부　판소리 명창의 생몰 연도 검토

제1장　판소리 명창의 생몰 연도

신문; 『대구매일신문』, 『매일신보』, 『영남일보』, 『조선일보』, 『한국일보』,
　　『중외일보』.

잡지; 『삼천리』 등.

김기형, 「판소리 명창 김정문의 생애와 소리의 특징」, 『구비문학연구』 3, 한
　　국구비문학회, 1996.

김명환 구술, 『내 북에 앵길 소리가 없어요』, 뿌리깊은나무, 1991.

김석배, 「판소리 명창 김창환의 예술 활동」, 『판소리연구』 20, 판소리학회,
　　2005.

김용근, 『이야기로 풀어보는 지리산 판소리』, 지리산판소리연구소 · 가왕

송홍록가후손가족회, 2008.

노재명, 「서편제 판소리 김창환・정정렬」, 『LG미디어 음반해설서』, 1996.

노재명 편저, 『명창의 증언과 자료를 통해 본 판소리 참모습』, 나라음악큰
　　　잔치추진위원회, 2006.

듸-제-핸드포-드, 『정선 조선가요집 제1집』, 조선가요연구사, 1931.

문화재연구소, 「판소리 유파」, 문화재관리국, 1992.

박록주, 「나의 이력서 (19)」, 『한국일보』, 1974. 2. 1.

박　황, 『판소리소사』, 신구문화사, 1974.

박　황, 『판소리 이백년사』, 사사연, 1987.

배연형, 「판소리 중고제 자료의 재검토」, 『판소리연구』 49, 판소리학회,
　　　2020.

사단법인 전주대사습놀이보존회, 『전주대사습사』, 탐진, 1992.

송방송, 『한겨레음악대사전(상・하)』, 보고사, 2012.

이규섭, 『판소리 답사기행』, 민예원, 1994.

이보형, 「고음반에 제시된 판소리 명창제 더늠」, 『한국음반학』 창간호, 한
　　　국고음반연구회, 1991.

이보형, 「고음반에 제시된 판소리 명창제 더늠 (2)」, 『한국음반학』 4, 한국
　　　고음반연구회, 1994.

이석흥 편저, 『남원의 문화유산』, 남원문화원, 2001, 241쪽.

이영민, 『벽소시고』.

임성래, 「이영민 한시를 통해 본 판소리 명창의 세계」, 『판소리연구』 10, 판
　　　소리학회, 1999.

장사훈, 『국악대사전』, 세광음악출판사, 1984.

전경욱, 「탈춤과 판소리의 연행문학적 성격 비교」, 한국정신문화연구원
　　　부속대학원 석사학위논문, 1983.

정노식, 『조선창극사』, 조선일보사출판부, 1940.

정노식 저・정병헌 교주, 『교주 조선창극사』, 태학사, 2015.

정범태, 『명인 명창』, 깊은샘. 2002.

靑葉生, 「명창 이동백전」, 『조광』, 1937년 3월호.

최홍기, 『한국호적제도사 연구』, 일조각, 1997.

한국정신문화연구원, 『한국민족문화대백과사전』, 한국정신문화연구원,
　　　1991.

제2장 여성 판소리 명창의 생몰 연도

신문; 『매일신보』, 『조선일보』, 『동아일보』, 『중외일보』, 『조선중앙일보』, 『경향신문』, 『대구매일신문』 등.
잡지; 『삼천리』, 『조광』, 『중앙』 등.

加藤 薫, 「波濤の果てまで Ⅱ」, 『IMAJU』 26, 2002, 冬, 54-59쪽.
김석배, 「판소리 명창의 생몰 연대 검토」, 『선주논총』 5, 금오공대 선주문화연구소, 2002.
김석배, 「김해 김록주 명창 연구」, 『국어교육연구』 42, 국어교육학회, 2008.
김석배, 『판소리 명창 박록주』, 애드게이트, 2020.
김석배, 『소리에 길을 묻다, 인간문화재 박록주 명창』, 애드게이트, 2022.
김용근, 『이야기로 풀어보는 지리산 판소리』, 지리산판소리연구소·가왕 송흥록가후손가족회, 2008.
듸-제-핸드포-드, 『정선조선가요집』 제1집, 조선가요연구사, 1931.
문화재연구소, 「판소리 유파」, 문화재관리국, 1992.
박상현, 「영남의 명창들 (6), 김초향」, 『국제신문』, 1994. 2. 3.
박 황, 『창극사 연구』, 백록출판사, 1976.
박 황, 『판소리 이백년사』, 사사연, 1987.
박 황, 『판소리소사』, 신구문화사, 1974.
배연형, 「유성기음반 판소리사설 (6)」, 『판소리연구』 14, 판소리학회, 2002.
배연형, 「판소리 중고제 자료의 재검토」, 『판소리연구』 49, 판소리학회, 2020.
설호정, 「감은 눈가로 번지는 눈물」, 『뿌리깊은나무』, 1977년 3월호, 한국브리태니커사.
송만갑, 「자서전」, 『삼천리』, 1931년 4월호.
송방송, 『증보 한국음악통사』, 민속원, 2007.
송방송, 『한겨레음악대사전』, 보고사, 2012.
오태석, 「남창이 본 여류명창」, 『삼천리』, 1935년 11월호.
이보형, 「경기판소리의 음악사적 위상」, 『경기판소리』, 경기도국악당, 2005.
이보형, 「역사 속에 숨어버린 여류명창 김초향」, 『국악』, 2001년 3월호, 국악중심.
이보형, 「여류명창 이화중선에 얽힌 생몰의 의문」, 『국악』, 2001년 7월호,

국악중심.

이석홍 편저,『남원의 문화유산』, 남원문화원, 2001.

이영민,『벽소시고』.

이중훈,「최초로〈춘향전〉판소리 음반 전집에 취입한 대구 출신 여류 명창 김추월」,『한국음반학』7, 한국고음반연구회, 1997.

임성래,「이영민 한시를 통해 본 판소리 명창의 세계」,『판소리연구』10, 판소리학회, 1999.

장사훈,『국악대사전』. 세광음악출판사, 1984.

정노식,『조선창극사』, 조선일보사출판부, 1940.

정범태,『명인 명창』, 깊은샘. 2002.

靑柳綱太郎,『조선미인보감』, 조선연구회·신구서림, 1918.

靑葉生,「명창 이동백전」,『조광』, 1937년 3월호.

최미화,『여성 100년』, 홍익포럼, 2000.

최영자,「명창과 춤」,『민속문화』창간호, 대구경북민속문화연구회, 2006.

최혜진,『판소리의 전승과 연행자』, 역락, 2003.

한국정신문화연구원 편,『한국민족문화대백과사전』, 한국정신문화연구원, 1991.

한명희 외,『우리 국악 100년』, 현암사, 2001.

『モダン日本(朝鮮版)』, 1939년 11월호.

찾아보기

판소리 명창의 삶과 예술세계

저 자 약 력

김석배

경북대학교 학사 · 석사 · 박사
금오공과대학교 교수
영남판소리연구회장
판소리학회장 역임
대구광역시 문화재위원 역임
경상북도 문화재위원 역임

저서
『한국고전의 세계와 지역문화』(보고사, 2021)
『판소리와 판소리문화』(박문사, 2022)
『명창 주덕기 가문의 소리꾼들』(박이정, 2022)
『소리에 길을 묻다, 인간문화재 박록주 명창』(애드게이트, 2022) 외 다수

판소리 명창의 삶과 예술세계

초 판 인 쇄	2023년 2월 22일
초 판 발 행	2023년 2월 25일
저 자	김석배
발 행 인	윤석현
발 행 처	박문사
책 임 편 집	최인노
등 록 번 호	제2009-11호
우 편 주 소	서울시 도봉구 우이천로 353
대 표 전 화	02) 992 / 3253
전 송	02) 991 / 1285
전 자 우 편	bakmunsa@hanmail.net

ⓒ 김석배, 2023 Printed in KOREA.

ISBN 979-11-92365-24-4   93380   정가 25,000원